The Decline and Fall of the Ottoman Empire

奥斯曼帝国衰亡史

1683—1923

［英］
（Alan Palmer）
艾伦·帕尔默
—— 著 ——

汪枫
—— 译 ——

中国人民大学出版社
·北京·

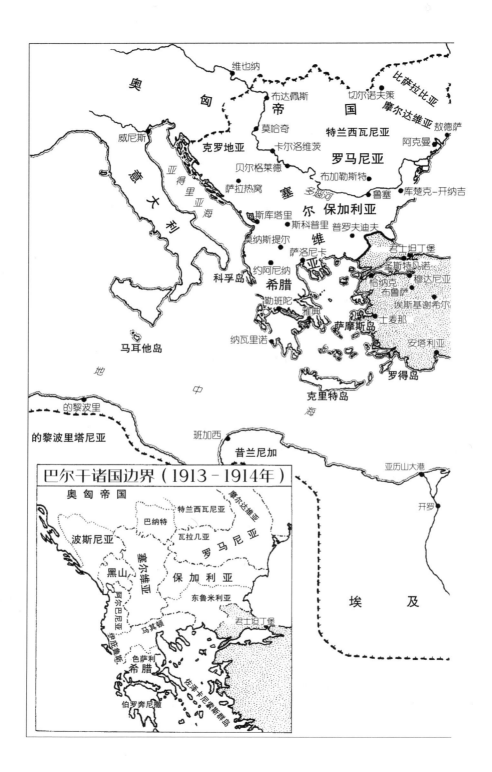

巴尔干诸国边界（1913－1914年）

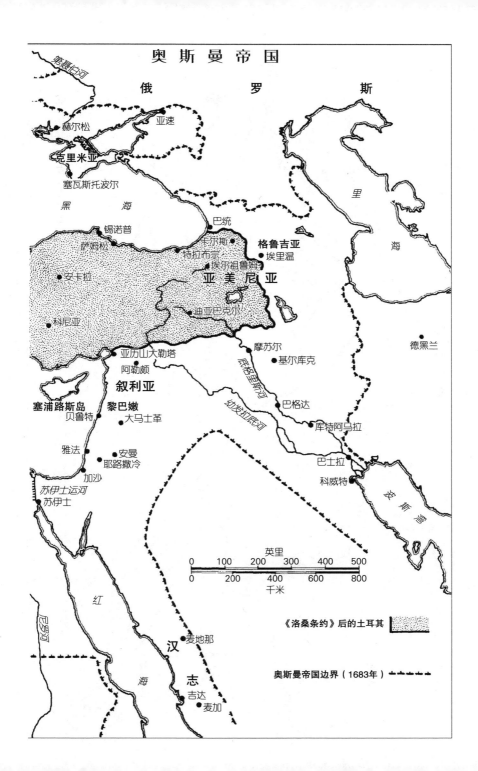

奥斯曼帝国

俄　罗　斯

第聂伯河

赫尔松
亚速
克里米亚
塞瓦斯托波尔

黑　海

里

海

锡诺普
萨姆松
巴统
卡尔斯
特拉布宗
格鲁吉亚
埃里温
安卡拉
埃尔祖鲁姆
亚　美　尼　亚
科尼亚
迪亚巴克尔
摩苏尔
德黑兰
亚历山大勒塔
基尔库克
阿勒颇
叙利亚
底格里斯河
巴格达
塞浦路斯岛
黎巴嫩
贝鲁特
大马士革
库特阿马拉
雅法
安曼
耶路撒冷
幼发拉底河
巴士拉
加沙
科威特
苏伊士运河
苏伊士
波　斯　湾

巴罗河

红

海

汉

志

麦地那

吉达
麦加

英里

0	100	200	300	400	500

0	200	400	600	800

千米

《洛桑条约》后的土耳其

奥斯曼帝国边界（1683年）

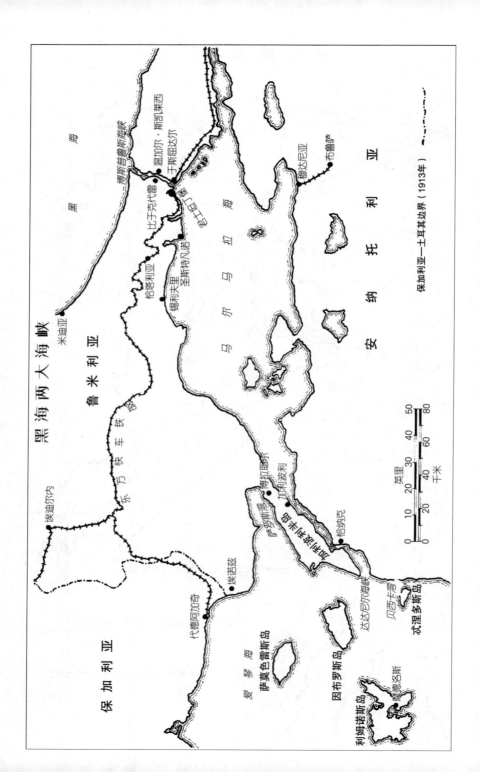

黑海两大海峡

黑 海

博斯普鲁斯海峡

米迪亚

鲁米利亚

温加尔·斯约谋西

于斯屈达尔

斯约谋西

比于克代雷

恰塔利亚

君士坦丁堡

锡利夫里

圣斯特凡诺

穆太尼亚

布鲁萨

东方铁路

马尔马拉海

安纳托利亚

埃迪尔内

代德阿加奇

埃诺兹

萨莫色雷斯岛

因布罗斯岛

利姆诺斯岛

罗斯滕

博拉波利

加利波利

恰纳克

达达尼尔海峡

贝西卡

基里德巴希尔半岛

蒂坡多斯岛

穆德洛斯

保加利亚

爱琴海

保加利亚—土耳其边界（1913年）

英里
0   10   20   30   40   50
0   20   40   60   80
千米

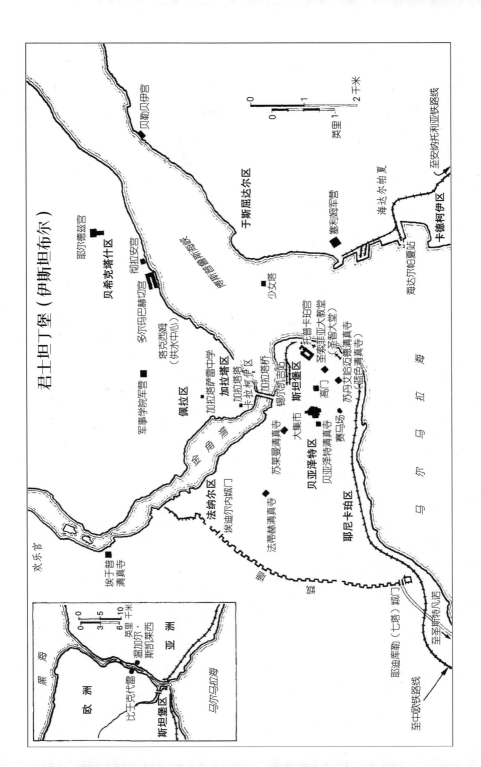

君士坦丁堡（伊斯坦布尔）

欢乐宫

埃于普清真寺

军事学院军营

偏拉区

加拉塔萨雷中学

加拉塔区
加拉塔桥
卡拉柯伊区
卡拉塔塔

塔克西姆
（供水中心）

多尔玛巴赫切宫

彻拉安宫

贝希克塔什区

那尔德兹宫

贝勒贝伊宫

博斯普鲁斯海峡

干斯屈达尔区

塞利姆军营

海达尔帕夏

至安纳托利亚铁路线

少女塔

海达尔帕夏车站

卡德柯伊区

托普卡珀宫
圣索菲亚大教堂

锡尔凯吉站
斯坦堡区
高门

圣察理大堂

苏丹艾哈迈德清真寺
（蓝色清真寺）

金角湾

黄马场

大集市
贝亚泽特区
贝亚泽特清真寺

苏莱曼清真寺

法蒂赫清真寺

法纳尔区
埃迪尔内城门

耶尼卡珀区

圣门

城墙

耶迪库勒（七塔）城门

至中欧铁路线

至圣斯特凡诺

马尔马拉海

0   1   2 千米

英里 1

黑海

欧洲

比于克代雷

温加尔

斯坦堡区

比于克代雷

亚洲

斯屈泰里

马尔马拉海

0   3   6   10 千米

英里 · 3   6

前　　言

　　当爱德华·吉本"正坐在卡皮托山（Capitol）上沉思时，传来朱庇特神殿里赤脚僧的晚祷声"①，这位讲述一个帝国之衰亡的最伟大的历史学家，就在此时决定了他毕生之作的宏大主题。我的任务则谦卑得多，而我所选择的沉思地点，其唤起的思古之幽情不亚于吉本的选择，但它所处的背景并不那么容易令人敛心默祷——我坐在高处俯瞰博斯普鲁斯海峡（Bosporus），而穿着拖鞋的游客正在古老的塞拉格里奥②的平台上订购午餐。

　　当我从这座名垂青史的宫殿眺望远方，看到多尔玛巴赫切宫（Dolmabahche）经典的白色长立面和更远的耶尔德兹宫（Yildiz）

---

　　①　语出吉本《罗马帝国衰亡史》，但帕尔默在引用时对文字略有改动。（本书脚注如无特殊说明均为译者注，下同。）

　　②　"塞拉格里奥"（Seraglio）一词可以指奥斯曼帝国的后宫，也可以特指托普卡珀宫（原文首字母大写，应为特指）。托普卡珀宫从 15 世纪后期至 19 世纪中叶是奥斯曼帝国的宫廷所在地。

的绿色园地时，我心下有了主意：我要撰写的内容几乎都是关乎苏丹个人的。但是，当我离开伊斯坦布尔时，我很快意识到此举不妥。回望历史，奥斯曼帝国最为迷人的一面不是一连串罕有其匹的著名君主，而是帝国的地理范围，是高度狭隘的统治阶级在从多瑙河平原到高加索群山、波斯湾上游、阿拉伯南部和北非沙漠的广袤土地上实施统治的方式。必须承认，虽然奥斯曼在巴尔干和近东保持了六个多世纪的优势地位，但当它在第一次世界大战之后不久崩溃之时，没有人对它的消失感到惊讶。在沙皇尼古拉一世漫不经心地嘲讽身边有一位"病夫"之前很久，外国观察家就在预言这样一个笨拙的体制行将就木。但是，为什么它撑了这么久？奥斯曼衰落的速度当然并不快，也绝不是持续不断的——也就是说，1683 年秋奥斯曼军队第二次夺取维也纳失败后，其国力并非一直呈下降的趋势。那些试图阻止衰退的改革，本身具有特殊的历史意义；那些试图实施改革的改革家同样如此。

现代历史学的时髦，是倾向于牺牲叙事性以满足专题分析。本书主体部分涵盖的两个半世纪中，一直存在反复浮现的问题：世俗与宗教的权威；一种形式独特的军事封建制的缺陷；人民运动；贪婪的强邻；更重要的是，奥斯曼帝国的摇摆不定——是借鉴西方呢，还是从安纳托利亚（Anatolia）西北部的滥觞之地寻求启发？但是，我们容易从这几个世纪的实践中体会到费希尔①著名的"无模式"史观②："（历史是）一个接一个的突发事件，就像后浪推前

---

① 赫伯特·阿尔伯特·劳伦斯·费希尔（H. A. L. Fisher，1865—1940），英国历史学家，曾在"一战"后期担任英国教育委员会主席。

② 费希尔在其作品《欧洲史》中，反对历史存在"剧本、韵律、预定模式"的观点。

浪。"因此，本书将以历史叙事为主，反映奥斯曼帝国确立的高度个性化的专制政体。

我必须承认，当我开始研究本书的素材时，奥斯曼帝国看起来就和玫瑰战争①一样，与我们身边正在发生的事件没有关联。只有黎巴嫩存在着长期不断的悲剧冲突。② 然而，奥斯曼的历史如今不再那么遥远。这个王朝或许已经远去，但是很多困扰后期苏丹的问题再度成为新闻热点。两年来，历史的车轮都在全速运转。半被遗忘的地名回到了头版头条：巴士拉（Basra）、摩苏尔（Mosul）、大马士革（Damascus）、迪亚巴克尔（Diyarbakir）等城镇；西方的波斯尼亚和黑塞哥维那（Bosnia-Herzegovina）③或阿尔巴尼亚的遥远前哨；东方的波斯湾沿岸或高加索山脉。我们再一次听闻了库尔德人的生存之战或亚美尼亚人的独立之梦。我们注意到了萨拉热窝潜藏的伊斯兰教特色——尽管这个地名70多年来更多地与哈布斯堡王朝而不是与奥斯曼人相联系。我们阅知了马其顿重新浮现的民族敌对和保加利亚少数语言群体的冲突。我们正在逐渐意识到：苏联解体后，19种突厥语族语言给成立之初的中亚各共和国带来了奥斯曼幽灵（至少是恩维尔帕夏④的阴影）的威胁。苏联未及衰落便解体，使俄国在黑海的前任对手奥斯曼的命运成为吊诡的研究热点。

书写一个地跨三洲的昔日帝国，不可避免地会遇上名称统一的

---

① 15世纪下半叶，兰开斯特家族和约克家族为了争夺英格兰王位而发生的断续的内战。
② 应当是指1975—1990年的黎巴嫩内战。
③ 以下译文均简称"波黑"。
④ 其人其事详见本书第十四章、第十五章。

问题。如果某个地名在英语中有通用形式，如"Salonika"（萨洛尼卡）、"Damascus"（大马士革）、"Jaffa"（雅法），我就使用这种形式。否则，我通常使用所撰写的历史时期的通用形式。因此，本书大多数篇幅中，"İstanbul"（伊斯坦布尔）写作"Constantinople"（君士坦丁堡）、"İzmir"（伊兹密尔）写作"Smyrna"（士麦那）、"Trabzon"写作"Trebizond"（均可译为"特拉布宗"）。在模棱两可的情况下，我使用我揣测的读者最为熟悉的形式，例如，采用"Edirne"（埃迪尔内）而不是"Adrianople"（哈德良堡）。为了帮助读者辨认地名，我在正文之后附上了一张"地名对照表"。读者们也可以在附录中查阅统治君士坦丁堡的苏丹在位年份和文中使用的历史术语。但我希望在叙述中第一次出现这个词的时候就解释清楚含义。对于专有名词——其中一些源于斯拉夫、希腊、阿拉伯或波斯语言——我使用在我看来最适用于英语的词形，而不是标准的土耳其语拼写系统①（尽管后者肯定比奥斯曼时期的写法更先进）。常用的英语化词形，就采用公认的形式，如"Pasha"（帕夏）、"Vizier"（维齐）。如果以上标准的不一致冒犯了语言纯净主义者，那我要说声抱歉。

但凡读了"参考书目"的人，都知道我参考了前辈历史学家的成果。我感谢牛津大学博德利图书馆、伦敦图书馆、英国国家档案馆、大英图书馆的职员随时为我提供支持。在约翰·默里有限公司（John Murray Ltd），我得到了格兰特·麦金太尔（Grant McIntyre）和盖尔·珀基斯（Gail Pirkis）的良好建议和编辑指导。我也感谢

---

① 例如，土耳其语的特殊字母"ı"（发音比较接近汉语拼音"e"），在原书中一般转写为英语字母"i"。

伊丽莎白·鲁滨逊（Elizabeth Robinson）目光如炬地阅读了我的打字稿和校样。我的妻子韦罗妮卡（Veronica）对我帮助极大：她每一次都陪我前往原奥斯曼领土，还对本书逐章提出了鞭策性的批评。我再一次对她表达最诚挚的感谢。本书献给我的姑母埃尔茜·佩里亚姆（Elsie Perriam），我在她德文郡（Devon）的家中，首先完成了本书几个章节的草稿。

艾伦·帕尔默

牛津郡伍德斯托克（Woodstock），1992 年 5 月

目　　录

楔子　常胜的奥斯曼 / 001

第一章　维也纳之战 / 011

第二章　挑战自西来 / 022

第三章　郁金香时代及其后续 / 042

第四章　西方的接近 / 063

第五章　塞利姆三世的诡谲命运 / 080

第六章　谜一般的马哈茂德二世 / 100

第七章　埃及风格 / 122

第八章　病夫？ / 136

第九章　多尔玛巴赫切宫 / 160

第十章　耶尔德兹宫 / 186

第十一章　哈米德时代的帝国 / 210

第十二章　亚美尼亚、克里特与三十日战争 / 225

第十三章　古老民族与青年土耳其党 / 243

第十四章　争取统一与进步 / 260

第十五章　德国的盟友 / 282

第十六章　主权与苏丹政权 / 311

尾声　垂死的奥斯曼 / 332

奥斯曼攻克君士坦丁堡后的历代苏丹及在位年份 / 343

地名对照表 / 345

历史术语解释 / 347

注释 / 352

参考书目 / 385

译后记 / 394

楔子

常胜的奥斯曼

　　"从未有过更加恐怖的事件，以后也不会再有了。"1453 年 6 月，君士坦丁堡落入土耳其人之手的消息传至克里特岛（Crete），岛上的一位修道院抄写员写下了这番话。随着冲击波席卷欧洲大陆，他恐惧的语调，也回响在教皇统治的罗马与共和制的威尼斯，回响在热那亚、博洛尼亚、佛罗伦萨和那不勒斯，回响在阿拉贡和卡斯蒂尔的贸易城市中。唯独在英国，这个消息几乎没有激起波澜，因为波尔多（Bordeaux）即将落入法国之手①的消息在英国更具重要性。其他地方陷入了一片惊惶。君士坦丁堡或许已经人丁稀少、经济枯竭，被土耳其人重重包围；1204 年，它已经被第四次"十字军东征"的士兵抢掠了一番。但是，在一个愈发认识到其古

　　① 英法百年战争末期的一场战役。

典遗产的中世纪社会中，存留着一种将拜占庭帝国视为"信仰基督教的希腊罗马文明遗产受赠人"的理想化观念。沮丧之情又由于一种负罪感而强化——皇帝君士坦丁十一世为抵抗穆斯林军队呼唤武力支援，得到的却只有微不足道的援助以及拉丁与希腊教会间走向团结的渺茫前景。

但君士坦丁堡注定陷落。只有一场大规模的解围远征，辅以围绕奥斯曼边境其他地区的牵制性袭击，才有拯救它的可能性。1453年5月29日星期二黎明，苏丹的军队在科克波塔门（Kerkoporta）坚不可摧的城墙上发现了一道可以通过的狭口。截至日落时分，这座遭劫之城残存的一切都落入敌手。君士坦丁十一世，希腊人的第86位皇帝，在西墙之下的巷战中殒身。历经1 100多年，东方自此不再有基督教的皇帝。①

这个星期二下午晚些时候，当苏丹穆罕默德二世骑着灰马进入君士坦丁堡后，他先前往圣索菲亚大教堂——"圣智大堂"②，将这座"巴西利卡"③ 置于自身保护之下后，下令将其改为清真寺。大约65个小时后，他返回此处，举行星期五正午的祈祷。这个转变，象征了这位征服者的计划。但同样作为象征的，是他坚持礼节性地任命一位博学的东正教僧侣填补牧首（Patriarch）的空位。因为穆罕默德二世追求延续性；"恐怖的事件"对他而言不是一个世界帝

---

① 这里的"1 100多年"应当是从公元313年第一位皈依基督教的罗马皇帝君士坦丁大帝发布《米兰敕令》算起。

② 圣智大堂（Basilica of the Divine Wisdom），即圣索菲亚大教堂的意译。"索菲亚"在希腊语中就是"智慧"之意。

③ "巴西利卡"（basilica）最初是古罗马的一种公共建筑形式，平面呈长方形，设中殿，外侧有一圈柱廊。后来的教堂建筑也延续这种风格。但此处特指圣索菲亚大教堂。

国无可挽回的结局，也不是苏丹政权的新起点。[1]他不仅要改造基督教祭坛为伊斯兰教服务，拜占庭皇帝的法律也是他发起的法典编纂的样板。意味深长的是，他将"罗马恺撒"（*Rum Kayseri*）纳入自己的头衔中，宣称自己是这个曾经囊括地中海沿岸和更远地区的帝国传统的继承人。中东曾经有过阿拉伯诸帝国，但这些帝国其实是转瞬即逝的存在。"征服者"穆罕默德二世试图恢复君士坦丁堡昔日的伟大，他坚信要给予土耳其人一座位于欧洲鲁米利亚（Rumelia，意为"罗马之地"）的首都，从而使奥斯曼帝国永世长存。这里可以越过狭窄的水道，眺望安纳托利亚的高地，也就是土耳其人来的地方。

　　最初，突厥人①是来自中亚的马上游牧民。9 世纪皈依伊斯兰教。在塞尔柱头领图鲁尔（Tugrul）带领下，他们攻克了巴格达——最早的哈里发政权的首都。此事发生在诺曼底的威廉入侵英格兰之前 11 年。接下来的 1071 年，塞尔柱突厥人（Seljuk Turks）对基督徒取得了第一场重大胜利，将一支拜占庭军队在凡湖（Lake Van）附近击败。② 后来，塞尔柱人建立了一个苏丹国，首都设于科尼亚（Konya），即希腊城市以哥念（Iconium）的旧址。这个塞尔柱苏丹国延续至 14 世纪初，被"异教"的蒙古部落击败。③ 地方统治者随后裂土分疆，建立了自己的诸侯国。其中有瑟于特（Söğüt）的奥

---

　　① 土耳其人的族源是个颇有挑战性的问题，"突厥"同样是复杂的群体称呼，二者不能等同，这里只是一种简单化的说法。

　　② 即著名的曼齐刻尔特战役，这场战役使拜占庭帝国逐步丧失对安纳托利亚的统治，具有重大历史意义。

　　③ 原文如此。在 13 世纪蒙古西征之前，塞尔柱王朝就已四分五裂，走向灭亡。而坚持到 14 世纪初才被蒙古灭亡的是罗姆苏丹国（仅仅是塞尔柱的孑遗政权）。

斯曼。瑟于特位于安纳托利亚西部，今埃斯基谢希尔（Eskişehir）附近的一处定居点。他的王朝开始以土耳其语"Osmanli"和阿拉伯语"Othman"而为人所知，在西欧语言中讹变为"Ottoman"。1326 年，奥斯曼在他的军队围攻拜占庭城市布鲁萨（今布尔萨，Brusa/Bursa）时去世。他的儿子兼继承人奥尔汗（Orhan）夺取了这座城市。布鲁萨遂成为奥斯曼苏丹国（延续到 1922 年）的第一个实质首都。但在 1364 年左右，其首都地位由哈德良堡（今埃迪尔内）取代；约 90 年后，由今伊斯坦布尔取代。

　　1345 年，奥斯曼土耳其人应拜占庭皇帝约翰五世之邀，渡过狭窄的达达尼尔海峡（Dardanelles）进入欧洲。皇帝需要他们的军事助力，打击一位篡位者。土耳其骑士战斗力高强，以至于他们迅速迫使保加尔人和塞尔维亚人沦为附庸；1389 年 6 月，他们在科索沃对南斯拉夫人取得了一场决定性胜利，由此巩固了在巴尔干的斩获。早在 1366 年，伊斯兰势力在东南欧的迅速壮大已经迫使教皇乌尔班五世宣布发动"十字军"，但奥斯曼的前进看来是势不可挡的。"土耳其人"——苏丹的多民族臣民在中欧和西欧的集体误称——很快就被视为令人生畏的"野兽"和"非人蛮族"，颇似维京时代的"诺尔斯人"（Norsemen，意为"北方人"）。甚至在君士坦丁堡陷落前，奥斯曼人就已经深深渗透进欧洲，穿过匈牙利南部的农田发动毁灭性袭击。1442 年在特兰西瓦尼亚①、1456 年在贝尔格莱德外围，他们被亚诺什·匈雅提（János Hunyadi）遏止。但 70 年后，奥斯曼大军全力出击中欧。1526 年 8 月 29 日，苏丹苏莱曼一世在莫哈奇（Mohács）使马扎尔人（匈牙利人）遭受了恐怖

---

　　① 　东南欧地名，曾受匈牙利王国统治，"一战"后成为罗马尼亚的一部分。

的失败：2.4万阵亡者埋骨沙场，2 000名战俘遭到屠杀，还有数千人被带回君士坦丁堡充当奴隶。

苏莱曼大帝是第十位奥斯曼苏丹，是第四位住进被征服的君士坦丁堡的苏丹，历史上也是土耳其统治者中最负盛名的一位。他也是统治时间（1520—1566）最长的苏丹——标志着奥斯曼帝国的极盛。他是一位威名赫赫、派头十足的君主，就像与他时代接近的两位西方人：英国的亨利八世与法国的弗朗索瓦一世（后者与苏丹缔结了反哈布斯堡联盟）。苏莱曼主要是作为立法者而被土耳其人铭记的，他也是一位诗人、学者和艺术的赞助人；与之匹配的是他的永久性纪念地——苏莱曼清真寺建筑群，奥斯曼最优秀的建筑师之一米尔曼·锡南（Mirman Sinan）将其建在山腰，可以一览金角湾。苏莱曼尤其是一位"加齐"（*ghazi*）武士，在底格里斯河和多瑙河的常胜战士，也是贝尔格莱德、布达、罗得岛的征服者。他直接统治南俄多地、特兰西瓦尼亚、匈牙利、巴尔干、安纳托利亚、叙利亚、巴勒斯坦、约旦和今日伊拉克大部、科威特、波斯湾西岸。他是耶路撒冷和今沙特阿拉伯境内的伊斯兰教圣地的守护者，也是亚丁湾、也门和尼罗河三角洲至阿特拉斯山脉①的北非沿岸的主宰。

苏莱曼不只是世俗统治者。作为实际上的（*de facto*）哈里发，他当时在穆斯林君主中具有精神上的至高地位。他可能已经是法理上的（*de jure*）哈里发：因为哈里发身份最初是由巴格达的统治者持有的，又在埃及重建，后来长期失势。1517年，当苏莱曼的父皇塞利姆一世（Selim I）夺取开罗后，阿拔斯王朝的末代哈里发沦为奥

---

① 位于北非，西南—东北走向，横跨摩洛哥、阿尔及利亚、突尼斯。

斯曼的寓公。① 据说，他将有名无实的名号转让给了他的新主公。[2]
这很可能只是传说而已，在奥斯曼帝国国势陵夷前，没有哪位苏丹
宣称是法理上的哈里发。但苏莱曼及其继任者在伊斯兰世界肯定是
具有权威的；麦加的"圣裔"曾将麦地那和麦加的钥匙献给塞利姆，
将圣城以及服务于圣城的朝圣之路置于其保护之下。苏丹的宗教权
威在波斯和美索不达米亚的什叶派虔信者中从未得到承认。他们以
先知的堂弟兼女婿阿里·伊本·艾比·塔利卜 ［Ali ibn Ab'Talib，
其陵墓位于今伊拉克城市纳杰夫 （Najaf）］ 的后裔为精神领袖。

　　从起源来看，奥斯曼帝国是一个军事组织。甚至在君士坦丁堡
陷落前，尚武的苏丹们就已经开始发展了一套挑选基督徒出身的奴
隶，使之改宗伊斯兰教、加入帝国近卫军的制度，借此强化苏丹个
人的专制。苏丹从这个特权阶层中物色大多数大臣（维齐）和军事
长官（阿哥，*agas*②）。苏莱曼一世完成了穆罕默德二世将这套配合
连续不断边境战争的机器改进为帝国行政体制的工作，这套体制由
私人奴隶通过实质上的占领军运作。

　　"任何向土耳其进攻的人，都必须准备好面对一个力量团结的
国家……因为统治者身边的人全是奴隶和奴才，要腐蚀他们是更加
困难的。"这番对奥斯曼统治者勉为其难的称赞，见于马基雅弗利
的《君主论》，写于苏莱曼继位前不久，敏锐地指出帝国专制政治
的基本力量来源。[3]若是没有完全依靠"统治者身边的人"，它就无
法运作。为了实现帝国的高效行政，苏丹可以自信地求助于"底万"

────────────

　　① 　1517 年灭亡的是埃及的马穆鲁克苏丹国。此处"末代哈里发"指的是埃及的傀
儡哈里发穆塔瓦基勒三世 （Al-Mutawakkil Ⅲ），而不是通常说的那位 13 世纪死于蒙古
西征的末代哈里发。

　　② 　土耳其语"aga/agha"，本义为"长兄"，后成为职衔。

(*divan-i hümayun*，各部大臣理事会兼法庭)，尤其是首相——大维齐——通常是最有特权的帝国奴隶。但在这个集权国家内，苏丹也不得不依靠每一位总督［贝勒贝伊（*beylerbey*），或者是后来的瓦里（*vali*)］的忠诚，任命总督前往各自的行省（*beylerbik*/vilayet）。在总督之下，还有若干"贝伊"，是行省内每一个"旗"（*sanjak*)①的首脑。赐给总督们的头衔"帕夏"（Pasha）体现出等级，所赏赐的礼仪性的马尾，也是等级的象征：贝伊一尾，总督两尾，大维齐三尾，苏丹本人四尾。

　　苏丹不只是全权的君主，他还是最大的土地所有者，一切新征服的土地都归其囊中。在城市中，尤其是在首都，大多数地产构成了"瓦克夫"（单数形式 *vakif*，复数形式 *evkaf*)，意为"虔诚公产"，处于宗教机构控制下。但苏莱曼上位后，城镇之外几乎90％的土地严格来讲都是皇室财产，因此归国家所有。通过利用这种皇室土地作为其政府的基本财政来源，苏莱曼建立了一套伊斯兰版本的西欧封建制度，压榨帝国的奴隶基础，甚至深入社会最底层。在巴尔干和安纳托利亚，一块土地采邑（蒂马尔，*timar*)会被分配给一位骑士（西帕希，*sipahi*)，他虽然没有土地所有权，但会成为苏丹在赐给他的"庄园"上的代表人。西帕希负责维持秩序、鼓励农业，以增加土地的产出；但最为重要的是，他负责从农民手中征收约定的税收。农民在扣除一部分供养自身、马匹、家庭的份额后，将余产上缴中央政府。这是一套笨拙的制度，需要在帝国之内维持一套整体协调的纪律，以便恐吓封臣们保持合作。在苏莱曼治下，这套蒂马尔制度是有效的，他去世时国库充盈。[4]但水平不如

---

　　①　音译为"桑贾克"，本义为"旗"，奥斯曼帝国省之下的行政区。

他的苏丹就办不到了。

　　哈里发身份确保苏莱曼将棘手的政府需求蒙上一层《古兰经》的可敬光环。如果他试图解读伊斯兰教法（沙里亚，*şeriat*），他可以借鉴宗教机构（乌理玛，*ulema*）所表述的伊斯兰教法学家的集体智慧。更确切地说，他可以寻求并接受宗教机构领袖阶层的意见，这是一个内部的圈子，被称作"学者会议"（*ilmiye*），其首席发言人被称为"大教长/大穆夫提"（*şeyhülisläm*/Chief Mufti）。"乌理玛"是社会共同体中受到偏袒的部门，享有免税权；他们不仅决定狭义上的宗教事务，也决定关乎国家司法实践形式的问题和教育的性质、实施问题。重要的判决应当以深思熟虑的法律意见书（教令，*fetva*）的形式、通常以大教长的名义而发布。对苏莱曼而言，沙里亚是政府的得力助手，这种法律依据杜绝了上诉的可能性。[5]

　　这些宗教机构开始以潜移默化的方式为奥斯曼政府带来宪制上的制衡，限制了苏丹的独裁。宗教领袖备受尊敬，以至于他们甚至能够审议某位苏丹皇位存续的合理性。他们从未质疑过苏莱曼的统治权，更令人惊讶的是，也没有质疑过他的继承人——人如其名的"酒鬼塞利姆"。但是，截至 1610 年，乌理玛和学者会议对苏丹废立的影响就相当可观了；在之后的整个帝国历史中仍然如此。任期结束于 1612①—1922 年的 21 位苏丹中，有 13 位是在大教长发布的"教令"的权威下遭废黜的，这是为了响应苏丹的政敌们诬陷他在遵守教法方面存在问题。[6]

　　苏莱曼死后，苏丹们显露的为君素质急剧恶化。虽然塞利姆姑

---

　　① 　原文如此，怀疑为 1622 年。

且算是一位学者，他的孙子穆罕默德三世则发动过对匈牙利的成功作战，但按照传统的标准，此二人均非优秀的武士，也非明智的统治者。1595 年后继位的苏丹，在上台前都没有任何活跃的军事服役经验。穆拉德四世（Murad Ⅳ，1623—1640 年在位）是一位意志坚强的国君，在高加索和美索不达米亚展现了作为军事指挥官的能力，但他被迫耗费了大量时间在行省的叛军中重树权威。虽然穆拉德四世是有为的苏丹，但即便是他也因饮酒无度而 31 岁英年早逝。大多数统治者安心地将政策制定事务交给朝廷的其他人——大维齐或阿哥（aga）。16 世纪晚期和 17 世纪初期的某几位苏丹治下，太后（Valide Sultana）的密谋发挥了极大影响。在这些年头，宫斗甚为激烈，以至被称作"后宫干政时代"。

这么浪漫主义和引人遐想的说法，令现代学者颇有微词。但即便历史学家将后宫政治的影响力最小化，他们仍不免承认：截至 17 世纪中叶，帝国滑向衰落的证据十足。[7] 他们至少可以指出"慢性衰落六大迹象"：（1）通货膨胀，热那亚和拉古萨（杜布罗夫尼克）① 的商人流通来自秘鲁的廉价白银，加剧了通货膨胀，导致主食价格涨至三倍；（2）"蒂马尔"征税制度的金字塔结构存在缺陷；（3）安纳托利亚人口爆炸，随后就是盗贼蜂起；（4）某些人满为患的城市里发生了毁灭性的火灾；（5）僵化地坚守发动战争并统治被征服地区的老一套方式；（6）单方让步协定（1536 年之后）——向居住在奥斯曼帝国境内的欧洲人赐予特殊法律权益和关税特许权的条约，以致有利可图的贸易越来越多地落入外国人手中。不过，

---

① 杜布罗夫尼克（Dubrovnik），古名"拉古萨"（Ragusa），位于今克罗地亚南端。历史上，这里属于达尔马提亚地区，长期属于威尼斯的势力范围。

尽管现代历史学家或许会承认奥斯曼帝国已经过了鼎盛期，但上述衰象是时人所未察觉的——无论他们是苏丹的臣民，还是外国的旁观者。即便处于衰落期，奥斯曼人仍然坚守他们将疆界更深地刺入基督教边缘地带的使命。直到 17 世纪走进最后四分之一时，西方君主才开始注意到奥斯曼衰落的真相。就在那个时候，即 1683 年，维也纳山区的一场战役消息传来后，西方君主意识到苏丹的军队和他们自己的军队一样漏洞百出。传奇性的"土耳其老大哥"① （Grand Turk）不再可怕。

　　而他们同样缓慢地认识到：他具有惊人的恢复能力。

---

　　①　特指奥斯曼苏丹。

第一章

维也纳之战

　　1683 年 7 月 7 日，维也纳人不耐烦地忍受着盛夏之夜的闷热。这个星期三一大早，当奥地利皇帝利奥波德一世急匆匆地从维也纳林山（Wienerwald）的猎鹿活动中返回时，可怕的传言已经传遍全城。据说一支土耳其大军正在从巴拉顿湖（Lake Balaton）一带的匈牙利大平原——奥尔福德（Alföld）向西挺进。连日来，数以千计的难民已经涌入哈布斯堡王朝的首都（维也纳），带来了村庄被焚毁、男女老幼遭遇野蛮暴行的传言。此时，在城东高地之上的观者可以看见巨大的沙尘暴；他们说，这是伊斯兰教绿旗引导下的骑兵正前来猛烈进攻天主教世界。

　　奥斯曼土耳其帝国已经与基督教世界（既有东正教，也有天主教）作战了好几代人。毫无疑问的是，截至此时，苏丹军队已经没有耶尼切里（Janissary）[1] 突袭君士坦丁堡城墙之时那么可怕了。但是，即便维也纳人已经意识到了来犯之敌的衰象，这也无法给他们带来多少宽慰。1683 年，和莎士比亚的时代[2]一样，"那位土耳其人"仍然被视为"世界之恐怖"。一个半世纪以来，匈牙利的中心地带一直臣服于苏丹的统治。向西远至埃斯泰尔戈姆（Eszterg-om）——也就是匈牙利的圣徒国王伊什特万[3]早在哈布斯堡和奥斯曼登上历史舞台之前就诞生的地方，一连串的伊斯兰宣礼塔矗立在多瑙河畔要塞拱卫的山丘上。对维也纳人而言，埃斯泰尔戈姆距维也纳林山不足 100 英里[4]，这一直令人惴惴不安。

但是，作为民间传奇的一段篇章，这种危机对于维也纳人已经不是第一次了。匈牙利人在莫哈奇惨败的三年后，哈布斯堡王朝的首都看来也很快会沦入土耳其的统治之下。1529 年 9—10 月，苏丹苏莱曼一世已经以 25 万大军和 300 门攻城炮将维也纳团团围困，但由于连绵大雨，他担心军队深陷泥淖，只能率军撤回匈牙利。危险已经消退，但土耳其入侵带来的噩梦般的恐惧在整个反宗教改革[5]的年代里持续存在。1529 年后，奥地利的教长们（prelates）震惊于苏莱曼深入侵犯天主教世界，坚持认为中欧教区的神职人员

---

① 字面含义为"新军"，即前文所说挑选信仰基督教的男童使其改宗伊斯兰教而组建的军队。随着时代的发展，"新军"也逐渐成为阻碍改革的旧势力，故而正文中不采用意译，以防望文生义。

② 1564—1616 年。

③ 伊什特万（匈：Istvan；英：Stephan）是匈牙利第一位国王，在位时间主要在 11 世纪上半叶，他将基督教立为匈牙利的国教。

④ 1 英里约为 1.6 千米。

⑤ 奥地利哈布斯堡王朝是持反宗教改革立场的。反之，如果站在新教的立场上看，同时期也是宗教改革时代。

应当建立一套预警系统——土耳其警钟（*Türkenglocken*），即一系列向士兵警告土耳其人来临、呼唤天主教信众祈祷的钟声。

　　奥地利全境已经一个世纪没有必要鸣响"土耳其警钟"了。1566 年，苏莱曼的长期统治一结束，苏丹政权就因为宫斗和阴谋的削弱，军事上变得不再那么令人生畏了。但奥斯曼入侵的潜在威胁一直存在。1664 年 7 月，教堂敲响了警钟。当时，一支强大的哈布斯堡军队在具有历史意义的匈牙利西部边境圣戈特哈德（Szentgotthárd）被奥斯曼挫败。而今，在 1683 年的这个窒闷夏日，维也纳再度有被土耳其占领之虞。奥地利与奥斯曼外交官在之前的冬、春时节谈判后，6 月下旬，一大股军队的前锋已经穿过了匈牙利平原的西缘。与侵略者并肩作战的，是野心勃勃的马札尔贵族伊姆雷·特克伊（Imre Tököly）率领的匈牙利叛军。但奥地利人最警惕的是非正规的机动骑兵（*akinji*），他们是无纪律的散兵，在纪律严明的奥斯曼主力军前方远远地抄掠。这个 7 月的第一个星期三，奥皇利奥波德获悉新月旗正在杰尔（Györ）城塞上飘扬，他认为危险已经迫在眉睫了。杰尔只在 85 英里之外，皇室应当在恐怖的机动骑兵逼近维也纳前立刻离开首都。

　　当晚 8 时，一队笨重的马车从霍夫堡宫（Hofburg）出发，笨拙地穿过施韦策尔霍夫庭院（Schweizerhof Court）的护城河吊桥，循西路向梅尔克（Melk）和林茨（Linz）行进。皇室的遁逃使维也纳人陷入了最严重的恐慌。数百难民力图跟随皇帝和他的护卫队，拖慢了行动，以至于前往科尔新堡（Korneuburg）的 9 英里路途耗费了 4 个小时。午夜之后不久，利奥波德下车时，他可以回望维也纳，看到圣斯特凡大教堂（Stephans-Dom）的尖顶映衬在东部灼热的群山下，火焰已经将群山的边缘镶上了一道红边。[1]

　　但是，随着侵略者逼近维也纳，他们放慢了行军的脚步。最强的部队自从 3 月底离开博斯普鲁斯海峡附近的营房后，已经横穿半个多欧洲，几乎走过了 1 000 英里。此时，随着维也纳林山映入眼帘，他们的指挥官预计会遭遇顽强抵抗。他不会知道，"基督教世界的前线"（*Antemurale Christianitatis*，这是当时一位荷兰人对维也纳的称呼）的防御存在严重的缺口；逃兵们透露守军只有 1.2 万正规军，但他对此表示怀疑。直到 7 月 16 日星期二①——奥皇利奥波德逃亡 6 日后——土耳其前锋才抵达维也纳防御工事的外围。

　　回望 1529 年，苏丹苏莱曼一世曾经御驾围攻维也纳。在他前后十七载、纵横三大洲的征战中，奥斯曼军队在多瑙河畔的平原上首次受挫。苏莱曼不是被击败的，他只不过没能夺取一座城市——它的天然防御力看似不如多瑙河中游那么多已经攻下的堡垒。但是，截至 1683 年，苏丹政权的性质不同了。穆罕默德四世已经在位 35 年，他是一位挥金如土的享乐主义者，是一位活力四射的骑手，但不是一位军人。在奥斯曼的历史上，他被称为"猎手穆罕默德"（*Mehmed Avçi*）；史诗和散文中记载他曾动员数千农民在埃迪尔内周边的树林中充当助猎者。继位 8 年后，他有幸发掘了一个天赋异禀的家族，为他提供了两位一流的大维齐：穆罕默德·柯普吕律（Mehmed Köprülü）和法兹尔·艾哈迈德（Fazil Ahmed）。他们的改革和行政效率使苏丹国库充盈，便于他动用经费参与游猎活动。但他们也让苏丹得以征召强大的兵力，发动上文对维也纳的第二次远征。苏丹准备率军远征至贝尔格莱德。但他不愿意承担自己受挫的风险。因此，将如此雄心勃勃的事业委托给他的密友卡拉·

　　① 原书如此，疑有误。

穆斯塔法（Kara Mustafa）是更好的选择。1676 年 11 月法兹尔·
艾哈迈德去世后，此人就担任了大维齐。[2]

　　当时还没有哪位奥斯曼指挥官比他更富有军事经验。1672 年，
卡拉·穆斯塔法在德涅斯特河（Dniester）智胜伟大的波兰军人
扬·索别斯基（John Sobieski），为土耳其人及其附庸鞑靼人夺取
了卡梅涅茨·波多尔斯基（Kamenets Podolsky）堡垒。两年后，
他夺取了乌曼（Uman）城镇，将俘虏的基督徒剥皮实草、献礼苏
丹。他的来历一直模糊不清。他并非生于柯普吕律家族，但他就像
是法兹尔·艾哈迈德的义兄弟一样接受教育和提拔；1675 年 6 月，
他迎娶了公主屈奇克（Küçük）——乌曼惊悚战利品的受赠者之
女，增强了他在朝廷的权势。有传言称，大维齐带上了一整套随军
人员，包括 1 500 名营妓和 700 名看守她们的黑人宦官。关于他的
生活方式，很多怪诞传闻都是建立在事实基础上的，但上述这条传
说几乎肯定是不足为凭的。然而，他似乎是色中饿鬼，程度与他的
野心不相上下。在苏莱曼的失败之处重新起步，使卡拉·穆斯塔法
成为与一个多世纪前海上的"红胡子"海雷丁（Hayruddin Bar-
barossa）① 媲美的陆上指挥官。

　　他一上任就雷厉风行。两日之内侦察了维也纳的外围防线后，
他就完成了对城市的封锁。7 月 14 日，一场大火烧毁了大贵族的很
多官邸，烟尘飘向奥斯曼的战线，使卡拉·穆斯塔法担心等维也纳
落入他的手中时已经化为废墟。因此，他下令在远于防御工事和攻
城器械的地方建造一座巨型军营，这是一座军事总部，可以为苏丹
的士兵们提供妥帖的住处。在一周多一点的时间内，维也纳城区和

---

　　①　苏莱曼大帝时代的奥斯曼海盗魁首，曾在西地中海横行。

西北的维也纳林山之间就崛起了一座"帐篷城"。以这种稀奇的方式展示奥斯曼的排场，让他的敌人大开眼界。在哈布斯堡军中服役的一位意大利伯爵在那个夏天留下了一段描述："谁都无法想象他们占据了多么大片的土地。在军营的中央，矗立着大维齐的营帐，就像是某座辉煌的宫殿被若干别墅包围，帐篷五颜六色，共同构成了缤纷的图画。"[3] 围城战的三个多世纪后，维也纳仍然有一座"土耳其战壕公园"（Türkenschanz Park）。但它现在不再是空地了。茂密的优良树种环绕着古老的土耳其营地中央的小丘，好在有一处"冒险园地"供年轻人游玩。

在 60 天的时间里，卡拉·穆斯塔法都待在宫殿般的军营里，将 20 万人聚集在城墙的 12 座棱堡和鹿砦周围。奥地利之战不仅证实了他个人的残酷名声，也确认了西欧的普遍观念：苏丹的军队是蛮族部落。事实上，奥斯曼的正规军不比其他军队好，也不比其他军队差。区别在于他们的指挥官：卡拉·穆斯塔法虽然在宗教信仰方面漫不经心，但对于基督徒有一种狂热的仇恨。一位威尼斯使节向总督致信，说他是"人间之祸"。[4] 他保留了一串首级，庆祝他夺取海恩堡（Hainburg）——多瑙河下游方向 20 英里左右的一座设防村庄。7 月 16 日，他的军队在外围的佩希尔茨多夫（Perchtoldsdorf）屠杀了 4 000 名村民。围城第一周，他下令对俘虏系统化屠杀，展示他们的头颅，恐吓守城的奥地利军队。截至 7 月下旬，抄掠的机动骑兵沿着多瑙河抢劫和破坏，最远到达西方的恩斯（Enns），卡拉·穆斯塔法对他们几乎没有控制力。只有一些设防的大修道院，如矗立在峭壁之上、俯瞰多瑙河的梅尔克，才能在伊斯兰教的怒潮中作为基督教的孤岛而保存。

此时身处帕绍（Passau）的皇帝利奥波德一世紧急求援。教皇

的资助，意大利北部和德意志法兰克尼亚地区青年贵族组成的志愿
军，巴伐利亚和萨克森选侯召集的军队，都有望解救维也纳。同
样，扬·索别斯基麾下的一流波兰军队也有望大力提供支援，只要
他们能够越过喀尔巴阡山脉（Carpathians）长途跋涉向南而来。索
别斯基与卡拉·穆斯塔法还有旧账要算。但是，话说回来，维也纳
主要的希望在于大维齐的性格缺陷：贪婪之心使他本质上不过就是
个匪首。对这座城市发动正面进攻，击破城墙，按照传统允许进攻
者当街洗劫三日，对他个人带来的利益还不如按约定的条款投降；
而正式的投降，会让维也纳剩余宫殿和教堂中的丰厚战利品落入他
的口袋。直到 8 月最后几日，扬·索别斯基的行军纵队抵达多瑙河
北岸，卡拉·穆斯塔法才最终放弃了以饥饿迫降守军的希望，下令
全面进攻维也纳南部防线。

　　截至 9 月 7 日，索别斯基已经与洛林公爵卡尔麾下的德意志军
队联络，一支 8 万人的援军沿着维也纳林山的北峰集中。那个星期
二的晚上，卡伦山（Kahlenberg）高地上的篝火让维也纳守军指挥
官施塔尔亨贝格（Starhemberg）伯爵知晓了救兵即至。卡拉·穆
斯塔法也看到了篝火，通过审讯俘虏，充分得知了来敌的兵力。他
急切地催促熟练的土耳其工兵（lagunçi）同时挖掘壕沟和地道，
破坏维也纳的外围防线。9 月 12 日上午，一枚地雷最终炸开了城
墙。但为时已晚，奥斯曼军队无法推进自己的成功。从这个星期日
清晨 5 时起，沿着卡伦山茂密的山嘴、穿过低坡梯田式的葡萄园，
一场恶战一直在进行。夕阳西下，德意志步兵打到了土耳其大营的
边缘。波兰骑兵背对着落日的余晖，快速冲向那座"帐篷城"，巩
固了这场胜利，保障了维也纳的解围。大维齐放弃了很多战利品，
包括一匹盛装打扮的上等战马。夜幕降临时，有人看到他骑着一匹

轻骑朝着杰尔迅速东逃，右眼打上了绷带，几乎认不出来。[5]

　　1529 年，苏莱曼大帝出于自身的判断，从容有序地从维也纳撤退；而在 1683 年，卡拉·穆斯塔法的军队是被迫撤退，指挥官是从战场败逃的。没有人能选中一个精准的日期说："就是从这一天起，奥斯曼帝国进入衰亡期。"但毫无疑问，在那个 9 月之夜，维也纳城外土耳其营地的粉碎就是最伟大的历史转折点之一。在更早的交锋中，还没有哪支奥斯曼军队被击溃得如此具有戏剧性。但颇为奇怪的是，卡伦山坡上的激战从未被列入任何"历史上的决定性战役"名录。确实，那个星期六的事件起初在利奥波德一世以外的人看来意义很小；在军事价值上，这些事件也没有什么特别的吸引力；它们也没有立刻带来和平的解决方案。只有随着时间的推移，此战的真正意义才逐步明朗。虽然多瑙河平原之后仍发生过更多的交锋，但伊斯兰大军再也未能击破天主教世界的城墙。

　　索别斯基或卡尔公爵都没有在维也纳解围后立即尝试追击泄气的敌军。他们逗留在维也纳城郊，直到下周二利奥波德返回为止。而那个时候的卡拉·穆斯塔法已经将胜利的基督徒甩在了莱塔河（Leitha）和拉布河（Raab）之外。一抵达奥尔福德，他就得以重整溃败的骑兵，转头扑向布达。同时，他也在寻找替罪羊，向苏丹证明错不在己。他无法对造反的匈牙利人施加报复，因为他们精明的领导人①暗中溜向东北方，以索别斯基为调解人安抚皇帝的愤怒，并取得了一些效果。但奥斯曼团级指挥官仍然处于大维齐的掌控

------

　　①　指伊姆雷·特克伊，反抗哈布斯堡统治的领袖，曾在当时的北部匈牙利建立过"上匈牙利亲王国"，引奥斯曼为外援，但他对土耳其人也是虚与委蛇。此处文义指卡拉·穆斯塔法欲将责任推卸给伊姆雷·特克伊。

中。维也纳城前的失败让他们遭受了恶果。在卡伦山之战后的一周内，50多位帕夏被卡拉·穆斯塔法的亲卫队绞死。

处死这些人对于战事的结局当然没有什么影响。极短期内，也就是10月第一周的周末，大维齐的副手在帕尔坎（Parkan，埃斯泰尔戈姆脚下的一处渡口）使波兰军队受到严重遏制。但两日之后，洛林的卡尔指挥的一支基督教联军扭转了帕尔坎的定局，最终击破了土耳其在多瑙河中游一线的抵抗。10月24日，埃斯泰尔戈姆的军队在遭受短暂的炮轰之后就投降了。虽然在该世纪早些时候，奥地利军队已经夺取了土耳其建有清真寺的城镇和村庄，但埃斯泰尔戈姆是天主教统治下的欧洲被基督教军队收复的第一座伊斯兰化城市。

甚至在埃斯泰尔戈姆失守前，卡拉·穆斯塔法就已经离开布达，动身前去贝尔格莱德。军队途经潘诺尼亚平原（Pannonian Plain）退却时，他决意尽可能地推迟在奥地利和匈牙利惨败的消息传入苏丹宫廷，于是下令杀更多人灭口。从地理上看，多瑙河中游或许是帝国遥远的西北边疆。但大维齐不敢幻想苏丹对于军事失利会有什么反应。穆罕默德四世并非魅力型领袖，就像奥斯曼家族的很多成员一样，在最为庄严的场合，他看上去"一副衰样，配不上他的华丽礼服"（一位威尼斯外交官在这年早些时候评论道）。[6]但是，无论穆罕默德四世的阅兵式马术（parade horsemanship）多么平平无奇，他仍然是"土耳其老大哥"。一场军事失利个案，即便远在多瑙河中游之外，也象征着帝国权力的不祥衰落。大维齐失败的地方，恰恰是十代苏丹一直期盼军队奏响凯歌的地方。

11月17日，卡拉·穆斯塔法抵达贝尔格莱德城塞［位于多瑙河与萨瓦河（Sava）交汇处的石灰岩峭壁上］，此时他预感自己时日无多。他不可能为了消除那些已经在苏丹宫廷中传播的疑虑，而把所有见识了他平庸将才的人杀尽；虽然他试图收买很多战役生还者，但不能保证金钱能够永远堵住他们的嘴。他的命运——以及若干年后他的国君的命运——说明了当奥斯曼对打不倒压不垮的西方发动漫长而延宕的行动时，内在的自律仍然在塑造着这个帝国的统治机关。

在贝尔格莱德，卡拉·穆斯塔法暂且仍为大维齐。在卡莱梅格丹（Kalemegdan）堡垒，他持有穆罕默德四世 7 年前赐给他的职位象征——帝国印玺和天房钥匙——以及 5 月他被任命为元帅的时候，苏丹在贝尔格莱德交给他的"圣旗"（sancaci şerif）。尽管他的官位保证了他对自己的溃军和塞尔维亚的村镇仍然拥有震慑性的权威，但他心中清楚：凡是携带"圣旗"上战场而遭遇失败的将领，都无权获得赦免。以往的私敌簇拥在穆罕默德四世身旁——他当时正在埃迪尔内驻跸，这是他最喜欢的驻地，卡拉·穆斯塔法过去常常在这里陪伴苏丹出猎。当大维齐外出为国君领兵作战时，他身为首相所负责的日常事务就委托副手办理。随着多瑙河的风声透入埃迪尔内，副首相和底万的其他官员开始说服苏丹：卡拉·穆斯塔法履职不力。穆罕默德四世意识到，如果放大维齐一条生路，败于"异教"军队的耻辱责任将落到苏丹-哈里发自己头上。

这样的权衡注定了卡拉·穆斯塔法的命运。12 月的最后一个星期六，他正在举行晌礼时，两位宫廷显贵自埃迪尔内抵达卡莱梅格丹城塞，带来了苏丹下达给女婿的双重命令：他必须将军政大权之象征交给帝国钦差；然后，他应当"将灵魂交给仁慈的真主"。卡拉·穆斯塔法完成祈祷后，脱下头巾和朝服，要求刽子手麻利地勒死自己。当卡拉·穆斯塔法脖子上的弓弦在贝尔格莱德勒紧时，在远方的维也纳和埃斯泰尔戈姆，在长期担忧"那位土耳其人"降临的城乡之中，教堂奏响了庆祝圣诞节的钟声。就是在 12 月 25 日，他的同教中人处决了基督徒的这个大敌。[7]

　　他的尸体被斩首，头颅被剥皮实草，呈给穆罕默德四世，以此证明圣旨得到了贯彻落实。但不幸的卡拉·穆斯塔法继续遭受报应。在后来的作战中，他的头颅落入奥地利人之手。在维也纳之围300 年后，好奇的游客能够看到它被安置在维也纳历史博物馆第一层的一个玻璃匣子里。这是那个动荡年代的恐怖遗骸。但这颗人头已经不再展览。如今的奥地利首都流行着以和为贵的精神，昔日的仇恨化解于过往的神秘岁月里。

第二章

挑战自西来

苏丹穆罕默德四世治下的臣民超过 3 000 万，两倍于路易十四，六倍于利奥波德一世。即便是多瑙河之难后，他的帝国仍然是令人敬畏的。他几乎统治了整个巴尔干半岛，远抵通向萨格勒布（Zagreb）① 的东路。他的部队控制着波兰的布格河（Bug）和俄国的顿河（Don）、第聂伯河（Dnieper）沿岸的前哨。单单在欧洲，他的土地面积就比法国和西班牙加起来还要大，而在小亚细亚，他直接统治南至红海和波斯湾上游源头的广袤地区。东至里海的高加索地区是他的附庸国。罗得岛、克里特岛、塞浦路斯岛接受他的主宰；埃及和尼罗河下游河谷亦然。他还可以对的黎波里（Tripoli）、突尼斯、阿尔及尔宣称宗主权。

---

① 今克罗地亚首都。当时克罗地亚受哈布斯堡王朝统治，与奥斯曼土耳其接壤。

　　然而，这些边疆大多是帝国扩张的明确极限，在地图上截然定分。在东方，奥斯曼的前进受到了地理和军事科学的综合制约，此外或许还有什叶派信徒的宗教对立因素：波斯的萨法维王朝有能力利用群山起伏的中部高原作为天然防线；奥斯曼人从无可能效仿早期的阿拉伯入侵者进入旁遮普。在南方，扩张的障碍纯粹是地理因素：沙漠强行构成了天然的疆界，除了保护前往麦地那和麦加的朝圣之路外，奥斯曼人似乎也没有理由顺着大篷车道深入撒哈拉沙漠或阿拉伯沙漠。西南方的极限在 17 世纪末之前早已奠定，因为在这个方向上实施新的征服需要依靠海上力量，而土耳其的造船厂没有建造足以适应大西洋挑战的舰船。虽然苏丹的静水区舰队在西西里岛狭窄水道以东的海域仍然有效，但奥斯曼的海军声望从来没有从 1571 年的战败中完全恢复。当时，在帕特雷湾（Gulf of Patras）的勒班陀（Lepanto），奥地利的唐·胡安（Don John）率领西班牙、热那亚、威尼斯联合舰队取得了决定性胜利。自此以后，好几任大维齐将在地中海西部骚扰苏丹的基督教敌人的任务交给了"巴巴里海盗"，尽管事实常常证明这些臭名昭著的海盗是反复无常的盟友。

　　尽管山区、沙漠、海洋从三个方向制约了奥斯曼的力量，但在巴尔干以北，却没有天然的障碍。这里没有喀尔巴阡山脉，也没有阿尔卑斯山脉。① 有一道人工的障碍，即 16 世纪晚期哈布斯堡王朝建造的一连串堡垒，构成了横穿克罗地亚西部的所谓的"军政国境地带"（Military Frontier）。但多瑙河平原构成了广袤的竞技场，掌握变革中的军事科技的将领们可以在这里迎战敌人。15 世纪，

———————

　　① 指广袤的多瑙河中游平原，位于阿尔卑斯山脉以东、巴尔干半岛以北、喀尔巴阡山脉以南。

土耳其人很快就已经领会到了加农炮的价值；甚至早在 1453 年，26 英尺①长的"巨炮"就将石弹抛射到君士坦丁堡的城墙上。但他们没有保持开发新武器的领先优势。维也纳的解围和埃斯泰尔戈姆的失守，向世界展示了几位外国旅行者在过去半个世纪里揣测过的事：奥斯曼的战争机器正在开始停止运转。这套战争机器，或许曾经使得苏丹们先于欧洲其他君主征召一支常备军，但多瑙河的作战已经表明：卡拉·穆斯塔法的专技部队（specialist troops）、封臣、蛮勇的轻骑兵、未受训练的随军苦役组成的大杂烩，比不上西方的新型职业军队。土耳其的燧发滑膛枪仍然是致命的，但黄牛、水牛或骆驼牵引的重型炮车在多瑙河平原上行动笨拙而迟缓。

天主教国家迅速争取对索别斯基和洛林的卡尔赢来的胜利加以推进，首次构建一个宏大的反土耳其人战略计划。[1]1684 年 3 月，来自威尼斯、波兰、奥地利的使臣汇聚一堂，在教皇英诺森六世的支持下，建立新的"神圣同盟"，这是一个进攻性的联盟，将威慑到多瑙河流域和其他边疆。在威尼斯举行的这些磋商中，他们勾勒了最早的暂定计划：在欧洲，也在中东（更为含糊其词）瓜分奥斯曼帝国。由于路易十四的大臣们与连续数任大维齐保持有利可图的关系，法国就被拒绝加入任何"十字军"式的"神圣同盟"。但是，东正教的俄国、德意志的新教地区，甚至是信仰伊斯兰教的波斯，都有望策应三个天主教国家。

这些计划野心过大。威尼斯派往波斯的使臣是嘉布遣会传教士，没有得到波斯的回应。德意志路德宗的参与度极低。俄国直到两年后才参战，之后只对穆罕默德四世的藩属——鞑靼人的克里米

---

① 1 英尺约为 0.3 米。

亚汗国发动过一次战争。但是，虽然这个"神圣同盟"一直是不完整的，但它足以在多条战线上接二连三地对穆罕默德四世发动进攻。这些行动标志着长达 35 年的近乎不断的战争的开启，苏丹的敌人们试图反推伊斯兰的边界，以证明苏莱曼建立的伟大帝国陷入致命的衰落。

前一年秋天的战争在哪里结束，新的战争就接着在哪里开打。洛林的卡尔公爵继续在奥尔福德作战，在两场夏季作战中拿下了佩斯（Pest）和匈牙利北方大部分地区。1686 年 9 月 2 日，在一个月的围攻后夺取了布达。11 个月后，在具有历史意义的莫哈奇战场附近重创土军。卡尔的胜利使哈布斯堡军队得以将奥斯曼人从克罗地亚和特兰西瓦尼亚肃清。在 1688 年 9 月第一周，奥地利军突袭贝尔格莱德（作为一个省级帕夏领地已有一个多世纪），由此将战火烧进巴尔干。在次年夏季，他们推进到尼什（Niš）和斯科普里（Skopje）；截至秋季，已经攻入距离君士坦丁堡不到 400 英里的范围内。

与此同时，威尼斯也在巴尔干开辟了一条新战线——对达尔马提亚南部海岸和波斯尼亚的奥斯曼前哨的袭击。随后是 1685 年在希腊的一场新战争。一位前任总督弗朗切斯科·莫罗西尼（Francesco Morosini）以接近古稀的高龄，登陆伯罗奔尼撒半岛［Peloponnese，奥斯曼方面称之为"摩里亚旗"（Sanjak of the Morea）］的托隆（Tolon），并鼓动伊庇鲁斯（Epirus）和马尼（Mani）半岛的叛乱。截至 1687 年 8 月，这支"威尼斯"军队，包括瑞典冒险家约翰·薛尼格斯马克（John Königsmarck）伯爵麾下的路德宗雇佣兵，已经将土耳其人从整个伯罗奔尼撒半岛驱逐，仅有莫奈姆瓦夏（Monemvasia）嶙峋的岬角负隅顽抗。一个月后，莫罗西尼所部横扫科林斯地峡，海陆并进冲向比雷埃夫斯（Piraeus）。随后，他们进攻雅典卫城周边破败不堪的房屋和店铺（最伟大的古典城市仅存的遗迹）。在断断续续轰炸十日后，奥斯曼军队投降了。然而，在这之前，雅典就承受了无法挽回的灾难。[2]1687 年 9 月 26 日晚上，一支德意志雇佣军从缪斯山（Mouseion Hill）发射了一枚臼炮，炸毁了帕提侬神庙（Parthenon）中的一座土耳其火药库；横饰带（frieze）和 14 根立柱轰然垮塌。数日之后，莫罗西尼下令将雅典娜的战马、战车雕刻从西面的山形墙拆除，运往威尼斯作为战利品。而大理石制成的"比雷埃夫斯狮子"此前已经被送去装点总督军械库的门面。但将这组雕塑卸下来，对于莫罗西尼手下的拙劣劳工是个高难度任务。战马和战车坠地损毁。雅典的古典遗产在莫罗西尼远征中的损失，比过去两个世纪中奥斯曼统治下受到的掠夺还要多——话虽如此，毕竟是土耳其人先拿帕提侬神庙充作火药库。

　　关于"神圣同盟"战略反攻的惊恐流言慢慢传入君士坦丁堡。月复一月，一起进入君士坦丁堡的，还有成千上万的难民，他们饥饿、绝望。无论是在首都，还是在博斯普鲁斯海峡对岸，战争的影响都是无法逃避的。1686 年，面包价格翻倍；1687 年，再度翻倍。鲁米利亚群盗蜂起；在肥沃的地区，农田也无人耕种，因为劳动力已经被征入了卡拉·穆斯塔法的军队。因担忧自己在首都的人身安全，苏丹"猎手穆罕默德"选择尽可能久地待在埃迪尔内。在他统治的早期，柯普吕律家族的两位成员悉心辅佐他。如今是第三位——艾哈迈德的弟弟穆斯塔法，他自然而然成为一帮抵抗派的领袖，意在遏止苏丹权威在帝国边远行省的衰落。

　　穆罕默德四世已经无可救药地声誉扫地。穆斯塔法·柯普吕律的援手为之晚矣。莫哈奇之败后，紧接着就是莫罗西尼进军阿提卡半岛的消息。接连的败绩使穆罕默德四世丢掉了苏丹之位。在该世纪的上半叶，他已经有 4 位前辈被赶下台，其中最后一位是他的父亲"疯子"易卜拉欣。后者在位 8 年，因为挥霍了敲骨吸髓而来的资金，也因为在一个恐怖之夜下令溺死 280 名妃子的传闻而令人难忘。1648 年 8 月 8 日，易卜拉欣被废。没有人为他伤悲，失去皇位的 10 天后，他就被自己的首席处刑官（*cellad*）绞死。我们再来说1687 年，随着缺少军饷的愤怒士兵涌入首都，穆罕默德四世看起来很可能步其父之后尘。但底万和乌理玛都不希望由于再次弑君导致苏丹-哈里发双重体制进一步削弱。穆斯塔法·柯普吕律主张不流血的废黜。穆罕默德四世被迫将大权转交给 45 岁的同父异母弟苏莱曼亲王。

即便是在一夫一妻制的王朝中，逊位也极少是顺利的。而在奥斯曼帝国，后宫制度一直会造成继承问题。[3] 19 世纪之前，几乎不存在"当然继承人"（heir-apparent）——也就是一位备受呵护的皇子，准备在苏丹驾崩或被废后立即上位。大多数奥斯曼统治者宠爱多位后妃，以及处于后宫体系底层但也可能为苏丹产子的姬妾。这个问题在 15 世纪和 16 世纪非常复杂，以至于新苏丹的亲兄弟和同父异母兄弟通常要在他的继位之日被绞死，由此清除敌对的皇位觊觎者，使之无法成为宫廷阴谋的中心：1574 年 12 月 21 日，穆拉德五世[①]的 5 个弟弟被弓弦勒死；1595 年 1 月 28 日，穆罕默德三世的 18 个弟弟创纪录地被杀，让这个王朝男丁不旺，以至于宗教领袖们开始质疑大规模屠戮兄弟有失道义和智慧。遂决定[②]男性近亲应当被关押在图圄（*kafe*）之中——苏丹主宫托普卡珀宫（Topka-

---

① 原文误，此处穆拉德五世应为穆拉德三世（1574 年登基）。
② 英语原句使用形式主语，并未体现是谁的决定。

pi Sarayi）第四庭院中的小型套房之一。除了穆罕默德四世本人（6 岁登基），1617—1839 年的 15 位苏丹都是在这个狭小的世界里等待皇位的召唤。他们的目光从图圄的大理石阳台穿过一座花园，可以眺望金角湾与博斯普鲁斯海峡。[4]

　　一些皇子遭受的只是名义上的监禁。但只比穆罕默德四世小三个月的苏莱曼二世，在 6 岁时身陷图圄，人至中年还对第四庭院以外的世界一无所知。在图圄中 39 年，与公共事务脱节，对于治国毫无准备。然而，1687 年 11 月 9 日，大臣们适时地将这位茫然、困惑、几被遗忘的皇子从托普卡珀宫的内室释放出来。一位法国人记载他"身材高瘦，面色苍白"。[5]大臣们持着要求穆罕默德四世退位的教令，焦急地等待。穆罕默德四世听天由命般地接受了自己的退位，并被迅速移送到图圄中。而苏莱曼二世在埃于普（Eyüp）的神圣清真寺被礼节性地授剑，相当于一场加冕礼。穆罕默德四世起码保住了一条命，但还有一场最终的讽刺等着他。他最后离开了托普卡珀宫，在贴身护卫的陪同下，北返埃迪尔内和他最喜欢的那座宫殿（他曾经频繁从这里出发游猎）。但穆罕默德四世以后再也不会有"体育运动"了。他的生命终结于软禁中，毫无乐趣可言。1693 年 1 月去世时，有人说他死于痛风，有人说是死于下毒，但很多人认为他是死于忧郁。

　　等到这个时候，苏莱曼二世也已经死了。1691 年 6 月，佩剑礼之后仅仅三年半，苏莱曼二世正打算从埃迪尔内出发打击奥地利人时，患水肿身亡。他死后获得了此生未有的殊荣，防腐处理后的遗体奉安于他伟大的同名人物的墓葬——位于首都最华美的帝国清真寺旁的苏莱曼建筑群中。他取得的成就，在脱离图圄之时是难以预料的。1688 年 3 月的最初几天，他亲自率领军队，在君士坦丁堡的斯坦堡区（Stamboul）和加拉塔区（Galata）追剿叛乱者、法外狂徒和最嚣张的诈骗犯；他承诺解除额外的战争税负担；最后在 1689 年 10 月，他任命穆斯塔法·柯普吕律为大维齐——这是一个勇敢的决定，因为柯普吕律是一个豪门望族，有废立苏丹之底气。这位大维齐表现出了不俗的将才：1690 年秋夺回尼什和贝尔格莱德，还在多瑙河沿岸重建了一道防线。苏莱曼二世本打算与他驱马北进匈牙利，恰在此时苏丹归天。

穆斯塔法·柯普吕律没有回到斯坦堡区参加苏丹的葬礼。大臣们从宫中偏僻的套房中挑选了他的另一位同父异母弟——比苏莱曼二世小 10 个月、身陷囹圄长达 43 年的艾哈迈德皇子。他没有时间在埃于普举办佩剑"加冕礼"，只在埃迪尔内的埃什基清真寺（Eški mosque）临时拼凑了一场典礼。随后，穆斯塔法·柯普吕律立即奔赴多瑙河战斗前线，留下艾哈迈德二世在政府中接受底万的指导。随后不到一个月的时间，在贝尔格莱德西北 30 英里的什兰卡门（Szlankamen），也就是森林茂密的弗鲁什卡山（Fruska Gora）边缘地带，大维齐的军队遭遇了伏击。穆斯塔法·柯普吕律受了致命伤，军队溃散。

此时此刻，"神圣同盟"有机会收复巴尔干吗？即便如此，这个机会也失去了。1689 年，"新古典十字军"教皇英诺森九世去世后，政治目标和教廷的资金都紧缩了。同盟缺乏凝聚力，导致战役孤立进行，而不是完成战前在威尼斯构思的宏大战略总规划。甚至在 1688 年莫罗西尼返回故乡城市之前，威尼斯至希腊的远征军就失去了动力；尽管威尼斯坚守伯罗奔尼撒，但土耳其人迅速夺回了雅典。波兰和俄国的内部问题也削弱了它们从北方对奥斯曼施加的压力。而在多瑙河沿岸，德意志—奥地利对同盟的助力也不可避免地受到限制，因为它们需要腾出手来对付路易十四。一场民众起义迫使威尼斯人放弃了战略意义重大的希俄斯岛（Chios），而土耳其人的顽强抵抗挫败了青年彼得大帝夺取亚速（Azov）的第一战——这是一座黑海堡垒，扼守着顿河河口。但奥斯曼帝国这些偏远的前哨无法获得稳定的武器供应或增援。1696 年 6 月，彼得大帝在新建的俄国舰队助力下，夺取了亚速，开启了沙皇们争夺黑海控制权的长期斗争。一个西化的俄国从北方压向奥斯曼帝国，造成的威胁很快就远胜于曾经的莫斯科公国。

　　沙皇与苏丹的权力面临着类似的威胁：特权军事团体的权力过大。为了推行西化改革，沙皇彼得大帝必须首先摧毁莫斯科卫戍部队——射击军（streltsy）。对奥斯曼而言不幸的是，18 世纪没有哪一位苏丹打算摧毁其帝国之内与射击军有可比性的机构——耶尼切里军团。[6]历史上看，这个军团可追溯至 14 世纪晚期奥斯曼的势力从小亚细亚转移到巴尔干之时。苏丹穆拉德一世创建了耶尼切里（Yeni Çeri，新军）作为奴隶近卫军。他们发展成为近代欧洲最早的常备军的核心。大约 50 年后，一套有标准可循的强制征召制度"德米舍梅"（devşirme）得到推行，承担耶尼切里军团征兵的主要来源：基督徒农民父亲每 5 年应当向地方官报告家庭中儿子的数量；每 5 个男孩中的一个，通常是六七岁的孩子，之后就被苏丹的官员们带走，被迫成为穆斯林。理论上说，这种征召在帝国境内的所有基督教地区推行，但今波斯尼亚、阿尔巴尼亚、保加利亚地区的负担最为严重。一些聪明机智的奴隶被送往君士坦丁堡的宫廷学校接受特殊训练；他们成为高官的道路畅通无阻，有几位还当上了大维齐。但"德米舍梅"征召的大多数人都成了士兵。他们接受洗脑，对军团（他们的军事之家）绝对忠诚。

　　1453 年，在对拜占庭最后一击的关键时刻，耶尼切里突入了
君士坦丁堡；一个世纪后，他们又是苏莱曼大帝军队的急先锋。在
这些年头，耶尼切里军团受制于严格而明确的生活准则：绝对服从
军官；各部队之间整齐划一；禁酒；遵守伊斯兰教戒律；只通过
"德米舍梅"或从战俘中征兵；不蓄须；不结婚；除参军外不谋求
其他职业；接受以资历作为晋升基础、居住在军营中（有退休保
障）、以所谓的仁慈方式执行死刑、在耶尼切里军官的命令下执行
肉刑、随时有训练或演练的要求。他们可以依靠不菲的军饷和配给
为生。而且从 1451 年起，每当有新苏丹举行佩剑礼时，他们就能
得到"践阼金"的特别馈赠。由于在 150 年内只有 7 位苏丹登基，
"践阼金"作为偶尔的福利并非不合理。

　　但是，截至 1620 年，耶尼切里与其说是一支常备军，不如说
是一股常驻的威胁。[7]他们忽视了规则。1566 年，即苏莱曼大帝驾
崩之年，他们的婚姻首次合法化。不久之后，耶尼切里的儿子们获
允加入军团，他们作为穆斯林，却无法受制于那种确保严格纪律的
奴隶式服从。最后一次在东南欧的全面征兵发生在 1676 年；截至
此时，已经有案例表明，穆斯林父亲将儿子借给基督徒家庭，以便
他们可以找到门路，跻身这样一个强大而威风的群体。截至 17 世
纪初，军团的集体生活不再那么有约束力；耶尼切里在驻军的城镇
里自立门户；不打仗的时候，他们就做起了生意；很多人表现得像
民间的民兵预备役，而不是苏丹军队之核心。他们虽然贪婪地争取
新权利，但仍然死守着旧特权。"践阼金"变得不再是一种奖励，
而是一种勒索。1623 年，穆拉德四世成为六年内登基的第四位苏
丹时，大维齐将国库空虚的情况通知耶尼切里的高级将领。他们同
意部队将放弃这笔奖赏。但是，军团士兵充满了逆反心理，坚持要

求这一权利。托普卡珀宫的金银器皿被熔化、铸币，赏给军团。

强大而无畏的统治者可以镇压耶尼切里。但如何为之呢？不像俄国的射击军，耶尼切里不是立足于帝国的某个单一中心。在君士坦丁堡，在各行省较大的城市，在被征服的首府如开罗和大马士革，长期存在耶尼切里的军营。苏莱曼意识到了军团构成的潜在威胁，遂有意拔高帝国龙骑兵近卫军（西拉赫塔，*silahtar*）的地位。在他的继任者治下，这个军团从较富裕的土耳其贵族中征募，在任何战役中都贴身保护苏丹。但是，西拉赫塔是小规模的精锐部队，而耶尼切里在全面动员后能够达到 9 万人，组织为 100 多个营（*orta*）。其中包括可以被视作早期突击旅（proto-commando bri-gade）的"*serdengecti*"（字面意为"愿抛头颅者"）。如果奥斯曼帝国需要应对来自西方的军事挑战，苏丹们就需要耶尼切里的效力，前提是这个军团仍然像"征服者"穆罕默德和苏莱曼大帝时代那样忠诚而勇猛地作战。

短期内，他们看来大概能做到。1695 年 2 月登基的穆斯塔法二世，试图强力遏止奥地利的推进。[8]在他登基的 11 周内，穆斯塔法二世任命自己的前任导师费祖拉·埃芬迪（Feyzullah Effendi）为大教长。作为伊斯兰教法的首席解说人，费祖拉·埃芬迪的任务正是争取保守的乌理玛支持在多瑙河重启战争。而抵抗哈布斯堡，需要更多的税收，需要鲁米利亚和安纳托利亚的村庄里更多的人遭受不幸，因为一场新战事会再次糟蹋劳动者的田地。费祖拉·埃芬迪不只是一位宗教领袖；在缺乏一位强势大臣的情况下，他就是苏丹的首席执行官，能够恐吓心有不甘的诸省帕夏们为苏丹征召军队，还能够抑制桀骜不驯的耶尼切里。理论上说，耶尼切里是满员的，但实际上，备战欧洲的不足 1 万人，部署在埃及的营则向来严重无组织无纪律。但是，截至 1696 年最初几个月，已经有一支令人生畏的大军聚集在"圣旗"之下。费祖拉·埃芬迪和乌理玛将坐镇首都，控制奥斯曼帝国；而与此同时，苏丹再次率领他的军队投入战斗。

　　起初，苏丹穆斯塔法二世凭借将才取得了一些成功。他保卫泰梅什堡（又名蒂米什瓦拉，Temesvar/Timişoara），反击奥皇利奥波德的军队，使土军得以在多瑙河北岸保住一处坚实的落脚点。但在 1697 年暮夏，他的野心膨胀，从贝尔格莱德北上，进入匈牙利巴克萨［Backsa，今塞尔维亚伏伊伏丁那（Vojvodina）地区］的富裕粮仓。在森塔（Zenta）小镇附近，苏丹的工兵临时搭建了跨越蒂萨河（Tisza）下游的浮桥。蒂萨河在此处河面宽阔、水流迅疾，且与它和多瑙河的交汇处相去不远。9 月 11 日晚间，正当土军跨越蒂萨河时，奥地利发动了进攻。在萨伏伊的欧根亲王的出色领导下，他们将土军拦腰截断。奥斯曼军中的阵亡者可能多达 3 万，要么是战死在森塔战场上，要么是溺死在蒂萨河中。战后不久，欧根亲王向维也纳报告说：浮尸在河中相聚成"洲"。这位亲王的"决定性胜利"标志着他辉煌事业的开端；阿克顿勋爵（Lord Acton）[1] 评论道：这使欧根亲王成为"欧洲最著名的指挥官"，预示着他与马尔伯勒在西班牙王位继承战争中的胜利合作。[9] 然而，对土耳其人来说，森塔的决定性意义在于它是一个时代的结束而非开端。在维也纳解围的 14 年后——几乎一天不差，土耳其最后一次尝试沿着多瑙河中游向北扫荡，同样遭到粉碎性失败。苏丹在亚洲

---

　　① 阿克顿勋爵（1834—1902），英国历史学家，名言"权力导致腐败，绝对权力绝对地腐败"的提出者。

以外实质上已经没有军队了。

暴雨使穆斯塔法二世战败的后果没有立竿见影地显现出来，而利奥波德一世不打算在冬季派兵进入巴尔干。更为重要的是森塔战役对欧洲外交整体上的影响。英国和尼德兰试图居中调停，争取东方的和平，以便哈布斯堡王朝可以集中精力与路易十四的法国作斗争：当时尚无"东方问题"困扰西方政治家，只有令人厌倦、分心的"东方过场戏"。

1699 年 1 月的最后一周，漫长的谈判结束了，在卡尔洛维茨（Karlowitz），即今斯雷姆斯基·卡尔洛维奇（Sremski Karlovici）缔结了和平协议书。奥皇利奥波德对这份条约甚为满意。一些条款向奥地利商人做出了贸易上的让步，一些条款保证了罗马天主教徒在苏丹的国土内享有信仰自由权，它们的措辞或许不够精确，但似乎给了哈布斯堡皇帝干涉奥斯曼内政的宣称权。协议书中的领土条款几乎直白得出奇：和谈开始时，匈牙利和整个特兰西瓦尼亚（除了泰梅什堡一带的三角区）落入哈布斯堡之手，在条约中仍然如此；威尼斯人已经巩固了对达尔马提亚和伯罗奔尼撒的控制，在条约中仍然如此；土耳其人已经从波兰南部和乌克兰撤出，他们也没有尝试从波兰人手中收复这些土地。与俄国使臣的谈判持续的时间更久，但在 1700 年 6 月达成了协议：《君士坦丁堡和约》确认由沙皇彼得大帝占据亚速和德涅斯特河下游的一小段地区，条件是拆除该地区的所有俄国防御工事。

这些条约的缔约国中，没有哪一方认为边界的重新划定是一锤定音的。对黑海控制权的争夺只不过刚刚拉开帷幕。威尼斯正在衰落，这个共和国看起来有可能很快丢掉遥远的属地。然而，在某个地区，《卡尔洛维茨和约》持久地改变了版图。直至 1683 年，跨越匈牙利西部和克罗地亚的"军政国境地带"已经构筑了一道抵御穆斯林的防御墙；1699 年后，这道前线向东远远伸展至特兰西瓦尼亚，威风凛凛地逼近巴尔干，以至于奥地利哈布斯堡王朝似乎准备将土耳其人赶回亚洲，就像他们的西班牙亲属在一个世纪前驱逐了北非的摩尔人一样。但这只是想得美。事实证明，新的"军政国境地带"与之前的一样，基本上是防御性的，尽管这只是因为哈布斯堡的关注重点是法国的大战略和德意志、波兰、意大利半岛的问题。欧根亲王又在东方打了一场漂亮的仗，1716 年在泰梅什堡、1717 年在贝尔格莱德为自己增添了光彩。只不过，尽管泰梅什的巴纳特（Banat of Temesvar）① 再未重返奥斯曼治下，但土耳其人截至 1739 年已经夺回了塞尔维亚，要再等一个半世纪，一支象征性的土军分遣队才最终降下了贝尔格莱德上空的最后一面新月旗。奥地利从来没有进军君士坦丁堡——尽管在《卡尔洛维茨和约》签订时，确实存在过这种威胁。除了 18 世纪初的 20 年，萨瓦河和多瑙河继续标志着哈布斯堡君主国的边界，直至各大帝国在第一次世界大战末期化为灰烬。

　　《卡尔洛维茨和约》并不像某些作者说的那样，是奥斯曼帝国的灾难。[10]这份和约使土耳其得以规避西方的挑战，着手准备迎战北方的重大威胁和亚洲的新危机。《卡尔洛维茨和约》签订三年后，柯普吕律家族的最后一任大维齐阿姆卡扎德·侯赛因（Amcazade Hüseyin），在征税制度、军队组织与训练、发展风帆动力舰队以取

---

　　① 泰梅什的巴纳特是 1718—1778 年哈布斯堡王朝治下的一个省份，位于蒂萨河、穆列什河、多瑙河之间，如今分属罗马尼亚、匈牙利、塞尔维亚。该省首府为泰梅什堡（位于今罗马尼亚西部）。

代传统的桨动力加莱船（galley）等方面，实施了大刀阔斧的改革。这毫无疑问冒犯了保守的乌理玛——这个机构仍然由苏丹提名的大教长费祖拉·埃芬迪领导。要不是侯赛因身患绝症，在 1702 年 9 月下台，他几乎要死于政敌手中。

接下来 11 个月，事态照着类似的模式发展。费祖拉·埃芬迪虽然在统治之初保持警醒，但很快就沉溺于职权带来的利诱。世纪之交的那几年，他正在聚敛巨额钱财，大搞裙带关系。小道消息称，苏丹穆斯塔法二世和费祖拉正打算将宫廷和首都迁回埃迪尔内。这个决策一旦施行，将摧毁斯坦堡区和金角湾沿岸成百上千交易商的生计。1703 年 7 月，耶尼切里的四个连因为军饷被严重拖欠，在斯坦堡区发动兵变，并得到了其他士兵和宗教学员的支持。叛军挺进苏丹和大教长驻跸的埃迪尔内。穆斯塔法二世虽然慌忙地流放了费祖拉及其亲属，但无法避免重蹈他父皇的覆辙。8 月 22 日，大臣们废黜了他。12 月底，水肿病夺走了囹圄之中的又一位受害者的生命。

再一次有一位奥斯曼皇子被人从托普卡珀宫的第四庭院中请出，在埃迪尔内而不是埃于普举行佩剑礼。然而，在这里，一个微小的变化逐渐产生了一番为人熟悉的景象。这位 29 岁的艾哈迈德三世，是前任苏丹的亲弟弟而不是同父异母弟；他们的克里特籍母后拉比耶·居尔努斯（Rabia Gulnus）在艾哈迈德三世登基之时 60 岁出头，身为太后，具有一定的影响力，直到她 12 年后去世为止。但是有那么几个月，奥斯曼王朝看似就要出局了。艾哈迈德三世被迫支付比任何前任都要高昂的"践阼金"，用遭贬的费祖拉·埃芬迪及其亲信被没收的财产满足叛服无常的耶尼切里。即便如此，苏丹也无法向每一支造反的部队分配同等的金额。鲁米利亚和安纳托利亚西南部存在广泛的不满情绪。

一支敌军在锡利夫里（Silivri）集结。由马尔马拉海（Sea of Marmara）通往埃迪尔内的道路在这个城镇转向内陆。如果当时的指挥官们能够一致同意从其他某个领袖家族中物色一位苏丹候选人，奥斯曼帝国或许已经分崩离析，变成多个汗国组成的松散邦联。但艾哈迈德三世和奥斯曼帝国幸存了。他打算将耶尼切里作为帝国的守卫者。耶尼切里降临后，叛军就从锡利夫里逃离，很多人在东色雷斯和罗多彼山脉（Rodopi Mountains）落草为寇。内战的威胁消退了。[11]

艾哈迈德三世在他 27 年统治期的前半段，表现出了狡猾的政治手段，时不时还会发展出精明的治国才能。事后回顾，1703—1718 年的政府较为弱势；13 位大维齐先后上任，任期之短，令人不安；帝国对边远省的控制太过薄弱，以至于 1711 年在开罗发生了为期 70 天的流血事件，六个军（corps）合谋参与了针对耶尼切里的"大起义"。但在帝国首都中，艾哈迈德三世在这些年里巩固权位，在敌对的大臣们和"底万领袖"之间挑拨，同时在军队和宫廷的重要职位上安插自己的人马。侯赛因开启的陆海军近代化政策，在艾哈迈德三世治下稳重地推进，并取得了一些成功。虽然没有哪位奥斯曼指挥官能够智胜欧根亲王，但 1711 年奥斯曼人在普鲁特河（Pruth）遏制了俄军，彼得大帝也险些被俘。但是，该时期最为显著的成就发生在希腊南部。奥斯曼以惊人的速度收复伯罗奔尼撒，证明了舰队改革的有效性，也为艾哈迈德三世治下希腊东正教臣民的状态提供了重要的写照。

数个世纪以来，奥斯曼苏丹将很多教堂挪用为清真寺，但他们从未强求改变整个基督教社会的信仰。[12]穆罕默德二世承认他的东正教臣民是一个宗教"米勒特"（*millet*）；他们必须要缴纳重税，接受歧视性的法律——不得改变穆斯林的信仰、不得举行教堂游行、不得骑马、不得携带武器，等等，但他们获允在宗教和世俗的教会管理中实施自治，接受君士坦丁堡的希腊牧首领导。这位牧首被赐予了奥斯曼的帕夏头衔，持三马尾。后来的苏丹们广泛任用希腊人为政府效力，例如，服务外国使节的翻译官由希腊人担任，几乎成为惯例。而希腊人从一开始就变得富裕。有一块希腊人居住区——包括高墙拱卫的牧首官邸——在君士坦丁堡城内斯坦堡区的法纳尔（费内尔，Phanar/Fener）一带幸存下来。法纳尔是矗立在金角湾的古老的拜占庭灯塔。截至 18 世纪初期，这些"法纳尔"希腊人形成了一个商业贵族阶层，不只是在帝国中心（君士坦丁堡）活跃，在整个鲁米利亚和黎凡特（Levant）① 也是如此。长期以来，他们最大的商界对手就是威尼斯人，其次是热那亚人。法纳尔人向艾哈迈德三世呈上了爱琴海诸岛威尼斯治下的希腊人的一系列诉求：伯罗奔尼撒人企盼奥斯曼王师前来拯救他们脱离拉丁人的统治。这一颇具影响力的施压群体，得到了艾哈迈德三世的克里特籍母后的支持。直到 1715 年 11 月，她才去世。奥斯曼陆海军打击威尼斯共和国的行动，比起在多瑙河下游的任何作战，都能够在君士坦丁堡获得更多支持。

截至 1710 年，威尼斯 25 年的管理正在让受冷落多年的伯罗奔尼撒恢复繁荣。在来自北方科林斯湾的殖民助推下，伯罗奔尼撒的人口迅速增长。在一些不太干旱的地区，农业在古典时代后首次繁

---

① 黎凡特是一个不精确的旧时地理名词，指地中海东岸部分地区，尤其是黎巴嫩、叙利亚等。

荣。但是，尽管生活水平提高了，威尼斯的统治仍然不受希腊人欢
迎。1710 年夏，法国旅行家奥布里·德·拉·穆特莱耶（Aubry de
la Moutraye）在迈索尼（Methoni）登陆时，发现当地人对贸易限
制（他们认为这是为了偏袒威尼斯商人）深恶痛绝。[13]希腊人也怨
恨意大利神父的到来和罗马天主教会对东正教会的抨击。他们认
为，他们的教友在奥斯曼帝国统治区享受了更多的信仰自由。希腊
东正教对拉丁礼仪渗透的反对，以及法纳尔人对破坏威尼斯贸易的
渴望，使得战争的提议在金角湾得到了强烈的支持。1714 年 12 月
初，奥斯曼和威尼斯舰队之间时不时地在爱琴海交火，使苏丹以此
为由，对圣马可共和国①宣战。

　　战争是在后一年夏天开始的。大维齐率军进入伯罗奔尼撒。入
侵者非但几乎没有遭到威尼斯雇佣军的抵抗，反而发现自已随时可
以依赖东正教教士的支持。同时，奥斯曼军队攻陷了威尼斯在克里
特岛的最后几处要塞——斯皮纳龙加（Spinalonga）和卡拉米（Kal-
ami）；在基克拉泽斯群岛（Cyclades），奥斯曼人夺取了蒂诺斯岛
（Tenos）——该岛在长达 500 年的时间里属于威尼斯，受到了强烈
的罗马天主教影响，尚未像 19 世纪那样，作为东正教朝圣中心而
闻名。在教皇克雷芒十一世（Clement Ⅺ）和马耳他骑士团提供的
船队支援下，威尼斯人试图在 1717 年（也就是欧根亲王在巴纳特
对奥斯曼指挥官施以一系列重击的时候）发动反攻。但"神圣同
盟"最后一次倡言团结一致，只不过是一场作秀。截至 1718 年夏，
当各方在帕萨罗维茨（Passarowitz）缔结和约时，威尼斯已经同意
放弃伯罗奔尼撒。虽然这个共和国在之后的 80 年左右仍然控制了

---

　　①　即威尼斯共和国，传说圣马可（St Mark）是威尼斯的主保圣徒。

爱奥尼亚群岛（Ionian islands）、基西拉岛（Kithira）和伊庇鲁斯沿岸的四处小港口，但他们是出于商业目的占有这些地方，而不是将其作为在爱琴海和黎凡特实施扩张的战略基地。

即便这种解决方案在西欧几乎无人在意，《帕萨罗维茨和约》仍然标志着地中海历史一个阶段的结束。奥斯曼人已经赢得了最终的战略胜利，遏制了来自西方的最初的海上威胁。圣马可的狮子①再也未能在勒班陀附近的海域咆哮，再也未能打破苏达湾（Soudha Bay）死一般的沉寂。但是，作为奥斯曼持续回血的征兆，伯罗奔尼撒的这些事件还不够有说服力。它们之所以成功，部分原因是伊斯兰教与东正教在挫败教皇改变地中海东部信仰的图谋上，具有共同利益。拜占庭灭亡后，30 位苏丹和 150 多位牧首之间的关系，立足于他们对拉丁宗教习俗共有的憎恶和他们彼此之间对对方职位的尊重。但这种理想状态并不总是能够实现：三分之二的牧首由于相对较小的政策偏差在苏丹的要求下被废；另有 6 名牧首因严重的冒犯行为而被绞死、溺死或鸩杀。但是，苏丹政权和牧首都是天然保守的体系，即便不是完全无视改革，也本能地怀疑那些可能扰乱二者间微妙的权力平衡的信仰。双方都不曾有意识地推动民族主义：牧首在一个普世教会的体系内坚守拜占庭的普世主义传统；苏丹统治了一个多民族帝国，"土耳其人"只是其中的一个成分——社会地位低下的安纳托利亚"突厥蛮"（Turcoman）农民。收复伯罗奔尼撒的战争表明，这两套体系能够共同对拉丁教会采取行动。至于东正教信众表现出的超出牧首神职范围的"十字军"传教热忱，苏丹、牧首两者之间的关系如何对此做出回应，尚待观察。

---

①　狮子是威尼斯的象征。

　　这项挑战，比艾哈迈德三世和牧首预想的要更加迫在眉睫。1711 年在普鲁特河击退俄军后，艾哈迈德三世与大臣们对沙皇彼得大帝产生了轻敌情绪。彼得大帝曾经煽动巴尔干基督徒起事，但没有成功。而今低估俄国正在发生的事情，就会犯下错误。《帕萨罗维茨和约》签订的三年内（1721 年），彼得就采用了"全罗斯皇帝"的头衔，以此提升自身地位；同年，彼得大帝通过《宗教章程》，将莫斯科教会纳入国家管控下，约束力比其他任何欧洲君主对宗教集团施加的更强。很快，新的俄国代理人——神圣教会兼帝国的使节，开始渗透苏丹的巴尔干领土。俄国代理人在这里怂恿潜在的爱国情感，尤其是在此前对威尼斯统治敌意最深的地区。当虔诚的俄国担任"正信"的武装守护者时，奥斯曼帝国内部的东正教信众就越来越难消极地接受他们在苏丹治下的二等公民地位。1452 年，一位拜占庭官员批评皇帝试图将东正教会重新统一于罗马。据说，他评论道："宁可让土耳其人的头巾出现在这座城市，也不愿看到拉丁人的法冠。"1710 年，这种观点仍然在希腊教会人士中占优。[14] 但是，无论他们多么怀疑拉丁人，对"头巾"的尊重都正在弱化。到了该世纪下半叶，很多希腊人希望他们最美好的梦想将很快实现。"圣礼"（Holy Liturgy）在君士坦丁堡穹隆顶的圣智大堂再度举行，这似乎不再是个遥不可及的梦。

第三章

郁金香时代及其后续

　　奥斯曼帝国的衰落并不迅速，也不是连续的。截至 1700 年，伊斯兰教在欧洲征服的时代结束了；在失败的或非决定性的战事之后，奥斯曼的边界也缩水了；在北非和也门凭借几分运气得到的边远省份，很快就要走向实质独立。17 世纪的最后几年，旁观者屡次三番地预言苏丹政权的崩溃。但是，与各种预测相反，奥斯曼帝国比西班牙帝国、热那亚共和国、威尼斯共和国、选王制的波兰、英国殖民统治的美洲、苟延残喘的神圣罗马帝国、波旁和拿破仑时代的法国、教皇的世俗权力存活得都要长久；它甚至比哈布斯堡帝国、罗曼诺夫帝国（显然二者长期以来一直都是奥斯曼遗产的受益人）和霍亨索伦帝国[①]

---

　　① 　用奥地利、俄国、德国的皇室名称哈布斯堡（Habsburg）、罗曼诺夫（Romanov）、霍亨索伦（Hohenzollern）代指这三个国家。

（渴望反超法国成为奥斯曼的主要债权国）多撑了几年。

相比于搞清楚奥斯曼帝国的体制为何如此持久，发现它衰落的迹象要更为容易。毫无疑问，其生命力的来源之一，就是统治精英和乌理玛持有的信念：奥斯曼帝国是伊斯兰国家。哈里发的威望——无论是合法继承，还是挪为己有——在苏丹佩上"奥斯曼之剑"后，都提升了他的世俗权力，哪怕他是一位个性软弱的苏丹。1630年，奥斯曼谋臣穆斯塔法·科奇贝伊（Mustafa Koçi Bey）① 在呈给穆拉德四世的一篇著名政论中写道："希望陛下明白，王权与社会的良好秩序的来源，信仰与王朝的稳固基础的保障，在于紧紧握住穆罕默德律法这根强力绳索。"与此类似，后来呈给几位后继苏丹的很多备忘录，也强调了将公共和私人生活建立在伊斯兰教法（沙里亚）之上。[1]但是，在奥斯曼国家结构中存在着一种固有的保守主义，在性质上总是有助复兴的、改良的，而不像一些乌理玛成员希望的那样，是狭隘的蒙昧主义。这是一种细微区别，但比较重要：在外在形式基本不变的情况下，可以采用西欧的陆海军技术，日常的政府事务中也可以改变惯例。在柯普吕律家族执掌下，大维齐已经获得了一座官邸，位于环绕托普卡珀宫外墙的一条道路上。1654年起，他这里维持了一套行政班底，由于官邸的大门十分气派，得名"高门"（Bab-i Ali）。直到帝国灭亡，高门仍然是公认的政府驻地。在 18 世纪和 19 世纪，都有几段苏丹或大维齐谨慎实施西化试验的时期，试图给老旧的奥斯曼统治加入欧洲风格。

最早也最有独到见解的改革家是易卜拉欣帕夏·库利耶西（Ibrahim Pasha Kulliyesi）。在担任两年副大维齐（kaimakan）之

---

① 贝伊是一种头衔，级别次于帕夏。

后，他于 1718 年晋升为艾哈迈德三世的大维齐。[2] 外国观察家将易
卜拉欣描述为一位骄奢淫逸的娱乐赞助者，对于美景有一双善于发
现的眼睛，也有强烈的求知欲。但他也是一位精明的外交家，一位
操弄宫廷政治的高手，能够在大维齐的位置上坐 12 年（而当时的
平均任期是 14 个月）。他挑拨政敌互斗，与王朝缔结紧密的姻亲关
系，不断为苏丹提供娱乐使其荒废朝政，从而保住自己的地位。

易卜拉欣迎娶了苏丹的长女，故常被称为"国婿易卜拉欣"
（Damat Ibrahim），从而跟很多与他同名，但地位不及野心的人相
区别。和他的帝国主公一样，他也贪财、奢侈。但是，尽管有很多
缺点，国婿易卜拉欣也大出风头，表现出超越任何一位前任的眼
光。他是第一位派遣使节前往欧洲大国首都的奥斯曼大臣：1719
年，派往维也纳；1720—1721 年，派往巴黎；1722—1723 年，派
往莫斯科。除了贸易协议的谈判外，他们还要作为观察家，向大维
齐报告可能"适用"于奥斯曼帝国国情的文化和生活方式。大维齐
对驻法使臣切莱比·穆罕默德（Celebi Mehmed）下达的指示留存
了下来。后者要造访"堡垒、工厂，广泛了解法国文明的产物"。
他勤勉地执行这个任务，向大维齐发回报告，描述法国宫廷、巴黎
街景、医院、军事训练场和学校。切莱比尤其夸赞图书馆的图书传
播和印刷术的奇迹——他的儿子穆罕默德·赛义德对于这项技艺特
别关注。[3]

前往法国的这两位访客，是文化传教士。他们有助于驱散对
"残酷的土耳其人"捕风捉影的怀疑，推动了对于"土耳其风"
（turquerie）的时尚兴趣，甚至到了将烤肉串（kebabs）介绍到西
欧的地步。但他们的主要影响在于君士坦丁堡的宫廷生活。虽然蓝
色清真寺 1616 年竣工，耶尼卡米（Yeni Cami，意为"新清真寺"）

1663 年竣工，但奥斯曼资助建筑的经典时代早已结束。苏丹们长达半个世纪在欧洲作战期间，已经青睐埃迪尔内———一座惬意的城市，同时距离战争前线也省了一周的旅程。但是，随着和平的到来，艾哈迈德三世打算为帝国首都暗淡的光彩增添亮色，只要易卜拉欣能够为他提供资金。

易卜拉欣做到了，而且做得更多。他推出了财产税，至少在帝国中心地区的征收比较顺利。尽管在每一处边境都实现了和平，但紧急状态下的"助战税"仍然定期征收。在安纳托利亚海滨，易卜拉欣建造了一座新别墅，这是切莱比从巴黎最初传回的详细报告促使他修建的；整个 1721 年 5 月，从那里饱览博斯普鲁斯海峡两岸，他的岳父（苏丹）龙颜大悦。艾哈迈德三世的审美品位大为提升。他对诗歌、绘画、书法尤其是园艺保持兴趣。他喜欢大维齐的别墅和花园。威尼斯使节报告称易卜拉欣迅速将别墅献给了苏丹。[4]

但是，一座新别墅还不足以满足艾哈迈德三世的文化占有欲。切莱比对枫丹白露乃至路易国王位于马尔利（Marly）的小型城堡①的描述，让苏丹心生向往。艾哈迈德三世模仿起了他所认为的法国王室时尚———也受到了国婿易卜拉欣的积极鼓励———他建造了"欢乐宫"（Sa'adabad）。这是一座精美的夏宫，位于"欧洲甘泉"———从托普卡珀宫溯金角湾而上 4 英里，越过埃于普之处。1722 年，这座宫殿以惊人的速度竣工了。形成"甘泉"的两条溪流———阿里贝伊（Alibey Suyu）和卡厄特哈内（Kagithane Suyu），被开凿为运河，为"欢乐宫"造就了一汪狭长的装饰性湖泊，为宫中设置的喷泉和瀑布提供了水源。底万的其他成员试图效法苏丹。

———————————

①　"路易"指当时的法国国王路易十四，马尔利城堡是他的行宫。

国婿易卜拉欣又在坎迪利（Kandilli，博斯普鲁斯海峡往北约 5 英里处）兴建了一座新的海滨宫殿。1724 年和 1728 年，他两次在这里奢侈地招待苏丹，每次都持续了半个月。外国建筑师受邀来到君士坦丁堡；小型的海滨别墅沿着博斯普鲁斯海峡的安纳托利亚一岸和金角湾的北端兴建起来，它们通常由木材或塑形的灰泥而不是更加昂贵的大理石和岩石建造。

> 乘坐驳船前往切尔西（Chelsea）的欢乐，比不上沿着这里的海上运河泛舟。在长达 20 英里的路程内，沿着博斯普鲁斯海峡而下，各种各样最美的景色映入眼帘。在亚洲一侧，布满了果树、村落和自然界最美的风景；在欧洲一侧，坐落着七丘之上的君士坦丁堡……花园、松柏、宫殿、清真寺、公共建筑，和谐地齐聚，一座更比一座高，展现出的美感和对称感，就像最娴熟的巧手装饰过的橱柜。

1718 年 4 月，29 岁的玛丽·沃特利·蒙塔古女士（Lady Mary Wortley Montagu）给留在英国的布里斯托尔女士写信，描述了她丈夫担任乔治一世的大使期间居住的这座城市。[5]但她撰写这封信时，"欢乐宫"热潮还没有横扫宫廷。如果她在五六年后返回博斯普鲁斯，她会发现她的对称"橱柜"增添了洛可可风格的奢华装饰。法国使节路易·索弗尔·德·维尔纳夫（Louis Sauveur de Villeneuve）尤其针对奥斯曼宫廷生活的两个方面做出了评论：(1) 从一座宫殿前往另一座宫殿的"帝国巡游"；(2) 苏丹和统治阶级对夜色中的节庆灯火的喜爱。

维尔纳夫抵达君士坦丁堡不久，就向巴黎描述道：

> 有些时候，朝臣乘坐在覆盖着丝绸帐篷的优雅轻舟（ca-

ique）之中，漂浮在博斯普鲁斯海峡或金角湾的水域之上；有时候，他们排成长长的队列前往某座惬意的宫殿……健美的马匹和奢侈的马具，使得这些队列尤为华丽；马匹前进时，佩带或金或银的挽具，前额以羽毛装饰，马衣上的宝石琳琅满目。[6]

一天夜里，维尔纳夫从佩拉（今贝伊奥卢，Pera/Beyoğlu）山区眺望斯坦堡区，着迷于"清真寺的穹顶，它们从火焰中耸立而起；同时，若隐若现的装置悬挂在宣礼塔之间，使出自《古兰经》的诗篇能够用火红的字铭刻在天空中"[7]①。

威尼斯使臣（*bailo*）对于轻舟长队或者缓燃树脂灯连成的节庆灯链，不像前文那样少见多怪。早在 1723 年 2 月，他就评论了苏丹的高官对亭台阁榭的华丽装饰。这些建筑是高官们在"欢乐宫"绿树成荫的园地修建的。[8]每一位访客似乎都对社会浮华年代的一些特殊的新奇感印象深刻：碎芝麻蜂蜜糖（*halvah*）盛宴，所有来宾都有几盘芝麻种子和蜂蜜；杂技演员、摔跤手和侏儒；鹦鹉和笼中的异域鸣禽；装饰得像棕榈树的糕点糖果，或者是在苏丹的某三个女儿的婚宴上，白糖和糖果铺成了 17 平方米的花圃。对于很多外国使节而言，这里就像一个玩偶世界，充满了轻佻的表里不一：尽管其本身颇具吸引力，但与社会现实形成了触目惊心的反差。这种社会现实，在金角湾下游海滨经常暴露。在这里，非穆斯林遭受杖刑或穿刺刑后奄奄一息，要么被肉钩钩住下巴等待上绞刑架。

---

①　这段引文过于文学化，且上下文不明，可能指的是灯火之类的表演。

　　首席宫廷诗人、苏丹晚年的良伴艾哈迈德·奈迪姆（Ahmed Nedim）直抒胸臆："让我们欢笑，让我们玩闹，让我们享尽世间的欢乐。"[9]对于一个据称处于衰落的帝国而言，这是一种乐天哲学。但这并不完全是享乐主义的生活方式。新穆斯林学校建立了了，而旧学校由于资助被侵吞而受到忽视，转而从个别大臣或苏丹、首相处得到支持。君士坦丁堡的犹太教徒和基督徒从 15 世纪末以来已经印刷过非土耳其语书籍。穆罕默德·赛义德从巴黎返回后，国婿易卜拉欣鼓励他建立第一家土耳其语印刷厂，这得到了一位匈牙利出身的伊斯兰教皈依者易卜拉欣·穆特费里卡（Ibrahim Muteferrika）的技术支持。尽管乌理玛抱怨印刷《古兰经》和其他伊斯兰教书籍是渎神之举，害怕失业的抄写员和书法家也表达了强烈敌意，但 1729 年，穆特费里卡仍然推出了第一部土耳其语印刷物，内容是关于历史地理学的论文。在接下来 13 年，有 23 卷作品得到印刷。其中，1732 年，穆特费里卡出版了他自己对磁力的研究（*Fuyuzot-i minatisiye*）。[10]

　　艾哈迈德三世是一个半多世纪以来最见多识广、最有文化的苏丹。他的伙伴奈迪姆不只是一位有天赋的诗人，还负责管理苏丹建立的一座图书馆。在加拉塔桥的斯坦堡区一端，"新清真寺"以外，苏丹陵寝以西，仍然可能看到这座图书馆。在其他方面，艾哈迈德三世作为艺术和学术赞助者的贡献，继续让现代伊斯坦布尔的观光客惊喜赞叹。在托普卡珀宫的私人套房中，还没有比艾哈迈德三世的餐室更美的房间，它的天花板有着复杂的镀金图案，涂漆的木镶板上鲜明地绘着鲜花或满碗水果。至于艾哈迈德三世在圣索菲亚大教堂和托普卡珀宫之间建造的巨型喷泉（*çeşme*），没有比它更加美丽的街头封顶式喷泉。在博斯普鲁斯海峡对岸，于斯屈达尔

（斯库塔里，Üsküdar/Scutari）古老的渡口栈桥旁的清真寺之外，有另一座美丽的喷泉，1726 年由艾哈迈德三世委托，建造在神圣车队每年前往麦地那和麦加的 1 500 英里朝圣之路的始发站。在埃于普历史悠久的清真寺两侧，自从艾哈迈德三世的队列经过这条路前往梦幻之地"欢乐宫"以来，就有两座纤细的宣礼塔优雅地矗立着。

　　然而，艾哈迈德三世作为一位赏花爱好者，才是最受人铭记的。在历史上，他的统治被称为"郁金香时代"（*Lale Devri*）。郁金香是随着土耳其人从安纳托利亚（在这里是野花）向西传播的。16 世纪的一位哈布斯堡大使将它们带到低地国家，在这里，荷兰人从 16 世纪 50 年代起开始种植球茎，培育出了 1 200 多种不同的品种，而花卉当时在君士坦丁堡已经不再引起人们的太大兴趣。艾哈迈德三世的父亲穆罕默德四世苏丹，先是在埃迪尔内，后是在托普卡珀宫，恢复了帝国对这种球茎花卉的喜爱。但就艾哈迈德三世而言，他对郁金香的喜爱到了如痴如醉的程度。他的宫廷花园种满了一排排的郁金香，每个品种都有单独一畦。新的样品从西方和波斯订购。某个秋季，威尼斯使节认为有必要通知威尼斯总督：一艘从马赛出发的船刚刚抵达金角湾，载有 3 万棵为苏丹花园准备的球茎。该世纪晚些时候，一位刻薄的法国商人让-克劳德·弗拉沙（Jean-Claude Flachat）评价道，土耳其人对人命的重视还不如对"一匹马或一株精品郁金香"[11]。

　　装饰性瓷砖、涂漆的镶板、为新图书馆装订的图书、其他很多形式的艺术表现，就像宫廷诗人一样，使用郁金香意象。每到 4 月，苏丹就在托普卡珀宫，也就是外国使节所称的"大塞拉格里奥"——第四庭院之外的低层梯田式花园举办郁金香节。该节日安排在两个连续的夜晚，正好赶上满月。他们给龟（或鳖）的外壳装上缓燃的蜡烛，让它们绕着花畦爬行，提供地面照明。围绕花园围墙的架子上，有摆好的郁金香花瓶。它们是精挑细选过的，以便点燃玻璃碗中的蜡烛时，花瓶颜色可以与烛光保持和谐。艾哈迈德三世在索法·柯什屈阁楼（Sofa Köşkü pavilion）上正襟危坐，接受朝贺。参天大树的树枝上，悬挂着临时搭建的大型鸟舍，鸣禽发出悠扬的伴奏声。第二夜总是为春季派对留出时间，取悦后宫中的女眷。夜晚的活动中，可能包括糕点糖果的"寻宝游戏"，如果苏丹心情不错，可供寻找的还有隐藏在花园中的宝石饰品。

1724 年 1 月，威尼斯使节报告称："大维齐受到的宠信与日俱增。"[12]国婿易卜拉欣已经利用了波斯的内部矛盾，低成本地（军事意义上）占领了该国大片领土，丰厚的战利品和回报流向君士坦丁堡，减轻了战争税的负担，鼓励了宫廷中挥金如土的豪奢。但干涉波斯内政是轻率之举。反奥斯曼情绪团结了波斯的不同政见势力，后者有时会与从西方①进入波斯的阿富汗人共同行动。截至1726 年和 1727 年之交的冬季，对外部观察家而言，国婿易卜拉欣显然在不顾一切地尝试转移苏丹对以下问题的注意力：东方日趋严重的危机，以及开罗的持续动荡、边远省份征税的难题（一些省份正在遭受严重饥荒）。"一位在宫殿中无所事事的苏丹，一位从未见识过战争的元老，一位从未离开过城堡（博斯普鲁斯海峡的防御堡垒）的'舰长帕夏'（意为海军元帅），有什么可以指望得上？"1727 年 3 月，威尼斯使节多尔芬（Dolfin）不耐烦地写信给总督说。他还补充道："但局面仍然有可能扭转。这个帝国缺的是脑子，

---

① 原文如此，阿富汗在波斯东方。此处应是指 1722 年阿富汗霍塔克王朝进攻波斯。

而不是手臂。"[13]

　　非常令人惊奇的是，国婿易卜拉欣渡过了危机。他相信他仍然与首都的民众心意相通。斯坦堡区和加拉塔区的普通市民受益于廉价的咖啡厅、长期被忽视的建筑物的翻新、更多的喷泉、奥斯曼最早的消防队体系。其中，消防队是 1720 年由改宗伊斯兰教的法国人艾哈迈德·盖尔切克〔Ahmed Gerçek，本名路易·达维德（Louis David）〕建立的。在博斯普鲁斯海峡对岸，国婿易卜拉欣也迎合了民众。1729 年 3 月，当他从坎迪利的新宫殿返回时，于斯屈达尔的饥饿农民求他帮忙找一些食物。次日，斯坦堡区的面包店送来了丰盛的免费面包；于斯屈达尔的饥民由于这位乐善好施的大维齐及时回应而感谢真主。

　　但是，1730 年秋季，国婿易卜拉欣在任 12 年后，误读了所有民众不满的迹象。流言传至首都，称他已经接受了与波斯人达成的妥协性休战协议，条件包括将逊尼派穆斯林村庄交给什叶派。1730 年 9 月 28 日，一位出生在阿尔巴尼亚的前耶尼切里军人，后来转业为二手服装经销商的帕特罗纳·哈利勒（Patrona Halil），开始在贝亚泽特清真寺（Bayezit Mosque）外向信众慷慨陈词。五位密友支持他，谴责大维齐和苏丹的近臣一贯违背教法。愤怒的抗议群众从这座清真寺出发，涌向托普卡珀宫，一路上在耶尼切里营房中纠集持不同政见者。耶尼切里的兵变把一场抗议转变为叛乱。[14]

　　国婿易卜拉欣似乎认为抗议人群可以轻易驱散。但他忘记了——或者不知道——最值得信赖的部队驻扎在安纳托利亚沿岸的于斯屈达尔，正打算向东进发，参加对波斯的新战争。他对自己的岳父也一厢情愿地信任。当艾哈迈德三世得知帕特罗纳的叛军要求大维齐、海军大臣和另一位"西化"大臣的头颅时，他同意了。按照惯例，这三个人在斩首之前都被迅速勒死了。海军大臣在临水别墅移栽郁金香时，被刽子手打断。他对斯坦堡市中心的政治危机浑然不知。

如果艾哈迈德三世认为牺牲掉他的密友大臣就可以保住皇位，那他就错了。在金角湾两岸，暴乱、纵火、抢劫又持续了两天——文化排外主义爆发，针对任何被视为"佛郎机"（泛指西方）的东西。10月1日，艾哈迈德三世受到被废黜的威胁，宣布退位，臣服于他34岁的侄子马哈茂德一世。从7岁生日起，马哈茂德一世就一直被关在囹圄之中。如今，"郁金香之王"回到了囹圄，度过了他人生的最后6年。这个地方距离他每年4月坐拥万花的阁楼只有数百码①。他的女儿法蒂玛（Fatma）公主——国婿易卜拉欣的遗孀——由于策划她父皇复辟，一年后入狱。艾哈迈德三世的死亡（63岁）有可能是因为下毒而加速的，尽管苏莱曼一世之后的苏丹还没有谁像他那样活到花甲之年。

艾哈迈德三世统治了27年。让人没想到的是，他的侄子统治了24年。登基13个月后，外国使节们认为马哈茂德一世只是帕特罗纳·哈利勒及其党徒的傀儡——这帮乱党焚毁了郁金香时代大多数美轮美奂的宫殿和亭榭。由于在整个城市勒索保护费，他们的头领很快富得流油。1731年11月24日，苏丹邀请帕特罗纳·哈利勒及其主要支持者入宫，以便讨论新的波斯战争计划。但这样的讨论没有发生。一抵达托普卡珀宫，帕特罗纳·哈利勒及其同伙就被逮捕并被当场绞杀。马哈茂德一世现在可以掌权了，他将行政管理委托给赞同西化改革的大维齐，但要比国婿易卜拉欣更加谨慎，也不

---

① 1码约为0.91米。

像他那样不愿放权。

　　也有很多成果熬过了帕特罗纳恐怖时期，其中最著名的就是穆特费里卡的印刷厂。甚至每年春季的帝国郁金香节也保留了，但成本削减到了合理范围。与艾哈迈德三世一样，马哈茂德一世对图书和教育也有兴趣，至少在他的首都内是这样：征服者清真寺外的小型图书馆和阿亚索菲亚（Ayasofya）清真寺①附属的小学现在仍然存在。他也完成了之前的统治者放弃的一项计划：从偏远的水库用管道将水运到佩拉区、加拉塔区②和金角湾北岸。在苏丹命令下建造的八边形供水中心（taksim）仍然位于独立大街（İstiklal Caddesi，相当于现代伊斯坦布尔的摄政街或里沃利街③）的起始端。塔克西姆广场（Taksim Meydani）得名于此，可以被吸睛地称为伊斯坦布尔的皮卡迪利广场④。

　　这些工程主要在马哈茂德一世的后期兴建。他赞助修建斯坦堡区第一座巴洛克风格清真寺——大集市旁的奴鲁奥斯玛尼耶清真寺（Nurousmaniye Cami），也是在这一时期。他统治之初，就迫切关注税收方式的缺陷，早在1732年1月就颁布了提高"蒂马尔"制度效率的新法律。同年晚些时候，易卜拉欣·穆特费里卡向苏丹呈上了他的论文的印刷版，约50页，探究的是统治国家的科学（Usul ul-hikem finizam al-uman）。他描述了其他国家存在的政府

①　即原先的圣索菲亚大教堂。
②　佩拉区、加拉塔区都位于金角湾北岸和博斯普鲁斯海峡之间。
③　摄政街（Regent Street）是伦敦的街道，里沃利街（Rue de Rivoli）是巴黎的街道。这句话的意思是独立大道的地位在伊斯坦布尔相当于上述两条街道在伦敦和巴黎的地位。
④　皮卡迪利广场（Piccadilly Circus），位于伦敦市中心，是著名的休闲娱乐区。

形式，敦促君主将对外政策与周边国家的地理结构联系起来，并提议奥斯曼人可以从"异教徒"军队的科学和纪律中学到什么——对于"异教徒"，穆特费里卡则忠实地表现出了圆滑的轻蔑。[15]马哈茂德一世大受震撼，像后世很多苏丹一样，他向外国专家寻求建议。他希望，博纳瓦尔伯爵（Comte de Bonneval）可以使奥斯曼军队近代化，使之再度成为常胜的伊斯兰先锋队。

博纳瓦尔伯爵，本名克劳德-亚历山大（Claude-Alexandre），是来自利穆赞（Limousin）的法国将领，他非常自信能够满足苏丹的期望。1727 年为奥斯曼效力时，他 52 岁，既为路易十四战斗过，也同他抗争过，还曾在欧根亲王麾下打击过土耳其人，后来与上级将领闹翻，入狱一年。威尼斯共和国没有为他提供好处，所以他南下拉古萨（杜布罗夫尼克），越界进入波斯尼亚，改信伊斯兰教，准备为苏丹而战。观察了几个月奥斯曼军队后，他为马哈茂德一世准备了一份备忘录，解释他将如何建立步兵和炮兵的新战斗部队，由他精选的年轻军官进行训练；他将如何恢复耶尼切里的精英战斗部队地位，把军（corps）中的若干营（orta）组织为团，按照他熟悉的法军和奥地利军模式给予军官常规的晋升阶梯。出生在外国的军事顾问（尤其是德意志、奥地利、苏格兰军官）在使俄国军队近代化的过程中扮演了重要角色：彼得大帝的四分之一资深指挥官都不是俄国人，他的继承人安娜女皇建立的新卫队团几乎都是由外国人征募和训练的。博纳瓦尔意识到，他需要三位改信伊斯兰教的稍微年轻的法国军官帮助他，外加一些爱尔兰和苏格兰雇佣兵，如果可以的话，再加上一些瑞典人。纸面上看，似乎没有理由认为"艾哈迈德"（博纳瓦尔的新名字）不会给苏丹打造一支与北方邻国匹敌的劲旅。

　　博纳瓦尔事业的起起伏伏很好地展示了苏丹宫廷中任何一位改革者所面临的困境。1731 年 9 月，大维齐托帕尔·奥斯曼（Topal Osman）邀请他对苏丹军队中的一个兵种掷弹兵团（*humbaraciyan*）实施近代化。该兵种负责制造、运输、引爆所有的爆炸性武器（臼炮、榴弹、地雷），既包括地面行动，也包括海军舰船上的行动。他获得了一块训练场和于斯屈达尔城外的营房。加农炮铸造厂和滑膛枪工厂的建造也征询了他的意见。他还被要求为高门起草一份关于对外政策的备忘录。但在六个月后，大维齐托帕尔·奥斯曼被一位出生于意大利的改宗者海基姆奥卢·阿里（Hekimoğlu Ali）取代。此人依赖于思维保守的耶尼切里指挥官，以至于不敢支持军事改革，直到他在任已有两年左右。然而，到了 1734 年秋，博纳瓦尔再度受宠。在他的建议下，一座军事工程学校在于斯屈达尔建立；1735 年 1 月，他被擢升为一位高级政要，授双马尾。

　　克劳德-亚历山大在人生的最后 12 年成为昆巴拉奇·奥斯曼·艾哈迈德帕夏（Kumbaraci Osman Ahmed Pasha）。然而，他无法指望马哈茂德一世持久地支持他。1735 年 7 月，另一位大维齐上任。一年后，帕夏从首都被流放到安纳托利亚北部的卡塔莫努（Katamonu）。掷弹兵和新军事机构的资金立即被切断。不知何故，1740 年，他潜回于斯屈达尔。但耶尼切里的怀疑和嫉妒使他再也没有形成巨大的影响力。他的军队近代化这一宏大计划被忽略了，尽管他获允继续操办军事工程学校，直到他 72 岁去世为止。"此人极具战争天赋，睿智而善辩，迷人而和蔼，"一位法国使节评价他，"非常骄傲，挥霍无度，极度放荡，是个花花公子。"[16]

　　博纳瓦尔的改革促使奥斯曼军队在 1736—1739 年对俄国和奥地利的零星作战中取得成功。马哈茂德一世的军队夺回了塞尔维亚大部（包括贝尔格莱德），并强化了对波斯尼亚的控制。马哈茂德一世统治期间，高门不得不在东方、北方、西方维持守势，因为在波斯，冷酷的纳迪尔·阿夫沙尔汗（Khan Nadir Afshar）掌权，1737 年被承认为"沙阿"（Shah）①。马哈茂德一世和纳迪尔互换了国礼：沙阿送给苏丹一副华丽的椭圆形宝座，镀金，饰以珍珠、红宝石、钻石；马哈茂德一世送给纳迪尔一把金匕首，柄上有三颗大型绿宝石。尽管外交礼节花费高昂，但在纳迪尔在位的大多数时候，苏丹与沙阿之间都处于战争状态，在美索不达米亚的战事总体上是非决定性的，但波斯在高加索南部取得了一些成功。随着 1747 年纳迪尔遇刺身亡，波斯的威胁衰退了，苏丹也收回了他赠送的金匕首。两件国礼现今在托普卡珀宫珍藏室中展览。这把匕首 1964 年在电影《托普卡珀》中闪亮出场。该电影改编自埃里克·安布勒（Eric Ambler）的惊悚小说《光天化日》（*The Light of Day*）。

　　纳迪尔沙阿的遇刺，发生在奥斯曼历史中一段未曾预料到的插曲之初。1746—1768 年，奥斯曼帝国处于和平时期。此前从未发生过在 22 年的时间内有哪怕一处边境没有战争。这个国家不再能享受到与之相媲美的喘息期，直至凯末尔革命与土耳其共和国建立后。但由于奥斯曼帝国本质上是军事体制，"长期和平"令人惊奇地导致了颓废。只有一位大维齐——科恰·穆罕默德·拉吉普（Koça Mehmed Ragip）在 18 世纪 50 年代后期试图遏制有效行政的衰落。他派兵剿灭鲁米利亚、安纳托利亚、叙利亚的贼寇；他任命监察官调查"瓦克夫"（*evkaf*）的腐败现象，并保证宗教捐款收入被用于信仰或慈善事业。[17] 尽管拉吉普做出了努力，但三种常见

_____

　　①　旧时伊朗君主的头衔。

的滥权现象很快就又在行政系统中滋生：卖官鬻爵、裙带关系、贪污受贿。耶尼切里非但没有建立在过去 20 多年的改革基础上，反而试图开倒车。土耳其语印刷业实质上中止了，这让害怕竞争的专业抄写员和书法家心下甚慰。1745 年易卜拉欣·穆特费里卡去世后，11 年内只有两卷出版物诞生。此后，这座印刷厂无所事事，直到 1784 年苏丹阿卜杜勒-哈米德一世（Abdulhamid I）发布帝国敕令重建土耳其印刷业。陆军和海军的所有改革也出现了类似的停顿。博纳瓦尔的军事工程学校只比创建者多存在了三年。几乎过了 20 年后，奥斯曼军队的近代化才有进一步的尝试。

在"长期和平"期间，苏丹或君士坦丁堡的大臣们是否充分意识到了帝国分崩离析的程度，是值得怀疑的。利比亚以西的北非土地，截至此时只不过是名义上的藩属。1711 年，艾哈迈德三世已经承认了卡拉曼利（Qaramanli）家族在的黎波里塔尼亚（Tripolitania）的世袭统治和侯赛因王朝（Husaynid dynasty）在突尼斯担任贝伊，并承认了当地耶尼切里在阿尔及利亚提名总督（可以与三位省级贝伊分享权力）的权利。在开罗，事实证明，一连串快速更迭的奥斯曼帝国副王都是无能的：埃及实质上是"被统治的"——在这种语境下这是一个委婉的动词——被敌对的马穆鲁克王公统治，他们与驻扎的耶尼切里时而合作，时而敌对。长期的内战促使贝都因人蚕食尼罗河三角洲的丰饶土地，严重阻碍了农耕。在埃及名义上的君主艾哈迈德三世统治期间，开罗发生了四次重大饥荒。饥荒在美索不达米亚几乎同样严重。在这里，贝都因人的侵袭导致巴格达以北底格里斯河的肥沃地区变回了沙漠。截至该世纪中叶，在摩苏尔、巴格达、阿勒颇、大马士革，"瓦里"实质上已经成为世袭总督，其家族形成了一个由私人军队保护的萌芽中的地方王朝。叙利亚上交给君士坦丁堡的只不过是帝国政府要求作为贡金的岁入的四分之一；其他边远行省也好不到哪里去。就连地方长官承担的为数不多的帝国职责，他们有时也会严重失职。最臭名昭著的事件是：1757年，已经从苏丹手中获得大马士革世袭总督权的地方显贵，未能保护前往麦加的朝圣车队免遭贝都因骑兵袭击。那次袭击造成2万名虔诚的穆斯林死亡，其中包括苏丹奥斯曼三世的一个妹妹。袭击事件的消息抵达首都后不久，奥斯曼三世就死于中风。[18]

奥斯曼三世的继承者是他的堂弟穆斯塔法三世。① 穆斯塔法三世对腓特烈大帝的军事才能深为钦佩。1761年，奥斯曼与普鲁士签订友好条约（贸易上的让步使这份条约更加甜蜜），长远来看可能给欧洲的结盟体系增添新的纠缠。不幸的是，穆斯塔法三世将腓特烈大帝的成功归结于这位国王关注占星术士。对普鲁士行政方式的误解，导致穆斯塔法三世认定：如果星象契合苏丹的野心，"长期和平"必须结束。政策制定的背后有这样的盘算，这也难怪，1768年10月，宫廷中的主战派毫不费力地说服了穆斯塔法三世有必要挑战俄国的叶卡捷琳娜大帝。②

不出所料，在多年的军事荒废后，奥斯曼人表现糟糕。三支俄国舰队从波罗的海驶往地中海。奥斯曼人抗议威尼斯总督允许舰队从波罗的海进入亚得里亚海，表明了他们对欧洲地理常识的无知。海军情报的水平也很低。俄军海军使用巧妙的策略，将舰船作为切什梅（Ceşme）港口中的锚定堡垒③，轻松取胜，并运送部队在士

---

① 奥斯曼三世的父亲是穆斯塔法二世，穆斯塔法三世的父亲是艾哈迈德三世。穆斯塔法二世、艾哈迈德三世的父亲都是穆罕默德四世。

② 本书在战争起因方面描述过于简略。这里描述的是第五次俄土战争，起因是俄国在波兰扩大势力，引起奥斯曼帝国不满。

③ 锚定堡垒（anchored forts）：指将战舰固定停泊，作为浮动堡垒或防御据点的战术，一定程度上通过牺牲机动性换取火力优势。

麦那（伊兹密尔）附近登陆。不到一个月，俄国人在陆地上也取得了惊人的胜利。一支俄军向南进入摩尔达维亚（Moldavia），在普鲁特河畔的卡古尔（Kagul）驱散了奥斯曼帝国的军队。截至 1772 年初，叶卡捷琳娜大帝的军队控制了克里米亚大部分地区和摩尔达维亚、瓦拉几亚（Wallachia）全境——现代罗马尼亚的核心地区。

在战术和战略上，这都是一场枯燥无味的战争。直到最后几个月，任何一方都没有出现一位展现韧性或主动性的指挥官。"土耳其人就像木桩一样倒掉。"同时代的一位俄国人说，"但是，谢天谢地，我军士兵稳住了——虽然没什么脑子。"最后，1774 年初夏，俄国将领亚历山大·苏沃罗夫（Alexander Suvorov）一次精彩绝伦的突进险些将战争打进保加利亚。而在 1774 年 1 月，穆斯塔法三世已经死于心脏病发作。新任苏丹是他 48 岁的弟弟阿卜杜勒-哈米德一世，此人是一位现实主义者。经过六年战争，也由于奥地利威胁要在战场上支援俄国，高门希望结束战斗，哪怕只是为了争取喘息的机会，使新苏丹可以重整军队和舰队。1774 年 7 月 21 日，双方在多瑙河城镇锡利斯特拉（Silistria）以南的保加利亚村庄库楚克-开纳吉（Kuchuk Kainardji/Kainardzhi）缔结了和约。

《库楚克-开纳吉条约》的历史意义比此前的战争重要得多。"条约的规定是俄国外交官能力的典范，也是土耳其外交官低能的罕例。"奥地利使节弗朗茨·图古特（Franz Thugut）报告说。[19] 如果阿卜杜勒-哈米德一世只是想在一场漫长的斗争中暂时休息，毫无疑问，他的谈判官员表现极差，因为在领土方案方面大局已定。正如 1699 年的《卡尔洛维茨和约》缩小了伊斯兰教在中欧的影响范围，75 年后的《库楚克-开纳吉条约》确认了奥斯曼帝国在黑海北岸的势力正在衰落。苏丹放弃了对克里米亚和鞑靼草原的奥斯曼宗主权，承认了"克里米亚汗国"独立（九年后被俄国吞并）。在第聂伯河河口，土耳其人割让给俄国较小的一块黑海海岸，为割让的亚速港口补充了腹地。俄国也获得了刻赤（Kerch）和叶尼卡尔（Yenikale），这两处要塞控制了联系亚速和远海更广阔水域的海峡。在更南方，俄国在瓦拉几亚和摩尔达维亚获得了特殊权益（尽管这些"多瑙河公国"仍然在奥斯曼帝国境内）。

这些领土变动，承认了俄国在奥斯曼人两个半世纪以来享受几乎无可撼动控制权的地区获得了新地位，这对于奥斯曼人是一种羞辱。但俄国甚至获得了更大的特许权——俄国商船在南欧和黎凡特港口的贸易自由。这是土耳其人控制黑海海峡以来，他国船舶首次获允在黑海进行贸易，并经过博斯普鲁斯海峡和达达尼尔海峡驶入地中海。同时，叶卡捷琳娜大帝及其继任者被许诺有权在奥斯曼首都设立常驻大使馆（像奥地利和法国那样），在这个帝国的每一座重要港口建立领事馆。这一特许权，使俄国人更容易向奥斯曼心怀不满的东南欧行省尤其是希腊派出代理人。

如果像一些作者所言，弗朗茨·图古特指的是协定的宗教条款而不是领土和贸易方面，他的判断就值得怀疑了。对于条约准确性质的混乱解读，来源于原始文本间的不一致——俄文本、土耳其文本、意大利文本；随后条约被翻译为法语——18世纪和19世纪外交的通用语，加剧了这种混乱。[20] 人们长期认为，宗教方面的条款限制了苏丹的权力，由此加速了帝国的衰落；事实上，比起以往的条约，新的条款赋予了他更为广泛的个人责任，由此提升了他的威信。奥斯曼帝国宣称的关于伊斯兰世界普遍领导权的主张，首次获得国际承认：第三条规定"苏丹陛下"对鞑靼人中的穆斯林保有宗教管辖权，即便后者获得了政治和民事上的独立。这种宣称依据的是完全无中生有的传说：1517 年，哈里发职位已经正式从阿拔斯王朝移交给苏丹塞利姆一世。虽然对鞑靼人的有效管辖持续了不到10 年，但第三条规定发挥了持久的影响力，因为它确认了苏丹们在登基佩剑礼后享有的宗教首领地位。在接下来的一个半世纪里，对奥斯曼哈里发的宗教主张的尊重，反而随着奥斯曼君主国领土的缩小而加强了。

更具争议性的是关于东正教的第七条和第十四条。《库楚克-开纳吉条约》签订八个月后，叶卡捷琳娜大帝在表扬它的一份宣言中表示："从此，东正教所及之处，都在本帝国的守护之下。"后世的很多俄国政治家——以及一些沙俄和法国历史学家——将会坚称这份协定给予俄国保护奥斯曼境内的东正教及其教会、信众的至高无上的权利。对《库楚克-开纳吉条约》的这种极端解读，导致了1853 年的"东方危机"，由此间接导致了克里米亚战争。但是，第七条明确将"基督教信仰和教会的坚定保护权"授予了"高门"而不是俄国统治者。由于该条款没有提及特定的宗教派系，苏丹似乎对帝国境内所有基督教会都具有保护义务，而不只是东正教；后世的奥斯曼改革者——无论是苏丹还是大臣——常常不偏不倚地支持穆斯林和基督徒在法律面前地位平等。然而，这份条约（第十四条）授权在加拉塔区的贝伊奥卢街道建立、维护一座公开的"俄国—希腊"教堂。第七条也提到了这座建筑，承诺高门"允许俄国宫廷的大臣们就君士坦丁堡建立的这座教堂的一切事务提出各种交涉"。

在名为贝伊奥卢的街道上，从未建造过这样的"俄国—希腊"教堂。现在仍然可以沿着古老的"佩拉大道"行走，参观三座罗马天主教堂、一座 19 世纪的英国圣公会教堂、若干座原大使馆礼拜堂；较早的导览书中也会提及其他基督教机构；至于《库楚克-开纳吉条约》提议的教堂是否埋下了奠基石，证据阙如。这不足为奇：俄国如果建立了一座高门保护下的特定礼拜场所，就难以宣称条约给予"俄国宫廷的大臣们"捍卫整个奥斯曼帝国境内东正教信徒利益的广义权利（generalized right）。在库楚克-开纳吉，奥斯曼外交官或许已经出让了比阿卜杜勒-哈米德一世预想的还要多的土地和商业特许权。但他们不是"傻子"。他们的法律头脑甚至将宗教权利的范围缩小到一条街道。他们的让步比叶卡捷琳娜大帝声称的要少得多。他们错在低估了俄国的不择手段。

第四章

西方的接近

　　阿卜杜勒-哈米德一世以当时可以接受的方式应对《库楚克-开纳吉条约》的挑战：下令在帝国中心重整陆海军。为法军效力的匈牙利移民托特男爵（Baron de Tott）应奥斯曼帝国之邀，组建并训练了一支速射野战炮兵团，其总部设于金角湾。与之相邻的，是托特新建的铸炮厂和数学学院。同样在金角湾的，还有新的造船厂，两名法国海军工程师和一个来自马赛的工人小组向苏丹保证，他很快就会有一支近代化的舰队，以弥补在切什梅的损失。博斯普鲁斯海峡旁还建立了一座海军学院，教授一些基本的航海技能。与过去的改革时代相比，这次有一个明显的不同。早先，顾问们通常都是博纳瓦尔这样的变节者，具有"投靠土耳其"的强烈个人需求。但是，由于阿卜杜勒-哈米德一世不希望永远由外国人为他服务，他从未坚持让他们改信伊斯兰教。1776 年，托特男爵返回法国，撰写回忆录。他在君士坦丁堡的同伴大多数也回国了，带回了耸动人心的东方传奇故事。但也有一些人在土耳其继续工作了十二三年。只有托特的直接后任——一位姓坎贝尔（Campbell）的苏格兰军官皈依了伊斯兰教。没有人知道他为什么要切断自己与一个著名家族的联系，但其中的理由必定扣人心弦，以至于坎贝尔甚至打算在余生接受"英吉利·穆斯塔法"（Ingiliz Mustafa）这个名字。

多数西化活动只是浮于表面。除了在锡诺普（Sinope）建立了一座海军基地外，改革都紧密地集中在首都，没有给外国使节留下什么深刻印象。1778 年，土耳其试图支持克里米亚鞑靼人抵抗俄国，结果暴露了自己作为黑海大国的弱点。高门决定干涉后，等了七个月，一支召自于斯屈达尔和博斯普鲁斯海峡各堡垒的远征军才开始登船。在六周的无所事事后，奥斯曼海军将领们才认定风向适合向黑海航行。在大约 18 天的时间内，载着部队的舰队漫无目的地在克里米亚南岸巡航。直到 9 月中旬，第一场大风从北方席卷而来。他们望风而逃，在锡诺普避难。随着冬季来临，舰队返回博斯普鲁斯海峡。他们没有尝试登陆，鞑靼人没有得到任何援助。[1]

这场无效远征的荒唐性，与帝国其他方面行政管理的混乱性是一致的。到了 1780 年，奥斯曼的体制逐渐腐败，恰如 300 年前亨利六世时代英格兰的古老封建束缚。虽然从表面上来看，政府的传统机构仍然存在，但有效的权力掌握在地方显贵手中，甚至在几个中央省份也是如此。这些地方显贵通常是家族首领，作为贪婪的"蒂马尔"持有者，擅长巧取豪夺，由此提升了地位。北非马格里布附属国、汉志（Hejaz）、美索不达米亚下游的总督们，数十年来常常只是名义上承认苏丹的宗主权，这种现象此时已经向首都附近

蔓延。黎巴嫩南部已经是各路交战方的修罗场：诸如希巴卜家族
（Shihbab）、琼布拉特家族（Jumblatt）这样长期存续的王朝，与军
事采邑的持有者展开了控制权的斗争；在德鲁兹地区，东仪天主教
的马龙派教会则为地主和农民带来了秩序与稳定的前景，这恰恰是
以阿拉伯人为主的社群所欠缺的。[2] 本为波斯尼亚奴隶出身的艾哈
迈德·杰扎尔（Ahmed Djezzar），在 19 世纪最后 40 年统治了从贝
鲁特到阿科（Acre）的海岸线，以残暴无情的手段求得生存，以至
于在血腥屠杀是寻常之事的地方，他都被称为"屠夫"。

在安纳托利亚，奥斯曼人只能在马尔马拉海沿岸、布尔萨、埃
斯基谢希尔和托罗斯山脉（Taurus）南段之外的卡拉曼省（Kara-
man）① 施展权威。安纳托利亚西部的其他地区，由六大"封建"
家族控制：东北部是帕夏奥卢（Paşaoğlu）家族，与苏丹权力最弱
的库尔德地区搭界；安哥拉（安卡拉，Angora/Ankara）和开塞利
（Kayseri）一带的中央高原由恰潘奥卢（Çapanoğlu）家族控制；特
拉布宗后方的山区属于扬尼克里（Jānikli）家族；西南方是卡拉奥
斯曼奥卢（Karaosmanoğlu）家族，以艾登（Aydin）为基础，控制
了门德雷斯（Menderes）山谷；安塔利亚（Antalya）一带由耶兰
勒奥卢（Yilanlioğlu）家族控制；阿达纳（Adana）地区则属于库
丘卡里奥卢（Kuchukalioğlu）家族。②

在海峡对岸的鲁米利亚，类似的模式同样盛行。这里存在四个
占支配地位的"封地"（feudatories）。蒂尔西尼克利奥卢·伊斯梅

---

　　① 大致位于今土耳其南部海岸线中间那个凸起处。
　　② 频繁出现的后缀"奥卢"（-oğlu）在土耳其语中意为"儿子"，后来演变为姓氏
的一部分。

尔（Tirsiniklioğlü Ismail）主宰了从鲁舒克（鲁塞，Ruschuk/Ruşe）
西至尼科波尔（Nikopol）的保加利亚多瑙河沿岸。达代维伦奥卢
（Dagdevirenoğlu）控制了埃迪尔内地区。布沙特①的卡拉·马哈茂
德（Kara Mahmud of Bushat）在 1770 年担任了阿尔巴尼亚北部的
领主，后来巩固了约十年前他父亲②索要过的斯库塔里［Scutari，
今斯库台（Shkodra）］世袭帕夏领地。这类军阀中最著名的一位，
当数阿里·泰佩代伦利奥卢（Ali Tepedelenlioğlü），或称"台佩莱纳
的阿里"（Ali of Tepelene）。他的统治生涯长达半个多世纪。[3] 没有
人将阿里帕夏与他的出生地联系在一起，因为台佩莱纳是阿尔巴尼
亚南部某个渡口处一个被遗忘的村庄。他作为传奇性的"约阿尼纳
雄狮"而备受铭记。约阿尼纳（Ioánnina/Janinà）是他 1788 年夺
取的一座位于伊庇鲁斯的堡垒城镇，几个月前，阿卜杜勒-哈米德
一世为了奖励他打击奥地利的战功，任命他为特里卡拉③的帕夏。
但他早在 28 岁左右时④就自封为台佩莱纳贝伊，1770 年已经当上
了阿尔巴尼亚南部的领主。阿里就从小小的阿尔巴尼亚大本营做大
做强，直到该世纪末，他和儿子们成为整个伊庇鲁斯、色萨利和伯
罗奔尼撒半岛大部的实际统治者。

很多行省显贵残暴得任性，但也有几位像苏丹那样，时不时地
表现出仁慈的姿态，从而缓和其天生的专制主义。现代巴格达理所

---

① 其他资料多作"布沙提"（Bushati），是这个家族的名称，在奥斯曼时期的阿尔
巴尼亚颇有实力，1757—1831 年统治着斯库台帕夏领地。
② 他的父亲是穆罕默德·布沙提，本书前文并未出场。正是在穆罕默德·布沙提
治下，斯库台转变为半自治的帕夏领地。
③ 色萨利的一座城市。
④ 1768 年左右。

当然地回忆起马穆鲁克领导人"大帕夏"苏莱曼坚定而开明的统治。此前，奥斯曼帝国的东部边疆长期由军饷不足的奥斯曼守军散漫地控制，波斯人有好几次制造了严峻的威胁，占据了声名鹊起的河港巴士拉长达四年（1775—1779）。然而，1780—1802 年，美索不达米亚和今伊拉克大部分地区由巴格达的苏莱曼统治。他采用铁腕手段，打压贝都因人，抵御波斯人。然而，他对君士坦丁堡的帝国主公太过轻慢，除了象征性地给苏丹的金库送上岁贡之外，他什么也不送。

在 1 600 英里之外，沿着奥斯曼帝国与欧洲的边境，贝伊们注意到宗教狂热主义比在首都表现出的狂热更加强烈。例如在波斯尼亚，保守派穆斯林地主贵族阶级使基督徒农民阶级承受重赋，但这些收入几乎没有上缴给君士坦丁堡；显贵们以萨拉热窝为大本营，常常违抗驻省会特拉夫尼克（Travnik）的历任总督，因为显贵们认为总督的革新精神具有危险性。但事实上，无论是总督还是显贵，都需要防范双重威胁。他们像以往那样，面临着信奉罗马天主教的匈牙利的侵略威胁；但他们也注意到来自黑山的挑战。这是与他们毗邻的顽强独立的山区堡垒国家，当地的东正教首领、采邑主教①达尼洛（Danilo）曾在 1702 年下令屠杀他领地内的穆斯林，以庆祝圣诞节。80 年后，达尼洛的侄孙、精明强干的弗拉迪卡·佩塔尔一世（Vladika Peter Ⅰ）——1782—1830 年在采蒂涅（Cetinje）②担任采邑主教——开始在他的领地内实施西化改革，这是驱除土耳

---

① 从这个称号（prince-bishop）中，可以发现当时黑山的政教合一性质，采邑主教既是一位邦君（prince），也是一位主教（bishop）。注意此处的"prince"万万不可理解为"王子"。

② 黑山的旧都，位于该国南部。"弗拉迪卡"是对主教的尊称。

其人的长期斗争的一部分（黑山的村庄已经被土耳其人洗劫过三次）。终于在 1799 年，弗拉迪卡·佩塔尔一世争取到了苏丹正式承认"黑山人从来不是高门的臣民"。

对最小的巴尔干邦国做出的这种保证，是在旷日持久的危机之时廉价的绥靖姿态。18 世纪最后 20 年，奥斯曼的制度由于一连串对其整体生存的挑战而动摇。截至 1781—1782 年，中央行政的明显衰落、很多边疆省份的无政府状态、偏远边境遭蚕食的风险，已经开始诱使苏丹最强大的几个邻国表现得像奥斯曼帝国就要退场一样。叶卡捷琳娜大帝在她最宠爱的波将金（Potemkin）公爵的影响下，与哈布斯堡皇帝约瑟夫二世互致书信，提议结盟：奥地利将获得相当于现代罗马尼亚和南斯拉夫①境内的大片地区，而俄国将吞并黑海一带的土耳其领土，并在鲁米利亚建立自治邦国，最终建立一个以叶卡捷琳娜大帝的孙子、幼年的康斯坦丁·帕夫洛维奇大公（Constantine Pavlovich，1779—1831）为君主的新拜占庭帝国。1783年 4 月，叶卡捷琳娜大帝宣布吞并克里米亚鞑靼汗国，作为实现这一秘密"希腊计划"的第一步时，君士坦丁堡爆发了汹涌的愤慨。[4] 但奥斯曼帝国没有宣战。苏丹和大臣们对于成功率感到悲观，因为他们没有强大的盟友，也没有哪个国家愿意雪中送炭。

但是，阿卜杜勒-哈米德一世越来越难忽视俄国的挑衅。1783年俄国在格鲁吉亚建立保护国后，又在高加索持续推进，这给他造成了首要的困扰。但是，也存在其他使局势恶化的行动：俄国鼓动希腊东正教神职人员拜访圣彼得堡宫廷；俄国领事官员在布加勒斯特、雅西（Jassy）和几座希腊岛屿上煽动动乱；俄国在第聂伯河河口的赫尔松（Kherson）迅速建立了一座河港，以便掌控黑海贸

---

① 原书如此，作者撰写本书时南斯拉夫尚未解体。

易（截至 1786 年，赫尔松的居民有 1 万人）；叶卡捷琳娜大帝在新夺取的克里米亚开展庆功巡游。阿卜杜勒-哈米德一世身体强壮，精神机警，据载生了 22 个孩子，但到了 1785 年，他迅速衰老，病态地怀疑有宫廷阴谋。当年春季，经他授意，哈利勒·哈米德（Halil Hamid）倒台并受戮。后者是一位改革派大臣，曾经将耶尼切里军团裁减了 60％左右。1786 年 1 月，苏丹任命科恰·优素福（Koça Yusuf）担任大维齐。这是一位改信伊斯兰教的格鲁吉亚人，担任伯罗奔尼撒总督时，仿佛在该省的每座码头都能看到潜伏着俄国代理人。1787 年 8 月，科恰诱使病恹恹的阿卜杜勒-哈米德一世在仍然没有盟友的情况下对俄宣战。①

　　与俄国的这起新冲突，标志着奥斯曼帝国开始在半个世纪内与外国列强断断续续开展 24 年战争。同一时期，苏丹们也被迫发动针对边疆省份起义的 15 场戡乱之战，最严重的一起发展成为民族解放战争。陆海军的这些需求，限制了土耳其腹地的经济增长，也制约了阿卜杜勒-哈米德一世的两位意志坚定的继承人（塞利姆三世和马哈茂德二世）改革的性质。同时，它们将高门卷入了欧洲外交体系中，造成了"东方问题"，该问题唯一可行的解决方案最终意味着多民族的奥斯曼帝国本身的解体。

　　起初，也就是 1787 年初秋，科恰·优素福的战争似乎难以进入高潮。甚至当半年后约瑟夫二世成为俄国盟友时，也没有发生什么大事。在陆地上，奥地利军队缓慢进入波斯尼亚，穿越布科维纳（Bukovina）② 进入摩尔达维亚北部；俄军最终夺取奥恰科夫

---

　　①　这里描述的是第六次俄土战争。

　　②　这个地名在当代较少使用。包括喀尔巴阡山脉东北段及周边平原，今天分属于乌克兰和罗马尼亚。

(Ochakov)① 堡垒，可以扼守通往布格河与德涅斯特河的道路。
1788 年 6 月，两次海战在第聂伯河河口湾的滩涂进行，由美国英雄
约翰·保罗·琼斯②指挥的一支俄国小型舰队将刚刚恢复的奥斯曼
海军的弱点暴露无遗。俄国与奥地利几乎没有协同，这两个帝国都
被欧洲其他地区的威胁转移了注意力。哈布斯堡王朝在塞尔维亚的
胜利，没有被俄军把握住机会，直到 1789 年 8 月，苏沃洛夫在福
克沙尼（Focsani）的 10 小时战役③中获胜为止。截至下一年夏季，
苏沃洛夫和库图佐夫（Kutuzov）突袭土军在伊兹梅尔（Izmail）一
带的防线时，奥地利已经与土耳其开展了单独媾和的谈判。1791
年 8 月，奥斯曼使节在锡斯托瓦（Sistova）④ 从哈布斯堡王朝处获
得了满意的条款；英、普、荷的联合斡旋使俄土战争在叶卡捷琳娜
军队扫向多瑙河三角洲以南之前就宣告结束。即便如此，在长期作
为奥斯曼帝国内湖的黑海，《雅西和约》（1792 年 1 月）对于高门又
是一番羞辱。苏丹不仅承认了叶卡捷琳娜吞并克里米亚和建立格鲁
吉亚保护国，也承认了俄国边界向南推进到德涅斯特河下游一线。
1794 年 8 月，正是在这个地方，敖德萨港口开始兴建，很快，它就
成为比上游的赫尔松更加强劲的土耳其黑海贸易的竞争对手。[5]

阿卜杜勒-哈米德一世就像他的前任在更早的对俄冲突中那样，

① 今乌克兰奥恰基夫（Ochakiv），大致位于赫尔松与敖德萨连线的中点处。俄语中以"-kov"结尾的地名，在乌克兰语中一般为"-kiv"，如乌克兰东部城市哈尔基夫（哈尔科夫）。
② 美国早期海军将领，出生于苏格兰，在美国独立战争中成名，1787 年加入俄国海军。
③ 此次战役是俄军与奥地利军联手与土耳其作战，地点在今罗马尼亚境内。
④ 即谈判地点，现多称为"Svishtov"（斯维什托夫），在多瑙河右岸，今保加利亚境内。

在战争高潮期间罹患中风。1789 年 4 月，他的侄子塞利姆三世即位。在这个重大的月份里，乔治·华盛顿当上了美国首任总统，路易十六在凡尔赛宫召集三级会议代表。美国的事情与塞利姆三世没有什么关系，但法国的事件具有重大影响。甚至在他名义上身陷图圄期间，塞利姆三世就与路易十六保持联系。一位值得信赖的朋友伊沙克贝伊（Ishak Bey）作为塞利姆三世的私人使者，于 1786 年前往凡尔赛，请求法国作为奥斯曼帝国的长期友邦兼盟友，应该帮助奥斯曼帝国实现军队近代化，支持其遏制俄国的政策。但路易十六在位最初 13 年的外交大臣韦尔热纳伯爵（Comte de Vergennes）曾经担任驻君士坦丁堡大使。[①] 他对土耳其的改革前景持怀疑态度，强烈反对可能导致法俄冲突的冒险行动。路易十六对塞利姆三世的答复既谨慎又傲慢。"朕已经从宫廷中向君士坦丁堡派出了炮兵军官，向穆斯林提供战争艺术各个方面的演示与范例，"1787 年 5 月 20 日，路易十六在一封信中写道，"只要有必要，我们就会尽可能久地保持。"[6]

俄土战争期间，法国军官继续为金角湾的学员们提供建议。法国大使馆附属的优秀私营出版商出版军事手册的译本，有抱负的土耳其炮兵专家得以研究青年波拿巴[②]在布列讷（Brienne）军校学习过的论文。当然，这些便利本身并不足以改变黑海沿岸的军事平衡。无论塞利姆三世的情感和倾向如何，他在位前三年，很难对奥斯曼国家实施改革或改进。当时，俄土战争每日的战报决定了苏丹

---

① 韦尔热纳伯爵 1755—1768 年担任法国驻君士坦丁堡大使，1774—1787 年担任外交大臣。

② 本书中，"波拿巴"和"拿破仑"一姓一名常常轮换使用，译文一般遵循原文。

和大臣们的行为。然而，1791 年秋，塞利姆三世命令 22 位僧俗两界贤达针对帝国的弱点和克服弱点的方法起草备忘录。几个月后，《雅西和约》的签订给了奥斯曼帝国从战争中喘息的时机，苏丹决定继续推进西化政策。他希望欧洲政治家们的注意力被巴黎事态转移，最起码能够保证他的陆海军在训练和装备上赶上西方的武装力量。

这些良好意愿看起来眼熟得令人感觉乏味，但塞利姆三世的计划比起前任们构思的任何一场改革都要更进一步。22 人的集体备忘录鼓舞塞利姆三世建立"新秩序"（Nizam-i Cedid），由此实质上推行了自上而下的革命。行政改革包括：修改规章，加强行省总督权力；建立更专业的世俗学校，为那些对陆海军指挥至关重要的附属学科（包括法语）提供训练；控制谷物贸易；与欧洲列强建立常规的大使级外交关系；改进税法，促使行省税收上缴新的中央国库，中央国库有权对咖啡、烈酒、烟草征税。前几任苏丹对于近代战列舰的建造和新型轻、重炮兵的改革，已经给予过稍显摇摆的支持。塞利姆三世在爱琴海沿岸行省针对海军设立了一种征兵制度；抓紧了对炮兵和其他技术兵种的训练；在一片惊异中，宣布建立新的步兵部队，按照法国的方式组织、训练，并配备近代武器。向来怀疑改革的耶尼切里，要回了拖欠的军饷，并且得到承诺：积极服役可以获得更多军饷，且支付日期固定。但是，在博斯普鲁斯海峡和于斯屈达尔为年轻土耳其新兵建立的新军营，似乎直接挑战了耶尼切里根深蒂固的地位。塞利姆三世的其他改革很快就被遗忘了，"新秩序"这一术语逐渐只用于"新秩序"改革建立的正规军步兵营。

对于巴黎革命的事态发展，塞利姆三世的消息非常灵通。[7] 1793 年 6 月，公民马里·路易·亨利·德科尔什（Marie Louis Henri Decorches）——在不那么平等的时代，他叫圣克鲁瓦侯爵（Marquise de Saint-Croix）——作为法兰西共和国代表，抵达君士坦丁堡。7 月 14 日，两艘法舰在萨拉伊角（塞拉格里奥角，Saraybur-nu/Seraglio Point）附近停泊，同时悬挂着奥斯曼新月旗、星条旗和三色旗，鸣放礼炮。博斯普鲁斯海峡附近还庄严地种下了一棵"自由之树"。大约八周后，苏丹将一份详细的清单发往巴黎，列出了他希望从法国招募的为奥斯曼陆海军短期服务的技术人员和教官的门类。尽管法国边境危机重重，但公共安全委员会对苏丹的请求给予了严肃的考虑：在多瑙河下游开辟"东方战线"，或者在黑海持续部署进攻性的海军，可以分散奥地利和俄国统治者的注意力，使他们无暇顾及共和国军队在莱茵河沿线或意大利北部的活动。塞利姆三世的谋臣们乐于鼓励巴黎的革命者："希望真主让巴黎的剧变像梅毒一样传播到［奥斯曼］帝国的敌国中。"早在 1792年，法国和奥地利的战争似乎一触即发时，苏丹的私人秘书就这样写道。[8]

但塞利姆三世非常精明，不至于让他的帝国与雅各宾派结成无法挽回的渎神同盟。当他决定实施外交体系近代化，向其他宫廷委派常驻大使（ambassadors）而不是特定任务的使节（envoys）时，他选择作为奥斯曼外交代表第一站的是伦敦而非巴黎。但对于这一决定，有三个合理的理由：（1）英国首相小威廉·皮特对俄国在黑海的扩张，尤其是奥恰科夫的堡垒化抱有敌意；（2）截至此时，英国还没有明显的夺取奥斯曼领地的意图；（3）从罗伯特·安斯利爵士（Sir Robert Ainslie）那里暂时熟悉了英国贵族的处事方式，安斯利爵士担任乔治三世派驻君士坦丁堡的大使长达 18 年，此时即将卸任。不久之后，塞利姆三世向柏林、维也纳、圣彼得堡派出常驻大使。在这之后，他才选派了前往法兰西共和国的常驻大使。

对于塞利姆三世而言，与法国建立联系比与其他任何国家建立联系都更加自然。他的一些官员已经熟悉了法语，苏丹也鼓励教授法语，虽然他自己似乎并不读、写这种语言。在欧洲作家中，只有18世纪的法国有人理性地尝试剖析政府和行政制度，为其他传统塑造的体制中的人群提供蓝图。[9]有趣的是，当为塞利姆三世的专业陆海军学院建立一座法语图书馆时，从马赛运来的作品中有一套完整的《大百科全书》(Grande Encylopédie)。但比起蜻蜓点水般地接触高深学问，普遍得多的是贸易联系，其中有很多是长久经营的，尤其是在叙利亚和黎凡特。远的不说，法国在奥斯曼帝国中心（君士坦丁堡）的贸易，80年内增长到三倍。定居在士麦那的法国人社群规模颇大。当然，文化之间的影响是双向的。18世纪初，当巴黎和凡尔赛的时尚圈热捧"土耳其风"时，君士坦丁堡也出现了法式家具、法式观光花园和法式装饰设计。

"佛郎机"风俗曾经让艾哈迈德三世丢掉了皇位。塞利姆三世一定已经意识到：当身边的耶尼切里纷纷转向麦加时，一位苏丹兼哈里发如此频繁地转向巴黎必定是鲁莽之举。有一种流传已久的传言将塞利姆三世的强烈亲法情结归因于他与艾梅·迪比克·德·里弗里（Aimée Dubucq de Rivery）的亲密相伴。她是一位年轻的混血儿，在马赛与马提尼克（Martinique）①之间航行时失踪。[10]有人认为她是被巴巴里海盗俘虏了，海盗们为了讨好阿卜杜勒-哈米德一世，将她从阿尔及尔送到君士坦丁堡。从此以后，她作为"法籍后妃"和塞利姆三世的堂弟马哈茂德二世的母后，过上了快乐的生活（实际上马哈茂德二世的出生比她失踪至少早了三年）。没有可

---

①　法国在加勒比海的海外属地。

靠证据证明这位不幸的年轻女子抵达过阿尔及尔，更不用说来到土
耳其了。即便我们猜测她确实成为奥斯曼后宫的宠妃之一，她又怎
么能在政治和法国的生活方式方面给苏丹启蒙呢？她太年轻，自己
对这些领域都尚且不够了解。不是每一位来自马提尼克的女孩都像
艾梅的远房亲戚——未来的约瑟芬皇后那样，对巴黎的生活方式如
数家珍。对塞利姆三世而言，对法国的入迷从来不是私人行为，而
是政治和军事问题。他相信，他能为帝国找到一把打开近代战争科
学大门的钥匙。

　　1795 年秋，短期内看起来波拿巴准将可能会为苏丹打开这道
大门。8 月 20 日，过去 15 个月事业没什么起色的拿破仑，写信给兄
长约瑟夫："如果我提出请求的话，我会被政府派往土耳其，为'土
耳其老大哥'组织炮兵，薪水可观，大使的头衔听起来也体面。"
10 天后，陆军部收到了一份备忘录："波拿巴将军在艰苦条件下指
挥炮兵期间，尤其是在土伦围城战中，已经获得了一定的荣誉。他
主动要求随政府代表团前往土耳其。他将带上六七名军官，每一位
都专长于某个特定军事领域。如果在这项新事业中，他能让土军更
加令人生畏、让土耳其帝国的堡垒更加坚不可摧，他会认为自己为
国家做出了巨大贡献。回国之后，他理应获得国家的嘉奖。"[11] 9 月
中旬，他似乎就拿到了护照。但在他启程之前，10 月 5 日，对圣奥
诺雷街道（rue Saint-Honoré）上示威①的暴民动用"葡萄弹扫射"，
这起传奇事件使"公民波拿巴"登上了法国历史舞台。他从未目睹
过君士坦丁堡这座被他称作"世界帝国中心"的城市。

---

　　①　即葡月十三日（共和历）政变，法国大革命热月党人统治时期保王党为恢复君
主政体而举行的暴动。

　　拿破仑未能成行的土耳其之旅，是引人入胜的"历史偶然性"的一则微小案例。人们难免会想象，凭借他的才能也许会在某种程度上阻止奥斯曼帝国的军事衰落。但是，这位 26 岁的名气普通的科西嘉人，凭什么能取得比之前的托特男爵和 40 年后的毛奇少校更加突出的成就？站在所有西化派对立面的，是四个世纪的传统与偏见，尸位素餐的特权人士的狭隘利益强化了这种偏见。唯有波拿巴作为征服者进驻君士坦丁堡且改宗伊斯兰教，他才可能重塑苏丹的帝国。在 1798—1799 年的某几个月里，这种可能性看起来并不是没有。

　　18 世纪 60 年代中叶起，马赛商界的一支施压团体已经在敦促历届政府夺取埃及，在此建立殖民地。舒瓦瑟尔（Choiseul）① 短暂支持过该计划，但韦尔热纳凭借其长期以来对奥斯曼的统治的了解，认为延续与苏丹的传统友好政策对法国的商业利益更有裨益。早期的革命政权延续了后一路线，但督政府动摇了。波拿巴（此时他重大的意大利战事已经告一段落）频繁发送的备忘录，使督政府确信远征"东方"的利益较大。1798 年 4 月，督政府同意由波拿巴派兵远征埃及，巩固法国对黎凡特的控制，煞煞英国的威风，摧毁马穆鲁克在开罗的腐败权力，以苏丹的名义实施良政、仁政。此后，苏丹的国库能够依赖上缴的年贡来充盈。远征的基本指令强调必须尊重穆斯林的信仰。为了确保高门不怀疑督政府的善意，后者决定派塔列朗——1797 年 7 月首次成为外交部部长——前往金角湾，向塞利姆三世解释法国政策的门道。但这起有趣的会见从未发生过。波拿巴将军率领 3.8 万人，在 5 月的第三周适时地向埃及进发，

① 1758—1761 年、1766—1770 年两度担任法国外交大臣（路易十五统治时期）。

而塔列朗没有动身前往君士坦丁堡。他也从未有过启程的打算。[12]

　　督政府支持远征埃及的时间长达四五个月。起初，一切似乎进展顺利。7 月 21 日，波拿巴在"金字塔战役"（15 英里远①）中击败了马穆鲁克军队，三日后胜利进入首都（开罗）。他的民政管理成为良政的典范，是埃及多个世纪以来已知最明智的政府。尽管处于战争状态，但波拿巴启动了灌溉项目，建立了新的工厂和医院，改善了市场状况，提升了税制的效率。原本可能由一位仁慈的苏丹在君士坦丁堡发起的有利改革，却由"开罗征服者"签署的法令而实现。除了将宣礼塔用作特大号旗杆稍显不敬外，拿破仑采取各种措施争取穆斯林，向乌理玛诉说他对伊斯兰教义的深深尊重，暗示说他自己可能也会改宗。法军进驻的每一座城镇和乡村，都张贴了印刷的阿拉伯语布告。它们罗列了法军带来的"解放"，并真诚地希望那些识字的人可以向不识字的人广而告之：

> 埃及人民……我来是要恢复你们的权利，惩罚篡位者；我比马穆鲁克更加尊敬真主、先知和《古兰经》……我们是所有真穆斯林的朋友。难道我们没有推翻鼓吹对穆斯林作战的教皇吗？……难道我们几个世纪以来不是帝国苏丹的朋友，不是他敌人的敌人吗？（希望真主实现他的愿望）……让大家都感谢真主摧毁马穆鲁克吧。让大家都来高呼："荣耀属于苏丹！荣耀属于他的盟友法国军队！诅咒一切马穆鲁克！人民幸福万岁！"[13]

　　这番花言巧语，引起了君士坦丁堡的尖酸回应。苏丹不只是拒

---

① 　原文括注语焉不详。其实是战场距离吉萨大金字塔 15 英里远。

绝承认法军是他的盟友；9月，他正式对法兰西共和国宣战。一个月后，他颁布诏书，对正在占领埃及的"异教蛮族"发动"圣战"。

然而，由于7月31日纳尔逊在尼罗河口的海战胜利导致马赛、土伦和亚历山大港之间的联系中断，督政府对埃及失去了兴趣。11月4日，塔列朗通知波拿巴，他（后者）如果愿意的话，可以考虑进军印度；或者继续留在埃及，将其作为法国的附属国来治理，就像他对意大利北部的改造那样；再或者，他可以尝试途经巴勒斯坦、叙利亚、安纳托利亚，夺取君士坦丁堡。直到1799年3月25日，这些夸张的指令才送达拿破仑的总部。截至此时，拿破仑已经构思了自己的宏大战略，向北出击，正在围困阿科。[14] 显然，波拿巴的远征正在给奥斯曼帝国带来非常时期的凝聚力。塞利姆三世绝非不乐见马穆鲁克篡位者被击败，但他不打算任由法国夺取他帝国境内的一个潜在的富裕省份。爱搞派系斗争的巴勒斯坦和叙利亚封建主们，与苏丹设在大马士革的空头总督合作对抗入侵者。"屠夫"艾哈迈德·杰扎尔能够召集10万大军，抑制波拿巴的北进，并在英国海军准将西德尼·史密斯的一支小型舰队的支援下，抵挡了法军对阿科长达七周的攻击，直到一支护卫舰队从罗得岛带来塞利姆三世"新秩序"部队的一个分遣队来增援守军。

随着淋巴腺鼠疫在法军中扩散，波拿巴放弃了围攻阿科。4月16日，克莱贝尔（Kléber）将军在塔博尔山（Mount Tabor）击败了"西帕希"骑兵。取得这次胜利后，法军就从叙利亚撤回了埃及。7月中旬，奥斯曼在英、俄海军的支持下，用60艘舰船护送1.5万名"新秩序"部队和耶尼切里前往埃及沿岸。他们没有等待马力交通工具到来，就在阿布吉尔（Abu Qir/Aboukir）登陆，威胁了亚历山大港的法军基地。但他们无法阻止身经百战的法国步兵渗透他们的战线，又被缪拉的骑兵打散。法军的捷报强调了耶尼切里的愚蠢，后者把更多的兴趣放在斩首受伤的俘虏以获取"战利品"上，而不是重振旗鼓迎战敌军的下一次进攻。

拿破仑再也没有亲自与奥斯曼军队作战。1799 年 10 月，他回到了法国；一个月后，他当上了第一执政。由于奥斯曼帝国已经加入第二次反法同盟，波拿巴离开埃及后，战争仍在持续。1801 年 3 月，一支奥斯曼军队在英国陆海军支持下，成功在亚历山大港附近登陆，并在长达七个月的战事中，迫使"东方集团军"处境艰难、孤立无援的幸存者投降。第二年夏天①，各方在亚眠签订了和约。[15]

这是一场艰苦的战争，尤其是当拿破仑仍然梦想成为"东方皇帝"的时候。他的军队违背了诺言，在雅法制造暴行；下埃及②发生两次起义后，他下令处决开罗的穆斯林人质。塞利姆三世已经采取了名副其实的反法立场。他没收了法国财产，甚至与俄国合作，允许俄舰穿越黑海海峡。同时，俄、土军事共管取代了威尼斯共和国垮台③后爱奥尼亚群岛建立的亲法政权。但塞利姆三世心底里仍然是个亲法派，热切希望尽早向巴黎寻求援助和建议。这难免引人深思：如果塔列朗按计划前往君士坦丁堡，在"东方集团军"登陆塞利姆三世的埃及领土之前取得外交成功，使波拿巴宣传的"苏丹与法军"联盟成为现实，1798—1799 年的历史又该是什么走向呢？

---

① 应为 1802 年 3 月 27 日。
② 开罗及其以北的尼罗河三角洲地区，是埃及的政治、经济和文化中心。
③ 1797 年，拿破仑与奥地利签订《坎波福米奥条约》，瓜分了威尼斯。

第五章

塞利姆三世的诡谲命运

　　1802 年 6 月 [①]，《亚眠和约》一签署，塞利姆三世似乎就轻易恢复了与法国的传统友谊。被没收的财产物归原主，优惠的商业特许权（曾经促进了利润丰厚的黎凡特贸易的发展）恢复了，法国商人获得进入黑海港口的许可。但双方仍然存在深刻的猜疑。法国的政策反复无常。秋季，奥拉斯-弗朗索瓦·塞巴斯蒂亚尼（Horace-François Sébastiani）将军被派往叙利亚和埃及，以或明或暗的手段，重树法国在动荡之地的权威。同时，为了体现对苏丹的尊重，第一执政任命了一位著名军人——纪尧姆·布律纳（Guillaume Brune）担任大使。他曾经是一位革命诗人和法学学生，在阿科拉（Arcola）和里沃利（Rivoli）打过仗；1799 年，他击退了英俄联军

---

　　① 原文如此。此处可能混淆了 1802 年 3 月的英法《亚眠和约》与同年 6 月法国、奥斯曼单独签订的条约。

对荷兰的入侵。塞利姆三世派往巴黎的使节人选更加奇怪：穆罕默德·赛义德·哈莱特·埃芬迪（Mehmed Said Halet Effendi）是一位宗教狂热者，耻于被派往"异教徒"国家的首都。

　　和平的回归终结了塞利姆三世与叙利亚、黎巴嫩、安纳托利亚的封建显贵们的合作。但是，尽管有塞巴斯蒂亚尼的阴谋活动，苏丹仍然首先从埃及得到了稳固的宗主权和稳定的贡金流。这在一定程度上归功于法国良好治理下的遗泽，但更大程度上要归功于穆罕默德·阿里（Muhammad Ali）的远见和他的忠诚。他与拿破仑同龄，原为来自卡瓦拉（Kavalla）的烟草商人，后来作为阿尔巴尼亚团中的一名基层军官来到埃及，由于打败了两位试图复辟旧日权势的马穆鲁克领导人而获得迅速提拔。1805 年 5 月，苏丹任命穆罕默德·阿里为行省瓦里（总督）；但早在 1803 年，他就在把"新秩序"风格的改革嫁接到波拿巴式的行政框架上。穆罕默德·阿里花了 30 年左右，在埃及建立了西化的专制统治。[1]

　　对塞利姆三世而言，来自巴尔干西部的消息不太乐观，阿里帕夏[①]曾希望将爱奥尼亚群岛和古老的威尼斯沿岸飞地并入他在阿尔巴尼亚和伊庇鲁斯越来越大的领地中。俄、土在科孚岛难得的合作制约了阿里的野心，但他继续稳定地从约阿尼纳实施统治，与欧洲列强建立自己的外交联系，邀请外国专家训练他的部队，一旦时机成熟，就罔顾君士坦丁堡当局的命令与法令。在更北方，今保加利亚—罗马尼亚边境的多瑙河一线，由两位资深军阀控制：西面是维丁[②]（Vidin）的奥斯曼·帕斯万奥卢帕夏（Osman Pasvanöğlü Pa-

---

①　此处阿里帕夏指第四章的"约阿尼纳雄狮"，与埃及的穆罕默德·阿里不是一人。
②　地名，位于今保加利亚西北部。

sha)，东面是蒂尔西尼克利奥卢·伊斯梅尔。1806 年夏天，两人都去世了。随后，有效的军事力量由"擎旗者"穆斯塔法（Mustafa Bayraktar）执掌。他名义上是从鲁舒克到锡利斯特拉堡垒之间的 80 英里关键区域的苏丹军队指挥官，其实是保加利亚大片地区的主宰。在多瑙河对岸，瓦拉几亚和摩尔达维亚两公国在《库楚克-开纳吉条约》之后已经享受了极大的自治权；它们由苏丹任命的基督教特首（hospodar）康斯坦丁·伊普西兰蒂斯（Constantine Ypsilantis）和亚历山大·马鲁齐（Alexander Maruzzi）统治。底万中更加反动的成员将这两人视为实质上的沙皇代理人。

在塞尔维亚，塞利姆三世的统治起初一段时期是温和的。塞尔维亚人甚至获允召集自己的民兵，以便防御帕斯万奥卢的侵扰。但当苏丹寻求军阀支持以便守住多瑙河一线时，塞尔维亚的自治之路就戛然而止了。1804 年 2 月，耶尼切里五年的剥削和恶政在舒马迪亚地区［Šumadija，德里纳河（Drina）与摩拉瓦河（Morava）之间①］的山林激起了一场民族起义。塞尔维亚领袖卡拉乔尔杰·彼得罗维奇（Karadjordje Petrović）坚称他之所以战斗，是为了让耶尼切里和地方贝伊接受塞利姆三世的改革。他的这番主张有一定的真实性。起初，阿里帕夏的野心比塞尔维亚的暴动更令塞利姆三世担忧，哪怕 12 月卡拉乔尔杰控制了贝尔格莱德和斯梅代雷沃（Smederevo）、沙巴茨（Sabac）城镇。直到 1805 年，俄国开始给予塞尔维亚运动积极支持后，塞利姆三世才意识到舒马迪亚近期事态的高度危险性。[2]

---

① 德里纳河，今塞尔维亚与波黑的界河，南北走向；摩拉瓦河，今斯洛伐克与奥地利的界河，南北走向。

边远省份广泛的动荡局势更加凸显了首都正在上演的外交权力博弈的重要性。苏丹将从何处争取最为强力的援助？英国的海军力量对于维护多瑙河沿岸和巴尔干的秩序，几乎派不上用场。他应该转而求助法军，还是冒险投入惹人不快的"俄国熊"的怀抱呢？他曾经的意愿是在欧洲1803年重启战端、皮特始建第三次反法同盟时坚持中立，以此保证其独立性。但奥斯曼统治力的衰落蔓延到了太多敏感地区，以至于真正的和平希望都不复存在了。比布律纳和哈莱特·埃芬迪更加睿智的使者，或许已经恢复了法土联盟。但在巴黎，苏丹的使节被当成小丑；而布律纳作为大使，起码像6年之前在维也纳的贝尔纳多特（Bernadotte）① 一样差劲。

贝尔纳多特将军只要愿意施展风度，多少还有一些个人魅力。而布律纳就做不到这一点，因为此人毫无风度。他态度倨傲，还坚持认为享受的礼节必须符合其职衔和他在巴黎的主公（即拿破仑）的职衔，由此得罪了底万和高门。[3] 虽然塞利姆三世已经接受了法国国王被斩首的现实而不加抗议，也同意在土耳其国土上种下一棵"自由之树"，但他强烈反对一位普通士兵僭称帝号。他没有理由承认之前侵略埃及和叙利亚的人是"法国人的皇帝"，也不承认1804年5月布律纳获授的崇高地位（当时拿破仑封他为第九位帝国元帅）。布律纳坚信塞利姆三世的军队改革需要法国的支持，因此，他虽然抱怨他的君主遭受侮辱，并要求获得离境许可，但他相信高门将会做出让步并致歉。但大维齐表示，布律纳可以完全自由地返回巴黎。这位大使两次推迟了离任，徒然地希望斯坦堡当局改变心

---

　　① 法国名将，1798年担任驻奥地利大使。拿破仑称帝后，贝尔纳多特受封为元帅。后来出于各种离奇的机缘，他意外当上了瑞典国王。

意。截至秋季，他最终承认失败，从达达尼尔海峡返程。且不论塞利姆三世的个人意向如何，此时法国的影响力已经无足轻重。在这场奇怪的争吵中，有更多利害攸关之事，而不仅仅是性格或尊严的问题。在前一年，南俄近四分之一的谷物经过土耳其的海峡运往马赛，其中大多数装载在悬挂三色旗的 15 艘船中。[4]这种贸易现在已经结束。

法国的挫败有利于俄国。自打在 1802 年 12 月的同一周抵达金角湾起，沙皇的大使亚历山大·伊塔林斯基（Alexander Italinskii）就抢走了布律纳的风头。虽然伊塔林斯基的要求不受高门的欢迎，但这些要求总体上得到了确凿的证据支撑。俄国领事报告称：有法国代理人渗透进伯罗奔尼撒半岛；法国不仅怂恿阿里帕夏及其在爱奥尼亚的家族，也怂恿远在叙利亚荒漠之外的瓦哈比主义者。塞利姆三世勉为其难地转而与沙皇结盟。俄国军舰稳稳当当地从两大海峡驶过，海军将领德米特里·谢尼亚文（Dmitri Senyavin）得以在科孚岛上集中 5 艘风帆战列舰组成的小型舰队和数千名士兵。

拿破仑认定，底万的半数成员收了俄国人的钱。于是，他在 1805 年 1 月底从巴黎寄出的一封语气强硬的私人信件中，把这种看法告诉了塞利姆三世。"你作为伟大的奥斯曼人的后代、最伟大的世界帝国之一的皇帝，难道统治不下去了吗？"拿破仑质问道，"你怎么会让俄国人对你指手画脚？……你不明白自己的利益吗？……我是代表托普卡珀宫唯一的朋友法国而写信给你的……塞利姆，振作起来，让你的支持者当上大臣……俄国人是你真正的敌人，因为他们妄想控制黑海，为了实现这一目标，必须拿下君士坦丁堡；也因为他们所信奉的希腊宗教，是你半数臣民的信仰。"这是对"法国最古老的盟友"的强烈呼吁。事实上，这封信告诉苏丹要自己做主，并恢复对法友好关系，否则就要面对拿破仑之怒。"我从来不是一个脆弱的敌人。"[5]

不幸的塞利姆三世并非"统治不下去"，但他的权力比任何一位外界观察家想象的更加受限。当拿破仑起草信件的时候，塞利姆三世正在尝试为"新秩序"部队征召更多士兵，为此下令在巴尔干诸省全境普遍征发。这项措施将剥夺军阀们和耶尼切里的兵源，并使一些耶尼切里部队转入新兵团成为必要。在鲁米利亚的某些地区，耶尼切里和"新秩序"部队之间爆发了冲突；在埃迪尔内的征兵和训练也无法实施，因为耶尼切里指挥官和当地权贵切断了补给，并且建立了军事"纠察线"，将新兵与这座城市隔绝。软弱的塞利姆三世担心叛军进军首都，屈服了。

奥斯曼内部出现危机的几个月，在国境线之外，出现了均势的戏剧化转变。1805 年 10 月，5 万多训练有素的奥地利士兵被迫在乌尔姆（Ulm）向拿破仑投降；11 月 13 日，法军进入维也纳；12 月 2 日，奥皇与俄皇在决定性的奥斯特里茨战役中战败。在三周后签订的《普雷斯堡和约》中，奥地利将过去所有的亚得里亚海沿岸威尼斯土地割让给法国，理论上使达尔马提亚成为法国本土的一部分，也使拿破仑与奥斯曼动荡的波斯尼亚行省有了共同边界。不久之后，谢尼亚文的舰队从科孚岛出发，夺取了卡塔罗（科托尔，Cattaro/Kotor），部分目的是阻止这个良好的天然锚地被法国夺取，同时也是为了使俄国与黑山人、反叛的塞尔维亚人搭上联系。塞利姆三世不再犹豫。他拒绝批准最近与沙皇结盟的提议。1806 年 2 月，他承认拿破仑为皇帝。8 月 9 日，另一位军人外交官、大阴谋家塞巴斯蒂亚尼将军抵达君士坦丁堡担任大使。他还带来了一个军事使团，这重新激起了塞利姆三世近 20 年来建立西化的近代军队的愿望。

　　法国皇帝对塞巴斯蒂亚尼亲自下达的指示，与他一年半之前写给塞利姆三世的信，口吻大相径庭。[6]指示分为两部分：第一部分为大使定下了必备的特质，以确保法国"得到最受欢迎的强国待遇"："老练、敏锐、值得信任，而不是傲慢、强迫、恐吓"；"不要支持……埃及、叙利亚或希腊诸岛一切反对高门的叛乱"；"逐渐灌输一种信任感和安全感"。第二部分展示了拿破仑打算安排一个西化的苏丹政权扮演什么角色。意味深长的是，像后来的外国内阁起草的每一份计划一样，它假定奥斯曼帝国的存续只能仰仗欧洲的容忍。

　　　　我坚定不移的政策目标，是在我国、高门、波斯之间缔结三国同盟，直接或间接打击俄国……我们的一切谈判都要追求这几点：(1) 对俄国关闭博斯普鲁斯海峡……；(2) 禁止希腊人打着俄国国旗航行；(3) 武装每一座堡垒防御俄国；(4) 打压格鲁吉亚的［反奥斯曼］叛乱，并重申高门在摩尔达维亚和瓦拉几亚的绝对统治。我不希望瓜分君士坦丁堡的帝国；即便我得到了它四分之三的领土，我也会拒绝。我希望加强、巩固这个伟大帝国，并利用它反对俄国。

　　随着拿破仑帝国更加深入东欧，法国-奥斯曼-波斯联盟不只是能够保护法军的右翼，也能提供一道通往高加索和印度边境的走廊。拿破仑急于实现这一宏大战略，一位波斯使臣访问了他在波兰一座偏远城堡的总部，加尔达纳（Gardane）将军则奉命出使德黑兰。

　　拿破仑的宏大战略导致了俄国与波斯的七年冲突、俄国与奥斯曼的六年战争，战争主要在今罗马尼亚境内或格鲁吉亚的黑海海滨开展。没有哪支法军参加了这些战争。对拿破仑而言，这些只是军事牵制。但奥斯曼首都的命运对他来说是另一回事。"谁将拥有君士坦丁堡？问题的症结就在这里。"他不止一次地这样评论，只是措辞稍有不同。[7] 事与愿违的是，在更广阔的尺度上制造"东方问题"的同时，他首次激起了英国对奥斯曼腹地的战略兴趣。短期来看，在一对大敌之间的外交撮合，将对君士坦丁堡的事态和苏丹的命运造成戏剧性的影响。

塞利姆三世个人受到了塞巴斯蒂亚尼使团的鼓舞。这位将军（塞巴斯蒂亚尼）是一位科西嘉人，接受过神职训练，但法国大革命使他的思想和理想世俗化，取得了任何奥斯曼指挥官所不及的成就：曾经率领骑兵打入维也纳。或许出于这个缘故，他获得了之前的大使没有过的荣誉，成为第一个可以在苏丹在场时佩剑的非穆斯林使臣。更有实际价值的，就是他享有的宣传自由。大使馆的印刷机以土耳其语和阿拉伯语印刷法国大军的公报，在拿破仑的个人要求下，将它们发行到整个黎凡特的港口。11 月中旬，久负盛名的普鲁士军队在埃劳（Eylau）战役败溃的消息，造成了深刻的影响。它强化了塞利姆三世的信念：法国的事业是不可战胜的。

塞巴斯蒂亚尼的到来已经导致了奥斯曼政策的迅速变化。[8] 这位大使到来后不到四天，苏丹就撤掉了据称亲俄的瓦拉几亚和摩尔达维亚特首。一个月后，他对俄国战舰关闭了两大海峡；他还继续推进将"新秩序"部队扩大一倍的计划。沙皇的大使亚历山大·伊塔林斯基向圣彼得堡发出警告：土耳其人已经倒向了法国一方。面临着俄国进攻博斯普鲁斯海峡的紧迫威胁，塞利姆三世动摇了，为了息事宁人，他甚至恢复了两位特首的职位。但这为时已晚，不足以让俄国改变政策。1806 年 11 月最后一周，摩尔达维亚和瓦拉几亚遭到蹂躏；12 月 16 日，高门对俄宣战。当时，塞巴斯蒂亚尼在高门获得了任何之前的外国人都无法相比的崇高地位。他对塞利姆三世的影响力似乎高于大教长之于后者的影响力，他甚至成功说服苏丹：向一位君主宣战时囚禁他的大使是一种野蛮习俗。伊塔林斯基躲过了牢狱之灾，很大程度上要感谢塞巴斯蒂亚尼，他与家眷登上英国海军"老人星"号（HMS *Canopus*）逃难。这是一艘装载了 80 门炮的风帆战列舰，在金角湾湾口已经停泊了三周。

　　经英国大使提议，"老人星"号停泊在加拉塔区附近。查尔斯·阿巴思诺特（Charles Arbuthnot）——中年时期更常被称为戈什·阿巴思诺特（Gosh Arbuthnot）——是威灵顿公爵的老朋友，在过去两年担任驻君士坦丁堡大使。和他的很多同胞那样，他确信没有哪件事可以像战舰打着皇家海军旗①游弋在宫殿外的水域一般，能够有效促使苏丹将注意力集中在关键事务上。塞巴斯蒂亚尼到达君士坦丁堡的两三个月前，阿巴思诺特已经使外交大臣［霍威克子爵（Viscount Howick）查尔斯·格雷］相信：塞利姆三世"宁可法国在波斯尼亚作战，也不希望英国在塞拉格里奥角作战"。他的报告使外交部和海军部决心在君士坦丁堡展示武力，类似于 1801 年 4 月的哥本哈根行动。当时，两位海军将领海德·帕克（Hyde Parker）和纳尔逊动用约 50 艘战舰恐吓丹麦人。1806 年 11 月第二周结束时，霍威克子爵通知阿巴思诺特，海军援助很快就会从普利茅斯（Plymouth）驶向东地中海。同时，阿巴思诺特将会要求驱逐塞巴斯蒂亚尼，理由是这位将军的活动破坏了奥斯曼的中立。[9]

　　但在伦敦的指示传至君士坦丁堡之前很久，阿巴思诺特就已经

---

　　①　原文为"White Ensign"，但显然不是指投降的白旗，而是指英国海军旗。

在塑造英国的政策了。他试图对俄土争端实施武装调停。12月初，他召唤海军少将路易斯率领"老人星"号和载44门炮的巡航舰"恩底弥翁"号（HMS *Endymion*）穿过达达尼尔海峡（古称"赫勒斯滂"，Hellespont）北上，进入马尔马拉海。这增强了他的外交底气。当约翰·达克沃思爵士（Sir John Duckworth）将一支更强的分舰队从直布罗陀带往爱琴海时，阿巴思诺特正试图让高门相信，英国对塞巴斯蒂亚尼的特权地位感到愤慨。但这没有起到多少效果。路易斯率领"老人星"号渡过赫勒斯滂南下，仔细研究一路上的土耳其堡垒。截至此时，还没有哪支舰队尝试过一边直面奥斯曼的抵抗，一边强行渡过黑海海峡。[10]

1807年1月底，君士坦丁堡的紧张局势开始大爆发，阿巴思诺特手下的探子们提醒他离开佩拉区。1月29日，他邀请君士坦丁堡的英国商人，登上"恩底弥翁"号与他共同进餐。他们一上船，这艘巡航舰就静悄悄地溜走，驶向达达尼尔海峡。如果阿巴思诺特希望在海峡峡口遇上一支正在等待他的强大海军，那他就得失望了。那里只有路易斯的"老人星"号和另外两艘船。路易斯告诉阿巴思诺特，法国人正在帮助土耳其人改进达达尼尔海峡的防御，对16世纪的"大海之钥"（Sedd-el-Bahr）和"大海之锁"（Kilid Bahr）两座堡垒施以近代化改造，并在亚洲一岸部署新炮台。路易斯已经派了一艘快速舰前往马耳他岛，请求增援10艘风帆战列舰和运兵船，提供登陆部队，以便毁掉加利波利半岛（Gallipoli peninsula）和海峡对岸的炮台。同时，四艘船在忒涅多斯岛（博兹贾阿达岛，Tenedos/Bozcaada）附近的贝西卡湾（Besika Bay）待命。

海军穿越达达尼尔海峡快速北上，尽显纳尔逊式的派头，本来或许可以迅速扳倒塞巴斯蒂亚尼。但在"恩底弥翁"号与"老人

星"号重新会师十天之后，海军将领达克沃思分舰队中的七艘风帆
战列舰才抵达。随后九天，大风直接从达达尼尔海峡往南刮，迫使
分舰队躲在武涅多斯岛的避风处。终于在 1807 年 2 月 19 日，英国
军舰开始强渡达达尼尔海峡——这是皇家海军历史上的第一次。岸
防堡垒和迈多斯（Maidos）附近的一些奥斯曼旧战舰中发出了猛烈
的炮火。几艘奥斯曼战舰被英舰击沉，而英舰没有严重受损。截至
次日夜晚，达克沃思的小型舰队已经穿过了马尔马拉海，但是并没
有威胁到托普卡珀宫的塞利姆三世，因为博斯普鲁斯海峡的风向和
水流太过强劲，以至于难以接近 12 月路易斯曾停泊过的锚地。达克
沃思的旗舰"皇家乔治"号（HMS *Royal George*），在离城不足 8 英
里的普林基波岛（比于克阿达岛，Prinkipo/Büyükada）近海抛锚。[11]

　　阿巴思诺特试图从实力出发寻求谈判。两天内，舰载艇和轻帆
船在水域两岸穿梭。舰船的到来，且表面上的毫发无损，给君士坦
丁堡带来了恐慌——直到奥斯曼人注意到这些舰船离岸较远为止。
"恩底弥翁"号不顾汹涌波涛，抵达了金角湾湾口，但高门派出一
位使者，警告阿巴思诺特：城中群情激愤，这艘巡航舰的出现可能
会激起对外国人的大屠杀。于是，"恩底弥翁"号撤退了。2 月 22
日午前 11 时 20 分，达克沃思命令舰船准备靠近并轰炸君士坦丁
堡，但他几乎立即就撤销了这道命令。持续的飙风和强烈的顶头
风，使君士坦丁堡免遭哥本哈根的厄运。

　　当英国的炮舰外交出师不利时，塞巴斯蒂亚尼恢复了他的军旅
生活。法国代表团指导君士坦丁堡周边的炮兵部署。市民们被动员
加强防线，甚至手持法杖的希腊牧首也在劝谕 1 000 名法纳尔人参
与建造新的防御工事。沿着博斯普鲁斯海峡径直南下的强风继续吹
袭，直到该月最后一天为止。截至此时，大约 300 门炮已经部署到

位，扼守普林基波岛和金角湾之间的水域。这些大炮没有投入行动，因为达克沃思担心他的舰船可能在马尔马拉海中被"包饺子"，就率领舰队越过两大海峡南下进入爱琴海。这时，海峡堡垒的火力更加精准，几艘英舰的桅杆和索具被打断。[12]

　　回到武涅多斯岛的背风处后，达克沃思麾下受挫的舰长们在 3 月 8 日得到了俄国海军将领谢尼亚文的舰队支持。阿巴思诺特和两位海军将领短暂地考虑过强渡海峡、轰炸首都。但这是出于什么目的呢？没有陆军部队，就没有希望实现决定性的军事打击。此外，英国人也绝不相信帮助沙皇入主君士坦丁堡符合英国的利益。3 月 13 日，周五，英俄舰队驶往爱琴海对岸。英国在达达尼尔海峡的首次海军示威以惨败收场。

　　这还不是唯一一次。3 月 14 日，周六，6 000 名英军跨越距离700 英里的路途①登陆亚历山大港，试图让埃及脱离奥斯曼宗主权。如果他们的运输船隶属于达克沃思的分舰队，在君士坦丁堡展示武力或许会很好地达到阿巴思诺特期望的效果。这场埃及远征也以失败告终。在法国总领事馆的积极支持下，穆罕默德·阿里坚决抵抗了五个月，将侵略者限制在亚历山大港和罗塞塔周边数百平方英里②的沼泽海岸中。9 月，英军有序撤退。从博斯普鲁斯海峡到尼罗河三角洲，英国的威望跌入谷底。[13]

　　表面上看，达克沃思的失败证明了塞利姆三世政策的正确性。当英舰驶离普林基波岛后，斯坦堡区和加拉塔区陷入了狂欢。塞巴斯蒂亚尼和法国军事代表团获得了丰厚的赠礼，足以证明苏丹对他

---

①　出发地为西西里岛。
②　1 平方英里约为 2.6 平方千米。

们的高度尊敬。大维齐准备打击土耳其的其他敌人。1807 年 4 月
初，奥斯曼主力军离开首都，前往埃迪尔内，准备对多瑙河两公国
的俄军发起夏季攻势。奥斯曼舰队也打算在爱琴海搜寻谢尼亚文。
之前，奥斯曼较为先进的舰船在博斯普鲁斯海峡中过冬，没有被达
克沃思的火炮损坏。5 月 10 日，奥斯曼海军驶离金角湾，几天后穿
过达达尼尔海峡南下。该年第一季度陆海军在君士坦丁堡周边大举
集结，如今，这座首都的部队相对而言终于被抽离一空了。

塞利姆三世对自己在首都的地位和声望颇有自信，认为可以重
启西化政策，但事实证明这是重大的失算。[14]咖啡馆的流言声称他
邀请法国演员在他的宫中表演。就像艾哈迈德三世末期一样，又有
思想严肃的人抱怨"佛郎机"（欧洲）的生活方式和风俗正在渗透
首都的社会，煽动性的思维方式正在破坏伊斯兰教法。相当奇怪的
是，在这种越来越不安的形势下，塞利姆三世未能认清大教长（或
者说是"大穆夫提"，外国大使们通常这样称呼他）严厉的反对态
度，反而向他征询建议。

塞利姆三世也无意放弃他心爱的改革。他需要现款购买近代武
器。为此，他恢复了一项数年前曾经开启的措施，将"蒂马尔"采
邑转化为皇室土地，再将这些土地出租给包税人（tax-farmers），
他们没有封建的军事义务，且具有一种危险的自由权：可以自行选
择从佃户身上榨取金钱的方式。这种"伊尔蒂扎姆"（*iltizam*）承
包制在农民中自然不受欢迎。农民们遭到了寡廉鲜耻的包税人的无
情剥削，"新秩序"还不如旧制度。同时，货币的持续贬值导致了
贸易社群的困难和绝望，不只是在金角湾一带，在士麦那、阿达
纳、萨洛尼卡也是如此。即便如此，在奥斯曼舰队驶入爱琴海两周
后，也即"擎旗者"穆斯塔法帕夏正在挥师北进多瑙河之时，塞利

姆三世推进了下一阶段的军事改革。年轻的耶尼切里雇佣军（亚马克，yamak），大多数为阿尔巴尼亚人或切尔克斯人①，将被改编为"新秩序"团，穿法式制服：红色紧身裤，蓝色贝雷帽。原本的计划大致如此。但在萨勒耶尔更远处接近博斯普鲁斯海峡峡口的鲁米利·卡瓦克（Rumeli Kavak）堡垒，"亚马克"雇佣军宁可哗变，也不愿意穿上西式服装。1807 年 5 月 25 日，他们杀害了一位"新秩序"军官，威胁要进军首都（约 14 英里之外）。

在这个时候，塞利姆三世再次表现出了性格中的可悲缺陷。两年前的埃迪尔内动荡期间，这种缺陷几乎使他失去了皇位。他没有从"新秩序"部队派遣受过法国训练的忠诚军官打击鲁米利·卡瓦克兵变，而是咨询大教长。后者敦促他不要加速内战的到来，而是要搞清"亚马克"不满的本质。这是个致命的建议，它的意图昭然若揭。在接下来两天，不满情绪在博斯普鲁斯海峡的堡垒中蔓延，直到 5 月 27 日早晨，来自比于克代雷（Büyükdere，鲁米利·卡瓦克以南 3 英里的一座军营）的 600 名"亚马克"，乘船在加拉塔区登陆，将动荡的因子传染到首都。数千名耶尼切里加入了他们。在马场（At Meydani，范围包含了拜占庭竞技场，距离托普卡珀宫的内室不足半英里）聚集的学员也加入其中。苏丹拼命拖延时间。他仍在希望法国训练的炮手能够来一次"葡萄弹射击"吗？虽然塞巴斯蒂亚尼有过这方面的经验［8 年前，他指挥第九龙骑兵，在雾月政变期间的圣克卢（Saint Cloud）支持波拿巴］，但这种事不太可能发生。

---

① 高加索地区的一个民族，现多分布于俄国和土耳其。历史上奥斯曼苏丹常在切尔克斯人中选妃。

　　塞利姆三世不是拿破仑。他在惊慌之际，打算清除自己的一根支柱：宣布"新秩序"部队将被解散。随后，他将一些西化派大臣赶出宫廷接受死亡；次日，任命反动派进入底万取代他们。这些措施都没有让马场的暴动者满意。他们怀疑，如果塞利姆三世仍然在位，一旦他能够召回多瑙河前线的忠诚部队，就可以撤销现时发布的声明。暴动者担心他食言，就在托普卡珀宫外围的第一庭院①抓捕了他的私人秘书，将其碎尸万段，把他的头颅带到御座厅，摆在塞利姆三世面前，就像一只狗将一块骨头丢在主人脚下。[15]

　　次日，大教长被人问道："如果一位苏丹的生活举止和颁布的法令都违背《古兰经》的神圣教诲，他还能继续统治吗？"这是一种别有用心的提问。答案一直是明确的。唯一的问题是由谁来继承皇位。虽然塞利姆三世有八位妻子，但没有生出一个男孩；阿卜杜勒-哈米德一世的 13 个儿子中，只有两位没有夭折。其中最年长的是穆斯塔法皇子，但他精神不稳定；年幼的马哈茂德皇子，据说受到了他伯父的法国时尚的影响。叛军和学者会议毫不犹豫地要求遵守天然的继承顺位。教令宣布：1807 年 5 月 29 日，塞利姆三世被废黜，以穆斯塔法四世取代之。当马场暴动者、耶尼切里指挥官和大教长通过司法实施反动统治时，托普卡珀宫的囹圄为当时最开明的苏丹提供了避难所。

　　君士坦丁堡和周边堡垒的法国外交官与军人担心性命不保，在这场危机中无法影响奥斯曼的政策。塞巴斯蒂亚尼被召回法国，很快就在西班牙重操军事旧业。君士坦丁堡的事态，尤其是对"新秩序"部队的镇压，使多瑙河下游的攻势骤然停止，"擎旗者"被迫

———————————

　　① 　第一庭院位于崇敬门之外。

放弃围攻俄军占领的布加勒斯特。"擎旗者"穆斯塔法帕夏本身在政治上是保守派，长期以来一直认为塞利姆三世在推行改革时太急躁冒进。但他也是一位出色的将军，急于将一场开局顺利的战争推进下去。他有着严苛的纪律感，无法容忍帕特罗纳·哈利勒时期那种长达几个月的无政府状态。他急忙返回首都，恢复了表面上的秩序。但他发现无法与乌理玛和新底万合作。很快，他就返回了多瑙河两公国的战区。

突然，在塞利姆三世垮台后不到一个月，外交的棋局就被法俄停火和拿破仑、亚历山大一世的提尔西特会晤颠覆了。两周内，或公开或秘密的条约就将前不久的敌人联结为可疑的友邦。但无论新的奥斯曼统治者如何詈骂"佛郎机风俗"，拿破仑都没有完全舍弃奥斯曼盟友。《提尔西特和约》规定：俄国撤出摩尔达维亚和瓦拉几亚、缔结俄土停火协定。8月24日在斯洛博齐亚（Slobodzeia）签署，拿破仑的个人使者在场见证。拿破仑像他的英国敌人一样，决心阻止俄国控制君士坦丁堡。但他打算与亚历山大一世讨论未来如何瓜分奥斯曼帝国——这简直是在地图上异想天开。这两位君主都有意保持一种模糊性。他们无从选择。谁能猜到金角湾接下来会发生什么呢？这个旬年结束前，苏丹的有效权力又能施展到几成？

随着亲法的塞利姆三世下台，英国人希望他们能够对高门恢复一些影响力。过去五年在维也纳擅长谈判的亚瑟·佩吉特爵士（Sir Arthur Paget）于8月底抵达君士坦丁堡，肩负特殊使命，但成果寥寥。宗教界和世俗界的施压团体处于激烈斗争中。虽然他们都厌恶法国的"恶心习俗"，但高门貌似决心尽可能地接受拿破仑的保护。这让佩吉特感到困惑不解。[16]

穆斯塔法四世是反动派的傀儡，但谁是幕后的傀儡师，在任何时候都不明朗。心怀不满者——包括很多失意的投机者——逐渐流落到省城。大多数前往北方，穿越保加利亚到达鲁舒克。这是一座城墙拱卫的渡口城镇，"擎旗者"在此建立了总部，视线掠过多瑙河和瓦拉几亚平原，可以遥望布加勒斯特。秘密的"鲁舒克委员会"正在策划一场"逆向政变"。宫中的代理人将说服易受摆布的穆斯塔法四世：他能够亲政的唯一方式就是效仿马哈茂德一世，摆脱那些擅立苏丹的反叛者、耶尼切里指挥官、偏离正道的大教长阿塔乌拉·埃芬迪（Ataullah Effendi）强加给他的枷锁。

委员会的代理人做了该做的工作。1808 年 7 月 19 日，在穆斯塔法四世的邀请下，"擎旗者"率军返回君士坦丁堡，帮助苏丹和大维齐清除更加专横的耶尼切里指挥官和阿塔乌拉·埃芬迪。"擎旗者"将后者替换为一位野心较小的教法官。但是，完成了这项南下的任务后，"擎旗者"极不愿意再率军返回多瑙河下游前线。探子们向穆斯塔法四世报告说，这位帕夏打算废黜苏丹、复辟塞利姆三世。然而，穆斯塔法四世盘算道，如果塞利姆三世和他自己的同父异母弟马哈茂德都被杀，他就会成为奥斯曼王朝唯一幸存的男丁，由此，他的生命和苏丹政权就高枕无忧了。1808 年 7 月 28 日，苏丹派出刽子手前往第四庭院，杀害了他在囹圄中的亲人。

那个星期四，托普卡珀宫中到底发生了什么，仍然令人困惑不解。[17]塞利姆三世当然反抗了刽子手，很可能他还冲进了御座厅，随后死在了苏丹面前。同样明确的是，他没有被安静且迅速地绞死，因为"擎旗者"在上午晚些时候率军冲入内部庭院后，发现了血淋淋的尸体。两天后，一位荷兰外交官报告称："'擎旗者'受到了触动，而且感到茫然。他们说，他流泪了。"[18]海军元帅希望当场杀死穆斯塔法四世，为塞利姆三世复仇。但是，在一个早上两位苏丹受戮，未免太过分了。此外，正如穆斯塔法四世算计的那样，如果他也被杀，奥斯曼的血脉很可能就要断绝了，因为当时对于马哈茂德皇子的命运走向仍然存在严重的疑问。随着私兵从各个省份向首都集中，没有哪位野心勃勃的高级官位竞争者希望敌对的显贵之间为了皇位继承发生斗争。这种性质的内战将对帝国造成永久破坏。

23 岁的马哈茂德幸存了。当刽子手找上他的堂兄塞利姆三世时，他似乎已经听到了骚动声。有一种长期流传的说法，马哈茂德二世在他的母后娜克希迪尔（Naksidil）的帮助下，逃到了后宫的屋顶上，娜克希迪尔的奴婢杰夫里·哈尔法（Cevri Khalfa）阻止杀手攀登后宫外围柱廊的楼梯，以免他们抓住马哈茂德二世。一份报告宣称，"擎旗者"发现这位年轻人躲在一叠地毯下；得到了废黜穆斯塔法四世的教令后，他就宣布马哈茂德二世苏丹登基。另一个可能性同样大的传说是，这位皇子理智地躲在宫殿屋顶丛林般的烟囱之间，直到杀手刀剑入鞘为止。无论如何，两周内，他的登基在埃于普清真寺的庄严典礼上得到了承认。"擎旗者"穆斯塔法帕夏成为大维齐。可悲的穆斯塔法四世重返囹圄，再一次成为这个王朝的法定继承人——这个王朝已经有近 20 年没有新生的男性后代了。

宫廷政变的轮回尚未结束。"擎旗者"试图恢复军事改革政策。他征募的不是"新秩序"——因为这个名字已经臭了，而是"新式驯犬兵"（Segban-i Cedit），恢复了耶尼切里一度能够接受的一支卫队的名字。然而，由于他将这支部队的指挥权交给之前的"新秩序"军官，反动派仍然坐立不安。此外，"擎旗者"错误地在标志斋月结束的一次用餐中与驯犬兵共赴飨宴，在这样神经紧绷的时刻，旧恨容易激起躁动的情绪。一夜之间，耶尼切里就压抑不住不满。次日（1808 年 11 月 15 日）上午，他们在高门内攻击了大维齐。"擎旗者"躲在周边的小型石建筑中。不幸的是，这是一座火药库。随着战斗在周边进行，突然发生了大爆炸，大维齐、他的卫队和数百名正在进攻的耶尼切里遇难。[19]

这场战斗和爆炸距离托普卡珀宫有一段距离，使马哈茂德二世得以迅速行动。他最爱的妻子法蒂玛已怀孕几个月（她在次年 2 月去世，生下了一位早夭的公主；但在 11 月，这个悲剧当然是无法预见的）。马哈茂德二世莫名地相信会生下一位男性继承人，敲定了"擎旗者"7 月曾否决过的提议：绞杀其同父异母兄、前任苏丹穆斯塔法四世。同时，马哈茂德二世从军营中召集了正在受训的其他驯犬兵部队，并向金角湾中的战舰求助（这些战舰的指挥官厌恶耶尼切里）。连续两天，斯坦堡区爆发了高度毁灭性的内战，一些最老旧的城区燃起了大火。最后，乌理玛被清真寺和"瓦克夫"受到的损坏吓到了，争取到了停火和妥协。驯犬兵必须消失，至少是作为一个独立的机构不复存在；耶尼切里获得了承诺：在轰炸中几近被摧毁的营房可以得到修缮。但马哈茂德二世继续在位。30 年后，他仍然是苏丹。

塞利姆三世——"最尊贵的、最杰出的、全能的、宽宏的、无敌的君主"（这是拿破仑对他的客套话）——许诺的太多，实现的太少。最后，偏见和传统压过了他的改革意愿。在某种意义上，塞利姆三世是一位自封的帝国拯救者，民众由于不理解他，才将其抛弃。或许，他的主要成就是反面教材：警示后来的奥斯曼改革者如何避免重蹈覆辙。但在两个方面，他治下的戏剧性高潮产生了持久的影响。它复现了博斯普鲁斯海峡和达达尼尔海峡作为帝国重大战略岗哨的重要性，必须要将其良好维护，由忠诚度无可置疑的部队

驻守。它也凸显了在这些试图延缓帝国衰势的年头，奥斯曼统治的
最奇怪特征：就像更加古老的地中海文明一样，一个横跨三大洲的
广袤帝国的名义政府，仍然依赖于单单一座城市的情绪。由于君士
坦丁堡的政治分量如此重大，且苏丹的边疆臣民在首都获得的关注
度如此之低，因此，如果地方自治运动（甚至在塞利姆三世登基前
就已经削弱了奥斯曼对很多边远省份的直接统治）正在成为明晰的
分离主义情绪表达，这也不足为奇。

　　"擎旗者"穆斯塔法帕夏察觉到了危险，因为他已经花费了大
量精力巩固多瑙河下游一线的辖地。他在担任大维齐的 16 周期间，
召唤帝国的显贵们前来首都，讨论改革事宜。[20] 1808 年 9 月底，豪
门首领从安纳托利亚内陆、卡拉曼、阿勒颇、黎巴嫩、鲁米利亚南
部赶来。至于那些不愿意离开大本营太远的人，大多数都派出了代
表。但是，尽管这场会议本身的理念是靠谱的，成果却又一次寥寥
无几。显贵们宣誓效忠苏丹、尊重他的主权代理人大维齐，但他们
极力维护自身的地方利益，以至于马哈茂德二世拒绝了他们的协
议。回过头看，这场会议最大的意义就是找出哪些人认为自己的独
立性大到可以不把马哈茂德二世统治期间的这第一次倡议当回事。
"擎旗者"的会议上，有两位著名的缺席者。约阿尼纳的阿里帕夏
没有现身，这位阿尔巴尼亚南部和希腊本土的领主甚至没有派出一
个儿子参会，而是威逼一位代表出席，另有其卫队陪同。最意味深
长的是，开罗的穆罕默德·阿里未派一人。

第六章

谜一般的马哈茂德二世

马哈茂德二世死后一个半多世纪，仍然是 36 位奥斯曼苏丹中最令人迷惑的一位。他的观念开明，让画家绘制了他的若干幅肖像画，从中可以知道他的相貌。所有画像都展示了一位活力十足、胸怀宽广的男性，高傲地注重自身的权威；修剪整齐的黑胡子凸显了他面色的苍白。最引人注目的是他那"不同寻常的黑色大眼睛，精光四射，把你看得透透的"——一位苏格兰旅行家查尔斯·麦克法兰（Charles MacFarlane）评论道——拜伦也所见略同，有一次他获准进入接待室时有感而发。[1]但是，尽管我们或许能够从墙上的相框中认出他，但难以剖析他的内心。他是一位专制者，还是一位改革家？是反复无常的背信弃义者，还是具有远见卓识的坚定统治者？是将国家卷入灾难性战争的麻烦制造者，还是在恶邻包围之中维护帝国的精明政治家？我们应该将他视为向伊斯兰信众施加欧洲生活方式的

"异教苏丹"，还是像今天的土耳其人那样，视其为"公正的马哈茂德"？这样的对比似乎是不胜枚举的。马哈茂德二世是历史上谜一般的人物之一，很难以过于简化的标签"好"或"坏"来界定他。

但是已经有人试图评价他。哈罗德·坦珀利（Harold Temperley）[1] 在奥斯曼帝国垮台前夕写道，他认为马哈茂德二世是"苏莱曼时代以来最伟大的君主"，这位苏丹在"君士坦丁堡全面混乱"之时登基，凭借颇有洞察力的治国才能，使"土耳其帝国的惊人活力很快就重新振作"。在大西洋对岸[2]，后世的历史学家们也称赞马哈茂德二世是"坚定的改革家""奥斯曼的西化派"。[2] 在伊斯坦布尔耶尼切里大街（Yenicerila Caddesi），他陵墓上的墓志铭写道："一位伟大的君主，公正而睿智，是帝国的太阳，他为东方打开了新生活的大门。"

同时代的评价则更具批判性。英国最著名的大使[3]斯特拉特福德·坎宁（Stratford Canning），也就是后来的斯特拉特福德·德·雷德克利夫勋爵（Lord Stratford de Redcliffe），回忆称马哈茂德二世"无论是在脾气上还是政策上，都是一位专制君主兼哈里发"，这位统治者"的天赋很难使他在个人生活中表现突出。[4] 他毫不犹

---

① 哈罗德·坦珀利（1879—1939），英国历史学家，《剑桥历史杂志》创办人，擅长外交史。他的作品在中国引进的有《塞尔维亚史》《腓特烈大帝与约瑟夫二世》等。

② 指美国。本句引用的几则评价，出自斯坦福·肖（Stanford J. Shaw）、罗德里克·戴维森（Roderic H. Davison）等美国学者的作品。

③ 原文没有"之一"，但结合上下文可知范围仅限英国驻奥斯曼大使。

④ 作者在引用此句时省略了上下文。完整的描述是："在他心中，决心和精力是最主要的品质。他的天赋很难使他在个人生活（private life）中表现突出。在个人勇气方面，即便不说缺乏，他也绝对称不上优越。按照《古兰经》的标准评价，他的道德绝非榜样。"请参阅：Stanley Lane-poole，*The Life of Lord Stratford de Redcliffe*，Popular Edition，London：Longmans，Green，and Co.，1890，pp. 164 - 165.

豫地出于政治目的或利益而随意剥夺生命"。在君士坦丁堡工作多年的英国海军军官阿道弗斯·斯莱德(Adolphus Slade)抱怨马哈茂德二世顽固不化;斯莱德声称,改革移除了对苏丹专制主义的天然限制,"全面颠覆了他臣民的自由"。著名的普鲁士军人赫尔穆特·冯·毛奇(Helmuth Karl Bernhard von Moltke)为奥斯曼服务四年后,认为马哈茂德二世的个性本质上是毁灭性的:他会"把帝国境内的其他任何权威夷为平地",但是他缺乏"以自身建树取而代之"的能力。常常有人将他对奥斯曼帝国的贡献与彼得大帝在俄国的成就相提并论,毛奇对这种看法嗤之以鼻:这位沙皇获得了战略要地,使他的帝国向南、北扩张,而马哈茂德二世却在两个大洲丢掉了历史悠久的领地。[3]

但是,无论他们持有什么意见,同时代的批评和后世的评价都一致认为:马哈茂德二世从登基直到生命的最后几周,都意识到了改革奥斯曼国家的必要性。浪漫主义者愿意相信,传说中身为他母亲的"法籍后妃"艾梅向青年时期的他传输出开明专制的理念。更可信的说法是,他可能受到了不幸的塞利姆三世的影响,就在这位垮台苏丹和法定继承人一起被囚禁在囹圄里的那几个月。马哈茂德二世在位初年,无疑被塞利姆三世的命运和首都发生新暴动的威胁蒙上了阴影。他不打算生活在斯坦堡区的宫殿中,在这里,他曾经从同父异母兄手中九死一生。托普卡珀宫仍然是正式的宫廷驻地,但马哈茂德二世在金角湾对岸贝西克塔斯(Besiktas)更小的、防御更佳的宫殿就餐、就寝。御舟将苏丹从那里庄重地载往托普卡珀宫参加官方仪式。

马哈茂德二世在同父异母兄死后四年仍然是王朝中唯一的男性成员。1812年12月,在近30年后,一位奥斯曼皇子出生在宫中,但这个孩子多病早夭。因此，苏丹能否长期保持健康，对于抵制这个古老的"幽灵"——敌对的权贵之间开展权力斗争导致的帝国崩坏，具有关键意义。马哈茂德二世面临双重任务：（1）保住自身地位，同时不冒犯共同体中的权势集团；（2）说服其他国家相信奥斯曼帝国仍然是有效的中央集权国家。不足为奇的是，1808 年 11 月的危机时日过后，他步步为营。表面上看，他似乎要放弃所有西化的主张，恢复传统的奥斯曼军团，忽略塞利姆三世和"擎旗者"穆斯塔法新近的措施。但他逐渐地、几乎不动声色地将自己的支持者安插在关键的陆海军指挥岗位和主要的政府职位上，打算恢复君主的有效统治。这是个缓慢的过程，贯穿了 18 个动荡之年。其间，在帝国中心，几乎没有恢复活力的迹象。

　　在这一时期之初，大约就是斯特拉特福德·坎宁抵达土耳其的时候。等到该世纪中叶，他将成为最著名的赴高门大使，被称为"伟大的埃尔奇①"。1809 年 1 月底，"擎旗者"死后不足三个月，他抵达君士坦丁堡。22 岁时②，他作为罗伯特·阿代尔爵士（Sir Robert Adair，受派遣与奥斯曼帝国恢复联系的英国特使）的秘书，开启了外交生涯。在他们的船获允进入马尔马拉海之前，阿代尔已经在达达尼尔海峡与奥斯曼帝国缔结了正式和约，秘密承诺：如果苏丹的爱琴海和亚得里亚海领地受到法国、奥地利或俄国的进攻，英国将予以海军援助。略显奇怪的是，英土关系的改善很快就托付给了这位年轻而经验不足的秘书，因为不到一年半，阿代尔就前往维也纳，坎宁遂成为"赴高门全权公使"。斯特拉特福德·坎宁（1852

---

①　埃尔奇（elchi），土耳其语的"大使"。
②　1786 年出生，22 岁时是 1808 年。

年加封为子爵）在高门代表英国利益，总计长达 23 年（1810—
1812，1824—1827，1831—1832，1841—1846，1848—1858），他
对土耳其事务的见解在 19 世纪 70 年代末，也就是重大的"东方危
机"期间，仍然在伦敦受到尊重。但在后来的历史中，没有哪个时
候像马哈茂德二世在位之初一样，使奥斯曼在外界的威望如此之
低，仿佛马上就会垮台一样。斯特拉特福德后来回忆道："马哈茂
德在他所处的局面中对一切都感到忐忑不安。无论是精神上还是物
质上，他的帝国都濒临衰朽。"[4]

　　不安的休战维持了两年后，1809 年 12 月，俄土恢复了敌对行
动。奥斯曼军队糟糕透顶。马哈茂德二世的指挥官们遭遇了一系列
失败。他们装备不足的部队从多瑙河堡垒伊兹梅尔向南被打退，穿
过保加利亚，进入巴尔干山脉主脉。令斯特拉特福德感到强烈愤怒
的是，虽然苏丹无法再依赖拿破仑的帮助，但法国仍然鼓动土耳其
人对俄作战。他告诉英国外交部，法国大使馆中包含了"雅各宾派
帝国主义的大锅里噗出来的最为邪恶的浮沫"。在他担任大使的最
初 18 个月里，他花了很多时间用甜言蜜语取悦大维齐，反击了法
国的一系列谋划。[5]对于所有外界观察家而言，显而易见的是，随
着法俄关系在提尔西特的顶点之后逐渐恶化，拿破仑将采取一切手
段阻止沙皇亚历山大一世在波兰集中兵力。

　　1811 年 10 月，斯特拉特福德的斡旋游说似乎快要成功了：俄
土和谈在久尔杰沃（Giurgevo）召开。但如往常那样，土耳其的荣
誉感和俄国的固执使谈判拖而不决。终于在 1812 年 5 月，拿破仑
入侵的危险近在眼前，俄国被迫接受条款，在布加勒斯特签订了对
战败的奥斯曼人十分宽容的条约。虽然比萨拉比亚（Bessarabia）
成为俄国省份，且奥斯曼向揭竿而起的塞尔维亚承诺了有限的自治

权，但苏丹在多瑙河两公国的权威得到了确认（尽管受到摩尔达维亚和瓦拉几亚传统特首统治复辟的约束）。

布加勒斯特的解决方案令坎宁感到欣慰：土耳其人获得了七个月前无法得到的让步。对于苏丹的使节帮助他们的君主摆脱俄国纠缠的方式，他非常满意。马哈茂德二世似乎也是这么看。他宣布"英国公使……对我的王朝事务的兴趣"令他"大为满意"。但是，当拿破仑大军渡过尼曼河（Nieman），不屈不挠地推进至俄国时，苏丹又有了新的想法。1812 年秋，拿破仑身处莫斯科，俄军貌似战败，马哈茂德二世认定他的使节让步得太多了，于是实施了报复：久尔杰沃谈判期间，一对担任译员和牵线人的法纳尔兄弟被处决，而在《布加勒斯特条约》上签字的全权代表遭到放逐。然而，截至此时，斯特拉特福德已经离开土耳其，返回英国。[6]

在接下来三年，随着法兰西帝国的崩溃和列强在维也纳会议上的和谈，中欧和西欧的版图急剧调整。但是，除了英国在科孚岛和七座爱奥尼亚岛屿建立保护地外，巴尔干和东地中海没有发生重大的变化。《布加勒斯特条约》，外加沙皇亚历山大一世的欧洲持久和平"大计划"，暂时让奥斯曼事务退居次要。马哈茂德二世得以在避免多瑙河以外强大邻国干涉的风险下，直面帝国迫在眉睫的问题。1813 年，三支土耳其军队在塞尔维亚人新生的公国会师，粉碎了九年的起义，迫使卡拉乔尔杰逃往匈牙利，当时，塞尔维亚人没有得到外援。在奥斯曼帝国的另一端——美索不达米亚，欧洲列强对这里正在发生的事情几乎没有兴趣。哈莱特·埃芬迪的残酷政策确保了奥斯曼对那里恢复直接统治。马哈茂德二世对哈莱特·埃芬迪在巴格达的成功印象深刻，以至于从 1813 年起，他接受了这位极端传统主义者兼前任赴法特使作为他最信赖的谋臣。

　　苏丹暂时可以腾出手，通过他希望的方式解决野心勃勃的埃及总督穆罕默德·阿里。然而，在这个方面，西欧列强们有需要维护的利益。在拿破仑战争收尾阶段，英国取代法国，成为黎凡特的主要西欧贸易国。因此，英国人对亚历山大港、开罗、贝鲁特的局势表达了关切。但他们的需求比较直爽：维护港口的良好秩序和商品的自由流通。商品主要是希腊籍船舶载运的，这一点对于伦敦商人而言无关紧要。埃及和黎凡特的政府是由苏丹直接执掌，还是由他任命的代理人执掌，对外国商人而言也无所谓，只要政府有效运作即可。法国在黎凡特的影响力黯然失色后，在艰难的调整期中，马哈茂德二世和穆罕默德·阿里没有爆发公开冲突。地方总督的（gubernatorial）行政性质改变了，以至于人们习惯称呼穆罕默德·阿里为"埃及副王"。但马哈茂德二世继续认为他尽职有功：肃清了马穆鲁克的残余势力（1811 年），向苏丹定期上缴岁贡，安抚了乌理玛，并在马哈茂德二世的要求下，派遣训练有素的波斯尼亚和阿尔巴尼亚部队镇压阿拉伯人叛乱。

　　约阿尼纳的阿里帕夏构成了更加迫在眉睫的威胁。他先与法国、后与英国外交接触，使他在巴尔干政治中成为一股不可忽视的力量。他正在建立王朝权力，在哈莱特·埃芬迪看来，这对奥斯曼立足欧洲造成的威胁甚于塞尔维亚叛乱。1820 年，阿里派往君士坦丁堡的刺客们试图在帝国宫殿旁边的一间房子里暗杀他的一位私敌。哈莱特·埃芬迪劝说苏丹解除阿里及其诸子的官职，并准备发起海、陆远征，收复伊庇鲁斯，终结阿里半个世纪的统治。他的自治独裁领地以令人震惊的速度崩溃。截至 1820 年 8 月，约阿尼纳遭到围困，这座繁荣的贸易中心既由于围城战的残酷，也由于阿里的焦土政策而惨遭破坏。即便如此，年迈的"雄狮"坚守城塞长达一年多，最后才逃到了他在约阿尼纳湖中防守严密的岛上小别墅。直到 1822 年 1 月底，当地指挥官变节，将其杀害。他的尸体被斩首，头颅在托普卡珀宫外示众，以庆祝马哈茂德二世的军队战胜了这位曾违抗过五位苏丹的酋长。[7]

阿里的垮台使奥斯曼人恢复了对品都斯山脉（Pindus）① 中段（向南延伸至伯罗奔尼撒半岛）两侧陆路的军事控制。截至此时，该地区具有重大战略价值。随着这个专制领地濒临覆灭，一个更加严重的新挑战已经开始威胁奥斯曼在巴尔干的统治。约阿尼纳从来不仅仅是一位老谋深算的匪徒的老巢。1812 年，亨利·霍兰德② 访问了这座"群山之中的内陆城市"，对该地希腊商人与欧陆的广泛联系和高水平的文化生活做出评论。他有些惊奇地写道："约阿尼纳的希腊人，文学素养在他们的同胞中出类拔萃。"[8] 阿里从不允许当地的社会群体发起政治动议，他对他们的精神生活也不感兴趣，无论是伊斯兰教还是基督教。但是，在 19 世纪前几十年希腊人已然存在文化上的民族认同感时，他允许希腊人维护这种认同感。此外，在维也纳会议期间，他与维也纳有影响力的希腊移民保持了个人联系。1820 年 5 月，作为最后一搏，阿里呼吁他的专制领地内的希腊人与他一道抵抗土耳其人。但他们没有响应。然而，在伯罗奔尼撒半岛和海外的移民社群中，领头的希腊爱国者试图对阿里持久的背水一战加以利用。阿里无心插柳地推动了希腊民族起义时机的到来。希腊独立战争始于 1821 年，即奥斯曼军队仍然在约阿尼纳

---

① 品都斯山脉位于阿尔巴尼亚南部到希腊中部，西北—东南走向。

② 亨利·霍兰德（Henry Holland，1788—1873），英国医生、旅行家，曾为英国王室服务，1812—1813 年游历爱奥尼亚、阿尔巴尼亚、色萨利、马其顿等地。

周边密集活动时，这并不是偶然。

在马哈茂德二世统治的剩余 18 年内，希腊起义及其后果，直接或间接地塑造了他的政策。但一开始，希腊的觉醒令苏丹和大臣们大感意外。[9]直到 18 世纪末，在苏丹操希腊语的臣民（帝国的近四分之一人口）中，几乎没有任何古希腊遗产的意识。从官方层面来说，君士坦丁堡牧首试图维护东正教会作为合法“米勒特”的传统地位，富裕的法纳尔贵族阶级也是如此。但是，与法国尤其是与马赛的经济联系，已经推动了法国大革命的理念向希腊本土和希腊群岛区传播。曾经生活在法国的希腊人鼓吹“希腊主义”理念，它源于古典希腊，与东正教信众复兴拜占庭基督教社会的怀旧期许毫无共同点。因此，为了反击这些“危险”思想，历任苏丹能够依靠牧首的支持。1798 年，以牧首耶路撒冷的安蒂姆（Anthimos of Jerusalem）名义在君士坦丁堡发布的训文，强调了苏丹作为基督教生活方式捍卫者的身份，谴责了“这些新的自由说教”是“恶魔行为”。[10]

这样的极端保守派说教，虽然在帝国中心是有效的，但在瓦拉几亚和摩尔达维亚的希腊化社群中没什么作用。后者期盼沙皇亚历山大一世和他的科孚岛籍谋臣约安尼斯·卡波迪斯特里亚斯（Ioannis Capodistrias）施以援手。这是不现实的。尽管亚历山大一世的宗教热忱是真诚的，但他不会支持任何阴谋组织。卡波迪斯特里亚斯知道沙皇无意“再次调动大炮”，对希腊革命者的一切试探保持极度的谨慎。[11]然而，1814 年，在迅速壮大的俄国港口敖德萨，三位希腊商人建立了（或者可以说，复兴了）一个秘密的“友谊社”（Philiki Hetairia），支持巴尔干各民族从奥斯曼统治下解放

出来。三年后，在俄国领事当局的默许下，"友谊社"将总部迁往
君士坦丁堡。很快，它就可以依靠马尼半岛的希腊头面人物支持，
依靠杰尔马努斯（Germanos）都主教（旧帕特雷主教）的同情，
依靠伯罗奔尼撒半岛的某些基督教绿林组织（klephts）首领，依靠
俄军中一些著名的法纳尔人军官。1821 年 3 月，就是这些军官之
一，试图点燃巴尔干的烈火。沙皇的副官亚历山大·伊普西兰蒂斯
（Alexander Ypsilantis）将军，率领一队希腊爱国者，穿越俄国边
境，突击布加勒斯特和雅西。

　　伊普西兰蒂斯的出击以悲剧告终，因为这位将军错误地指望奥
斯曼帝国全境反苏丹的运动能够迅速扩散，而沙皇将热情地领导这
场东正教"十字军"运动。伊普西兰蒂斯提议与米洛什·奥布雷诺
维奇（Miloš Obrenović）结盟。1815 年春，后者曾领导过第二次
塞尔维亚起义，反对当地耶尼切里指挥官的暴政，为塞尔维亚争取
了较大的自治权。马哈茂德二世认为米洛什是一位精明干练的封
臣。别有用心的米洛什希望苏丹承认他是世袭的塞尔维亚诸侯，如
果支持伊普西兰蒂斯打击苏丹，米洛什的损失会大于收益。摩尔达
维亚的农民没有理由将遥远的奥斯曼统治替换为更近的希腊-俄国
统治，因此他们仍然敌视伊普西兰蒂斯的呼吁。沙皇则几乎在第一
时间否认与他副官的行动有所关联。三个月内，奥斯曼军队就在多
瑙河两公国恢复了秩序，伊普西兰蒂斯流亡奥地利。

　　但是，这次考虑欠周的袭击对苏丹造成了严重恶果。在伯罗奔
尼撒半岛，它加速了独立战争的到来。这场战争可以追溯到 3 月 25
日，杰尔马努斯都主教对阿吉亚·拉夫拉（Aghia Lavra）修道院
中一面圣旗的祝福。更紧迫的是，伊普西兰蒂斯的袭击在君士坦丁

堡引起了恐慌。奥斯曼军队正在打仗，不只是在打击伊庇鲁斯的阿里帕夏，也在亚拉腊山（Mount Ararat）与凡湖之间的未定边界打击波斯人——但收效甚微。马哈茂德二世害怕在奥斯曼的虚弱时期，土耳其人会丢掉斯坦堡区和佩拉区。1821 年 3 月 31 日，英国大使馆注意到苏丹发布了一道命令，要求君士坦丁堡的每一位"土耳其人"设法搞到武器并放在家中，以防希腊人试图通过暴动夺取这座城市。[12] 同时，耶尼切里军营为 1.2 万多名士兵备好了武器，等待上阵之时。

英国驻帕特雷领事起草了一封急件，由斯特兰福德（Strang-ford）① 大使传达给高门，确认了伯罗奔尼撒半岛爆发了反奥斯曼起义。[13] 这个消息似乎差点让马哈茂德二世陷入狂乱。他确信他就是一场俄国支持的东正教阴谋的预定受害者。他立刻向大教长要求下达教令，宣布对希腊基督徒展开"圣战"。但大教长是一位正直之人。他与古稀之年的牧首格雷戈留斯五世（Gregorius V）讨论了这场危机。值得称赞的是，他拒绝了苏丹的要求。这是一番勇敢的举动，但几乎肯定地加速了他自己在年底前的撤职和最终的受戮。格雷戈留斯五世从会上带回了大教长对于和解的期望。但是，已经有七位希腊主教被大维齐下令逮捕入狱。在圣枝主日，牧首发布了一道庄严的《革除令》，由他本人和其他 22 名教长（prelate）签署，正式谴责"友谊社"，并宣布将伊普西兰蒂斯及其主要代理人绝罚；所有"教长和神父"被要求"与教会保持一致"，反对叛乱，违者受停职、放逐乃至"地狱烈火"的处罚。[14]

---

① 与斯特拉特福德不是同一人。1820—1824 年担任英国驻奥斯曼大使。

　　十年后，马哈茂德二世或许会展现出更加明智的治国才能，利用正统的《革除令》分化他的敌人。但正如一位奥斯曼官员几周之后向斯特兰福德透露的那样，苏丹在事发后几日内经历了"一阵疾风骤雨般的愤怒"，相信牧首必在共谋造反。难道格雷戈留斯不是与杰尔马努斯出生在同一座村庄吗？他们五年前都在君士坦丁堡的时候，格雷戈留斯难道没有和反叛的都主教交朋友吗？在苏丹看来，格雷戈留斯无疑与马尼半岛的叛军首领通过信，还收到过伊普西兰蒂斯的来信。希腊和塞尔维亚家庭（理论上处于牧首的监护之下）已经逃离城市（君士坦丁堡）坐船前往俄国的消息，似乎最终宣判了格雷戈留斯的命运。

　　《革除令》在圣枝主日印刷发行。接下来的周六下午——东正教历 4 月 10 日，西欧格里历 4 月 22 日——牧首正在主持复活节守夜之前的礼拜仪式，武装的士兵闯入了斯坦堡法纳尔区的牧首教堂。仪式一结束，他们就逮捕了牧首和参加仪式的主教、神父，他们仍然身穿僧袍，脖子上就被套上了绳索。格雷戈留斯被拖到法纳尔区的城门，悬挂在出入口的 U 形钉上，任其缓慢窒息而死。他的遗体在门口挂了三天，匆匆选举产生的继任者在入宫请求苏丹批准他的职位前，不得不对遗体不管不问。另外三名主教和两位著名神父在斯坦堡的其他地区被绞死。为了更进一步羞辱东正教徒，苏丹最终下令将格雷戈留斯的遗体交给一帮犹太教徒。他们抓着他的腿，"经过一个非常肮脏的市场"后，将遗体绑上石头抛进金角湾。"不可能有更大的愤怒、更狠的残暴了。"巴尔托洛梅奥·皮萨尼（Bartolomeo Pisani）评价道。此人是斯特兰福德的首席译员，也是大使的主要情报员，他汇报了这个可怕的复活节星期内城中发生的事情。被煽动的暴民涌上街头，洗劫希腊教堂，甚至毁掉了牧首的宝座。[15]

　　牧首遭处决后三天，斯特兰福德向外交大臣卡斯尔雷（Castlereagh）① 报告说："这个帝国的决策班子现在受到了残暴的狂热精神掌控，恐怕会产生最可怕的后果。"但前者的情绪很快就改变了。与俄国和奥地利大使不同，他对马哈茂德二世一贯抱有同情态度。他向卡斯尔雷解释道，希腊人是作为叛乱者而不是作为基督徒而受到惩罚；叛乱的"主要代理人和推动者是希腊教士"；苏丹已经调兵进入君士坦丁堡，以抑制暴民的愤怒（斯特兰福德将这些暴民与半个世纪前伦敦的反教皇戈登派相类比②）。牧首受戮后三个月，斯特兰福德坚持认为早先的报告已经被严重夸大："君士坦丁堡城中和周边 76 座教堂和神龛，只有一座完全被摧毁，13 座受损或被暴民洗劫。"由于证据表明秩序现已全面恢复，大使对土耳其儿童的"解除武装"做出评价："未满七岁的小流氓，持有匕首和手枪，从现在起，不再有抢劫、射击、捅人而不受罚的特权。"[16]

　　斯特拉特福德·坎宁一直相信自己能够智胜所有俄国外交官，又将法国人视为君士坦丁堡的大阴谋家。他的继任者则将疑心集中在俄国使节上。斯特兰福德成为首位含蓄地将"俄国搞鬼"作为一种信念的英国大使。由于这种信念，他对俄国大使阿列克谢·斯特罗加诺夫（Alexis Stroganov）极为不公。后者在整个希腊危机期间表现出显著的克制。东正教圣主教公会（Holy Synod）一直在敦

---

　　①　1812—1822 年担任英国外交大臣。
　　②　1780 年 6 月，伦敦爆发反天主教骚动。乔治·戈登（George Gordon）勋爵打着"反教皇制度"的旗号，反对英国议会通过的《解放天主教徒法案》。

促圣彼得堡当局对土耳其发动新战争，一雪教会的耻辱。但亚历山大一世仍然决定，只要他的帝国仍然受到拿破仑战争的削弱，就不会采取任何扩张主义政策。斯特罗加诺夫在与苏丹的大臣打交道时，老练地传达了沙皇的意志。[17] 他强烈抗议君士坦丁堡发生的对基督徒的广泛袭击，提醒高门《库楚克-开纳吉条约》赋予了沙皇对东正教的保护权，还表示他打算返回俄国。但他的措辞是小心翼翼的。奥斯曼当局毫不怀疑沙皇会谴责针对合法政府的反叛，无论造反的是基督徒还是穆斯林。只要亚历山大一世在位，马哈茂德二世就可以对"俄国搞鬼"低调处理。他确信希腊暴动是暂时的。虽然伯罗奔尼撒与阿提卡沿岸和更加繁荣的岛屿可能被希腊人控制，但起义并没有得到很好的协调，而且在起义领导人之间、希腊各地之间，都存在强烈的敌意。马哈茂德二世认为，在俄国不干涉的前提下，他的军队几个月内就能重新征服伯罗奔尼撒，通过无情镇压来恢复秩序。奥斯曼人一贯低估了这些义军对手。

　　苏丹的致命失误，是未能意识到复活节杀戮事件的长期影响。在这样一个宗教节日批准处决牧首、侮辱其遗体，他得罪了占总人口四分之一的臣民。东正教"米勒特"被迫永久性地站在苏丹政权对立面，由此在奥斯曼帝国存在的最后一整个世纪中削弱了它。此外，格雷戈留斯死后还继续缠着奥斯曼人不放。牧首的遗体没有在金角湾的黑水中腐烂。1821 年的那个复活节星期的某个黄昏前夕，遗体浮出水面，就在一艘与俄国贸易的运粮船附近。船上一位来自牧首府邸的避难者认出了遗体和残留的僧袍。对于东正教信众而言，殉难牧首的重新出现，是上帝开恩的象征。在驶向敖德萨之前，希腊籍船长暗中将遗体打捞起来。格雷戈留斯在敖德萨被视为殉道者而安葬。截至 6 月，他已经成为希腊觉醒的象征，尽管他在生命最后几个动荡的月份里公开谴责过这种"觉醒"。

　　半个世纪后，俄国人希望凸显东正教会的互助，格雷戈留斯的遗骨被运回希腊桑梓之地。他被埋葬在雅典都主教座堂①出入口附近的一座坟墓中，已经受信众拜谒了 120 多年。然而，在 1821 年夏，亲"友谊社"的（Hetairist②）敖德萨举行的示威，只让马哈茂德二世坚定了对俄国教会方方面面的敌意。巴尔托洛梅奥·皮萨尼报告说："土耳其人认为，这进一步证明了俄国人与希腊人之间在宗教和政治事务上普遍惺惺相惜。"[18]苏丹在愤怒中将谨慎抛到了九霄云外。他亲自下令所有通行海峡的船舶都要受到检查。当他拒绝允许运粮船通行时，君士坦丁堡的外交官们觉得新的俄土冲突在所难免。斯特兰福德和奥地利大使迅速介入，这才取消了对敖德萨运粮船的禁运。

　　截至秋季，首都的危机已经平息。虽然斯特罗加诺夫 7 月就被召回圣彼得堡，但俄国在此后七年都未向奥斯曼帝国宣战。到了那个时候，"东方问题"表现为一种截然不同的形式。奥斯曼军与希腊义军之间的冲突时有发生，双方都制造了残忍的暴行，被人长期痛苦地铭记。1822 年 7 月，希腊人仿佛就要被压服了。在阿尔塔（Arta）以东 3 英里的佩塔（Peta），早先打败过阿里帕夏的军队取得了瞩目的胜利，除迈索隆吉翁（Missolonghi）外的希腊西部全境恢复奥斯曼统治。同时，苏丹的 2 万精锐部队试图穿越科林斯地峡，进军希腊在伯罗奔尼撒的要塞。但令马哈茂德二世恼火的是，

————————————

　　①　也有译为"雅典大都市教堂"的，其实是对"metropolitan"（都主教）一词的误译。

　　②　这个词除了"友谊"，在英语中也有"群婚制"乃至"狎妓"的意思。词语本身源于古希腊语"同伴"，后来分化为不同的义项。

他的指挥官们几乎没有取得任何进展。截至 1823 年春，双方完全陷入僵持状态，敌对的义军领袖间互相打仗，但苏丹也无法利用这些内斗，因为希腊人已经掌控了岛区和海域。

这时，马哈茂德二世开始了赌徒般的冒险：他向最高效也是最有野心的封臣穆罕默德·阿里求援。在之前十年中，埃及副王实力越来越强，在这个历史悠久的奥斯曼属国建立了欧化的伊斯兰"新秩序"，而这正是塞利姆三世未能在帝国中心实现的。在马哈茂德二世的请求下，穆罕默德·阿里此前已经派出训练有素的部队镇压阿拉伯的瓦哈比运动，使他的军队以苏丹-哈里发的名义控制了麦加和麦地那两座圣城。另有一支由拿破仑老兵训练的军队，沿着尼罗河向南推进，并由于奴隶的加入而兵力膨胀，1822 年，建立了一座城市喀土穆（Khartoum）。埃及副王可以为苏丹提供一支训练有素、纪律严明的陆军和精良的海军，还有一位能干的指挥官，可以像在阿拉伯一样恢复希腊的秩序。作为回报，马哈茂德二世加封穆罕默德·阿里的儿子易卜拉欣为克里特帕夏兼伯罗奔尼撒总督，享有极大权力。希腊海员推测，虽然易卜拉欣可能在克里特岛立足，但不会尝试在冬季渡海。他们错了。1825 年 2 月，易卜拉欣的 1 万兵力，外加战马和火炮，在伯罗奔尼撒南部的莫东（Modon）①登陆。同时，还有一个南北夹击的大战略，保证奥斯曼正规军可以从北方进攻希腊人。[19]

起初，易卜拉欣似乎可以速战速决。在伯罗奔尼撒半岛，只有纳夫普利翁（Nauplion）成功抵挡了埃及的进攻。但在希腊西部，迈索隆吉翁在以土耳其人为主的敌军围攻下，坚持到 1826 年 4 月。

---

①　即第二章出现过的城市迈索尼。"莫东"是威尼斯人给予的称呼。

这时，易卜拉欣亲自渡过海湾，夺取了两年前拜伦去世时所在的这座城镇。迈索隆吉翁与"欧洲最高尚精神"[①] 的最后几个英勇之月的传奇性联系在一起，使易卜拉欣的干涉必然会在英国和法国复苏古老的偏见，这两国的亲希腊情感正在迅速增强。伯罗奔尼撒的商人和领事都在报告中强调，易卜拉欣的"兽性蛮族"在行军之路上焚烧村庄和小镇，制造毁灭。早在 1825 年 7 月，希腊临时政府就已经请求英国施以保护。希腊人希望得到英国外交大臣乔治·坎宁的同情，也希望伦敦城能够发挥影响力（9 个月前，希腊已经向伦敦提出贷款 80 万英镑）。争议已久的爱奥尼亚群岛 1815 年就通过四大列强的协议归于英国保护之下。没有哪位英国政治家能够单方面承诺保护整个希腊，但外交大臣也不愿意袖手旁观，将希腊人的命运交给君士坦丁堡——或圣彼得堡——来决定。因此，1825 年和 1826 年之交的冬季，英、俄政府尽管内心相互猜疑，却逐渐承认有必要联手，在苏丹和他的基督教"叛民"之间斡旋。1826 年 4 月初，前往俄国参加亚历山大一世葬礼的威灵顿公爵，与涅谢尔罗迭伯爵（Count Nesselrode）[②] 签署协议，同意调停"以希腊和群岛区为舞台的冲突"，并建立一个奥斯曼帝国境内自治的希腊邦。同时，乔治·坎宁派他的堂弟斯特拉特福德返回君士坦丁堡担任大使，但指示他采取一种"迂回政策"。"尽你所能夸大俄国的威胁。"斯特拉蒂（Stratty）[③] 被提醒道。[20]

　　但是，就马哈茂德二世而言，截至 1826 年春，希腊叛乱已经

---

　　①　指拜伦，献身希腊革命的英国浪漫主义诗人。
　　②　尼古拉一世时期的俄国外交大臣。
　　③　显然是斯特拉特福德的昵称。

结束了。穆罕默德·阿里的近代化军事机器，带来了传统的奥斯曼军团和耶尼切里很久没有实现的胜利。因此，苏丹面临两项紧迫且相互关联的任务：（1）摆脱对埃及封臣一父一子的依赖；（2）效仿穆罕默德·阿里在开罗的榜样，在帝都实施一系列激进的改革。他试图巩固中央权威，同时整肃那些热衷于保持过时的惯例从而阻碍西化改革的古旧机构。但是，为了避免重蹈先前改革者的覆辙，激起反攻倒算，他不得不谨慎行事。马哈茂德二世取悦乌理玛，希望打消对他信仰虔诚度的怀疑，以此作为保证改革成功的预备步骤。他建造了新清真寺，复苏了已经衰落的宗教机构。1825 年 11 月，他任命了干劲十足且忠心耿耿的穆罕默德·塔希尔·埃芬迪（Me-hmed Tahir Effendi）担任大教长。他是一位天然的改革者，一位大教法官，不打算允许地方的伊玛目在祈祷时表现得像耶尼切里指挥官一样。

　　耶尼切里军团仍然是欧化改革的最大障碍。1810 年，拜伦和他的朋友霍布豪斯（Hobhouse）抵达君士坦丁堡时，他们发现自己是一座耶尼切里管制下的城市的居民。外国人很大程度上生活在佩拉；在佩拉区，每一位大使都被分配了一个耶尼切里营（orta）为他服务——一个营在纸面上可以提供 200 名受选派的卫士保护他的国民。事实上，霍布豪斯写道："持续出勤的不超过四五人。"[21]但耶尼切里营"在紧急状态下"可以迅速集结。甚至消防队也在耶尼切里掌控下。首都的大多数火灾被归咎于耶尼切里纵火，据说其目的是自导自演、赚取报酬。耶尼切里已经从 17 世纪基督教世界的"强敌"，堕落为掌握特权的社会公害。1811 年 5 月底，耶尼切里集结兵力，参加他们最后一场打击外敌的作战时，报告称有 1.3万人在斯坦堡区的军营中积极服役；像他们这么多年以来的先辈们那样，耶尼切里列队出城，沿路前往埃迪尔内和战场。但当他们抵达锡利夫里时——路途只有 35 英里——兵力就减少到 1 600 人。1.14 万逃兵脱离队伍。10 年后，当希腊起义开始动摇帝国的中心时，耶尼切里几乎蜕变为合法的匪帮。"苏丹一而再再而三地为他们的恶行签下赦免状。"一位宫廷宣传员后来在一份记载马哈茂德二世统治期间重大事件的半官方编年史中解释道。[22]

1825—1826 年冬，马哈茂德二世强化了首都炮兵和博斯普鲁斯海峡堡垒的力量。同时，他将自己的人选安插为耶尼切里的首领。第一位是严守纪律的卡拉（黑①）·侯赛因，1823 年指挥这个军团仅有八个月，因为苏丹急于让他改任布尔萨和伊兹米特（İzmit）的指挥官，以便阻止一场耶尼切里叛乱，尽管他还没有做好准备。而卡拉·侯赛因的继任者杰拉勒丁·穆罕默德（Celaleddin Mehmed）准备得更加细致。卡拉·侯赛因仍然在首都周边，1826 年 4 月，英国大使将他描述为"博斯普鲁斯的帕夏"。他"已经展示了他的能力，对难治的耶尼切里实施了最严厉的处决"。斯特拉特福德评价道。[23]

马哈茂德二世决心避免前任在 1807 年犯下的错误——激起耶尼切里叛乱后，塞利姆三世发现自己缺乏在首都维持秩序的武装力量。到了 1826 年 5 月，马哈茂德二世自信最资深的军官是拥护改革的；该月底，他要求耶尼切里接受欧洲操典、欧洲制服、训练使用来复枪。半个多月内，这种施加秩序和纪律的新尝试导致的怨恨在军中郁积，但是自发的反贼找不到领头人，也没有任何抵抗方

---

① 括注为原书所加。卡拉/喀喇（kara），这是一个在亚洲内陆地区广泛使用的词，意为"黑"。

案。6 月 5 日，大维齐穿着镶缀饰带的外套和紧身裤出现在阅兵活动中。这是欧洲军官们广泛接受的服饰。官方宣布，苏丹将在 6 月 18 日（周日）检阅身穿新军服、接受西式训练的耶尼切里。为阅兵式而进行的训练最终激怒了耶尼切里。周三晚上，五个耶尼切里营的多名下级军官在马场（即古老的竞技场，一个历史悠久的集会场所）聚集。他们要求立即取消军事改革。邻近军营中的部队受到鼓动，翻转汤锅——这是传统上的暴动信号。

斯特拉特福德后来回忆道："我躺在床上没有多久，睡眠就被一位译员的突然到来打断了。他通知说耶尼切里'上场了'。"[24] 尽管马哈茂德二世已经有了先手，但一开始看起来耶尼切里仿佛很快就能控制住斯坦堡区。暴动开始时，马哈茂德二世身处贝西克塔斯，而不是古老的宫殿中。卡拉·侯赛因调来大批援军和 25 门加农炮，沿着博斯普鲁斯海峡南下，扼守前往托普卡珀宫的通道。此外，虽然之前几次，斯坦堡区的暴民一贯支持叛军，但在 1826 年，民众没有响应常见的排外呼吁，这很可能是因为乌理玛坚定地站在苏丹的背后。只有较为贫困的匠人担心如果"西化"继续推行，他们会丧失从古老的手艺中获得的贫乏生计，因此他们支持耶尼切里。耶尼切里强大到足以进攻高门，但卡拉·侯赛因的火炮将他们阻止在托普卡珀宫外。截至周四中午，耶尼切里已经退回了马场营房。

"天气炎热，我们早早就餐。"斯特拉特福德几年后回忆了从佩拉区的大使馆看到的场景，"我的座席面对着窗户，可以纵览金角湾对岸的斯坦堡区。我一入座，就看到两缕纤细的烟柱从对面的地平线上升起。这是怎么回事？我问道。有人告诉我苏丹的部下已经点燃了耶尼切里的营房，他们别无他法，只能逃跑。"在对竞技场的营房和广场长达 30 分钟的轰炸后，数百名耶尼切里丧生。其他被俘者迅速遭到处决。斯特拉特福德写道："无论有没有公开的行动，单单是耶尼切里的名字，都像死刑判决一样。"整个星期五都在进行草草的判决。卡拉·侯赛因的炮兵保护着苏丹参加每周的聚礼，沿着肮脏的街道缴获汤锅和耶尼切里的旗帜。"事态继续处于腥风血雨之中，更确切地说是在无情的审讯中进行，城镇的每一个角落都被搜查，"当日，巴尔托洛梅奥·皮萨尼报告说，"没有哪个人得到宽恕。"[25]

在外省，伊兹米特和埃迪尔内的反对派都受到了大炮洗礼，但大多数耶尼切里慎重地选择顺从，而不是抵抗新的奥斯曼进步之路。1826 年 6 月 17 日，星期六，耶尼切里军团被正式废除。耶尼切里的抵抗是如此有限、如此局部化，以至于回过头来看，没有哪位先前的苏丹用大炮对付他们反倒是咄咄怪事。马哈茂德二世的成功，不知是因为他任用了冷酷无情的卡拉·侯赛因，还是因为他已经施展手段将耶尼切里与乌理玛离间（后者过去曾经在首都频繁煽动暴民）。

对于整个帝国死亡人数的估计众说纷纭。苏丹承诺对这几日动荡期间足够明智地置身事外的耶尼切里赐予终身年金，但是有很多申请者很快就被杀掉了，官方的借口是那些一心夹着尾巴保命的人更应该识趣地放弃诉求。整个 6 月下旬，八位刽子手连轴转。斯特拉特福德认为约有 6 000 人丧生；他很可能是正确的，尽管有些资料称实际数字要比这高得多。土耳其当代作家认为清洗耶尼切里是奥斯曼帝国历史上的一个里程碑，为了给这些事件蒙上一层委婉的体面，将这些事件统称为"吉祥事变"，认为这段历史插曲为苏丹未来的成功带来了希望。但对博斯普鲁斯海峡的外国居民而言，

1826 年 6 月的血案是一个戏剧性的终结，而非吉祥的开端。英国大使写道："血腥的措施……在全国制造了恐慌。"他报告称"奥斯曼帝国的伟大与光荣的一大来源"不复存在了。他煞有介事地补充道："苏丹一定在表明，当正义达成时，他就可以收刀了。"[26]

第七章

埃及风格

　　随着耶尼切里不再威胁任何统治者"为东方打开新生活的大门"，苏丹政权获得了罕有的安全感。很快，马哈茂德二世就觉得可以对行政、政府、社会实施他自登基以来就尝试的改革了。他统治的最后 13 年是一段改革期。然而，他去世时却心灰意冷。无法解决的"东方问题"、埃及穆罕默德·阿里越来越强的威胁，中断了他自上而下的改革，此时，西化历程只走完了前四分之一。

　　但是，这些年里，马哈茂德二世的功劳簿仍然令人惊叹。陆海军都接受了近代化；出版了官办的《宫廷公报》，通常使用土耳其语，偶尔使用法语（*Le Moniteur Ottoman*①）；新的政府部门（萌芽期的"内阁各部"）建立了，包括司法部、民政部、财政部、商

---

　　① 　法语，意为《奥斯曼箴言报》。

务部、教产部。苏丹本人也身穿西式制服。斯特拉特福德饶有趣味地将其描述为"埃及风格"，因为马哈茂德二世无疑在继续追随穆罕默德·阿里掀起的潮流，哪怕他对后者的野心疑心重重。[1] 对于那些想在奥斯曼政府和军队中获得提拔的人而言，一口流利的法语是一项必备技能。改头换面的不只是军人，对于朝臣和公务员而言，双排扣长礼服（frock coat）、黑礼裤、土耳其毡帽（fez）取代了过去松垂的长袍和穆斯林头巾。很快，这种双排扣长礼服的独特款式使它获得了一个专属的名字"斯坦堡式"（stambouline），在巴黎和伦敦获得了认同。

一些变革直接源于对耶尼切里的清洗。从这个军团中缴获的巨额赃物，使苏丹能够奖赏他最忠诚的支持者。穆罕默德·塔希尔·埃芬迪获得了耶尼切里阿哥的旧宅，作为大教长的官邸。卡拉·侯赛因获得了"阿哥帕夏"（Aga Pasha）的尊称，被任命为奥斯曼新式军队的元帅（serasker）。这支新式军队被授予了一个前瞻性的名字"穆罕默德常胜军"（*Asakir-i Mansure-i Muhammediye*）。元帅也获得了一座官邸——贝亚泽特宫，即奥斯曼人在夺取君士坦丁堡后兴建的第一座宫殿。经过近代化改造后，这里成为陆军部所在地，直至帝国灭亡。上任后不久，卡拉·侯赛因得到马哈茂德二世允许，在那里建造了一座大理石塔，供火情监测用，现在它仍然矗立在伊斯坦布尔的天际线上。

当然，在这些改革中，很多具有"橱窗展示"的成分。但其他一些变革触及了奥斯曼社会的核心。消灭耶尼切里后，废除最后的封建义务也是情理之中。1831 年，"蒂马尔"制度（塞利姆三世曾经利用他创建的"伊尔蒂扎姆"承包制，对"蒂马尔"制度加以激进修正）最终废除，约 2 500 处军事采邑成为帝国产业，租赁给包税人。"西帕希"，如同耶尼切里，是过时的作战力量，要么被养老金打发掉，要么被纳入新式军队，在其中构成四个骑兵中队。更激进的是马哈茂德二世持续尝试对"瓦克夫"实施"国有化"，确保来自宗教地产的收入由国家监管。这项改革只有在苏丹-哈里发与大教长紧密合作的前提下才可能推行。它仍然是不完善的，尽管马哈茂德二世确实扩大了政府对瓦克夫事务的介入，建立了教产部。[2]

马哈茂德二世也意识到有必要刺激帝国的经济生活，尤其是在今土耳其境内的那些省份。在统治末年，他建立了一个农业与贸易委员会，打算讨论将自给自足的农业发展为产业经济和拓展出口市场的方法。在改革初期，他主要关切的是通过一套安全的交通系统，保护国内贸易免遭匪患。传统商路得到修缮，起码达到道路的标准。奥斯曼邮政服务也初步建立。受到特殊保护的"邮路"将首都与伊兹米特联系起来，很快又与埃迪尔内联系起来。但是，陆路交通在铁路时代之前是艰难的，在安纳托利亚尤为如此。一个拥有5 000英里海岸线和大量小型天然港口的帝国，长期以沿岸航行作为商业运输主要形式，这对法纳尔人尤为有利。1826年起，马哈茂德二世鼓励建造商业舰队，将不再依赖希腊人航海。

简言之，苏丹希望他的土耳其臣民可以在国内水域首倡汽船。1828年5月20日，在惊讶的围观群众的巨大兴奋中，第一艘汽船自信地发动引擎，逆流航行，在加拉塔区近海停泊。[3] 这是一艘英国船"快速"号，与另一艘伦敦建造的船一起，很快被苏丹购买，苏丹保留了英国军官，以训练土耳其船员掌握蒸汽航行和工程学。但这番试验并不成功。到他的统治末期，英国的蒸汽拖轮在博斯普鲁斯海峡来来往往，英国和奥地利的汽船在君士坦丁堡和特拉布宗之间共同调度。1837年5月后半月，奥地利和法国的汽船定期且相互竞争地将君士坦丁堡与的里雅斯特（Trieste，14 天航程）和马赛（10 天航程）之间的航班开通。虽然这些联系——外加英、意、希、俄各国船舶更短的近岸航行——促进了帝国的外贸，但即便有苏丹早先的支持，这其中也极少是由土耳其船舶开展的。直到马哈茂德二世去世五年后，奥斯曼沿岸轮船航线（他为此热心购买了若干艘汽船）才开启定期服务。像他统治期间的很多事情一样，他知道需要做什么，但他的臣民缺乏实现他的目标的能力。

但在外交事务上，马哈茂德二世没有这么目光清晰。他的改革时代正好遇上了一系列战略失误，比之前的任何统治者遇上的都要耻辱。至于希腊暴动，苏丹认为 1826 年春，随着易卜拉欣进军迈索隆吉翁，它已经结束了。但事实上远非如此。野心勃勃的穆罕默德·阿里，一旦发现奥斯曼国家有开始迅速衰落的迹象，就准备让易卜拉欣的军队反击苏丹。

迈索隆吉翁沦陷后，希腊起义变成了一场绿林式（klephtic）的战争，即各地多样化的游击队抵抗运动。山区的爱国组织会对奥斯曼阵地发起袭击，而每当形势看似不利时，起义领袖们就会寻求临时性的停火。有些孤立的希腊守军仍然坚守岗位，例如，雅典坚持到了 1827 年夏。在易卜拉欣兵势未及的城镇或岛屿，召开了"国民会议"——从这样的名称中便可见其雄心。这些会议中，最著名的是 1826 年初春的埃皮扎夫罗斯（Epidaurus）会议。1827 年2 月，伯罗奔尼撒东部的卡斯特里（Kastri）和埃伊纳岛（Aegina）召开了与之分庭抗礼的会议。但是，最积极的抵抗来自亲希腊志愿军组织，很多是法国人和英国人，但也有其他十个左右国家的志愿军。现役的英、法海陆军军官偶尔会将中立升级为未授权的共同交战。这是一种奇怪的场面，令敌对的交战方感到困惑，也令列强的政治家们感到恼怒，自从维也纳会议后，政治家们一直寻求在国际外交实践中引入严格的秩序。

希腊人和土耳其人都夸大了这些亲希腊人士对伦敦和巴黎政府的影响力。但这也不能低估。乔治·坎宁——1822 年 9 月至 1827 年 8 月，他作为外交大臣塑造英国外交，在人生的最后三个月还担任了首相——不打算为了希腊人仓促参战。但是，易卜拉欣打算灭绝伯罗奔尼撒半岛的希腊人口并建立军事殖民地的传闻，令他感到震惊；他也意识到了他的自由派托利党支持者中存在强烈的"反土耳其"偏见。这种偏见是一种奇怪的混合物，源于古典文化的熏陶、商业上的利益和这一根深蒂固的观点：行进中的奥斯曼军队如以往那样，是一群流窜作案的劫匪和纵火犯。

坎宁承认，俄国人才是解决"东方问题"的关键，因为只有沙皇能够同时从海上和陆上对高门施压。同时，为了抑制俄国，与尼古拉一世合作要比反对他好。因此，坎宁希望尽快实施 1826 年 4 月的《彼得堡议定书》。该协定承认有必要由英、俄共同斡旋，建立一个希腊自治邦。但是，沙皇是否仍然对希腊事务感兴趣，这一点也不明朗。整个 1826 年夏，俄国和奥斯曼外交官在敖德萨附近的小镇阿克曼〔Akkerman，今名奥维季奥波尔（Ovidiopol），以纪念一位早期定居者〕举行会谈。谈判而成的《阿克曼协定》（1826 年 10 月 7 日）给予俄国对多瑙河两公国内政更大的控制权和高加索争议边境沿线的特许权。它也重申了塞尔维亚人的自治权，但没有提及希腊。马哈茂德二世似乎曾希望在解决其他问题的同时，该协定将清除俄国以东正教希腊人名义发起"十字军"运动的可能性。他在这一点上失算了：该协定让涅谢尔罗选得以在与英、法的漫长谈判中，专注于希腊问题。1827 年 7 月，新的《伦敦条约》规定英、法、俄不仅要承认希腊自治，也要在希腊海域集结一支联合舰队，迫使苏丹接受停火。[4]

　　这三个列强的战舰还从来没有作为盟友合作过；下一次这么合作，发生在达达尼尔海峡，已经是 1915 年了。乔治·坎宁并不认为大炮必须开火，而是说海军的存在是一种威慑力，炮舰外交可以保证带来解决方案而不是推诿搪塞。英国派遣密使前往开罗，直接与穆罕默德·阿里谈判，以免苏丹的大臣们拖延时间。但是，所有这些计划由于乔治·坎宁的去世（《伦敦条约》的新闻传至君士坦丁堡的当天）而陷入混乱。当高门蔑视联合斡旋提议后，斯特拉特福德鼓励海军指挥官贯彻他的堂兄（乔治·坎宁）未曾设想过的行动自由。1827 年 10 月 20 日，海军中将爱德华·科德林顿爵士（Sir Edward Codrington）率领 24 艘英、法、俄战舰，进入纳瓦里诺湾（Navarino Bay）。在这里，81 艘土耳其和埃及舰船在易卜拉欣位于伯罗奔尼撒半岛的主要补给基地附近停泊。

　　关于接下来发生的事，责任在谁仍然难以界定。[5] 长期以来，英国一直认为科德林顿希望说服易卜拉欣率领他的军队驶往亚历山大港，联军则落实停火；当联合舰队发现一艘纵火船正在冲来后，纳瓦里诺战役才最终爆发。奥斯曼历史学界则声称，科德林顿有好几日试图引诱土、埃舰队在开阔海域作战，而那艘纵火船是为了驱散在希腊沿岸建立非法封锁的船只。但无论战争的导火索是什么，联合舰队的轰炸是决定性的。三个小时内，三分之二的土、埃舰队被击沉，8 000 人阵亡。因此，纳瓦里诺战役比起 1770 年的切什梅战役，成为奥斯曼海军更为惨烈的灾难。但由于科德林顿摧毁的主要是老旧和劣质的战舰，这场失败的冲击力没有那么强。马哈茂德二世野心勃勃的海军改革计划只是在四周之前发起的。科德林顿切断了从克里特岛和埃及运来的补给，确保了希腊事业的最终胜利。法军在伯罗奔尼撒半岛登陆，监督易卜拉欣军队的撤离。海战结束13 周后，"丧门星"约安尼斯·卡波迪斯特里亚斯抵达纳夫普利翁，成为希腊首任总统。他从科德林顿的一艘船"蔑战"号（HMS *Warspite*）上登岸，并由俄、法在纳瓦里诺的各一名老兵象征性地护送至希腊海域。

明智的治国才能或许本可以让马哈茂德二世在纳瓦里诺战役后获得妥协方案，使他预料并避免奥斯曼国家存续的新挑战。但是，就像在 1821 年复活节那样，苏丹的火暴脾气导致他又干了一件蠢事。士兵们被号召拿起武器，以便抵御俄国和希腊的联合攻击。卡波迪斯特里亚斯抵达纳夫普利翁后不久，苏丹下令对所有外国船舶关闭两大海峡。接下来，1828 年 4 月底，早在预料之中的俄土战争爆发了，即便马哈茂德二世和大臣们知道他们的战争资源是多么有限。新的奥斯曼军队"穆罕默德常胜军"仍然在训练中；马哈茂德二世也无法进一步依赖穆罕默德·阿里的帮助——易卜拉欣远征克里特岛和伯罗奔尼撒半岛，斥资甚大，但穆罕默德·阿里几乎没有得到回报。尼古拉一世对奥斯曼宣战，相信在巴尔干开展春季作战将速战速决。

但他错了。他的军队挺进安纳托利亚东部，夺取了卡尔斯（Kars），亚美尼亚基督徒欢迎俄军将他们从穆斯林统治中"解放"。在巴尔干，三支俄军纵队在布加勒斯特以南抵达多瑙河，但在锡利斯特拉和鲁舒克遭遇强烈抵抗。直到次年夏季，俄军才深入巴尔干山脉。1829 年 8 月是马哈茂德二世的黑暗之月：在东方，一支俄军夺取了埃尔祖鲁姆（Erzurum），威胁了黑海沿岸的特拉布宗；距离首都不到 150 英里处，另一支俄军在三天的围攻后夺取了埃迪尔内。一些骑兵部队甚至饮马爱琴海。高门急忙向列强寻求调停。
1829 年 9 月 14 日，俄、土在埃迪尔内签署了和约（通常被称为
《哈德良堡条约》，哈德良堡是这座城市拜占庭时期的名字）。

　　这是一场没有意义的战争。一位虚荣心更弱而道义勇气更强的
苏丹根本没有必要发动这场战争。随后的和平解决方案，使奥斯曼
的核心领土完整无缺。[6]《哈德良堡条约》规定俄国边界向南延伸
进高加索，包括格鲁吉亚全境，但俄军从埃尔祖鲁姆和卡尔斯撤出
了；在欧洲，沙皇将军队撤到普鲁特河北岸。苏丹终于接受了英、
俄的希腊自治提议，尽管它的边界尚未划定。为了展示斯拉夫人的
团结，俄国人为塞尔维亚兄弟争取了让步。虽然仍有一支奥斯曼守
军留在贝尔格莱德，但塞尔维亚自治成为现实；11 个月后，米洛
什·奥布雷诺维奇被马哈茂德二世授予世袭的塞尔维亚大公地位，
行政管理权被移交给大公提名的人选。最苛刻的条款是在十年期内
支付巨额战争赔款，总量相当于整个奥斯曼帝国年度预算的两倍。
此外，虽然俄军将从巴尔干撤退，但苏丹不得不接受自己在多瑙河
和普鲁特河沿线的非军事化。这一条款将确保一旦战争重启，俄军
会迅速卷土重来。这项条约给予了俄国保留奥斯曼帝国或将之粉碎
的选择权，尼古拉一世心满意足。在战争的最后几周，他已经在圣
彼得堡建立了一个六人委员会，勾画俄土关系的未来蓝图。

　　条约签订两天后，委员会向尼古拉一世报告：摧毁奥斯曼帝
国，将诱使奥地利、法国、英国在巴尔干半岛和黎凡特获得立足
点，由此迫使俄国"卷入困境和麻烦的迷宫，一个比一个难解"
（涅谢尔罗迭语）。[7]沙皇同意有必要保留奥斯曼帝国；只有当它似
乎即将崩溃时，俄国才需要"确保黑海的出口不被其他列强控制"
（用沙皇自己的话说）。马哈茂德二世和他的大臣们不知道圣彼得堡

的考量，但他们很快就意识到他们的传统敌国正在表现出罕见的仁慈；甚至令人憎恨的战争赔款也削减了，以换取微小的边界让步。此外，当纳瓦里诺同盟决定让希腊彻底独立而不只是自治时，是俄国人坚持磋商修正方案，而不是以武力相威胁将其强加给苏丹。1830 年 2 月，《伦敦议定书》建立了一个主权希腊王国，得到了俄、英、法的担保。但直到 1832 年，一位德意志诸侯（巴伐利亚的奥托）才接受希腊王冠。

新建立的希腊王国是个小国，奥斯曼边界只在雅典以北 130 英里，今希腊的大部分领土当时仍然在马哈茂德二世治下。但是，从他的帝国中分出一部分建立独立国家，是一个不祥的先例。此外，虽然希腊独立战争结束了，其后果却干扰了他的西化尝试。穆罕默德·阿里希望为易卜拉欣的长期征战争取领土补偿——或许是叙利亚？这位副王具有天生的精明和冷静算计的耐心。他的儿子是一位优秀的军事指挥官，但不具备上述品质，"谨慎"在他眼里是一种软弱的表现。1831 年 11 月，易卜拉欣穿越加沙沙漠，在重建后的海军的近海支援下，沿着波拿巴曾经的行军路线向北突进，夺取了雅法、耶路撒冷、海法（Haifa），直抵令人生畏的阿科堡垒。阿科再次遭到围攻，但抵抗了八个月。截至 1832 年盛夏，整个叙利亚和黎巴嫩落入埃及手中；截至 7 月，副王劝说他的儿子停止前进时，这些入侵者正在逼近安条克和亚历山大勒塔（伊斯肯德伦，Alexandretta/İskenderun）。

虽然马哈茂德二世宣布穆罕默德·阿里和易卜拉欣为逆贼、叛徒，但埃及副王坚持认为他仍然是苏丹的忠臣，只是想在叙利亚为他对奥斯曼国家的服务获得补偿。随着埃军在伊苏斯平原扎营——亚历山大大帝曾在这里打败过大流士三世——高门和各国驻君士坦丁堡大使馆开展了一系列外交活动。如果实现妥协方案，马哈茂德二世本可以继续推进他在帝国中心寻求的物质生活改善措施：建造新房屋、桥梁、道路、学校；尤其是他在位后期，重建前一个十年内因为疯狂冲突而毁灭的基督教村落。但苏丹和苏丹政权的性质都没有改变：三位重臣突然失宠，像一个半世纪前的卡拉·穆斯塔法一样迅速遭到冷酷处决；马哈茂德二世的个人荣誉感和对新式军队的信心，使他不愿意向穆罕默德·阿里让步。然而，苏丹打算对外求助。1832 年 11 月初，巴麦尊勋爵（当时是他担任外交大臣的第三年）收到了马哈茂德二世的求助：请求动用海军支援他打击埃及人。但皇家海军在地中海之外的任务繁重，巴麦尊咨啬的内阁同僚不愿意援助土耳其。这位外交大臣没有采取任何行动，只是支持劝诫穆罕默德·阿里，敦促他"立即退往埃及，对这片沃土知足常乐"。[8]

　　然而，易卜拉欣既不撤军，也不干等时机。他恢复行军，深入托罗斯山脊。1832 年 12 月，他的军队在科尼亚城外击退奥斯曼军队，俘虏了大维齐。截至次年 2 月初，埃军前锋已抵达安纳托利亚内陆的屈塔希亚（Kutahiya），距离博斯普鲁斯海峡不足 200 英里。马哈茂德二世迫切需要拱卫首都，向他最可怕的邻国求援。俄军三支小型舰队受邀穿越博斯普鲁斯海峡南下，停泊在金角湾附近。一支俄国远征军紧随其后，在博斯普鲁斯海峡亚洲一岸的温卡尔·伊斯凯莱西（Hünkar İskelesi）建立了先头部队总部。这是一座海湾，君士坦丁堡沿海峡北上约 12 英里，通常被转写为"温加尔·斯凯莱西"（Unkiar Skelessi）。截至 4 月初，近 3 万俄军被部署保卫苏丹的首都。除了温加尔·斯凯莱西外，还有一个军营在欧洲一岸的比于克代雷。

　　俄军的出现令乌理玛感到惊恐，自七年前血腥镇压耶尼切里以来，他们第一次对马哈茂德二世的政策产生了严重的不满情绪。但沙皇的介入，必定使其他列强对它们原本视为奥斯曼内政的这场危机很快产生兴趣。6月，英、法舰队在达达尼尔海峡附近巡航。然而，截至此时，原先的危机已经结束。穆罕默德·阿里接受了法国调停；易卜拉欣的军队将从安纳托利亚撤退，以换取苏丹确认穆罕默德·阿里作为埃及与克里特总督的地位，而易卜拉欣将成为大马士革、阿勒颇、阿达纳总督。父子二人在法理上仍然是苏丹的封臣，穆罕默德·阿里已经拒绝了易卜拉欣要求完全独立的呼吁。

　　1833年初夏，俄国仍然是君士坦丁堡的军事主宰，这在历史上是唯一一次。但尼古拉一世和涅谢尔罗迭展现了克制。沙皇向君士坦丁堡派出了一位坚定、有天赋、有魅力的全权代表，也是他的朋友阿列克谢·奥尔洛夫（Alexis Orlov）伯爵，指示他与高门订立持久的条约。奥尔洛夫取悦土耳其人，无论他们的地位高低：一边是送给高层的厚礼，一边是发放给土耳其普通士兵的2.4万枚勋章，每一枚都刻有沙皇的画像，以此向土耳其士兵们表达对他们迎战易卜拉欣大军时必定会展现的勇气的钦佩。同时，埃军一退出安纳托利亚，俄国舰队就离开了，温加尔·斯凯莱西巨型军营的帐篷也撤下了。令马哈茂德二世大感满意的是，俄国军事代表团的最后一位军官动身返回敖德萨前，俄、土签订了盟约。他希望这能够永远消除俄国人的威胁。1833年7月8日，奥尔洛夫的《温加尔·斯凯莱西条约》本质上是俄、土遭遇进攻时的双边互助协议，有效期八年。其中一道秘密条款使俄国有权放弃要求奥斯曼提供援助，前提是苏丹对"外国战舰"关闭达达尼尔海峡。奥尔洛夫告诉沙皇，他正在博斯普鲁斯海峡建立一个长期的俄国保护国。他认为，未来几年之内，俄国人就可以重新被召唤而来。"多亏了我们的先例，"奥尔洛夫写道，沙皇的军队能够在返回时"不致引起怀疑，并且……如有需要，永不离开"。[9]

尼古拉一世、涅谢尔罗迭、奥尔洛夫都相信这份条约是君士坦丁堡秩序与稳定的保障，使他们能够控制马哈茂德二世。早在1834年，条约就坚定拒绝为苏丹发动对穆罕默德·阿里的复仇战争争取俄国支持。但条约的消息令巴麦尊和他的法国同行感到惊恐，他们相信其中包含了更加激进的秘密条款，使俄国有权在任何时刻管控船舶在黑海海峡的通行。巴麦尊一心认定，沙皇正在计划肢解奥斯曼帝国。这个旬年内，恐俄情绪在英国外交部一直很严重，他们还担心沙皇的代理人在波斯和阿富汗活跃。这位外交大臣有一种奇怪的信念：在中亚的"前进政策"① 将以某种神秘的方式"使达达尼尔海峡更加稳妥地从俄国手中脱离"。[10]

巴麦尊也相信苏丹与他在叙利亚、埃及的封臣之间的另一场斗争即将到来。在这一点上他是正确的。事实证明，1835年难以阻止马哈茂德二世②；一年之后，他派遣密使前往伦敦，希望争取英国积极支持重启战争。军队在科尼亚的失败已经深深震撼了马哈茂德二世，他说服自己：向他所鄙视的"阿尔巴尼亚烟草王朝"③ 报

---

① 原书引用时缺乏主语，容易让人误以为是俄国。其实这里指的是英国的中亚政策。更完整的表述为："通过将阿富汗置于我们保护之下，如果必要的话派兵驻守赫拉特（阿富汗西北部名城），我们就能赢回在波斯的优势……英国在波斯安全了，东进土耳其也就安全了，并容易使苏丹更加独立，使达达尼尔海峡更加稳妥地从尼古拉手中脱离。"请参阅：C. Baxter, M. Dockrill, K. Hamilton, *Britain in Global Politics* Volume 1: *From Gladstone to Churchill*, Palgrave Macmillan, 2013, p. 22.

② 本书并未提及细节。1835年，与英土关系相关的事件是苏丹任命雷希德帕夏为外交大臣，试图拉拢英国。此处所指可能为此事。

③ 讽刺穆罕默德·阿里是阿尔巴尼亚血统，早年从事烟草买卖。

复失败之耻，是他的职责所在。他在科尼亚战役时只有 47 岁，但已经染病在身，由于饮酒和纵欲而早衰。在其生命的最后几年，他沉迷于完成他一贯追求的军事改革。普鲁士、俄国、英国、法国军官受邀访问佩拉和于斯屈达尔的军营，参观安纳托利亚的野战演习。截至 1837 年，苏丹可以指望约 4 万名良好的步兵和六个骑兵团。但是，由于使用的火炮有九种不同口径，炮兵力量受到了削弱。最关键的问题是苏丹完全无力选择优秀的指挥官。

　　1838 年，马哈茂德二世指示驻伦敦大使在一份商约中向英国提供慷慨的让步，希望贸易的发展前景能够诱使巴麦尊正式与他结盟。截至 1838 年初春，显而易见的是英国不会给予他想要的支持。截至此时，长期患有肺结核并受到肝硬化折磨的苏丹，知道自己命不久矣。他决心最后一次赌一把军事胜利。1839 年 4 月中旬，他命令哈菲兹帕夏（Hafiz Pasha）率军渡过幼发拉底河，向阿勒颇进发，呼吁叙利亚人摆脱易卜拉欣的埃及枷锁，欢迎苏丹军队的"解放"。

　　哈菲兹谨慎前进。一些普鲁士顾问陪伴着他，其中最资深的是赫尔穆特·冯·毛奇少校。一开始，易卜拉欣没有回应来自北方的威胁，叙利亚人也没有揭竿而起。但哈菲兹从未抵达过叙利亚边界。从内济布（今尼济普，Nezib/Nizip）[1] 城镇扬起了一阵烟尘，预示着易卜拉欣的军队即将到来。毛奇建议哈菲兹在设防的壕沟和坚固的城墙后等待敌军，但乌理玛声称叛军必须在开阔的平原上接受处罚。哈菲兹听信了毛拉们的话，而不是日后萨多瓦（Sadowa）战役和色当战役[2]的胜利者的话。

---

[1]　尼济普，位于今土、叙边境的土耳其一侧。

[2]　分别是普奥战争和普法战争中的决定性战役，但内济布战役时，普奥战争和普法战争还没爆发，作者要求哈菲兹提前发掘毛奇的军事才能，未免强人所难了。

1839 年 6 月 24 日的内济布战役短暂而具有决定性意义。奥斯曼前锋遭到阻遏，被迫折返，导致紧随其后的部队陷入混乱。普鲁士人建议哈菲兹派出一支未被击破的纵队，但他更愿意在盛怒之下左砍右劈，杀死自己的逃兵。奥斯曼的野战炮不是被摧毁，就是被惊恐的炮兵丢弃。易卜拉欣抓获了 1 万名俘虏。毛奇侥幸逃脱。"哈菲兹帕夏的军队已经不复存在，"当晚，他轻蔑地向柏林写道，"土耳其人丢下了武器，放弃了火炮和弹药，向各个方向飞奔。"[11]对于奥斯曼军队而言，内济布的灾难比科尼亚更加惨重。

幸运的是，马哈茂德二世没有得知这场失败，保住了内心的平静。没有哪位信使愿意急切地穿越 500 英里山路，将这个坏消息告知博斯普鲁斯海峡旁的病夫。战役发生五天后，也就是 6 月 29 日，马哈茂德二世终于醉死。最早的关于战败的阴郁流言，直到 7 月 7 日才得到确认。那时，他的长子阿卜杜勒-迈吉德（Adulmecid）已经被宣布为君主兼哈里发。对于登上皇位的 16 岁皇子而言，这是一个不祥的时刻。

第八章

病夫？

　　1839 年 7 月 1 日，马哈茂德二世的死讯公之于众。24 小时内，斯坦堡区就发生了一起微型的宫廷政变。古稀之年的穆罕默德·胡斯雷夫帕夏（Mehmed Husrev Pasha）夺取了大维齐的印玺（字面含义，非比喻），迫使阿卜杜勒-迈吉德一世确认他为非常时期政府的首脑。一位 16 岁的统治者，本来或许会糟糕得多。尽管一位愤世嫉俗的法国大使称胡斯雷夫是"大绞刑师"，但他（后者）起码有奥斯曼行政系统的长期工作经验。[1] 早在 1801 年，塞利姆三世就任命他为埃及总督，即穆罕默德·阿里之前的最后一位埃及总督。马哈茂德二世时期，他曾在伯罗奔尼撒作战，也曾打击过波斯人。他担任奥斯曼舰队司令有 12 年；1827 年，他接任侯赛因的陆军元帅岗位，任职长达 10 年。但年龄已经让胡斯雷夫成为极端保守派，树敌众多。像奥斯曼体制的众多支柱人物一样，他也在《温加尔·

斯凯莱西条约》谈判期间收受了奥尔洛夫的厚礼。六年之后，一位不可小觑的对手、海军元帅艾哈迈德·费夫齐（Ahmed Fevzi）认为胡斯雷夫仍然收了俄国人的钱。他非常确信胡斯雷夫背叛了奥斯曼帝国的利益，以至于自己犯下了更大的叛变行为。甚至在内济布惨败的消息在首都确认前，费夫齐就率领舰队前往亚历山大港，向埃及副王穆罕默德·阿里投降。

因此，脆弱的年轻苏丹面临着严峻的形势：在地中海没有海军，在安纳托利亚没有野战陆军迎战易卜拉欣。他也无法指望在国库里找到充足的资金，这个部门由于马哈茂德二世在 31 年统治期间 72 次批准的货币贬值而受到长期赤字的困扰。幸运的是，阿卜杜勒-迈吉德一世有两大法宝：他的母亲贝兹米亚莱姆（Bezmialem）太后自不必说；他父皇手下最有能力的西化改革派大臣穆斯塔法·雷希德（Mustafa Reşid）也向他承诺效忠。马哈茂德二世去世时，雷希德正在伦敦担任特使。[2]

贝兹米亚莱姆是格鲁吉亚人，据说在入宫之前，是一位浴室侍女。生下阿卜杜勒-迈吉德一世时，她只有 15 岁。31 岁时，她仍然足够年轻，可以鄙视、怀疑那位自封为首席大臣的年长的非常态政治家。她建议儿子允许胡斯雷夫向穆罕默德·阿里委曲求全，但敦促他抵制大维齐在重要政府职位安插自己人选的企图。阿卜杜勒-迈吉德一世妥善地争取时间，在做出重大的决策之前，等待雷希德从英国返回。太后已经向他提出了可靠的建议。她对官员及其动机的判断十分精明，以至于在 14 年后的病榻之上还能影响大臣的人选。

贝兹米亚莱姆之所以向阿卜杜勒-迈吉德一世推荐雷希德，是因为她相信他理解前任苏丹马哈茂德二世在改革计划中一直追求的是什么。但雷希德也有自身的特质。1839 年，他掌握了流利的法语，可以和法国国王路易·菲利普在没有翻译的前提下谈笑风生。
他在伦敦与巴麦尊、在维也纳与梅特涅会谈，知道欧洲如何看待奥
斯曼帝国。对苏丹而言同样有价值的是，雷希德四年前曾经出访埃
及，亲眼见证穆罕默德·阿里在开罗和亚历山大港的王者权威。阿
卜杜勒-迈吉德一世任命雷希德为外交大臣，保留胡斯雷夫大维齐
的职位，直至 1840 年 6 月。但正是雷希德凭借要在威斯敏斯特宫[①]
和巴黎建立良好关系的敏锐直觉，说服阿卜杜勒-迈吉德一世允许他
做出这位苏丹治下的第一次戏剧性的公开举动：1839 年 11 月 3 日，
颁布了《花厅御诏》。

　　君士坦丁堡的几位大使和其他外国旅行者描述过这个场面。[3]
奥斯曼所有的社会高级贤达以及派驻高门的外国使节在托普卡珀宫
外墙之外的花厅（Gülhane）聚会。雷希德站在大维齐胡斯雷夫前
方，诵读了国君的第一份"崇高诏书"，阿卜杜勒-迈吉德一世从花
厅阁楼的窗台上俯瞰会场。《花厅御诏》让外部世界得知阿卜杜勒-
迈吉德一世有意成为开明苏丹。他将保护臣民的人身和财产安全，
推行法典宣布穆斯林、基督徒、犹太教徒在法律面前的平等地位，
建立规范的核税、征税制度；他还承诺将加强、尊重他父皇支持的
立法咨询会，为近代化的海陆军制定公正的征兵方法。

　　花厅的仪式上，西化派的外交大臣两次拜伏在苏丹兼哈里发
前，令外国观察家印象深刻，这也是雷希德预料之中的。俄国使臣
评价说，这场仪式虽是"作秀"，但取得了成功。英国大使庞森比
勋爵（Lord Ponsonby）两天后在致巴麦尊的通信中评论道："谁认
为这个帝国无法被古老的政府挽留，这场仪式就是对谁的胜利回

---

　　① 英国议会所在地。

应。"这是一场"充满了不可估量的好处"的活动，外交大臣（巴麦尊）12月初回复道："政策的大手笔，正在对我国和法国的舆情产生巨大影响。"[4]庞森比和巴麦尊都意识到俄国人越来越对邻国奥斯曼感到不耐烦，巴黎的历届政府倾向于支持穆罕默德·阿里建立一个财政良好的独立的埃及国家。苏丹的任何动作，只要能表明帝国中心重新焕发活力，就是受欢迎的。奥斯曼的衰落又被两条并行的进程抑制了30年：（1）对国内传统社会实施西化改革；（2）其他列强对其帝国体制的支持，以求稳定，避免欧洲格局出现急剧变动。

1839年春土埃战争再次爆发，起初诱使尼古拉一世派军舰和士兵加以干预。他认为，这是否提供了奥尔洛夫1833年预见到的机会，即俄国远征军可以作为海峡守护者而回归，在博斯普鲁斯海峡受到欢迎？涅谢尔罗迭更加现实。他冷静地重新评估了帝国的债务，又耐心地说服沙皇不要单方面行动，以避免不确定性和付出代价的风险。此后，俄、奥、普、法、英似乎开始一致行动了。1839年7月27日，五大国大使联合发布照会，表明了他们仲裁土埃战争的意愿。"欧洲"在黎凡特施加一种解决方案的意愿，对于从伦敦回国的雷希德而言是一个好消息。这使他能够加强阿卜杜勒-迈吉德一世的话语权，以抵制朝廷主和派尽快接受穆罕默德·阿里开出任何条件的主张。

但是，尽管五大列强准备承认穆罕默德·阿里为新埃及王朝的首脑，但它们之间仍然缺乏凝聚力。[5]奥地利的政策仍然是由梅特涅塑造的（1809年起，他就担任外交大臣），主张维持并加强苏丹的权威，主要理由有两条：君士坦丁堡的政府稳定，有助于将汽船公司和矿业公司已经享受到的贸易特许权扩展到其他奥地利企业；

反之，且在维也纳更为重要的是，奥斯曼帝国的解体将释放出巴尔干民族主义，由此威胁到多民族的哈布斯堡君主国的存续。普鲁士紧密追随奥地利盟友的政策，尽管柏林报纸上对易卜拉欣的胜利表现出了拧巴的赞赏。

法国在外交上支持穆罕默德·阿里。他出生在卡瓦拉，与出生在阿雅克肖（Ajaccio）的波拿巴属于同一年的同一星座，这个有趣的巧合引人注目。那个夏天，"拿破仑传奇"带来的浪漫主义情绪盛行。更现实地讲，巴黎银行家希望他们可能将穆罕默德·阿里的国土转变为一块主宰黎凡特的商业辖地。因此，出于各种不同的动机，法国人试图将叙利亚和黎巴嫩以及阿拉伯半岛纳入由他担任宗主的疆域中。

其他国家不同意法国的立场。巴麦尊担忧穆罕默德·阿里的精锐部队会威胁到通往印度的最近道路；并抱怨他在主张埃及主权的广大地区垄断贸易，将剥夺伦敦从马哈茂德二世去世前 10 个月接受的英土商约中获取的利益。尼古拉一世——或者更准确地说，国务总理涅谢尔罗迭——同样怀疑穆罕默德·阿里的野心。俄国有足够的理由相信他在考虑与波斯人结成大同盟，旨在将他的帝国扩张到美索不达米亚，作为回报，穆罕默德·阿里支持德黑兰的穆罕默德沙·卡扎尔破坏沙皇对高加索和中亚地区的穆斯林的控制。伦敦和圣彼得堡都对穆罕默德·阿里及其王朝抱有充分敌意，同时对法国持怀疑态度，这可以推动英俄友好。由于这是为了尽可能久地扶持奥斯曼帝国，奥地利和普鲁士也可能予以支持。

伦敦现已成为试图解决"东方问题"的政治家的枢轴。尼古拉一世派遣一位特使，提议共同向穆罕默德·阿里施压并就和平时期对外国军舰关闭两大海峡达成国际协议。一开始，英国内阁不赞成将两个不同的问题绑定在单个协议中。但尼古拉一世执意如此。1840 年 7 月，英、俄、奥地利、普鲁士、奥斯曼全权代表缔结了《伦敦条约》，规定在和平时期对外国军舰关闭两大海峡，并向穆罕默德·阿里递交实质上的最后通牒。[6]他被要求臣服于苏丹的权威，满足于对埃及的世袭统治，否则就要面对列强的共同干涉。如果他在 20 日内接受这些条款，他将获得作为总督终身统治阿科和叙利亚南部的权利。

埃及仍然拥有一支强大的军队：38 个步兵团，1 万多骑兵战马，以及由拿破仑时期的老兵训练的炮兵部队。军队分布在黎凡特和克里特的大片地区，但穆罕默德·阿里还相信他能够得到法国的海军援助。于是，他拒绝了列强的联合要求，由此自动放弃了叙利亚南部的馈赠。但他严重误判了实力对比。法国舰队没有介入，任由英国和奥地利战舰自由地骚扰易卜拉欣脆弱的交通线。1840 年 9 月和 10 月，舰队轰炸了黎巴嫩沿岸。英国、奥地利海军陆战队和土耳其步兵支持贝鲁特以北山区的德鲁兹派叛军。随着易卜拉欣纪律严明的军队开始退往埃及边境，一支英国舰队轰炸并占领了阿科。其他军舰封锁了埃及沿海。

危机很快结束了。11 月 5 日，穆罕默德·阿里缔结了《亚历山大港协定》，其中规定埃军从克里特岛、阿拉伯半岛和"不在埃及边境内的……奥斯曼帝国一切地区"撤退。奥斯曼舰队自从可怜的费夫齐变节之后，就一直停泊在亚历山大港，现在被允许返回博斯普鲁斯海峡。1841 年 2 月，阿卜杜勒-迈吉德一世正式颁布一道法令，承认穆罕默德·阿里为终身副王，家族世袭罔替。条约将易卜拉欣的军队限制到只有 1.8 万人——但在八年之内，这个数字就提升至四倍。法国此时加入了《伦敦条约》的签字国。该条约为《亚历山大港协定》提供担保。1841 年 7 月的《伦敦海峡公约》重申了和平时期对外国军舰关闭两大海峡的原则。[7]

随着易卜拉欣大军撤离安纳托利亚和叙利亚，奥斯曼帝国从第一次世界大战末期的艾伦比（Allenby）攻势①之前唯一一次威胁其生存的严重“亚洲”挑战②中脱困。伦敦、维也纳、圣彼得堡感到，无能、衰落的“土耳其”之所以得到拯救，不是因为它自身的奋斗，而是因为欧洲列强的恩赐。这种信念使脆弱的英俄友谊维持了数年，它促使沙皇于 1844 年 5 月底突访伦敦，涅谢尔罗选四个月后也访问英国，推动外交行动协调，阻止“东方问题”未来走向恶化。截至此时，沙皇仍未准备提出瓜分计划（否则会激起威斯敏斯特宫的严重怀疑）。但从 1839 年起，他从未放弃这一看法：无论在君士坦丁堡采取什么延缓措施，奥斯曼帝国都注定会灭亡。而英国则准备相机行事。[8]

这些年，雷希德在首都发起了一场微妙的运动，旨在说服苏丹实施《花厅御诏》中含糊的承诺。改革运动合称为“坦志麦特·哈伊里耶”（Tanzimat-i Hayriye）。这个词或许可以翻译为“吉祥革新”，因为土耳其语 tanzimat 的含义类似于俄语 perestroika③。这是奥斯曼大臣通过使权力中央集权化并尽可能对其专制特色加以世俗化从而保存帝国的最持久的尝试。[9]

和之前的时代一样，军事改革是优先考虑的事项。其他改革的

---

①　详见本书第十五章。

②　原文如此，可能并非唯一一次。15 世纪初中东地区的帖木儿帝国曾经击败早期奥斯曼国家，对其构成严重威胁。

③　这个词用俄语字母拼写是“Перестройка”，即“改革”之意，现多特指苏联 20世纪 80 年代后期的改革。

推行，首先取决于军事需求。因此，"坦志麦特"的最初阶段，或许可以视为源于老一辈军人穆罕默德·胡斯雷夫鉴于建立有效战斗力的必要，而愿意容忍的那些内容。建立25万征召兵的近代化军队，并继续推进早先的近代舰队造船计划，需要充盈的国库，这就为税制改革提供了明确的动机。但是，如果首都和外省之间没有更紧密的行政联系，如果没有草创新式民政服务，税怎么收上来呢？良好的射击学、准确的导航学、熟练的会计学，以及高效的行政管理，需要更好的教学，而这是古旧的宗教机构无法提供的。因此在1845年，七位学者被任命组建委员会，探索发展广泛世俗教育系统的方式。而《花厅御诏》中引人瞩目的保护财产权和法律面前宗教平等的条款，从军事角度来看几乎没有吸引力。即使起草了这种性质的改革措施，它们仍然是无效的。尽管停留在纸面上，但1840年5月的新刑法典看起来仍然是一大进步。改革者一直警惕，不能因为法律改革与伊斯兰教法相抵触而激怒乌理玛。曾经为苏莱曼大帝提供良好政府基础的伊斯兰法典，在整个19世纪束缚了奥斯曼专制政体新模式的倡导者。

　　"坦志麦特"改革时代仍然是众说纷纭的研究主题，甚至连它的准确断代都有争议。新近的历史学家们剖析出了一段漫长且几乎连续的时期，涵盖1839年至1876年（阿卜杜勒-迈吉德一世的继任者兼同父异母弟阿卜杜勒-阿齐兹一世被废）的时间段。老一辈评论家将"坦志麦特"限制在19世纪40年代，尽管他们承认克里米亚战争之后的一段时期仍然有进一步的改革。他们坚持认为，哪怕在19世纪40年代，也存在着"反动"的间歇期——用坦珀利直白而忧虑的措辞来说：没有哪个"英国人"能够"驱使东方人走上新道路"。[10]雷希德确实遭遇过挫折，尤其是在1841年，他计划建立一套以法国模式为基础的省级行政制度，激起了地方包税人和军事总督的强烈敌意，导致计划取消，他也被打发到巴黎当大使。但1845年，他又回国担任外交大臣。1846年9月和1858年1月间，他六次出任大维齐。

雷希德没有预见试图在通信落后的广袤帝国向无动于衷的大众施加改革的困难。他的工作较多局限于博斯普鲁斯海峡、金角湾一带和与首都海上交通便利的城镇。旨在缓解1839—1840年国库危机的含利息纸币（*kaime*）① 试行，在君士坦丁堡和士麦那获得了一些成功，但也带来了一些新问题，小店主开始囤积纸币，以便索取他们每年8%的收益。[11] 在发展世俗教育方面，进展不及雷希德预期。当校园墙壁刚比地基高出数英尺时，斯坦堡区的大学颇具先驱性的近代化就中断了，这很大程度上是由于乌理玛和军事部门的敌意，后两者被德意志和中欧爆发的学生骚动吓到了。在乌理玛体制外，有经验教师的缺乏阻碍了雷希德的兴办中学（*rusdiye*）计划。19世纪40年代，只有六所中学建立，870名男孩入学。然而，1846年，雷希德作为大维齐的首要任务之一是赞助一所师范学院，任命24岁的天才作家、学者艾哈迈德·杰夫代特（Ahmed Cevdet）担任首任校长。重要的是，截至1858年雷希德去世时，中学的数量已经升至43所，学生有3 371名男孩。[12]

艾哈迈德·杰夫代特是19世纪土耳其最具才干的教育和司法改革家，他的任命是雷希德识人之明的典型案例。雷希德在政府中的长期优势地位，使他得以晋升其他西化派人士，他希望能够依靠他们完成自己的工作（尽管到后来，他的一些门生变成了政敌）。

---

① 这是一种有息信用票据，名义上作为纸币流通，但本质上是短期国债。

其中，最主要的就是斯坦堡小店主的儿子穆罕默德·埃明·阿里
（Mehmed Emin Ali）和乌理玛家庭背景的凯切齐扎德·穆罕默
德·福阿德（Kececizade Mehmed Fuad），后者在高门服务了 14
年，翻译法国的法律和行政手册。这种人员的连续性促使现代历史
学界倾向于将"坦志麦特"视为一以贯之的改革活跃期，使奥斯曼
政府具有了一种国外外交官们因偏见而失察的活力。但改革者的数
量不多，他们只是一个有能力从《拿破仑法典》中寻找灵感的小群
体。此外，试验性的改革是否有条件成熟，尚不确定。"最尊贵、
最强大、最杰出的苏丹陛下"勉强同意的措施，甚至会更快地被他
撤销。

斯特拉特福德·坎宁——1842 年 1 月起再度担任大使——在近
九年的时间里参加了他口中的"大型进步游戏"。[13] 他可以较为中
肯地宣称他（斯特拉特福德）在雷希德实质上被放逐到巴黎大使馆
期间助推了改革的冲动：向阿卜杜勒-迈吉德一世施压，并揭露了
财政大臣的腐败（很可能是太后的官员人选中最不可取的一位）。
他推动了反奴隶贸易法律的颁布和阿卜杜勒-迈吉德一世对迫害基
督教信众的正式谴责，但未能使仅由基督徒表达的证词在法庭上宣
布有效，也未能实现基督徒在奥斯曼军队中服役的权利。作为大
使，他不只关心"坦志麦特"改革在帝国中心的影响，也关心远在
首都之外的试图重树苏丹权威的军事远征，尤其是在黎凡特和巴尔
干西部。

易卜拉欣大军离开叙利亚和黎巴嫩，让奥斯曼的四个省份——
阿勒颇、大马士革、的黎波里、西顿——失去了几个世纪以来最仁
慈、最有效的政府。埃及的统治已经为基督徒和犹太教徒带来了较
大利益，尤其是那些商贸从业者。近半个世纪以来，贝希尔二世

（Bashir Ⅱ）试图从贝特丁宫（Beit-ed-Din）控制黎巴嫩（就像阿里帕夏在约阿尼纳统治伊庇鲁斯），一直与埃及人紧密合作。当埃军撤退后，他就被废黜了，流亡至马耳他岛。他的流放让埃及占领期间失宠的穆斯林显贵弹冠相庆。一开始，他们欢迎奥斯曼官员的复位。然而，到了 1841 年春，整片地区陷入混乱，对立的派别都对奥斯曼人发动了武装抵抗，其中很多人仍然对历史上的王朝（这些王朝在阿卜杜勒-哈米德一世时期曾经折磨同样几个省份）抱有近乎封建的忠诚。奥斯曼军事长官被迫发动惩戒远征，时不时地展现出无情的复仇行为，遭到外国观察家的谴责——尽管像在希腊起义中一样，任何一方都犯下了暴行。

　　除了希腊起义外，之前还没有哪场动荡像叙利亚这样让欧洲列强尤其是英国担忧。1838 年的《英土商业条约》为英国的出口提供了新市场，给英国商人带来了购买商品、原材料、食品的优惠条款，由此刺激了奥斯曼国土上的农业出口。其他政府很快就与奥斯曼帝国缔结了类似的商约，使后者更易受到国际贸易波动的冲击，同时使欧洲在"土耳其"作为整体的经济福祉方面具有更加直接的利益。因此，苏丹统治在叙利亚和黎巴嫩的恢复，得到了外国政府和贸易公司的地方代表的细致报告。领事们为伦敦、圣彼得堡、巴黎、维也纳支持的特定社群提供保护：俄国支持东正教徒，巴麦尊支持德鲁兹派、各种犹太教和新教团体，法国和奥地利支持马龙派。但对这些群体的支持是高度因地制宜的，因此加以概括是有误导性的。英国驻贝鲁特总领事休·罗斯（Hugh Rose）上校的日志和通信表明了他保护马龙派车队免受德鲁兹派袭击的私人意愿，也表达了他对奥斯曼正规军的不信任。但在这些资料中，他也抱怨法国同行过多地挑动马龙派的动乱，"危害了高门的利益"。[14]

1843 年，蹩脚的和约在叙利亚和黎巴嫩实施；战争再次爆发后，1845 年 5 月又一次订立了和约。但是，尽管有斯特拉特福德的斡旋和 1846 年 10 月雷希德视察贝鲁特，在利益纠葛如此众多的地区施加持久的解决方案几乎没有希望。1848 年和 1850—1852 年某些时期，因为反对奥斯曼尝试实施军事征兵制和对常驻卫戍部队第五集团军实施阿拉伯化政策，新的起义爆发了。地方显贵不愿意臣服于奥斯曼改革后的高效中央政府，开始宣扬一种排他性的"民族主义"，尤其是在黎巴嫩山一带的马龙派地区，这种思潮在 19 世纪下半叶具有重要影响力。[15]

在奥斯曼帝国西北边境一线的波黑，对"坦志麦特"改革的公开敌意甚至更强烈。过去 50 年，地主——种族和语言上是南斯拉夫人，但宗教信仰和外观上是穆斯林保守派——已经抵制了历任苏丹的每一次西化尝试。马哈茂德二世正式废除封建制，最终摧毁了"甲必丹"（*Kapetanate*），这是 48 位贝伊①组成的特权阶层，当帝国鼎盛时，曾被授予管理波斯尼亚次级行政区的权力，履行为苏丹的骑兵征募"西帕希"分队的义务。但甲必丹死磕到底。1837 年，波斯尼亚公开反叛马哈茂德二世；《花厅御诏》向基督徒和犹太教徒承诺法律平等和社会改进后，爆发了更广泛的叛乱。直到 1850 年 3 月，厄梅尔·卢特菲帕夏（Omer Lutfi Pasha）麾下的一支强大的奥斯曼军队最终在耶泽罗（Jezero）湖畔的三日战役中镇压了波斯尼亚贝伊们。厄梅尔在莫斯塔尔（Mostar）城外击败黑塞哥维纳穆斯林显贵后，胜利进军亚伊采（Jajce）。

---

① 这些贝伊的称号是"甲必丹"。

　　作为一位历史性的人物，厄梅尔·卢特菲更常见的称呼①是
"奥马尔帕夏"（Omar Pasha）。他是克里米亚战争中的名将，也是
近代化奥斯曼军队的第一位著名指挥官。[16]1809 年，他出生在克罗
地亚，一开始的名字是米哈伊·洛蒂斯［Michael Lotis，有些时候
写作"拉塔斯"（Lattas）］，后来成为奥地利陆军学员，但不到 20
岁时，他逃离军队，翻山越岭，进入波斯尼亚。他在奥斯曼军中服
役，改变信仰，用 7 世纪的第二位哈里发的名字给自己取名。马哈
茂德二世将他提拔为少校，任命他为小皇子阿卜杜勒-迈吉德的军
事教官。1840 年 10 月，他在贝鲁特东北山区对易卜拉欣取得了重大
胜利，但外国领事对他后来在黎巴嫩恢复苏丹权威的残酷方式颇有批
判。厄梅尔也将这种严酷的保证纪律的方法带回了波斯尼亚——这
是他自小就熟悉的土地。奥地利人认为他是哈布斯堡军队的叛徒，
不可避免地对其感到愤怒。

　　在波斯尼亚十年的实质无政府状态中，奥地利数次从克罗地亚
派出纵队，如果奥斯曼人未能重建有效政府的话，奥地利就打算前
推边界。在这个动荡的旬年中，奥地利和俄国似乎至少有三次务虚性
地讨论过瓜分奥斯曼帝国：塞尔维亚、波黑归于奥地利，俄国在巴尔
干东部建立代理人王国。[17]但这些意见交换没有带来任何边界明确的
瓜分计划。如果说它们传达出了什么信号，那就是尼古拉一世越来越
相信：奥斯曼政府体制的衰落无法依靠甜言蜜语的改革计划来扭转。

　　沙皇对于梅特涅时代的奥地利同样评价一般。早在 1846 年，
他私下里针对哈布斯堡君主发表评论："有病，病得不轻。"由此发
明出了一个"梗"，后来被他更加广为人知地用到另一个邻国身

---

　　①　指在英语世界中的常见拼写。

上。[18]沙皇对奥地利的评判似乎有道理。1848 年革命在法国和意大利半岛戏剧化地展开，蔓延至德语地区和多瑙河流域，从观感上摧毁了梅特涅的欧洲①。没有哪个欧洲国家愿意看到"东方问题"在欧洲大陆其他地区出现这么多动荡的时候爆发。在巴麦尊和阿卜杜勒-迈吉德一世心照不宣的赞同下，沙皇下令军队渡过普鲁特河，进入摩尔达维亚和瓦拉几亚，根除罗马尼亚激进爱国者在布加勒斯特的疑似大本营。随后，俄军占领多瑙河两公国两年半，本身几乎没有激起抗议；涅谢尔罗迭声称俄国的活动是由《库楚克-开纳吉条约》和《哈德良堡条约》授权的，没有人严肃地予以质疑。1848 年革命没有蔓延到奥斯曼帝国。

给伦敦和巴黎带来担忧的，是沙皇不满足于占领摩尔达维亚和瓦拉几亚。截至 1848 年 7 月，他的军队沿着喀尔巴阡山脉的弧形分布，就像在哈布斯堡和奥斯曼两大帝国上空盘旋。要不是为了年轻的奥皇弗朗茨·约瑟夫一世的需要，俄军本来或许会止步的。1849 年初春，在登基四个月后，奥皇向俄军求助，请求恢复哈布斯堡在多瑙河中游的权威。作为回应，尼古拉一世从两公国派出两个集团军，越界进入特兰西瓦尼亚，扑灭科苏特（Lajos Kossuth）②初创的独立匈牙利国家。

俄国干涉匈牙利，对"东方问题"造成了两个重大后果。第一，在整个欧洲，它完成了一次外交革命：伦敦对于科苏特和他的事业存在广泛的同情心理，以至于俄军的西进最终结束了挣扎了近

① 指维也纳体系下的欧洲。梅特涅是拿破仑战争后维也纳体系的主要设计者之一。
② 拉约什·科苏特（1802—1894），1848 年革命期间的匈牙利革命领袖、民族英雄、国家元首。19 世纪中后期，他在西方的名气比现在大得多。

十年的脆弱的英俄友好关系。英、法开始一致行动，而尼古拉一世认为他可以依靠维也纳的紧密合作。第二，匈牙利革命遭到镇压，迫使科苏特和四位为他而战的波兰将军在奥斯曼帝国寻求庇护。1849 年 9—10 月，苏丹和雷希德在斯特拉特福德和部署在达达尼尔海峡的英国舰队的鼓舞下，顽强地拒绝将科苏特和波兰流亡者交给奥地利和俄国政府。甚至，俄国和奥地利断然撤回大使，也没有让阿卜杜勒-迈吉德一世动摇。[19]

这场危机给"坦志麦特"大臣们带来了外交胜利。凯切齐扎德·穆罕默德·福阿德前往布加勒斯特和圣彼得堡，成功与俄国谈出了一份协议，沙皇将放弃要求交出波兰流亡将军，前提是奥斯曼人承诺阻止他们进入俄国边境。奥地利也不再坚持要求交出科苏特。但维也纳和圣彼得堡可以感到满意的是，即使苏丹拒绝让步，至少巴麦尊准备承认违反了国际法。巴麦尊承认，英国海军将领威廉·帕克爵士（Sir William Parker）率领战舰沿着达达尼尔海峡北上至恰纳卡莱（Çanakkale，即恰纳克），已经违反了《伦敦海峡公约》——尽管帕克事实上是回应英国驻达达尼尔领事弗雷德里克·卡尔弗特（Frederic Calvert）的求援。[20]

帕克驶入达达尼尔海峡，创下了恶劣的先例。这是一系列挑衅行为的开端，而它们的高潮就是克里米亚战争。除了一次例外——1852 年厄梅尔在黑山的一次惩罚性作战，在奥地利干涉的威胁下中止了——其他这种挑衅行动都是敌对的欧洲海军彰显海上力量的行为，目的通常是支持傲慢的驻高门使节对奥斯曼政府施加恐吓性要求。可以说，海军力量也是克里米亚战争中剑拔弩张的首要议题，至少在黑海海域如此。但是，延宕的危机导致了"东方问题"以最尖锐的形式展开，而危机的起因不是炮舰外交，而是一种古老争端的复苏：1850 年 5 月，法国外交部命令驻君士坦丁堡大使声张法国保护耶路撒冷、拿撒勒、伯利恒"拉丁人"（罗马天主教徒）的权利，抱怨"希腊人"（俄国保护下的东正教僧侣）正在将"拉丁人排斥出圣地"。[21]

　　法国的诉求并不新鲜。它的基础是马哈茂德一世时代缔结的一份条约。1819 年的路易十八和 1842 年的路易·菲利普为了谋求选举资本，支持巴勒斯坦的"拉丁人"反对"希腊人"。多数外国政府认为，最新的法国统治者，即亲王总统路易·拿破仑，一旦国内地位巩固，就会同样丧失对圣地的兴趣。但这一次，争端延续了下去。尼古拉一世仍然高度怀疑路易·拿破仑。新波拿巴主义全民公投政府制度使亲王总统需要获得教士主导的法国外省的支持。直到 1852 年 11 月，一场公投为帝国的复辟提供了压倒性的支持，他当上了皇帝，即拿破仑三世。

　　阿卜杜勒-迈吉德一世希望避免与"拉丁人"和"希腊人"任意一方对抗。1852 年 2 月，他构思了一份妥协方案，在"拉丁人"进入伯利恒各教堂的复杂问题上向法国让步，但向俄国秘密保证"现状"没有改变。斯特拉特福德·坎宁（此时已是斯特拉特福德·德·雷德克利夫子爵）欢迎这份妥协方案。四个月后，他离开君士坦丁堡，"或许"（他自己这么认为）"永不返回"。但甚至在斯特拉特福德抵英之前，君士坦丁堡的危机就重新爆发了。俄国与法国都怀疑自己被妥协方案欺骗了。此外，路易·拿破仑希望，随着"伟大的埃尔奇"回国，法国外交官或许能在高门迅速建立斯特拉特福德长期享有的那种影响力。正好，法国驻奥斯曼大使拉瓦莱特（Lavalette）侯爵在巴黎寻求指示。6 月，路易·拿破仑命他返岗。他被要求在返回君士坦丁堡时应该排场十足，要让城中所有居民，无论是土耳其人还是外国人，都要意识到他的到来。

因此在 7 月中旬，拉瓦莱特乘坐当时世界上最令人生畏的军舰——载有 90 门炮、蒸汽动力的"查理曼"号，沿着达达尼尔海峡北上，进入博斯普鲁斯海峡。渡过海峡时，法国海军也违反了 1841 年《伦敦海峡公约》，但高门对这种法律技术细节睁一只眼闭一只眼。不出路易·拿破仑所料，这艘军舰的出现极大地震撼了奥斯曼当局。它在苏丹的宫殿外游弋，就像一座浮动的堡垒，"仅靠螺旋桨的动力就能驾驭博斯普鲁斯海峡速度最快的激流"[22]；一支强大的分舰队在地中海东部声援"查理曼"号。7 月底，当地奥斯曼总督拒绝交出法国逃兵，这支分舰队威胁要轰炸黎巴嫩的黎波里①港口。法国海军力量的明显优势，确保了从 1852 年 7 月起，到拉瓦莱特七个月后被召回巴黎，其间他可以在君士坦丁堡呼风唤雨。他提名的人选当上了大维齐和外交大臣。1852 年 10 月和 12 月，耶路撒冷收到君士坦丁堡的指令，要求"希腊人"向伯利恒的"拉丁人"让步。

没有哪个阶段的"东方问题"像接下来的 15 个月那样，激起了这么多的历史争论，得到了西方如此密切的关注——这尤其是因为，随后的冲突是英、法军队唯一一次协力打击一个俄国政权（沙俄或苏联）的有组织正规军行动。但在 1852 年和 1853 年之交的冬季，圣彼得堡和伦敦都有政治家准备重启 1839—1840 年那样的英俄合作，而不是宿命般地陷入战争。1852 年圣诞节，英外交部和斯特拉特福德（此时身处伦敦）在"圣地争端"上仍然同情"希腊

---

① "的黎波里"这个地名不止一处，较为著名的有两处，一是利比亚首都，二是黎巴嫩第二大城市。

人"而不是"拉丁人"。但尼古拉一世严重误读了伦敦的情绪。他相信英国政府和他一样，认为高门的懦弱行为是阿卜杜勒-迈吉德一世手下大臣们腐朽无能的象征，无论"坦志麦特"改革的意图多么冠冕堂皇。涅谢尔罗迭提醒沙皇，与英国人讨论"为不确定的未来制订计划"将是"危险且全然无用的"，会迫使伦敦返回疑心重重的敌对态度。事情证明这种态度是难以克服的。[23]尼古拉一世没有采纳涅谢尔罗迭的建议，而是决定试探阿伯丁勋爵（Lord Aberdeen）的辉格党-皮尔派保守党①新联合内阁，讨论可能的瓜分计划（如果奥斯曼政府无力抵制外国压力或平息内部动荡的话）。1853年1月9日，当英国大使汉密尔顿·西摩（Hamilton Seymour）正要离开一场私人音乐会时，尼古拉一世在与他的谈话中，首次将拟人化的比喻"病夫"应用于奥斯曼帝国。"这个国家正在分崩离析，谁能判断是什么时候？"西摩当晚在日记中记录了尼古拉一世的说辞。[24]

当西摩两天后在致外交部的正式电讯中记录这次对话时，他比在私人日记中更加强调了这个著名的比喻。1月底2月初，沙皇四次在私人场合接见西摩，这位大使忠实地报告了尼古拉一世的言论，精准捕捉到了他试图强化其言论时的夸张语气。[25]在冬宫内，沙皇的这些评论似乎符合场合——就像拉斯特列利（Rastrelli）②

①　皮尔，指罗伯特·皮尔（Robert Peel），1834—1835年、1841—1846年两度出任英国首相。19世纪三四十年代英国进入自由主义改革时代，工商业资产阶级越来越希望得到完全彻底的自由贸易。在这一时期，罗伯特·皮尔重塑了保守党。他当政后通过降低关税等一系列改革，促进了自由贸易的发展。1846年皮尔废除《谷物法》，更是表明了自由贸易在英国的确立，但却因此导致了保守党的分裂。

②　巴尔托洛梅奥·拉斯特列利（1700—1771）是出生在法国的俄国建筑师，将洛可可风格与俄国建筑的传统元素相结合，喜欢在建筑立面上加以色彩复杂的装饰。冬宫是他的代表作。

的杰作，浮夸、累赘、做作，不值得严肃对待；但威斯敏斯特宫一本正经地阅读了大使的电讯，使这些评论引起了一番轰动。尼古拉一世似乎正在提出肢解奥斯曼帝国的计划："英格兰"可以占领克里特岛，获得在埃及的自由行动权；作为回报，俄国可以在巴尔干建立卫星国。

　　短期来看，苏丹的帝国存续似乎依赖于欧洲诸国内阁。至少伦敦是这么看待的，因为尼古拉一世与西摩的"病夫"谈话的重要性在这里被严重夸大了。自从叶卡捷琳娜大帝的"希腊计划"以来，假想的瓜分计划时不时地给俄国和奥地利的外交带来活力；同样，这种计划在《提尔西特和约》时期的法俄交往中也占有一席之地。但是，规模较大的版图重塑在唐宁街还是一种生疏的"消遣活动"。阿伯丁内阁——擅长外交的大臣数量之多，在英国历史上空前绝后——对俄国政策的这一最新变化高度怀疑。[26] 大臣们不禁好奇：为什么相比于一份正式条约，沙皇更喜欢"君子协定"？是西摩的报告，还是沙皇的含糊其词，使英、俄在奥斯曼帝国解体后可能推行的"商业政策"蒙上了模糊的阴影？

　　沙皇向君士坦丁堡派遣特使的决定，增添了英国的疑虑。尼古拉一世没有选择一位像奥尔洛夫一样老练的、怀柔的外交官，而是选择了一位"仇土派"军人亚历山大·缅什科夫（Alexander Menshikov）亲王。他的任命令涅谢尔罗迭感到担忧，后者警告他，"奥斯曼帝国一经交战就会瓦解"，又补充道，沙皇"不希望加速这场灾难的到来"。[27] 但缅什科夫得到的书面指示表明，尼古拉一世希望他干涉奥斯曼事务的程度远甚于 20 年前的奥尔洛夫。他被托付了三重任务：（1）争取让亲法派外交大臣福阿德下台；（2）缔结一份条约，重申"希腊"东正教徒在巴勒斯坦的特权；（3）争取奥斯曼正式承认俄国保护奥斯曼国内东正教徒的权利。为了释放善意，俄国可以告知阿卜杜勒-迈吉德一世，如果他撤销对法国的特许权，俄土之间可以缔结秘密防御联盟，保护他的帝国和皇位。

2 月最后一天，缅什科夫威风凛凛地登陆加拉塔区。此前，他在塞瓦斯托波尔检阅了黑海舰队，随后登上了一艘武装明轮汽船"雷霆"号（Gromovnik）。他迅速策划了外交大臣的倒台，采用的方法就是简单的非常手段：只要福阿德在任，就拒绝与高门打交道。由于拉瓦莱特返回巴黎，斯特拉特福德仍在英国，法国和英国的利益就落在了代办而不是大使的手中，两者都对缅什科夫咄咄逼人的态势感到困惑和警惕。英国代办休·罗斯上校（曾在贝鲁特担任总领事 10 年）通过情报得知俄国陆军在多瑙河诸省边境的调动和海军在塞瓦斯托波尔的战备。罗斯认为战争近在眼前。法国代办文森特·贝内代蒂（Vincente Benedetti）向巴黎发出急件，要求派出一支法国舰队。罗斯没有请示伦敦，直接向马耳他岛的海军将领邓达斯（Dundas）求助，向他发送了士麦那附近一处海湾锚地的细节，要求他立刻率领舰队而来。[28]

3 月 25 日，法国舰队离开土伦，开赴爱琴海。但邓达斯不打算在没有海军部命令的情况下开赴土耳其海域，而这些命令并没有下达。罗斯不仅没有得到皇家海军的支持，4 月 5 日还遇上了斯特拉特福德的急迫回归。一开始，这位大使低估了危机的严重性。4 月 11 日，他向外交大臣克拉伦登勋爵报告，缅什科夫的态度"大为缓和"；又补充说，俄土之间签订"防御条约没有问题"。[29]但罗斯和贝内代蒂的担忧是合理的。尼古拉一世已经严肃考虑过这一计划：黑海舰队在博斯普鲁斯海峡峡口旁运送几个师上岸，在其他列强干涉前闪击苏丹和他的首都。这个计划要再等半个世纪才公之于众。但皇家海军布莱克利（T. A. Blakely）上校目光如炬地研究了这种可能性。斯特拉特福德返回君士坦丁堡两周后，布莱克利就向他递交了报告。另一位海军军官威廉·斯莱德（William Slade）在三周后完成的一份备忘录里，概述了防御君士坦丁堡免遭俄国海军进攻的方式。[30] 因此，接下来五个月，英国大使能够为高门提供精明的建议。这些建议不仅基于他长期熟稔奥斯曼事务，也基于陆海军的细致评估。5 月 21 日，缅什科夫动身前往敖德萨。阿卜杜勒-迈吉德一世拒绝俄国的保护，令他愤怒不已。他责怪英国大使通过"疯狂的活动""蛊惑"了苏丹和大臣们。

缅什科夫像很多同时代人一样，夸大了斯特拉特福德的影响力和对奥斯曼政策的支配力。甚至英国外交大臣在当年夏季写给一位苏格兰著名记者的信中也称他为"真正的苏丹"。指责这位大使鼓动奥斯曼当局参战的历史传言流传了一个多世纪，但档案的解密表明他事实上支持维持和平，并努力推进"圣地争端"的解决。[31] 斯特拉特福德确实强化了奥斯曼对缅什科夫外交恫吓的抵制。他也为"坦志麦特"大臣们带来了新鲜血液，例如在 5 月中旬，他劝说阿卜杜勒-迈吉德一世再度将外交工作交付给穆斯塔法·雷希德。但是，导致危机激化的，是外国政府而不是高门的决策。6 月 5 日，伦敦的阿伯丁内阁下令海军将领邓达斯前往土耳其海域，以安抚英国的反俄示威。但斯特拉特福德没有要求过派遣军舰。[32] 当邓达斯舰队从马耳他岛出发时，其目的地不是罗斯提议的士麦那沿岸，而是贝西卡湾——忒涅多斯岛（博兹贾阿达岛）背风处的锚地，距离古代的赫勒斯滂只有 20 英里。对于如饥似渴的英国报纸读者而言，在达达尼尔海峡附近部署一支舰队的想法，比起一支分舰队低调地在沿岸以南 100 多英里处停泊的报道，要更加令人满意。不幸的是，在君士坦丁堡和在伦敦、巴黎一样，外国军舰开赴海峡支援奥斯曼事业的传闻，使舆论危险地兴奋起来。斯特拉特福德非常理解这一点，但阿伯丁、克拉伦登、拿破仑三世并不知道。

7月初，俄军渡过普鲁特河，就像在1848年那样，占领了多瑙河两公国。这一次，涅谢尔罗迭阐明，俄军将留守摩尔达维亚和瓦拉几亚，直至苏丹接受缅什科夫的条件为止。俄军的行动激怒了奥地利，如果战争打到多瑙河下游，后者的贸易就会受损。维也纳召开了大使会议，出炉了一份妥协方案，旨在解决俄国和奥斯曼帝国之间的一切纠纷，方式是重申苏丹东正教信众的权利、更明确地界定《库楚克-开纳吉条约》和《哈德良堡条约》授予俄国的特权。涅谢尔罗迭准备接受"维也纳照会"，但对此采用了比大使们预想的更有利于沙皇的"解读"。非常奇怪的是，维也纳方面认为阿卜杜勒-迈吉德一世和雷希德会照做。

然而，高门被这一整出戏激怒了。雷希德认为大使会议对苏丹的君威造成了双重怠慢：（1）对于提议的妥协方案，没有哪位奥斯曼发言人得到征询；（2）"照会"在通知苏丹之前就发给了沙皇。雷希德抱怨道，参会的大使们"自行起草了一份照会，而不去了解更加利益攸关的国家"。[33]斯特拉特福德劝说阿卜杜勒-迈吉德一世主动从宏观上确认"俄国沙皇信奉之宗教的古老特权"。但"维也纳照会"仍然不被接受。英国外交大臣在致朋友的信中说："震惊"且"难以置信"，"两群野蛮人为了措辞方式的问题而争吵"，竟然让战争的"恐怖灾难"威胁欧洲。[34]

克拉伦登的愤怒再一次体现了欧洲人未能理解君士坦丁堡的情绪。媒体报道了首都和博斯普鲁斯海峡一带的城镇群情激愤，这里天然排外的"暴民"威胁了欧洲人的生命财产。但是，没有哪位评论家认为这些事件对于阿卜杜勒-迈吉德一世个人具有决定性。回过头再看，显而易见的是苏丹政权的命运在那个夏天未见分晓。该世纪之初，塞利姆三世曾经追求军队近代化，结果遭到反攻倒算；马哈茂德二世继续这项工作，结果他的统治由于埃及封臣而以惨败收场；阿卜杜勒-迈吉德一世将创建一支改革后的征召军作为"坦志麦特"的首要目标。如今，他登基 14 年后，正在面临一场巨大的挑战。一场胜利的军事作战终将让西化的批评者闭嘴，而安抚俄国几乎肯定会让他丢掉皇位。

8 月第二周，苏丹的政策获得了令人震惊的佐证。有证据表明，这些政策已经为他的帝国带来了复兴的活力。1848—1849 年，现代埃及的立国副王穆罕默德·阿里和他善战的儿子易卜拉欣在几个月内相继去世。1853 年，在位的副王是穆罕默德·阿里的孙子阿巴斯·希勒米（Abbas Hilmi）。在政治和宗教上，阿巴斯是保守派，尊奉阿卜杜勒-迈吉德一世为苏丹兼哈里发，1850 年还准备前往罗得岛与他会面。[35] 作为忠诚的封臣，阿巴斯尽责地召集远征军，为奥斯曼人参加任何对俄战争。8 月 12 日，一支强大的埃及舰队抵达金角湾，载有 3.5 万训练有素、纪律严明的士兵扩充苏丹的军队。很快，历史展示了它的幽默感：埃军驻扎在温加尔·斯凯莱西和比于克代雷，他们的绿色帐篷就搭建在 1833 年易卜拉欣在科尼亚获胜后马哈茂德二世的俄国保护者驻扎的地方。埃军的出现，使苏丹的首都臣民们相信他是塞利姆一世和苏莱曼大帝值得敬仰的继承人，仍然是从多瑙河延伸至尼罗河的帝国的君主。

到了 9 月初，斯特拉特福德意识到他或许能推迟，但很难阻止战争的到来。这个月，首都的法制严重失序，宗教狂热点燃了排外舆论，乌理玛中的强硬派呼吁对俄国发动"圣战"。终于在 10 月 4

日，周二，英国大使从伦敦得到指示，获得授权，从贝西卡湾召唤
邓达斯舰队，保护君士坦丁堡免遭俄国进攻，或者在严重暴乱损害
苏丹的权威时维持城中的秩序。然而，斯特拉特福德推迟了召唤舰
队前往博斯普鲁斯海峡。他意识到，舰队的出现将进一步刺激苏丹
的主战派大臣。[36]

　　拯救和平，为时已晚。苏丹已经佩上"先知之剑"，作为打击
"异教徒"的开战誓言。同样在周二，奥斯曼在多瑙河的指挥官厄
梅尔帕夏派使者前往俄军在瓦拉几亚的总部，递出最后通牒，要求
俄军立即撤出两公国。在长达三周的时间里，无事发生，这让首都
狂热的仇俄派怒火中烧。暴动再次爆发，最终促使斯特拉特福德于
10 月 20 日召唤舰队——这是纳瓦里诺战役的周年纪念，选择这个
日子有挖苦之意。[37]

　　三天后，土军和埃军在图特拉坎（Tutrakhan）附近突然渡过
多瑙河，进攻俄军在布加勒斯特以南 30 英里的前哨。厄梅尔出击
的消息抵达斯坦堡区后，民意一片欢腾。多瑙河以北部署了一支近
代化奥斯曼军队，博斯普鲁斯海峡两岸有大规模部队增援，英法军
舰停泊在金角湾外，难道不是万无一失吗？"病夫"突然朽木逢春了。

第九章

多尔玛巴赫切宫

厄梅尔帕夏发起攻势之初，有早早取得胜利的希望。在多瑙河两公国战场，多瑙河下游的俄军指挥官米哈伊尔·戈尔恰科夫（Michael Gorchakov）公爵被迫撤往布加勒斯特一带的新防御阵地；在高加索南部，沃龙佐夫（Vorontsov）公爵抱怨他的军队兵力不足。沃龙佐夫警告沙皇，如果土耳其人能够将兵员和弹药渡运至高加索，来春俄军就不可能守住格鲁吉亚山脉的山麓。[1] 但在奥斯曼首都，高涨的兴奋情绪没有维持几个星期。冬季的到来，使得欧、亚战线的一切活动遭到冻结。该年年底之前，黑海的海军实力天平已经决定性地倒向了俄国。

11月24日，俄国海军将领纳希莫夫（Nakhimov）指挥从塞瓦斯托波尔出发的小型舰队，正在沿着安纳托利亚海岸巡航，这时，发现了锡诺普港口中奥斯曼主力舰队的桅杆。俄舰再度驶离，返回黑海对岸仅有 100 英里的塞瓦斯托波尔。但纳希莫夫的出动使土军指挥官奥斯曼帕夏认定，俄舰很快将以优势力量杀一个回马枪。因此，他派出一艘快速护卫舰前往博斯普鲁斯海峡求援。但锡诺普与君士坦丁堡的距离是锡诺普与塞瓦斯托波尔距离的三倍。在援军到达之前，奥斯曼帕夏就遭遇了灾难。如果有一位明智的指挥官，他就会离港出海。但奥斯曼帕夏忽略了切什梅和纳瓦里诺的教训，仍然紧靠海岸。然而，他的预判完全正确：纳希莫夫侦察了六天之后返回；这一次，他指挥了一支强大舰队，可以对土耳其舰队和锡诺普一带的岸防炮台集中 720 门炮。土耳其多数舰船沉没，或者像奥斯曼帕夏的旗舰一样，在操作中搁浅而被俘。猛烈的向岸风助长了火势，从遭殃的战舰传开，以至于笼罩了凌乱的城镇。只有一艘奥斯曼舰船，即一位英国船长指挥的蒸汽动力辅助舰幸免于难。48 小时后，这唯一的幸存舰驶入博斯普鲁斯海峡，将惨败的消息告知阿卜杜勒-迈吉德一世和宫外近海停泊的英法舰队指挥官。如果纳希莫夫决定推进他的胜利，只有英法联合舰队能够为君士坦丁堡提供外围保护。但这么做的话，联军将不得不打破先例，进入黑海。

　　锡诺普之战是合法的战争行为，有效地推迟了奥斯曼在高加索的攻势。然而，纳希莫夫的战绩在英国被媒体和舆论歪曲，变成了"锡诺普大屠杀"。《泰晤士报》的一篇社论宣称："英国人民决心不让俄国对欧洲耳提面命，或者将各国利益聚焦的黑海转变为俄国内湖。"《纪事晨报》（*Morning Chronicle*）评论道："重拳制止侵略者"正如"增援锡诺普"，是"通往人道主义的责任"。[2] 截至 1854 年 1 月第一周末，十艘英国战列舰和九艘法国战列舰已经渡过博斯普鲁斯海峡北上。斯特拉特福德接到英国外交部通知：所有俄国舰船，无论是战舰还是商船，都应当按照"要求返回塞瓦斯托波尔"。不久之后，四艘英国战舰开始为奥斯曼军队从锡诺普到特拉布宗护航。极少有人怀疑俄国与土耳其的西方盟友之间的战争将在春季爆发。3 月 31 日，果然如此。

宣战九日内，英法远征军前锋抵达加利波利半岛，随后北进瓦尔纳。起初，联军打算加入多瑙河前线的厄梅尔帕夏所部，穿越两公国，挺进多瑙河三角洲，最终夺取敖德萨。但奥地利的调停促使俄军撤离摩尔达维亚和瓦拉几亚，随后的整个战争期间，两地由弗朗茨·约瑟夫的军队警戒。这是交战国之间的中立缓冲区。此后，联军的目标改变了：英法远征军将夺取塞瓦斯托波尔，并摧毁对"锡诺普大屠杀"负有责任的俄国舰队。反俄战争变得等同于克里米亚战争。

在对战役英雄事迹和管理混乱的常见叙述中，厄梅尔帕夏所部的角色常常被忽视。但是，6 000 名奥斯曼士兵参加了对克里米亚的最初入侵，也正是一座奥斯曼前哨报告了俄军在巴拉克拉瓦（Balaklava）战役早晨的最初进军。英军总司令拉格伦勋爵（Lord Raglan）高度评价奥斯曼步兵。根据在联军总部担任联络官的休·罗斯上校的回忆，正是拉格伦出于对康罗贝尔山（Canrobert's Hill）英勇的土耳其守军的关切，派出轻骑兵旅发动了那场著名的冲锋。"我们一定要帮助可怜的土耳其人再次步入正轨，夺回那座多面堡。"在那个历史性的 10 月早晨，罗斯听到拉格伦这么说道。[3]"约翰尼·土耳其"（Johnny Turk，英国人对土耳其人的称呼）仍然留在克里米亚半岛上，直到对塞瓦斯托波尔发动最终进攻之后。1.3 万奥斯曼士兵保护联军在叶夫帕托里亚（Eupatoria）的基地免遭俄军进攻，其他人与英、法共同袭击克里米亚东部。1855 年 8

月，奥斯曼炮兵、步兵配合法军、皮埃蒙特①军一道在乔尔纳亚河
（Chernaya）作战。

　　由于奥斯曼人急于从半岛撤退，斯特拉特福德不得不两次前往
克里米亚，在厄梅尔和拉格伦的继任者之间缓和关系。厄梅尔坚持
认为，对于苏丹而言，生死攸关的前线在高加索而不是沙皇的克里
米亚附属国。1855 年 9 月底，随着塞瓦斯托波尔的废墟落入联军掌
控，厄梅尔的军队终于能够奔赴高加索战场。这些军队是去帮助卡
尔斯解围的，这里的奥斯曼守军和一群英国军官已经抵挡了俄军一
系列进攻长达七个月。但厄梅尔行军太慢了。卡尔斯守军注定要更
多地死于饥饿而不是俄军的炮火，被迫在 11 月 25 日投降，使俄军
获得了这场战争的重大战果。[4]

　　停火的消息传到克里米亚和高加索，战斗随之结束。停火协议
是 1856 年 2 月 28 日在遥远的巴黎达成的。"坦志麦特"改革家——
大维齐穆罕默德·埃明·阿里在和会上担任苏丹的首席全权代表。
拿破仑三世曾希望和会可以解决全欧洲的事务，并找到"东方问
题"的解决方案。这是 19 世纪唯一一次有奥斯曼发言人在一场反
俄战争后跻身获胜的和谈者之列，而阿里表现得也不错。[5]他耐心
地说着流利的法语，在应对沙皇的首席代表、口蜜腹剑的外交谈判
老手阿列克谢·奥尔洛夫时得体地表现出圆滑的克制。在巴黎，某
些时候法俄之间的一致似乎比战时的同盟之间更加紧密。阿里煞费
苦心地劝说和谈各方相信：苏丹阿卜杜勒-迈吉德一世真诚地决定

───────────

　　①　皮埃蒙特-撒丁尼亚王国，亦称撒丁王国，今意大利的前身，当时的领土主要为
两块，一是意大利半岛西北部的皮埃蒙特（主体部分），一是地中海上的撒丁岛。撒丁
王国与俄国并无冲突，但首相加富尔立志将奥地利势力逐出意大利，故而决定与法国结
好，参加克里米亚战争，以便提升日后在欧洲问题上的话语权。

坚持 17 年前在《花厅御诏》中承诺的开明改革。而阿卜杜勒-迈吉
德一世恰恰在巴黎和会前一周决定颁布"坦志麦特"时代的第二份
皇家法令，使阿里的任务更加好办了。这就是 1856 年 2 月的《哈
蒂-胡马云诏书》（*Hatt-i-Hümayun*）。它坚称奥斯曼帝国内的穆斯
林和非穆斯林完全平等，由此重申了《花厅御诏》的原则，甚至更
加直截了当。同时，这份法令预示着更进一步的省级行政改革，为
直接征税取代广受诟病的包税制做出了切实规定，还承认有必要使
用更简单的奥斯曼土耳其语撰写官方法令，而不是使用常常借自波
斯语或阿拉伯语的文言。

　　奥尔洛夫本来乐见这份皇家法令写入最终的和约中，从而以国
际担保的形式保障苏丹的基督教臣民提升地位。拿破仑三世在这一
点上同意俄国人的见解。但是，正如巴麦尊致驻巴黎大使的信中所
述，英国的作战"与其说是为了保存苏丹和穆斯林在土耳其的地
位，不如说是让俄国人滚出土耳其"；而且，如果奥尔洛夫希望这
份诏书有书面的担保，那么，这必定是因为他希望为俄国保留从
《库楚克-开纳吉和约》以来就声张的干涉权。阿里保证苏丹的改革
承诺是坚定的，而英国与奥地利一道，积极利用这一点做文章；
1856 年 3 月 30 日，《巴黎和约》使阿里如愿以偿。虽然第九条提到
了阿卜杜勒-迈吉德一世诏书的"慷慨意图"，但它坚决主张列强无
权干涉"苏丹陛下与其臣民的关系"，也无权干涉"其帝国的内政
管理"。[6]

　　沙皇亚历山大二世前一年继承了父亲尼古拉一世的皇位。他宣
称《哈蒂-胡马云诏书》是道义上的胜利。在巴黎签署和约一日之
后，一份皇家宣言在圣彼得堡颁布，告诉俄国人民：《哈蒂-胡马云
诏书》庄严地承认了苏丹基督教臣民的权利，由此实现了"战争最

初和首要的目标"。[7]但不可否认的是，和约导致叶卡捷琳娜大帝及后任沙皇们的工作付诸东流。俄国在前两年内武力夺取的卡尔斯和安纳托利亚东部其他所有村、镇，均归还奥斯曼帝国。沙皇失去了保护多瑙河畔摩尔达维亚和瓦拉几亚两公国的宣称权。虽然从理论上讲，奥斯曼仍然是两公国的宗主，但它们将要实现"独立的、民族的"行政，获准组建自身的军队。此外，亚历山大二世将比萨拉比亚南部割让给摩尔达维亚，俄国由此丧失了控制多瑙河三角洲的机会。和约中最为惊人的条款，是规定黑海中立化和非军事化。黑海水域对来自各国的商船开放，但对所有军舰封闭，除了"服务于俄国和奥斯曼沿岸的轻型舰船"。位于黑海港口的所有陆海军军火库均要关闭。对亚历山大二世而言，拆除塞瓦斯托波尔、敖德萨的堡垒与船坞是一种奇耻大辱，一位自负的君主是一分一秒也无法忍受的。

相比之下，锡诺普不再是一个海军基地，对于阿卜杜勒-迈吉德一世而言没什么大不了。从文本上看，"奥斯曼人的皇帝陛下"从和平方案中收益较好。他的国家独立和领土完整得到了正式保证。卡尔斯回归。他仍然是多瑙河两公国的名义君主和塞尔维亚的领主，在这里他保留了驻军权。同时，高门被正式纳入和约所称的"欧洲公法与外交协同体"，由此使奥斯曼人能够自信地向伦敦、巴黎、维也纳的金融机构求援，外国人相信这会提升土耳其的经济实力。但这是一种错觉。20年内，奥斯曼帝国借了14单外债；1875年，政府被迫宣布进入破产状态。

但在一开始，奥斯曼在欧洲舞台上的新地位，外加深入改革的前景，似乎终于抑制了帝国的衰退。苏丹承诺基督徒、穆斯林、犹太教徒之间民事平等，吸引了来自匈牙利和波兰的避难者在奥斯曼帝国定居。很多人是近代工匠，把新技术带入城市。一些人改宗伊斯兰教，帮助推进"坦志麦特"改革者主张的新教育体系。但逃难者也建立了农业社群，其中最著名的是为纪念亚当·恰尔托雷斯基（Adam Czartoryski）[①] 而建立的村庄。它位于黑海沿岸，距离于斯屈达尔通往希莱（Sile）的道路数英里，仍然被称作"波兰村"（Polonezkoy）。"波兰村"长期保留了其维斯瓦河天主教特色，这里有成片的奶制品农场和樱桃园。避难者不只是为首都附近的这一特定地区带来了新活力，也带来了很多浪漫化的民族主义——在过去 20 年，这种民族主义震撼了中欧和西巴尔干，但此时在安纳托利亚还是一种陌生的理念。[8]

克里米亚战争加速了奥斯曼腹地的生活节奏。两年来陆海军的来来往往，比起早先的西方侵犯，已经让土耳其人更加熟悉欧洲的规矩和习俗。新面孔来自各个阶层，包括男女两性，有陆军士兵和海军水兵，记者，护士，伦敦和巴黎的政要与潜力政客，土木工程师，新教和天主教的神职人员，铁路、电报和其他新技术的专家。在若干偏远地区，乌理玛提出过震惊的抗议。未戴头巾的妇女在于斯屈达尔杂乱的塞利姆军营（Selimiye Kislasi）里照顾伤病员，在虔诚的穆斯林中引起了极大的苦恼。1855 年 2 月 28 日，博斯普鲁斯海峡两岸遭受地震打击，有些人在这种自然现象中看见了真主对"妇女展示装饰品"的"惩罚"。但总体来看，如此之多的外国人身处斯坦堡区、佩拉区和其他城镇，似乎有助于打破地方上对西化的抵制。因此，这可能使后续的"坦志麦特"改革者任务轻松了。

---

① 亚当·恰尔托雷斯基（1770—1861），曾担任俄国外交大臣，但也是波兰复国运动代表人物。

　　同样有趣的是奥斯曼社会和习俗对西方外来者的冲击。与之前的旅行者不同，他们大部分是从未设想过会来到博斯普鲁斯海峡旁的男男女女。^① 一些人像德文郡一个英国国教护士协会的修女萨拉·安妮（Sarah Anne）一样，接到通知三天^②后就动身前往土耳其。1854 年 11 月 4 日，萨拉·安妮抵达君士坦丁堡时，天气非常潮湿，正如南丁格尔在一封寄回国的信中抱怨"金角湾看起来就像损坏的达盖尔^③银版洗出后的样子"。但是，萨拉·安妮对这种"全世界最美丽的景色"的反应，颇似 130 年前的玛丽·沃特利·蒙塔古夫人。"眼花缭乱，令人迷惑，"萨拉·安妮写道，"我们很难意识到这些涂色的屋子、鲜艳的花园、闪闪发光的尖塔不是一种幻境或全景画。"^[9]这个旬年的剩余时间，一系列英语图书——很多由女性作者撰写——试图反驳数个世纪针对"可怕的土耳其人"的偏见。在这些书中，君士坦丁堡既是过往历史的宝库，也是因其君主和大臣的改革而生机勃勃的帝国首都。在大约 20 年的时间里，这种对土耳其人文面貌的乐观看法盛行于伦敦社会。1876 年，甚至格莱斯顿（William Ewart Gladstone）^④ 的熊熊怒火也无法将这种理想化形象完全抹杀。

　　不是每一位来访者都像萨拉·安妮一样感到"乱花渐欲迷人眼"。

---

　　① 本句言外之意是，新的来访者不像之前那样以外交官、军人为主，而是社会中各行各业的人物。

　　② 这里的"三天"缺乏上下文，显得莫名其妙。作者的另一部作品《克里米亚战争》中有更加详细的叙述：10 月 20 日，萨拉·安妮接到紧急任务；21 日抵达伦敦，并与南丁格尔见面，同意前往土耳其，两天后启程。请参阅：Alan Palmer, *The Crimean War*, New York：Dorset Press, 1987, p. 135.

　　③ 达盖尔是 19 世纪法国发明家，银版照相术的发明人。

　　④ 英国自由党政治家，19 世纪下半叶四次担任首相。他的具体政策详见本书第十章、第十一章。

"从来没有哪座城市像君士坦丁堡一样令我失望，"1854 年 5 月，查尔斯·戈登（Charles Gordon）上校写信给父亲说，"我本不会相信这样一个辉煌的地方可以被哪支蛮族糟蹋成这样。有朝一日，一些文明的民族会占据它，建造一座更好的城市。"[10] 这封信的接收者就是首相阿伯丁勋爵，他自己半个世纪前曾经在博斯普鲁斯海峡度过了八个星期，因此可以判断出他儿子的偏颇之论的价值。斯坦堡区和于斯屈达尔充满了污秽与灰尘，但"建造一座更好的城市"当时是苏丹美好梦想中的重头戏。在以非穆斯林为主的佩拉区，"坦志麦特"改革者正在建造一座巴黎风都市；在这个"第六区"（*altinci daire*），一个委员会接受任命，负责设计、命名新道路，管理餐馆、旅馆、戏院，一年之内引进了土耳其街道上最早的煤气灯。在某个方面，海滨的天际线在阿伯丁父子来访之间的时间内，已经发生了巨大改变。戈登上校从于斯屈达尔眺望博斯普鲁斯海峡对岸时，他对面是阿卜杜勒-迈吉德一世的最新宫殿——多尔玛巴赫切宫。战争爆发前几个月，它成为苏丹的主要邸宅。但这座宫殿不只是一座住宅，也象征着阿卜杜勒-迈吉德相信帝国已经复兴。[11]

多尔玛巴赫切宫作为"坦志麦特"时代的献礼，堪比加尼耶（Garnier）① 的巴黎歌剧院之于法兰西第二帝国或圣潘克拉斯火车站（St Pancras Station）之于维多利亚时代的伦敦。400 年内，托普卡珀宫已经发展为森严的功能性建筑物，群集的政务室形成了紧凑的艺术风格，为宫殿增添了文化价值。相比之下，从苏丹第一天移驾起，多尔玛巴赫切宫就作为一种壮观的展览品而凸显价值，凡尔赛变成了威尼斯。它古典的立柱和门廊沿着博斯普鲁斯海峡下游的海岸分布，就像涅瓦河畔冬宫和艾尔米塔什宫（Hermitage）的

---

① 夏尔·加尼耶是 19 世纪法国建筑师。原书将"Garnier"拼写为"Gamier"，有误。

外墙。当罗曼诺夫王朝接受了铁锈红时，阿卜杜勒-迈吉德一世满足于古朴的白色大理石建筑，这是建筑师尼科戈斯·巴良和卡拉贝特·巴良（Nikogos and Kalabet Balyan）为他设计的。但是，巴良家族①设计宫殿，不是将其作为博斯普鲁斯海峡的背景板，而是采用了从中央的御座厅（是欧洲最大的）两翼延伸出的阁楼形式。从建筑理念来说，他们设计的宫殿是集权化帝国的缩影，而这正切合了阿卜杜勒-迈吉德一世的心意。多尔玛巴赫切宫证实了他对未来的自信。与之前的苏丹不同，他不仅仅推动帝国的西化，也试图为他的遗产赋予一种帝国主义的气派，值得作为最新的列强而趾高气扬地被接纳进欧洲舞台。

　　建造并维护多尔玛巴赫切宫斥资甚巨，对同时代的大多数统治者而言，这都是令人望而却步的。每年的运转成本高达 200 万英镑。除了这笔资金消耗，还有毗邻的"家居宫殿"彻拉安宫（Çirağan）和艾哈迈德三世童话般的"欢乐宫"附近一座帝国别墅的翻修费用，更重要的是博斯普鲁斯海峡对岸贝勒贝伊另一座巴良设计的宫殿的建造费用。这个最新的面子工程，直到阿卜杜勒-迈吉德一世死后四年才竣工。虽然贝勒贝伊宫比多尔玛巴赫切宫小得多，但也展现出了类似的洛可可式浮华风格。这一切对于"坦志麦特"大臣们而言太过分了。他们频频因阿卜杜勒-迈吉德一世和他的继承人阿卜杜勒-阿齐兹一世（Abdulaziz）的奢侈而痛心疾首。1859 年 10 月，备受尊敬的穆罕默德·阿里②辞去大维齐职位，抗议阿卜杜勒-

---

①　奥斯曼帝国的亚美尼亚族建筑世家，18—19 世纪，先后五代涌现出了较多优秀建筑师。

②　显然不是前文的埃及副王穆罕默德·阿里。此处的大维齐"穆罕默德"是土耳其语的"Mehmet"而非阿拉伯语的"Muhammad"。

迈吉德一世持续挪用经费建造"举世无双的宫殿"。[12]

毫无疑问，苏丹挥霍了 300 万英镑贷款中的较大一部分。这笔贷款是 1854 年夏穆罕默德·阿里和凯切齐扎德·穆罕默德·福阿德成功在国外筹集的。然而事实上，由于高利率和若干承保人团体的优厚佣金，高门收到的钱只有名义额度的一半多一点。此后不到一年，高门签下了更加慷慨的第二笔贷款，有 500 万英镑。这是得到法、英政府担保的，但条件是：（1）这笔钱应当花在与克里米亚战争有关的目标上；（2）开支应当由英、法各一名专员监管。这种创新创下了先例，后来欧洲对奥斯曼帝国的财政管控加强，严重限制了苏丹的自由行动。但这种情况在阿卜杜勒-迈吉德一世有生之年没有发生。没有哪位专员能够阻止他深陷第三笔外债。就是这种不计后果的挥霍无度，迫使穆罕默德·阿里辞职。

但是，并非所有的财政风投都是这么愚蠢。奥斯曼政府也利用外国资本改进帝国境内的交通。铁路建设缓慢开展：在巴尔干，从瓦尔纳通往多瑙河的战略路线 1856 年开始动工；不久之后，安纳托利亚西南部沿着门德雷斯河谷的一条铁路线开工，以便开发内陆的农业财富为士麦那港口服务。阿卜杜勒-迈吉德一世在位末年修建了更多邮政道路，但电报被摆在了头等位置，这是克里米亚战争期间英国人和法国人发展起来的，并得到了苏丹本人的热情支持。1855 年 9 月，君士坦丁堡、伦敦、巴黎之间第一次互发电报。1861年 6 月苏丹去世前，斯坦堡、布加勒斯特、贝尔格莱德、萨洛尼卡之间，亚洲的于斯屈达尔与巴格达之间，都架设了电报线路。阿卜杜勒-迈吉德一世欢迎与西欧建立联系。此外，他意识到电报提供了一种将中央权力从高门辐射到各省总督的手段（这些令人厌烦的贝伊们管理着偏远地区，其无忧无虑的独立性常常令过去的苏丹们感到困扰）。电报有助于推动奥斯曼帝国境内凝聚的统一感。[13]

　　然而，截至此时，帝国的版图更小了。在过去半个世纪中，苏丹的权威已经大大收缩。阿尔及利亚成为法国属地，突尼斯已经依赖于法国；虽然奥斯曼人在的黎波里塔尼亚重建了有效统治，但昔兰尼加（Cyrenaica）的贝都因人信奉严格禁欲的塞努西教团（Sa-nussi）。在整个 19 世纪下半叶，该教团由赛义德·穆罕默德·马赫迪（Sayyid Muhammad al-Mahdi）领导。在埃及，克里米亚战争前夕苏丹政权与副王王朝之间的友好关系，随着 1854 年阿巴斯·希勒米的去世和他的叔父穆罕默德·赛义德（穆罕默德·阿里最宠爱的儿子）即位，很快就消失了。

　　穆罕默德·赛义德有时被认为是亲法派和反奥斯曼派。但这些标签太过简化了。他是一位和蔼可亲、意志薄弱的统治者，更喜欢让事态顺其自然发展。埃及每年的 36 万英镑贡赋继续按期交付给苏丹的皇室专款。埃及的贡赋有三次为高门申请外国贷款提供了担保。但是，以棉花为基础的埃及经济的繁荣，与阿卜杜勒-迈吉德一世和阿卜杜勒-阿齐兹一世没有关系。当上副王的几个月内，赛义德授权他的朋友斐迪南·德·雷赛布（Ferdinand de Lesseps）起草计划，开通从苏伊士到新的地中海港口（这座港口以赛义德的名字命名）的运河，但这并没有向君士坦丁堡征求过意见。运河计划在君士坦丁堡遭到了强烈反对。英国人向来怀疑法国在埃及的活动，向高门保证，在苏丹最繁荣的藩属国开辟新水道，可能会给巴黎的企业家带来好处，但必然会降低从黑海海峡到幼发拉底河与波斯的旧商路的重要性。但奥斯曼政府没有有效的否决权。苏丹与埃及副王之间的联系太脆弱了，以至于挖掘运河的工作在 1866 年 3 月阿卜杜勒-阿齐兹一世最终正式批准之前，已经开展了近 7 年。[14]

　　在奥斯曼帝国的欧洲边境沿线，对苏丹权威的主要挑战继续来自长期潜伏的巴尔干民族主义抬头。到了 1860 年，塞尔维亚事实上已经弃守。奥斯曼守军在贝尔格莱德和其他两座堡垒的维系，实乃昂贵的尴尬之举，尤其是在 1862 年的斋月期间，一位狂热的土耳其指挥官轰炸塞尔维亚首府的基督徒聚集区长达四个多小时。1867 年，奥斯曼的撤军无论在政治上还是经济上都是明智的。但奥斯曼与塞尔维亚的关系仍然紧张：塞尔维亚人正在鼓励他们在国外尤其是波黑（1857 年爆发过反奥斯曼起义）的同胞和保加利亚、黑山的南斯拉夫兄弟。1858 年 5 月，奥斯曼发动惩罚性远征攻入了黑山，但在格拉霍沃（Grahovo）的嶙峋隘口落入陷阱，遭到击退。西北边境山区一线的动荡，持续到下一个旬年。就像一位英国旅行家讽刺的那样，在这个地区打击土耳其人被视为"一种余兴活动，或者是一种优越的野外运动"。[15]

　　"拉丁系"的罗马尼亚多亏了法兰西第二帝国的扶持，也就是法国前任驻高门大使爱德华·德·图弗内尔（Édouard de Thouvenel）担任拿破仑三世的外交大臣的时候。法国的支持保证了多瑙河两公国——长期是君士坦丁堡及其附属城镇的粮仓——在巴黎和会后的几年内从苏丹手中滑落，这也是《巴黎和约》的条款所预见的。1859 年，摩尔达维亚和瓦拉几亚接受同一位特首亚历山大·库扎（Alexander Cuza）的治理；1861 年 12 月，阿卜杜勒-迈吉德一世死后几个月，它们正式宣布统一为"罗马尼亚联合公国"。从法理上看，罗马尼亚此后 16 年仍然是奥斯曼的朝贡国，但是作为一个基督教公国，它展现出的政治独立性甚至比埃及还要强，尤其是在 1866 年后。这一年，罗马尼亚新当选的邦君霍亨索伦-锡格马林根的卡尔（Charles of Hohenzollern-Sigmaringen）开启了他在布加勒斯特的 48 年统治。

　　黎凡特的核心地区带来的一系列问题与巴尔干、埃及或马格里布不同。叙利亚和黎巴嫩在阿卜杜勒-迈吉德一世在位期间，自始至终都令"坦志麦特"大臣们感到困扰。1858 年，黎巴嫩山一带，马龙派农民与地主之间的战斗激起了另一场德鲁兹派与马龙派的内战。① 截至 1860 年春，这场内战已经蔓延至大马士革。那一年，仅仅在黎巴嫩，就有约 8 000 名马龙派和 1 500 名德鲁兹派死于教派仇杀或饥荒；5 000 多名天主教徒在大马士革遭到屠杀。这场屠杀的消息使拿破仑三世竭力主张派遣一支国际维和部队保护马龙派。他提议远征贝鲁特，最终抵达叙利亚，大多数部队由法国提供。奥斯曼当局和英国都不希望黎凡特出现以法国人为主力的远征军。难道法兰西第二帝国的国歌《向叙利亚进发》不是拿破仑三世的母亲在少女时代为他的继父——"伟大的波拿巴"谱写的进行曲吗？奥斯曼外交大臣福阿德急忙赶在国际维和部队之前到达贝鲁特。为了平定动乱，他采取了极端措施，处决了为动乱爆发负有属地管辖责任的奥斯曼文武官员。法国人较为中肯地评价道：在之前的动乱年头，苏丹的钦差们已经尝试过以铁腕维持和平，但一旦他们的强力管控放松了，黎巴嫩和叙利亚就返回了无政府状态，屠杀和破坏再一次横扫了敌对的城镇和乡村②。尽管《巴黎和约》庄严宣告

---

　　① 相关问题较为复杂。马龙派为基督教支派，德鲁兹派为伊斯兰教支派，两者均非主流派系。北区由基督教官员治理，南区由德鲁兹派长官治理，但事实上不同的宗教信众是杂居的。奥斯曼当局往往利用两派矛盾"分而治之"。同时，列强也插手其中，法国支持马龙派，英国支持德鲁兹派。1860 年的大乱，是因为北方马龙派的阶级斗争波及南方，演变为教派冲突。

　　② 原文"城镇"和"乡村"均为复数，不是指城乡二元对立，是指一个教派控制的城镇、乡村和另一个教派控制的城镇、乡村敌对。

列强不干涉奥斯曼帝国内政，但法国仍然继续敦促实施某种形式的国际监管，确保苏丹对黎巴嫩和叙利亚的政府管理实施根本性改革。1861 年 1 月，爱德华·德·图弗内尔在拿破仑三世的支持下，呼吁召开大会，讨论黎凡特问题。法国对奥斯曼的财政援助是如此关键，以至于高门轻易地接受了图弗内尔的提议，派代表前往巴黎参会。

第二帝国的批评者声称图弗内尔的会议开了个坏头，威胁到了奥斯曼帝国的完整性。[16]但苏丹的代表们恪尽职守。在英国的鼓励下，他们有效地避免了局限于叙利亚事务的讨论，而在春季，一份针对黎巴嫩的明智解决方案达成了。各方同意，大多数内陆地区应当成为一个自治省，由非黎巴嫩的基督教总督治理；建立咨询委员会，不同宗教信仰的代表平等参与；调整行政区划，每个区划代表一个特定教派。直到这份方案生效后，拿破仑三世才撤出军队。令过去 20 年间已经了解这片地区的外交官们感到惊讶的是，这份黎巴嫩方案是有效的。它持续到奥斯曼军事当局利用 1914 年的战争危机施加直接统治的时代，由此弄巧成拙地导致黎巴嫩人站在了苏丹的敌方。1861 年的协议并没有像它的批评者担忧的那样，阻碍了"坦志麦特"改革者建立近代单一制国家的尝试。这份协议的价值在于承认地区之间的差异，所以权力可以在社会（communal）基础上共享，而不是由一位遥远的君主强加。对于其他受到社会、宗教冲突破坏的地区，黎巴嫩协议提供了一个良政的榜样。遗憾的是，它们无动于衷。

1861 年 6 月 9 日，阿卜杜勒-迈吉德一世正式接纳黎巴嫩新政权。这是他统治期间的最后一次行政行为。不到三周他就因肺结核去世了，年仅 39 岁。他的继任者是同父异母弟阿卜杜勒-阿齐兹一

世，31 岁，胡须浓密，身材高大，体重超过 16 英石①，需要一张 8
英尺长的床（现在可能仍然在多尔玛巴赫切宫展览）。阿卜杜勒-阿
齐兹一世本质上是一位专制君主，而且甚至比阿卜杜勒-迈吉德一
世更加挥霍。大臣们试图削减宫廷开支，这会导致他勃然大怒。
1867 年，他在温莎挽着维多利亚女王的胳膊，陪伴她共进午餐，
赢得了她的好感。女王在写给长女的信中说，她喜欢"真诚、灿
烂、温柔、棕色的东方眼睛"，又补充说"他滴酒不沾"。[17]但访问
君士坦丁堡的外国政要没有她这么陶醉。对他们而言，即便考虑到
有人编造谣言夸大苏丹的怪癖，很快就显而易见的是，阿卜杜勒-阿
齐兹一世将轻易抛弃改革后的苏丹政权的开明西化实践，转向反复无
常的暴君常有的更为阴鸷的奇思怪想。

　　但是，直到阿里帕夏 1871 年去世为止，"坦志麦特"对国家的
重构仍然延续。苏丹在法、英、奥地利政府的施压下，继续推进改
革计划。1858 年的省级政府改革由六年后的《行省组织法》
（Vilayet Law）加以补充。该法律将大型省级单位（vilayets）的组
织模式（具有明确区分的行政部门）扩大到整个帝国。总体来看，
法律改革紧密效仿法国模式，就像第二帝国实施的那样。1858 年，
奥斯曼颁布新的刑法典；其后是商法典，在阿卜杜勒-阿齐兹一世上
台之初颁布；1869 年，艾哈迈德·杰夫代特②开始编纂民法典
（Mecelle），这是一个巧妙的折中方案，在一个以拿破仑法律理念

---

　　①　1 英石约为 6.4 千克。
　　②　艾哈迈德·杰夫代特（1822—1895），第八章提到过的奥斯曼学者，曾担任奥斯
曼帝国教产大臣、教育大臣、司法大臣等职务。作为民法典编纂委员会主席，历时多年
制定民法典，最终由阿卜杜勒-哈米德二世于 1877 年颁布实施，是奥斯曼帝国和伊斯兰
世界历史上第一部民法典。

为根基的法典中，允许保留甚至加强伊斯兰教法传统。法国的影响
也继续体现在教育中。加拉塔萨雷中学（Galatasaray Lycée，奥斯
曼帝国学校）是位于佩拉中心区的男子中学，1869 年 9 月开办。这
座"苏丹学校"（Mekteb-i Sultani）① 的目的是给奥斯曼人培养帝国
的公务员——类似英国的伊顿公学和哈罗公学，或者更准确地说，
颇似巴黎的路易勒格朗中学。男孩们（无论是穆斯林还是基督徒）
以法语接受了大多数教育，学习西式的课程，甚至包括拉丁语。[18]

　　然而，针对"坦志麦特"的反动已经有了端倪。1865 年 1 月，
《新闻法》规定建立一个高门特别部门，很快就开始打压其眼中言
论"敌对"的媒体。同年 6 月，第一个有影响力的持不同政见知识
分子组织在首都出现，这是一个重要变化。他们受到了杂文家、剧
作家纳米克·凯末尔（Namik Kemal）和更早的改革家萨德克·勒
法特（Sadik Rifat）② 的作品的激励。这些持不同政见者是强烈的
自说自话者，没有解决帝国难题的统一的灵丹妙药。纳米克认为
"坦志麦特"改革家太过倾向于从西方引进理念和机构，而不是考
虑仍然在塑造社会（尤其是在较为偏远的省份）的《古兰经》传
统。阿里·苏阿维（Ali Suavi）领导的一个小集团，比纳米克走得
更远，成为宗教极端主义者，完全主张沙里亚优先。[19]

　　一开始，这些"青年奥斯曼党"（Yeni Osmanlilar）接受了穆
斯塔法·法兹尔（Mustafa Fazil）亲王的资金支持。他就是那位令
人生畏的军事家易卜拉欣帕夏的儿子。这位亲王有可能认为自己是

---

　　① 指的就是上文的加拉塔萨雷中学。如果不搜索相关资料，很容易误解为这里开
始讲述另一家学校。
　　② 萨德克·勒法特（1807—1857），奥斯曼政治人物，两次担任外交大臣。

从多瑙河下游延伸至幼发拉底河与尼罗河的联邦制帝国的立宪君主。但持不同政见者是完全忠于奥斯曼国家的。他们宣扬奥斯曼爱国主义，最晚从 1870 年起，开始强调土耳其民族主义，这是一种新理念。在奥斯曼领土上，他们也力争制定"宪法"①，这是一场政治试验，在突尼斯已经推行，1866 年起在埃及也已经实施。纳米克·凯末尔提议苏丹以英国或法国为榜样召开议会。苏丹反复无常的个人统治风格，使"青年奥斯曼党"为建立选举制议会的斗争得到了大城市知识界越来越多的关注。1873 年，纳米克被押往法马古斯塔（Famagusta），遭受严密监禁，但他的被捕几乎没有遏制政治运动的势头，反而提升了"青年奥斯曼党"的声望，给他们带来了英雄般的流亡之旅，静待应召回国的时机。

"欧洲的政府制度、欧洲的理念、欧洲的法律或习俗——没有哪个真诚的土耳其人会自称羡慕其中一个，"斯特拉特福德·德·雷德克利夫在克里米亚战争期间向他的一位助手评价道，"如果东方人被灌输了自由主义政府理念，他们自身的命运就注定遭殃了。"[20] 1858 年接替他担任大使的威廉·布尔沃爵士（Sir William Bulwer），对高效政府的兴趣同样高于对"自由主义"政府的兴趣，因为他在佩拉区逗留期间，赶上了外国银行不受限制地蚕食奥斯曼经济的高峰期。1865 年，他退出外交界后，破例为一家法国银行机构担任在黎凡特的代理人。作为一位大使，他一直欢迎为金融信贷大开方便之门的改革。

---

① 虽然在今人看来矛盾，但纳米克确实一边反对"坦志麦特"热衷于模仿西方体制，一边主张制定宪法和实行选举。他认为人民主权理论与早期伊斯兰教理念具有一致性。在思潮激荡的大变革时代，这种"缝合"恐怕并非孤例。

　　1863 年，奥斯曼帝国银行在英、法资本扶持下建立了。行长是法国人，他的副手是伦敦的城市银行家。还有一个较小的机构——奥斯曼帝国兴业银行（*Société Générale de l'Empire Ottoman*）在该年晚些时候建立；1868 年，建立了奥斯曼信贷总署（*Crédit Général Ottoman*）和一家俄国小银行。[21] 这十年内，法国资金流入政府债券和可能推动贸易的投资项目中。外国债权人的机遇太多了，以至于伦敦的数任政府以及巴黎、维也纳的政治领导人都愿意欺骗自己说土耳其已经成为改革过的摩登国家。1866—1867 年奥斯曼人镇压克里特起义时，西方的抗议比起早先希腊人"争取自由"时要少得多。

　　1867 年，阿卜杜勒-阿齐兹一世受拿破仑三世邀请，前往巴黎参加世博会，反映了国际社会对他的认同。这是历史上苏丹首次访问非伊斯兰国家（出国作战除外）。他在维也纳得到了奥皇弗朗茨·约瑟夫的接待；在温莎与维多利亚女王会面后，在五彩缤纷的队列簇拥下，他骑行于伦敦的街道。《泰晤士报》报道他"像一个典型的土耳其人"，没有寻章摘句地挑选合适的语句形容他。一辆快速列车载他前往朴次茅斯（Portsmouth），女王在这里授予他嘉德勋章。苏丹登上甲板后，目睹强大的英国海军在斯皮特黑德（Spithead）① 接受检阅。他深受震撼，尽管这让他感到"不舒服"（女王的原话）。[22] 陪伴阿卜杜勒-阿齐兹一世访问西方的，还有他 9 岁的儿子与两个侄子——未来的苏丹穆拉德五世和阿卜杜勒-哈米德二世。苏丹政权已经放弃了数个世纪的格格不入。严苛的图圈囚禁制度被废除了，至少看起来是这样。

———————————

　　① 朴次茅斯西南的一处泊地。

"奥斯曼壮游"造成了重要的社会影响。它强化了阿卜杜勒-阿齐兹一世对宫廷豪奢生活的沉溺，使他充满了对铁甲舰舰队（多数在英国造船厂建造）的偏爱。更重要的是，它巩固了苏丹对铁路的喜爱。1873 年，俄国大使评价他是"真正的铁路狂热者"。当年，火车头的烟第一次在博斯普鲁斯海峡对岸袅袅升起。[23]这一年夏季，火车开始在安纳托利亚运行，但是只从海达尔帕夏（Haydarpaşa，与斯坦堡区隔海相望的铁路终端）沿着海岸通往伊兹米特，长约50 英里。这条铁路是法国人修建的，他们也负责了同年开通的一条短线：从穆达尼亚（Mudania，位于马尔马拉海的安纳托利亚一岸）向内陆到达布尔萨。尽管法国和英国企业仍然主宰了奥斯曼经济，但是，阿卜杜勒-阿齐兹一世的铁路狂热最主要的受益者是德国和奥匈帝国①。1872 年，德国工程师威廉·冯·普雷塞尔（Wilhelm von Pressel）向高门呈交了一份十年大计划，将伊兹米特铁路线延伸至安卡拉和波斯湾。这个计划吸引了阿卜杜勒-阿齐兹一世，尽管在他死后很久这个项目才得以实施。[24]

巴伐利亚出生的希尔施男爵（Baron Hirsch）设计的东方快车路线也吸引了苏丹。他的投资依靠维也纳和巴黎的银行界。因此在 1870 年，奥斯曼首都看起来很快将与中欧的铁路网连接。第二年，奥地利-奥斯曼银行和奥地利-土耳其银行在君士坦丁堡开业了。但是，奥地利的所有铁路项目都由于 1873 年 5 月 9 日"黑色星期五"维也纳的股票市场崩溃而受损。截至阿卜杜勒-阿齐兹一世统治末期，东方铁路仍然进展寥寥。它将君士坦丁堡与埃迪尔内、普罗夫迪夫（菲利普波利斯，Plovdiv/Philippopolis）联系起来，还有一

---

①　1867 年，奥地利和匈牙利建立二元结构，所谓的"奥匈帝国"盖由此始。

条支线从埃迪尔内向南通往爱琴海沿岸的代德阿加奇（今亚历山德鲁波利斯，Dedeagatch/Alexandroúpolis）。传言称，普罗夫迪夫路线之所以看起来未能穿过平坦开阔的地带走直线，是因为希尔施的合同里有一道条款：他的薪酬不是一揽子买卖，而是根据铁轨的长度付费。这个传说很可能是假的，但毫无疑问，在铁路狂热时代，每一层级都腐败横行。

维也纳"黑色星期五"的冲击波震撼了已然脆弱的奥斯曼财政体系。政府总资源近半被耗在了年金（annuities）、利息支付、克里米亚战争以来历任苏丹签订的十几笔外债的偿债基金（sinking fund）上。由于国库账目对国家的需要和国君的私囊不加区分，只有不足十分之一的贷款花在了提升帝国的经济福祉上，不足为奇的是，阿卜杜勒-阿齐兹一世的政府行为会激怒一连串的大臣。1871年9月，穆罕默德·埃明·阿里去世时，他已经完成了五个大维齐任期，在近18年内有效地主宰了高门，即便他经常与国君发生冲突。这种相对的政府连续性随着阿里的去世而结束，因为阿卜杜勒-阿齐兹一世决心作为专制君主而统治。他偏爱卑躬屈膝的大维齐，只要他们开始形成个人追随者组成的政治团体，他马上就会撤掉他们。他也提名行省总督，选择那些他相信有能力在各自行省迅速征税的人。1871年9月至1874年2月之间，有六位大维齐；在各省，有很多高层职位的变化，使总督的平均任期几乎不超过四个月。[25]随着大维齐每七个月、行省总督每四个月一番折腾，对持续乱政的广泛不满就针对苏丹个人而不是他的大臣或官僚。如果被驱逐的大臣有反骨的话，他们就会依赖持不同政见的"青年奥斯曼党"的支持。

在这些走马灯似的大维齐中，有两位是强力的人物。艾哈迈德·迈扎特（Ahmed Midhat）曾在多瑙河下游和巴格达担任过开明的行省总督。1872 年 7 月最后一周，50 岁生日后不久，他被任命为大维齐。然而，不到三个月，他就被撤职了。他在三个方面顶撞了苏丹：(1) 他表达了帝国建立联邦化结构的可能性；(2) 他建立了一个会计部；(3) 最让苏丹不安的是，他开始调查多尔玛巴赫切宫内部的腐败。第二位能力出众的大维齐是侯赛因·阿夫尼 (Hüseyin Avni)，1874 年 2 月至 1875 年 4 月在任。在外交官眼里，侯赛因似乎比迈扎特更加令人敬畏，但他没有后者那么知识分子气：他曾经担任过四年元帅 (serasker)。没有人比他更适合组织一场军事政变。因此，阿卜杜勒-阿齐兹一世撤掉侯赛因是一个愚蠢的决定，因为他憎恨后者试图将资金从宫廷转移到军队的需求上。四个月后，苏丹任命马哈茂德·奈迪姆 (Mahmud Nedim) 担任大维齐，这又是一件蠢事，因为很多人认为奈迪姆收了俄国人的钱。毫无疑问，他对待俄国大使尼古拉·伊格纳季耶夫 (Nikolai Igna-tiev) 将军颇为贴心，类似于早先的大臣们对斯特拉特福德表现出的夸张的尊敬。

　　截至此时，阿卜杜勒-阿齐兹一世的行为似乎坐实了他精神不稳定的传闻。突如其来的怒火愈发暴烈、愈发频繁。苏丹似乎无法控制自己的奢侈。他仍然会为了后宫（人）和宫殿（建筑）铺张浪费，尤其是耶尔德兹的一座新阁楼（位于多尔玛巴赫切宫以北的园地）。但 1875 年 10 月，倒霉的奈迪姆被迫宣布暂停支付奥斯曼债务的利息，由此实质上承认了国家破产。[26] 20 年的欧洲银行贷款和铺张浪费导致的财政混乱，让奥斯曼帝国只能依赖外国政府的恩惠而生存。

　　国家破产的时机糟糕透顶。1875 年 6 月，黑塞哥维那的基督徒揭竿而起，他们对税收的长期不满情绪又被莫斯科发起的强烈的泛斯拉夫宣传激化了（不同于以圣彼得堡为策源地的沙皇官方政策①）。起义很快从莫斯塔尔附近的内韦西涅（Nevesinje）蔓延到波斯尼亚和动荡的黑山边境地带。其后，1876 年春，普罗夫迪夫以南的罗多彼山脉的村庄中，爆发了保加利亚起义。同时，萨洛尼卡发生了一场暴动，起因是一位保加利亚东正教少女——据说（不符合实情）在违反她意愿的情况下改信了伊斯兰教——导致了法国和德国领事被狂热分子在清真寺中杀害，奥斯曼总督无力制止。萨洛尼卡杀戮事件在欧洲诸国内阁引起了持续愤慨。更糟糕的事情还在后面。整个 6 月，源自保加利亚的图片新闻震惊了舆论。目击者描述了数以千计的基督教男女老少在当地志愿民兵（başi bozuka）长达六周的镇压下死亡，在西欧和俄国东正教信众之中激起了"东征"情绪。关于起义者和民兵一样都犯下了暴行的报道则被忽视。政府无法抑制针对"那个土耳其人"的汹涌民愤，无论大型金融机构多么痛惜"东方问题"在这个时候重新爆发。[27]

　　保加利亚暴力事件的新闻在西方报纸上炸锅之前，阿卜杜勒-阿齐兹一世就被废黜了。5 月 10 日，数以千计的信仰伊斯兰教的学生聚集在斯坦堡区的清真寺前的广场上和加拉塔海滨，要求撤掉奈迪姆和大教长。他们的情绪本质上是保守主义的，敌视外部压力，同情他们在萨洛尼卡的教友。他们指控高门在两位领事被杀后卑躬屈膝地安抚列强。这次骚动被迈扎特、侯赛因·阿夫尼和"青年奥斯曼党"的内部指挥层利用了。阿卜杜勒-阿齐兹一世撤掉了奈迪姆，又恢复了侯赛因的元帅头衔，甚至任命他看不惯的迈扎特为底万成员。但他无法保住皇位。

---

　　①　彼得大帝迁都后，俄国的首都为圣彼得堡。

　　奈迪姆下台不到两周，英国大使亨利·埃利奥特爵士（Sir Henry Elliot）报告说苏丹被废似乎在所难免，"每个人的口中都喊着'宪法'"。[28]亨利因为与一位希腊酒色之徒在马尔马拉海一座静谧的岛屿上消耗了大量时间而臭名昭著，所以，他从哪里听到悠悠之口说出如此冷门的词语，令人生疑。但是，英国人担心首都爆发严重骚动，下令地中海舰队开赴达达尼尔海峡入口附近的贝西卡湾。伊格纳季耶夫在俄国大使馆设防。5月30日凌晨，在侯赛因的命令下，军事学院的校长动用两个步兵营封锁了多尔玛巴赫切宫；同时，在近海停泊的战舰将火炮对准了宫殿。元帅的亲卫队护送他进入御座厅。前一夜，阿卜杜勒-阿齐兹一世在这里举办了斗鸡比赛，自娱自乐。

　　接下来几分钟是高潮戏。侯赛因突然在礼仪阶梯上与身材庞大的苏丹狭路相逢。苏丹仍然穿着睡衣，但挥舞着一把剑，似乎打算战斗至死。在他的身后，是令人生畏的皇太后——66岁的佩尔特夫尼亚尔（Pertevniyal）。她是一位"母大虫"，力劝儿子保卫他自己的生命和她的特权地位。然而，没有流血事件发生。元帅和苏丹内心里仍然是传统的体面人。侯赛因呈交了一份庄严的逼宫教令，阿卜杜勒-阿齐兹一世接受了无法避免的现实。他的御艇将他带到金角湾对岸的托普卡珀宫，在这个短途旅程中，他与侄子穆拉德皇子的轻舟擦肩而过。后者勉为其难地在迈扎特的眼皮底下承担帝国的职责。战战兢兢的穆拉德恳求迈扎特留在多尔玛巴赫切宫。他乐意地答应了。[29]

　　在旧宫度过一夜后，阿卜杜勒-阿齐兹一世乘船返回彻拉安宫，皇太后和后宫成员在这里与他会合。6月4日，人们发现这位被废的苏丹已经死亡，手腕被剪刀割开。官方宣布他死于自杀，各国大使接受了这一定论。但英国大使馆下属的医生获允参与验尸，他得出结论：伤口不可能是自残而成。这出大戏还没有结束。阿卜杜勒-阿齐兹一世死后八天，他最宠爱的切尔克斯娇妻内斯林（Nesrin）在分娩时去世。这场悲剧导致她的哥哥切尔凯兹·哈桑（Çerkes Hasan）陷入狂乱。他是一位年轻的军官，曾经在帝国宫廷中担任侍从武官。6月14日，他闯入大臣会议，用左轮手枪疯狂射击。侯赛因·阿夫尼和外交大臣在会议期间遇刺身亡。[30]

这些事件对于新苏丹而言太过沉重，他有足够的理由怀疑他叔父①的死因。穆拉德五世是作为西化派而培养的，对共济会运动抱有同情，也是大东方分会（Grand Orient Lodge）的成员。他前往巴黎访问时，体验了香槟的美好，他还要加上优质的白兰地，使口味更加醇正。刀光剑影的宫廷政治不受他的喜爱。亨利·埃利奥特向英国外交部报告说，一听闻阿卜杜勒-阿齐兹一世的死讯，穆拉德五世就昏厥了，接下来一天半，他一阵阵地呕吐。[31]他也为切尔凯兹·哈桑的命运（内阁会议枪杀事件四天后被当众绞死）所深深震撼。穆拉德五世在位最初半个月的行为太奇怪了，以至于佩剑礼——埃于普举行的加冕仪式——也推迟了。他是拜占庭陷落以来唯一一位没有授剑的苏丹。

穆拉德五世登基九周之后，一位老练的英国新闻记者将这位35岁的苏丹描述为"镇定的人，坐在沙发上，一动不动，一言不发，整天用右手持续抚摸着淡淡的八字胡和光洁的面颊，思考着如何退位，唯一拿不准的就是把他的肩膀扛不起来的重担甩到哪位勉为其

---

① 穆拉德五世的父亲是阿卜杜勒-迈吉德一世，阿卜杜勒-迈吉德一世的弟弟是阿卜杜勒-阿齐兹一世。

难的兄弟头上"。[32] 随着危机的发展，这一重担每个星期都在变得愈加沉重。此时，奥斯曼帝国正在与塞尔维亚和黑山作战，它们的君主已经响应了臣民的广泛诉求：支援他们在波黑的同胞起义反抗土耳其统治。虽然当地的奥斯曼指挥官轻松守住了边境，但数以千计的俄国志愿军和塞尔维亚人、黑山人并肩作战，使得冲突可能很快蔓延。如果这样的话，奥斯曼军队需要一位意志更加坚强的国君，而不是迈扎特扶持上位的紧张兮兮的可怜人。

8 月 17 日，亨利·埃利奥特描述了一位奥地利著名精神科医生访问多尔玛巴赫切宫的情况。据说，苏丹"患有慢性酒精中毒，由于他经历过的情绪而恶化"；完全戒酒和休息，他的脑子才可能恢复。[33] 但立宪派等不及了。一份教令已经准备好，以苏丹的精神问题为由，实施三个月内的第二次逼宫。这一次没有动用暴力。穆拉德五世的弟弟阿卜杜勒-哈米德二世已经向迈扎特保证他支持改革。1876 年 8 月 31 日，阿卜杜勒-哈米德二世被宣布为苏丹。被废的穆拉德五世转移至彻拉安宫，被囚禁于一座现代化的囹圄中，直至 28 年后去世。

第十章

耶尔德兹宫

　　阿卜杜勒-哈米德二世的臣民能够在他登基一周之后欢呼他们的苏丹兼哈里发。1876 年 9 月 7 日接近中午时分，御艇上的 28 名桨手，载着新任苏丹，沿着金角湾而上，前往埃于普参加佩剑礼。约 10 万男女老少在海滨摩肩接踵，或者从更高的位置观看。但从他身上看不出太多东西：御艇驶过时，船舶降旗敬礼，似乎在向深红色的华盖而不是一个活人致意。34 岁时，阿卜杜勒-哈米德二世已经弯腰驼背，尸体般残败的身躯变成了后来的漫画家笔下"可恶的阿卜杜勒"的那种阴森森形象。[1]完成佩剑礼后，他骑着传统的金色缰绳白马回城，看起来要更加威武一些。但即便此时，一位观察家也看出了他心事重重，游移不定的黑眼睛中散发着"深邃的忧郁"。他的鹰钩鼻、苍白肤色、轮廓分明的颧骨、浓密的胡子凸显了他与生俱来的疑心病。

　　从心理上讲，阿卜杜勒-哈米德二世的童年都是错误。他的父皇阿卜杜勒-迈吉德一世没有为这位丑陋的小男孩提供足够的关爱；他的母后是一位特拉布宗奴隶市场的切尔克斯舞女，在儿子十岁时死于肺结核；他的兄弟认为他是个告密者和败兴者。他的成长虽非孤身一人，但内心孤独。他经常受责骂，以至于成年后保持了内心的胆怯，害怕被刺杀，而且每当政策动议面临考验时，他就会踌躇不定。但他一坐在皇位上，就态度坚决：他并非要"统"（reign），而是要"治"（rule）；权力的中心要留在皇宫而不是高门中。

　　佩剑礼一周后，英国大使向伦敦发回了他对新苏丹的评价。亨利·埃利奥特爵士赞扬了阿卜杜勒-哈米德二世的"亲切性格和开明观点"，但怀疑"他是否能接受改革派认为有必要的束缚"。[2] 过去一年，这位苏丹已经严肃准备履行职责。他从不喜欢多尔玛巴赫切宫；阿卜杜勒-阿齐兹一世在位最后几年，他（新苏丹）就尽可能频繁地离开这座宫殿。有些时候，他与养母住在她在佩拉内陆的别墅中，但他更喜欢他在博斯普鲁斯海峡往北 10 英里、建在郁郁葱葱的塞拉皮亚［Therapia，今塔拉比亚（Tarabya）］海湾的夏阁。在那里，他能够试探一位英国商人"汤普森先生"的观点，此人在帝国地产旁边有一座房子和一块土地。汤普森让阿卜杜勒-哈米德二世充分了解了迪斯雷利（Disraeli）与德比（Derby），了解了英国议会制度的独特之处。几乎可以肯定的是，他就是在阿卜杜勒-哈米德二世即位前夕，让埃利奥特得知了这位"假定继承人"意图推进政府的"全新时代"（其中，能干且清廉的大臣们应当"厉行节约"）的那位"佚名"英国人。

　　阿卜杜勒-哈米德二世从他的银行家哈科普·扎里菲（Hakop Zarifi）口中对财政有所了解。这是一位亚美尼亚人，阿卜杜勒-哈米德二世在养母的别墅和塞拉皮亚时请教过他。[3]他似乎也信任自己的内科医生约翰·马夫罗耶尼（John Mavroyeni），从后者口中得知了法纳尔人对帝国危机的态度，注意到希腊的东正教徒对保加利亚人或者南斯拉夫的其他东正教群体缺乏同理心。阿卜杜勒-哈米德二世在位最初几个月，他继续尝试对政府当前的问题征求意见，同时自己极少表态。但是，当他接见青年奥斯曼知识分子领袖纳米克·凯末尔时，甚至透露了振兴苏丹政权的前景；10月第一周，阿卜杜勒-哈米德二世建立了一个委员会，授权其预备立宪。16名具有中央政府行政经验的官员、10位乌理玛成员、两位高级军官参加了委员会，迈扎特帕夏担任主席。

　　预备性的宪法起草迅速完成了。它与1831年比利时宪法建立的议会君主制颇为相似，而比利时的这部宪法也相应地参考了英国制度和法国制度。但阿卜杜勒-哈米德二世在军队和宗教领袖的支持下，无意让奥斯曼帝国转型为议会制苏丹国。他并不反对两院制立法机构，包括选举产生的众议院和他自己提名的贵族院（参议院）；他同意保障一些基本人权，甚至包括出版自由。但他要保证宪法完全依赖于他的奇想：草案中稍晚增加了一条规定，承认苏丹有权在紧急状态下宣布戒严，暂停宪法实施；第113条允许苏丹有权流放他认为对自己和整个帝国具有危险性的任何人。[4]

　　制宪委员会在短时间内（只有九周）完成了工作。这么快是有原因的。秋季，巴尔干的国际危机激化了，俄国以保护塞尔维亚和黑山免遭奥斯曼报复并支持保加利亚和波黑的改革为名，威胁发动战争。格莱斯顿的宣传册《保加利亚惨剧和东方问题》在阿卜杜勒-哈米德二世的佩剑礼的前一日就在伦敦售卖。一周之内，这本宣传册在英国卖掉了4万份；在莫斯科发行的译本一个月内卖掉了

1万份，在俄国创下了纪录。向"土耳其人"呼吁"以唯一可行的方式消除劣迹……那就是带上全部家当……从已经被他们破坏和玷污的省份滚蛋"，使莫斯科和圣彼得堡的读者感到津津有味，尽管对于仍然希望将危机限制在巴尔干半岛内的政治家而言，这种呼吁是在拱火。但这份小册子和英、俄爆发的抗议集会，有助于塑造政府的政策。11月4日，列强接受了英国提议的国际会议，它将在君士坦丁堡召开，研究向波黑赐予行政自治权的方式。大会将确认奥斯曼帝国的领土完整，并考虑适用于保加利亚诸省的行政改革。[5]

　　阿卜杜勒-哈米德二世认为：提议在帝国首都召开这种会议，是外国人对真主刚刚呼唤他来保护的那些群体①实施干涉。从未有哪位苏丹面对过这么羞辱人的提议，但是半个月后，他就闪烁其词了。11月14日，俄国的局部动员——以及奥斯曼国家对于外国财政援助的持续需求——迫使他极不情愿地接受会议提议。代表团由列强驻高门大使组成，由巴黎、柏林、维也纳、圣彼得堡的外交部选择的擅长巴尔干事务的专业外交官加以补充。唯一的例外是英国首席代表、迪斯雷利内阁的印度事务大臣索尔兹伯里（Salisbury）侯爵。他在奥斯曼首都的六周之旅，将比大会本身要有更加持久的影响力。

　　12月5日，索尔兹伯里夫妇携长子抵达君士坦丁堡。这是阿卜杜勒-哈米德二世继位三个月后。还没有哪位英国内阁大臣曾经花费这么多时间研究外国事务或者在这方面笔耕不辍。在完成金角湾

---

　　①　这是"君权神授"观念。意思是阿卜杜勒-哈米德二世当上苏丹，在他看来就是真主呼唤他保护治下的臣民。

之旅前，他竟然试探巴黎、柏林、维也纳、罗马的观点①，这符合他的行事作风。虽然英国首相和大使是亲土派，索尔兹伯里私下里已经相信克里米亚战争是一场灾难性的政策失误。他的这些偏见在欧洲各国首都的东道主②那里得到了认可，他们认为奥斯曼帝国的衰落已经无法挽回。

索尔兹伯里在君士坦丁堡没有发现什么东西可以改变他的观点。阿卜杜勒-哈米德二世风度翩翩地接见了他（埃利奥特就赞赏过苏丹的这种风度）。但是，让这位大使（埃利奥特）感到沮丧的是，索尔兹伯里仍然无动于衷。无论阿卜杜勒-哈米德二世给外宾们授予了什么荣誉，索尔兹伯里对苏丹和所有奥斯曼大臣都不信任。甚至向侯爵夫人亲切授予的三等贞洁勋章也未能安抚她的丈夫，而是让他感到滑稽。那年圣诞节，索尔兹伯里在写给自己第三子的一封家书中说："可怜、懦弱的家伙，他告诉我他不敢满足我们的需要，因为他受到了人身威胁。"[6]一位外派到高门的职业外交家做出这样的评论，可能不会引起多大兴趣。但在 1876 年，索尔兹伯里是英帝国政坛的"潜力股"；作为外交大臣或首相（通常兼任两职），他将在苏丹 32 年在位期间的近半时间里塑造英国的政策。他从未纠正过他眼里阿卜杜勒-哈米德二世的窝囊印象。

在大会之前，各方在俄国大使馆举行了九次圆桌会议，由伊格纳季耶夫将军担任主席，决定苏丹应当如何整顿国家事务。12 月19 日，仿佛是为了证明他的改革承诺，阿卜杜勒-哈米德二世任命

---

①　原文为 should have done 句式，有歧义。经查证，1876 年 11 月 20 日索尔兹伯里离开英国，在前往君士坦丁堡之前，曾途经法、德、奥、意首都。所以原文"should have done"应理解为"竟然已经"，而非"本应做而未做"。

②　"东道主"指前文接待索尔兹伯里的巴黎、柏林、维也纳、罗马当局。

迈扎特帕夏担任大维齐。四天后，大会在金角湾海军船坞旁的奥斯曼海军部大楼举行首次全会，开场审议突然被枪炮声打断。奥斯曼外交大臣波澜不惊地告诉代表团：大家听到的声音是庆祝迈扎特宪法的实施。随着苏丹向帝国各族人民承诺改革，他的谈判代表们宣称这场大会已经可有可无了。事实上，学生们精心策划的爱国示威游行谴责了"泛斯拉夫主义"，呼吁对俄作战；代表团注意到，希腊人和亚美尼亚人像"青年奥斯曼党人"一样，强烈反俄。舆论的姿态强化了苏丹的决心。外国代表团的每一项提议都被否决。1877年1月20日，他们放弃了这项工作。他们准备以集体退场作为一种体面的责备，但因为海滨被一场狂风吹袭而就此作罢，只有愤怒的索尔兹伯里敢于直面恶劣的天气。[7]

对于来到首都强加改革的外国代表团，阿卜杜勒-哈米德二世乐于见到他们的狼狈相。然而，土耳其人带着一丝调侃语气所称呼的"船坞大会"（*Tersane Konferansi*）遭遇失败，使欧洲的金融市场向贫困的奥斯曼国家关上了大门，而且使奥斯曼与俄国的战争更近了一步。因此，讨厌迈扎特的苏丹可以甩锅大维齐怠慢了外国使节。大维齐试图让基督徒和穆斯林一道成为军事学院的学员，引起了军方和宗教领导人的抱怨，苏丹对后两者表达了同情。大会破裂后两周，迈扎特被召进多尔玛巴赫切宫。他抵达时，注意到御艇的蒸汽机已经发动，但2月初似乎不是阿卜杜勒-哈米德二世出海的季节。多尔玛巴赫切宫中甚至没有苏丹的身影。宫中的一位官员告知迈扎特，依据宪法紧急条款（第113条），苏丹视其为国家的威胁，下令将其逮捕流放。他被押上了御艇，立即驶向布林迪西（Brindisi）。一位完全依赖苏丹恩宠的低级官僚替代他担任大维齐。外交使团得到奥斯曼当局保证：即便1876年宪法的设计者可能正在流亡，苏丹也无意放弃议会制试验。[8]

选举在若干行省已经举行，在首都也即将举行。但选举没有引起多少兴奋之情：选举资格受限，间接投票程序受到一套复杂的选举团模式约束。在较为偏远的苏丹臣民中，代议制议会的前景几乎没有激起什么兴趣。黎巴嫩更是反应消极，这里的马龙派教徒拒绝参加任何选举，担心奥斯曼全体性的议会将威胁到他们 15 年前赢得的自治权。但在 1877 年 3 月第三周，苏丹在多尔玛巴赫切宫的一场盛大仪式中宣布众议院（*Meclis-i Mebusan*）开幕，外交使团、宗教界显贵、全体政要参加了仪式。

议长是由阿卜杜勒-哈米德二世提名的，忽略了由议会本身选举该职位的原定程序。但苏丹的讲话是由宫廷秘书屈奇克·穆罕默德·赛义德（Küchük Mehmed Said）读给众议员听的。此人将在阿卜杜勒-哈米德二世在位期间七次担任大维齐。这篇讲话承诺了一系列改革计划，以改进行政、司法、农业状况。众议员——71位穆斯林、44 名基督徒、4 名犹太教徒——随后退往为他们在斯坦堡区腾出的会议室。这是圣索菲亚大教堂附近一座建筑中的大厅，1840 年建立，本来是供一所新大学使用，但后来用于安置政府部门。接下来三个月，众议员在这里讨论各省谘议局的组建、约束性的新闻法、削减公务员俸禄等问题。《泰晤士报》记者参加过早期的某场会议，对众议院的多民族特色印象深刻。他报道说："我们在议会中数出了 10 种民族和 14 种语言。"[9]夏季，苏丹任命了 21名穆斯林和 5 名非穆斯林组建参议院（贵族院，*Meclis-i Ayan*）。阿卜杜勒-哈米德二世不允许两院有实权，也几乎没有赋予它们主动性。议会召开期间正好遇上了一场不断升温的危机，是锡诺普事件以来对奥斯曼帝国威胁最大的。但是，这个紧急事态极少影响到众议院的工作。人们有理由认为，众议员们会赞同苏丹和大臣反对外来干涉的立场。

君士坦丁堡大会失败后，俄国在欧洲各国首都发起了外交攻势，其顶点就是俄国倡议的 3 月 13 日英俄联合《伦敦议定书》：苏丹、沙皇和巴尔干统治者将解除军队动员，等待在列强的监督下，在奥斯曼帝国境内推行改革。苏丹不会接受欧洲的规训；10 天之内，高门就拒绝了《伦敦议定书》。俄国已经与奥匈帝国就波黑的未来安排达成秘密协定，此时又与罗马尼亚缔结了两份条约，允许沙皇的军队自由通行前往保加利亚边境。8 天后，也就是 1877 年 4 月 24 日，沙皇亚历山大二世宣布与奥斯曼帝国进入战争状态，号召军队"为了东正教和斯拉夫天下"而前进。[10]

19 世纪的第四次俄土战争持续了十个半月。6 月，俄军渡过多瑙河下游时，似乎要所向披靡，因为奥斯曼军队尽管勇敢战斗、炮兵优良，但参谋工作几乎不存在。在高加索前线，俄军迅速夺取了若干堡垒，迫使奥斯曼指挥官艾哈迈德·穆赫塔尔（Ahmed Muhtar）在卡尔斯集中兵力。这座堡垒在过去半个世纪里已经被俄军强袭两次，此时，卡尔斯再次被有效防守五个月。尽管俄军最初在巴尔干取得胜利，奥斯曼军事学院的前任校长胡斯努·苏莱曼（Husnu Suleyman）表现出了极大的冒险精神，从阿尔巴尼亚经海路将一支军队运往代德阿加奇，发起了出其不意的反击，在巴尔干山脉主脉的希普卡（Shipka）隘口阻滞了敌军。但这场战争的英雄是奥斯曼帕夏。7 月 20 日和 30 日，他勇敢发挥军事指挥才能，抵抗了俄军对索非亚以北 85 英里的设防小镇普莱夫纳（普列文，Plevna/Pleven）一波又一波的进攻。9 月中旬，俄军第三次尝试夺取普莱夫纳，甚至付出了更加惨重的伤亡。此后，普莱夫纳遭到了俄国著名军事工程师爱德华·托特列边（Eduard Totleben）将军的严密围困。他不会突袭城镇，而是要迫使守军饥饿而降。[11]

在冬季来临前，金角湾一度弥漫着乐观情绪。人们希望雾、雨、雪会给战场带来僵局，迫使沙皇求和：俄军漫长的补给线在冬季十分脆弱，而阿卜杜勒-阿齐兹一世的"昂贵玩具"——奥斯曼铁甲舰——给苏丹带来了黑海的制海权。同时，阿卜杜勒-哈米德二世为了提升士气，事后来看，首次响应了"泛伊斯兰情感"。他为了反击沙皇的"东正教和斯拉夫天下"，更加强调自己的哈里发宣称。"先知的圣旗"在托普卡珀宫庄严升起。苏丹-哈里发高举伊斯兰旗号，在大教长的支持下，宣布对沙皇的"异教徒"军队发动"圣战"。由于亚历山大二世有 1 000 万左右的穆斯林臣民，对"圣战"号召的充分响应将激起俄国境内的大乱。苏丹的一位代理人前往喀布尔，鼓动阿富汗的穆斯林在中亚开辟新战线。然而，暂时来看，大规模的伊斯兰起义仍然不太现实。"圣战"在奥斯曼腹地立即带来的效果，就是爱国情绪暴涨，为军队带来了新兵，为战争带来了资金。意味深长的是，5 月 21 日，议员们向他们的君主表达恭维，提议他接受荣誉称号"加齐"（打击"异教徒"的武士首领）。[12]

夏季，苏丹越来越希望得到伦敦的支持。俄国宣战前四天，埃利奥特的大使职位被亨利·莱亚德（Henry Layard）接替。他是一位亲土派的考古学家，19 世纪 40 年代，作为斯特拉特福德·德·雷德克利夫的随员时，发掘过尼尼微（Nineveh）遗址。莱亚德的公开和私人文件都可以说明他在多大程度上以斯特拉特福德为模范塑造自己。他为阿卜杜勒-哈米德二世提出了建设性的批评，就像苏丹的父皇在克里米亚战争期间从"伟大的埃尔奇"那里接受的批评一样。"或许能在这个男人身上大做文章。"这位大使与阿卜杜勒-哈米德二世首次会面后，自以为是地向国内发回报告。他声称，两人第二次见面后，他"甚至更加折服于"苏丹的品格。[13] 表面看来，迪斯雷利首相［前一年夏天受封为比肯斯菲尔德伯爵（Earl of Beaconsfield）］接受了莱亚德的判断和警告，尽管外交大臣（德比勋爵）、印度事务大臣（索尔兹伯里）和其他阁臣仍然持怀疑态度。7 月，俄军看起来可能突破防线，打向埃迪尔内和加利波利半岛时，迪斯雷利向苏丹发出友好保证，表明他愿意命令英国舰队穿过达达尼尔海峡，保护君士坦丁堡免遭俄军占领。然而，阿卜杜勒-哈米德二世不愿意看到英国地中海舰队的铁甲舰进入马尔马拉海。普莱夫纳的顽强防守，且俄军未能将苏莱曼帕夏①所部打退到色雷斯，都疏解了首都的风险。英国战舰只来到了士麦那附近。

　　阿卜杜勒-哈米德二世后来对英国的敌意，其中一部分就来源于危机延宕的这几个月里他对莱亚德错付的信心。他知道，虽然大使馆电报必定会经手外交部，但莱亚德也与迪斯雷利保持直接的私人通信。苏丹对这位大使和大使夫人表现了罕见的殷勤，数次邀请他们"私下赴宴"。他几乎肯定怀疑莱亚德的消息传到了一位比首相更尊贵的恐俄派②手中；莱亚德告诉迪斯雷利，那年冬天的一次会面中，苏丹向"女王表达了最高级别的钦佩与仰慕"，"像一位开明的基督徒一样说话"，"不止一次提到阿尔伯特亲王和女王陛下的

---

　　①　即前文的胡斯努·苏莱曼。
　　②　指维多利亚女王。

婚姻生活"。莱亚德认为这场对话是"稀奇的"。[14]

　　冬季没有像土耳其人希望的那样有助于他们的防御。巴尔干的雪使解救普莱夫纳失去了任何可能性。12 月 11 日，该地最终向俄军投降。一个月内，沙皇的军队就进抵索菲亚，在这里及时庆祝盛大的东正教主显节。截至 1878 年 1 月 20 日，俄军已经夺取埃迪尔内，正在威胁君士坦丁堡和加利波利半岛。此次战争高潮与奥斯曼议会第二次会议同时（前一年 11 月，本次议会选举已经举行；苏丹在该年最后一天正式召开第二次会议）。军事上的崩溃，使本次会议比前一次更加喧闹。在首都已经可以听见敌军炮声时，议会详细地抨击了战争中的失策，使阿卜杜勒-哈米德二世担心他先前鼓励的宗教性爱国主义将反噬他自己。但是，无论议会的情绪如何，苏丹自己承认和平是必要的。1 月 31 日，停火协议在埃迪尔内达成。

　　军事行动的结束使阿卜杜勒-哈米德二世暴露在三种主要威胁下：（1）议员的愤怒；（2）敌军进一步的蚕食；（3）他想当然的（would-be）盟友的拱火行为。众议院并没有让他过度担忧。停火后两周，他亲自前往众议院。一位众议员抱怨道，苏丹没有向人民选出的代表征询扭转军事灾难的方式；另一位众议员甚至提议削减苏丹的个人开销。阿卜杜勒-哈米德二世冷漠地听着这些意见。当夜，他发布诏令，解散议会，理由是它在帝国危机时刻无力有效履职。苏丹也下令逮捕那些直言不讳的议员，但大维齐担心这会激起民众暴动，说服他收回成命。议员们安全回家。苏丹后来解释道：议会并未被废除，只是暂停，直到帝国为议会制度做好准备为止。议会大厅年复一年地空闲着。阿卜杜勒-哈米德二世召开第三次议会，要等到 30 年后了。[15]

俄军不会这么简单或迅速地罢手。埃迪尔内停战协议签署的三周后，他们就威胁进入君士坦丁堡。为了阻止尼古拉大公的军队，苏丹的妥协几乎是无条件投降了。停火协议规定剩余的奥斯曼军队立刻撤出保加利亚；也规定最终的和平条约将包括赔偿战争损失，保加利亚、波黑自治，罗马尼亚、塞尔维亚、黑山完全独立，修订《伦敦海峡公约》使俄国在两大海峡开闭问题上获得新权利。如果奥斯曼当局逃避任何停火条款，尼古拉大公将保留命令军队前进的权利。一些先头部队已经抵达代德阿加奇的爱琴海沿岸，当地奥斯曼指挥官坚称俄军的活动没有随着停火协议的签署而停止。这倒是与事实不符：尼古拉大公一丝不苟地遵守了他定下的条款。但流言激化了君士坦丁堡的惶恐不安。2 月 5 日，莱亚德发电报向伦敦报告："停火协议未能阻止俄军前进。高门大惊。"[16] 两天后，保加利亚的俄军切断了君士坦丁堡与西欧之间所有的电报线，迫使莱亚德通过孟买传达电讯。这种不祥的举动使迪斯雷利确信俄军打算夺取奥斯曼首都。2 月 8 日，英国海军将领菲普斯·霍恩比爵士（Sir Phipps Hornby，两周前他已经将地中海舰队最强的几艘战列舰开赴贝西卡湾）得到命令，进入黑海海峡，必要之时开火回击，在君士坦丁堡近海就位。

虽然阿卜杜勒-哈米德二世欢迎迪斯雷利承诺的支援（莱亚德和奥斯曼驻伦敦大使都向他传达了这个消息），但他对英国的海军活动感到惊慌。"苏丹似乎认定，我军舰队的驶入会要了他的命，至少是威胁了他的皇位。因为我军舰队会刺激俄军进驻他的首都，随后就会发生针对穆斯林的大屠杀和对其财产的毁灭。"莱亚德向德比勋爵写道，"无论白天黑夜，我很难有哪一个小时，屋子里没有苏丹的一位大臣，或者没有收到他们的书信。他们恳求我阻止舰队靠近。"[17]苏丹绝对不敢允许舰队驶入达达尼尔海峡。2 月 13 日，霍恩比违背《伦敦海峡公约》，进入狭窄水道。13 个月后，英舰才返回爱琴海。

苏丹怕什么来什么，俄国人果然认为英舰的到来是敌对行动。俄军指挥官尼古拉大公（沙皇最倚重的兄弟）下令进军马尔马拉海。他的军队抵达圣斯特凡诺［San Stefano，今耶希尔柯伊（Ye-silkoy），伊斯坦布尔机场所在地］，距离君士坦丁堡外墙 6 英里。在英俄之间剑拔弩张的这个节骨眼上，双方达成妥协：尼古拉大公可以利用新的东方铁路，将总部从埃迪尔内迁往圣斯特凡诺，但不得派侦察兵离君士坦丁堡更近一步；霍恩比的战列舰将在金角湾以南 8 英里处普林基波岛（比于克阿达岛）附近停泊。1807 年，达克沃思在英国海军第一次渡过达达尼尔海峡后，就将舰队带到了这里。紧张局势仍然持续。英国人担心俄国人会夺取土耳其舰队。2 月 14 日，莱亚德奉命尝试立即购买四艘最新的奥斯曼铁甲舰。[18]虽然奥斯曼国库空虚，但高门愤怒地拒绝了这桩买卖。同时，为了达成和约草案，圣斯特凡诺正在痛苦地谈判着。

这是个奇怪的局面。从来没有哪位俄国指挥官像尼古拉大公（军事能力平平）一样，如此接近于夺取君士坦丁堡。在这几个令人懊恼的星期中，他的参谋上尉里有一位巴滕贝格的亚历山大（Alexander of Battenberg）亲王。这位亲王的哥哥路易亲王正在普林基波岛附近的英国海军"苏丹"号（名字颇为应景）战列舰上服役。"今天早晨，我与大公骑马来到圣斯特凡诺之上的高地，看到了眼前的君士坦丁堡和圣索菲亚大教堂、所有的宣礼塔、斯库塔里①，等等。"亚历山大写信给父母说，"大公双眼噙泪。率军站在君士坦丁堡门口，对他来说该是多么心满意足啊。"[19]在这充满悬念的几个星期里，俄军能够看到英国战舰的桅杆浮现在地平线上。亚历山大亲王登上"苏丹"号，受到了哥哥和舰长的欢迎。还有另一个案例，表明王室的沾亲带故使得英俄合作比起英土合作更自然："苏丹"号的指挥官是爱丁堡公爵阿尔弗雷德王子，维多利亚女王的次子，沙皇唯一在世的女儿的丈夫。

　　"比俄国人还像俄国。"在写给父母的一封信中，亚历山大亲王这样描述他感受到的"这艘军舰的团队"。莱亚德和苏丹的法纳尔医生马夫罗耶尼向阿卜杜勒-哈米德二世传达了一种显著不同的对霍恩比船员的好印象。[20]英国国内对于"东方问题"的舆论仍然撕裂：首都之外的地区强烈支持格莱斯顿代表巴尔干基督徒发起的道义谴责；然而在伦敦，恐俄的爱国主义复苏了，詹姆斯·麦克德莫特（James MacDermott）的音乐厅歌曲《金戈》（Jingo）声嘶力竭地宣称"不要让俄国人占据君士坦丁堡"，助推了民众的情绪。麦克德莫特鼓舞人心的歌咏的一个译本，由马夫罗耶尼呈送给苏丹。据说，那双阴狠的薄嘴唇上露出了罕见的欣慰笑容。他相信，普林基波岛近海的英国铁甲舰水手，个个都是反俄硬汉。阿卜杜勒-哈米德二世可能反对他们的到来，但无论如何，从1878年2月底开始，他就认为霍恩比的舰队是他联系西方的生命线。

　　3月3日，和约在圣斯特凡诺签订，其基础条款就是先前在埃迪尔内达成的预备协议。这是"泛斯拉夫主义"的胜利。[21]条约要

————————

　　①　即于斯屈达尔。

求奥斯曼支付巨额赔款，割让安纳托利亚东部大量领土给俄国，确
认罗马尼亚的独立和黑山、塞尔维亚的扩大。条约建立了一个"大
保加利亚"，作为承认奥斯曼宗主权的自治公国。从未有哪位苏丹
接受过这样的条款。阿卜杜勒-哈米德二世有个希望：俄国在列强
中的对手不接受这份"泛斯拉夫协定"。

即便在条约签订前，奥匈帝国外交大臣安德拉希（Andrássy）
伯爵就已经被巴尔干西部边界的提议吓到了，因为这侵蚀了奥地利
的势力范围。他试图召开新的维也纳会议，拼凑起一个更能接受的
协定。但俄国人绝不允许他们在多瑙河流域的传统对手掌握这样的
主动权。沙皇和他的大臣们能接受的最大让步，就是该年夏季在柏
林召开和会，以德国而不是奥匈帝国为东道主。虽然德国首相兼外
相俾斯麦对巴尔干事务几乎没有兴趣，但他同样不希望整个欧洲大
陆由于维也纳和圣彼得堡的摩擦而卷入战争。在俾斯麦的要求下，
安德拉希在《圣斯特凡诺条约》的条款公之于众的那个星期发出了
柏林会议的邀请。[22]

阿卜杜勒-哈米德二世不信任安德拉希，尤其是 5 年前维也纳
股票市场的崩盘已经削弱了所有哈布斯堡大臣的信誉。苏丹更信任
迪斯雷利。《圣斯特凡诺条约》签订之日，他邀请莱亚德与他共同
就餐，讨论修改协定的方式。这位大使在接下来一周为英国外交部
起草了 32 页的备忘录，在其中历数了《圣斯特凡诺条约》的罪
状。[23]他强调，不只是该条约中巴尔干方面的内容，高加索边境的
推进使俄国控制了从特拉布宗前往大不里士和中亚的历史性商路。
莱亚德的备忘录激化了唐宁街的鹰派情绪。内阁讨论尝试在奥斯曼
帝国境内建立永久性"军事用地"的问题，导致德比辞掉外交大臣
职务。4 月 2 日，迪斯雷利任命索尔兹伯里继任外相，强化了政府

的能力。新任外相并不像首相那样对历史悠久的苏丹政权怀有浪漫主义热情。但他承认，如此决定性地对俄国有利的东方问题"解决方案"具有内在的危险性。同时，索尔兹伯里的独立判断权，使他比起前任更容易让俄国人心悦诚服。4—5月，通过精明的谈判，他争取到了俄国大使承认《圣斯特凡诺条约》需要修订。[24]没有索尔兹伯里耐心的外交筹备，就没有奥斯曼边界在6月底和7月的柏林会议上的修正。

　　虽然索尔兹伯里从不相信奥斯曼帝国是"真正可靠的强国"，但他打算磋商一个秘密的联盟，保证苏丹在安纳托利亚剩余领土的完整。但这不是没有代价的。迪斯雷利坚持认为，只有英国在小亚细亚拥有行动基地，才可能履行上述保证。3月初，他告诉女王，英国需要一个基地，以免"欧洲与东方的贸易和联络蒙上俄国的阴影"。英国严肃考虑过克里特岛（"优点甚多"，但该岛希望与希腊合并，"定会造成政治麻烦"）和佐泽卡尼索斯群岛（Dodecanese）①中的斯坦帕利亚岛（阿斯蒂帕莱阿岛，Stampalia/Astipálaia②），要么租借米蒂利尼（Mytilene）或伊斯肯德伦。截至5月，迪斯雷利已经决定"塞浦路斯是西亚的钥匙"。[25]6月4日，《塞浦路斯公约》在君士坦丁堡签订：如果俄国保有卡尔斯、巴统（Batum）或阿尔达汉（Ardahan）③，英国将在亚洲保卫奥斯曼帝国免遭俄军进一步进攻，以占领塞浦路斯作为对英国的报答，但该岛的主权仍然在苏丹之下。直到柏林会议第四周，苏丹才发布诏令，授权英军在岛上

---

　　①　意译为"十二群岛"，罗得岛为其主岛，今属希腊共和国。
　　②　原书拼作 Astipalia。
　　③　三地均在安纳托利亚东部，其中巴统在今格鲁吉亚境内，卡尔斯和阿尔达汉仍在土耳其境内。

立足；而且，他只是在英方抗议奥斯曼赴柏林会议代表团对《塞浦路斯公约》一无所知后，才发布了诏令。

1856 年的巴黎和会上，穆罕默德·埃明·阿里帕夏的政治才能令其他谈判代表印象深刻。22 年后，前往柏林的三位奥斯曼代表是三流水平：一位法纳尔希腊人，曾担任过公共工程大臣；一位土耳其诗人兼宫廷官员，在驻柏林大使馆有两年工作经验；第三位更具争议，他出生在德国马格德堡（Magdeburg），逃脱普鲁士军队，改信伊斯兰教，俾斯麦对他没有好脸色。阿卜杜勒-哈米德二世亲自挑选了这个堪忧的三人组，口头下达了指示，不落文字。他们将尽量保住奥斯曼在巴尔干的利益，取消战争赔款，尝试让瓦尔纳、巴统和亚美尼亚全境回归奥斯曼主权。难怪一位俄国代表在参会日志中骂道："土耳其人坐而论道——像狗一样。"[26]

君士坦丁堡正在发生的事情，加重了谈判代表们的疑惑。当他们抵达柏林时，那位选派他们承担这般模棱两可任务的君主（阿卜杜勒-哈米德二世），能不能坐稳皇位都成了问题。俄军在巴尔干的推进，已经迫使成千上万人逃往君士坦丁堡，比该城市的人口还要多一倍以上。食物短缺，工作有限，简直是煽动家挑动暴民暴力的天赐良机。

5 月 20 日，原"青年奥斯曼党"激进派、现为冒进的宗教主义者的阿里·苏阿维，在这些暴民中组建了一个武装小队。随后，他率领 100 人左右闯入彻拉安宫，试图释放废君穆拉德五世，宣布他为苏丹。当地的警长赶来，一棍子撂倒了阿里·苏阿维，并且在宪兵队的支持下，造成了半数暴动者伤亡。

整起事件持续了不到一小时。[27] 在奥斯曼帝国漫长的衰落史中，这只是一段微小的插曲。但这次失败的政变对阿卜杜勒-哈米德二世的心理造成了持久影响。一开始，他就陷入了恐慌。至少有两周，他的政策摇摆不定，频繁更换大臣，下达的命令他在几个小时内自己就会撤销。这种犹豫不决的受益者就是被废的前任苏丹。阿卜杜勒-哈米德二世下令将其秘密处决，但没有采取行动，很可能是因为穆拉德五世是共济会会员，能够与法纳尔共济会分会长搭上话，以寻求德皇威廉一世和威尔士亲王的帮助。5月的一天夜里，阿卜杜勒-哈米德二世派遣他的秘书前往英国大使馆，询问大使配备的常驻舰艇"羚羊"号（HMS *Antelope*）是否可以在多尔玛巴赫切宫外停泊，在必要之时为他提供庇护。"羚羊"号一做好准备，第二条信息就传到大使馆，要求这艘蒸汽艇返回泊位。次日早晨，苏丹在后宫单独接见了莱亚德。他说自己陷入"最高风险"，军队恨他，人民不爱戴他，自从登基以来没有睡过一天好觉。他不怕死，但害怕在囹圄中终身监禁。如果他在为皇位而战时身死人手，莱亚德会保护他的家庭吗？次日，苏丹在一份亲笔写成的笔记中，再度强调了他紧迫的危机感。"我对可怜的苏丹感到最真诚的痛心，我禁不住同情甚至关心他。"柏林会议召开前六天，莱亚德致信索尔兹伯里，"然而，如果国家安全和我们的最高利益需要甩掉他，那么他就必须被牺牲。"[28] 没有哪位英国大使——甚至包括事业巅峰期的斯特拉特福德——像亨利·莱亚德这样，在这个危机重重的夏季成为奥斯曼事务想当然的仲裁者。

阿卜杜勒-哈米德二世没有被"牺牲"掉。但他的地位有好几个月是不确定的。法纳尔共济会至少策划了另外两起复辟穆拉德五世的阴谋，首都发展壮大的警探网络将其报告给了苏丹。阴谋家的无能似乎有助于阿卜杜勒-哈米德二世恢复勇气。在战争的惨败削弱了他的使命感之前，他一直在努力塑造新的专制统治。1878年冬季来临前，他性格中的这些专制倾向开始重新发挥作用。自从登基以来，他就选择居住在耶尔德兹山坡上的夏阁，而不是迈吉德时代辉煌的多尔玛巴赫切宫。这座夏阁是之前的阿卜杜勒-阿齐兹一世在古老的公墓之上建立的，其位置可以俯瞰彻拉安宫。而今，阿卜杜勒-哈米德二世将耶尔德兹宫转变为戒备森严的镇区，就像前一个世纪的托普卡珀宫一样复杂，能容纳五六千人，但比早前的任何奥斯曼帝国建筑群都更加宽敞。[29] 固定的帝国宫室并不存在。苏丹时常从一间宫室转移到另一间，迷惑可能存在的刺客，这才是安全之道。表面来看，耶尔德兹就像今天这样，是一块平静而美丽的园地，这里有灌木丛、湖泊、泉水，有通往凉亭的砾石路。安纳托利亚海岸的全景、博斯普鲁斯海峡和斯坦堡岬角以外的船舶，会突然映入眼帘。但耶尔德兹宫中也有监狱。它紧挨着一座动物园，据说这是为了让大使们和宾客们听到鸟兽的叫声而不是囚犯的呻吟。

耶尔德兹宫的双面性，使这座帝国镇区成为阿卜杜勒-哈米德二世统治时期的象征，就像多尔玛巴赫切宫曾是他父亲的象征一样。只有受到信任的卫兵和密友可以进入黄墙之内为苏丹服务。普莱夫纳的英雄——加齐奥斯曼帕夏被俄国释放后，担任耶尔德兹宫安全事务总负责人长达 19 年。他也是新建立的帝国枢密院主席，其职责之一，就是根除政府最高层的腐败和低效，无论是军政方面还是民政方面。耶尔德兹宫的官僚系统由苏丹的秘书穆罕默德·赛义德组织，直到他 1879 年 10 月担任大维齐为止。在这位苏丹的整个统治期间，耶尔德兹宫都是穆罕默德·赛义德的权力基地。这座宫殿中还有自己的宣传部、外务办公室和阿卜杜勒-哈米德二世的私人财政秘书处，处长由哈科普·扎里菲担任。以耶尔德兹宫为基础的最为险恶的机构，就是秘密警察（hafiye）。苏丹的切尔克斯族门徒艾哈迈德·杰拉勒丁（Ahmed Celaleddin）控制了该部门长达 20 年左右。有数以百计的线人（*jurnalcis*）隶属于秘密警察，他们为苏丹提供首都和偏远城乡的小道消息，换取报酬。来自叙利亚和的黎波里塔尼亚的阿拉伯人——多数是乌理玛中有影响力的成员——在秘密警察秘书处找到了职位，与在迷宫般的斯坦堡大集市（Kapali Carsi）中狼奔豕突的密探成为同道中人。他们罗织了很多报告，还有更多报告无法核实，但这一切都得到了阿卜杜勒-哈米德二世本人的仔细研究。臃肿的秘密警察机构对于苏丹的总体影响是灾难性的。垃圾信息久而久之强化了他的偏执心理和受迫害妄想。在剩余的统治期内，他的脑子里轻易地幻想有人马上就要暗杀他。受过耶尔德兹宫招待的宾客报告说，苏丹不只是利用宦官在他用餐前测试食物是否有毒，还有宦官负责抽第一口烟，确保香烟里没有下毒。[30]

阴暗的受背叛妄想症频繁笼罩在阿卜杜勒-哈米德二世胡思乱想的脑袋中，又影响到了各国大使、外国政治家以及奥斯曼大臣和官僚。尽管莱亚德怀有亲土耳其的热情，但他很快就失去了苏丹的信任。来自柏林和其他欧洲国家首都的报告，使苏丹相信英国背叛了他。柏林会议召开前不久，伦敦的《环球报》（*The Globe*）发表了一份泄露的英俄秘密议定书，其中提议俄国应当保有卡尔斯和巴统，同时归还贝亚泽特城镇，接受将大保加利亚分割成两个省。这份秘密协定也约定，由于英国在希腊拥有特殊利益，列强应该一致协商伊庇鲁斯、色萨利"和高门治下的其他基督教行省"的未来安排。《环球报》的披露对英国在君士坦丁堡的地位立即产生了"严重"影响。"没有哪位土耳其人或基督徒现在不相信我们一直在戏耍土耳其和欧洲，"莱亚德在写给前任大使埃利奥特的私人信件中说，"不认为……我们自始至终都与俄国和奥地利保持秘密协议：肢解土耳其帝国，夺取我们的战利品。"[31]

当条约最终条款的消息传至君士坦丁堡后，《环球报》的披露制造的恐慌就被坐实了。大保加利亚确实被瓦解了，但苏丹不得不承认建立一个保加利亚大公国（从多瑙河延伸至巴尔干山脉）和一个东鲁米利亚省（虽然处于奥斯曼直接统治下，但要设立一位基督教总督，拥有特殊的行政制度）。贝亚泽特和埃莱什基尔特河（Eleskirt）河谷以及尼什以南的马其顿将返还给苏丹。波黑仍然是奥斯曼行省，但要由奥匈帝国军队占领，由维也纳任命的公务员治理。《伦敦海峡公约》没有变动，但奥斯曼政府承诺在剩余的亚美尼亚诸省实施改革。黑山的国土面积比战前扩大了一倍多，而塞尔维亚获得了尼什和《圣斯特凡诺条约》中转让给保加利亚的一些领土。只有在希腊问题上，《柏林条约》不及《环球报》披露的那样让阿卜杜勒-哈米德二世感到苛刻。英国对雅典政府的支持是三心二意的，迪斯雷利甚至在柏林会议上建议道：由于奥斯曼帝国失去的领土太多了，再考虑重划巴尔干的版图实在不明智。[32] 然而，苏丹被要求与希腊就色萨利边境的调整展开谈判；他被告知，如果两国政府无法划定新边界，列强就要斡旋出一个解决方案。终于在1881 年，苏丹的军队撤离了北至皮尼奥斯河（Pinios）的色萨利和伊庇鲁斯南部的阿尔塔地区。但高门继续否认希腊对伊庇鲁斯北部和马其顿的诉求。阿尔塔、拉里萨（Larissa）、特里卡拉（Trikka-la）成为希腊领土，而约阿尼纳和历史性的港口萨洛尼卡（塞萨洛尼基）仍然稳稳地掌握在奥斯曼手中。

阿卜杜勒-哈米德二世希望柏林会议取消战争赔款，但未能实现。然而它造成的问题没有他担心的那么严重，因为《柏林条约》

没有提及赔款，而是将这个问题甩给了双边直接谈判解决。俄国原则上要求 3 200 万英镑赔款，但沙皇的大使私下里对索尔兹伯里承认，他们对这笔钱并不在意，也认为奥斯曼不可能付这笔钱。在长达四年的扯皮后，高门承诺每年支付给俄国 32 万英镑（要付到 1982 年），同时沙皇放弃所有利息。但俄国人非常清楚，如果奥斯曼仍然处于慢性破产状态，他们自己的经济也会遭殃；因此，他们极少强迫邻国土耳其支付每年的赔款。为了帮助高门恢复一些财政秩序，柏林会议决定，后继的独立国家将各自接管一部分奥斯曼公债。同时，会议建议高门建立一个财政专家组成的国际委员会，以保护奥斯曼国债持有者的利益。

阿卜杜勒-哈米德二世对外国干涉的反感，使他尽可能久地抵制任何国际委员会的建立。有一次，俄国代表在柏林会议上甚至提议由欧洲全面监管奥斯曼财政，并对奥斯曼实施多国联合军事占领，直至其经济恢复元气。几个月前，已逾鲐背之年的斯特拉特福德主张过类似的方案，但只是将其作为最终手段，且设置了严格的时间界限。[33]将财政管控和军事占领相联系的想法，遭到了会上其他国家代表的质疑：外国军队一旦建立了基地，什么时候会再度撤退？上述提议没有回答这个问题。但是，对于阿卜杜勒-哈米德二世而言，这个可恶的提议凸显了财政危机的严重性。他继位之初，曾决心避免更多的外国贷款。1877 年和 1878 年之交的冬季，他的经历证明了这份决心是明智的，因为奥斯曼国库的信用极低，以至于战时从伦敦和巴黎的应急借款，只借到了原定金额的五分之三，剩下的五分之二被贬值和利息占据了。在斯坦堡区，公务员的薪俸被拖欠了四年左右；物价一周高过一周；首都中仍然挤满了贫困的难民。苏丹意识到首都有发生暴乱的危险。可以理解，他将财政改革列为重中之重。

幸运的是，亚美尼亚银行家扎里菲仍然是阿卜杜勒-哈米德二世的好参谋。1879 年 11 月的一份帝国诏令，建立了加拉塔银行家的委员会，他们将和奥斯曼银行提名的人选一道，为偿还公债出谋划策。同时，财政部得到重组，对帝国整体承担责任，并协调来自各省的征税。"坦志麦特"改革时期，随着行政结构的合理化，已经让官僚系统头重脚轻，在首都有过多的部门任用了过剩的官员。内政部和外交部宣扬节俭，有时也付诸行动；利润税被推出了，理论上是在整个帝国境内征收的；财政改革委员会建立了，以便审查并削减政府各部的预算开支，但各部门都有自己的"小算盘"，降低了这个特殊机构的效率。旅行者的见闻指出，美好的表象之下其实腐败猖獗。出言谨慎的商务专员和领事们也赞同这一点。而这是出于一番好心。

但是，如果说这些改变使外国大使们相信了阿卜杜勒-哈米德二世的真诚，那么很快就显而易见的是：在大维齐奈迪姆承认国家破产之前，尚需更加强大的权威防止滑入失政。终于在 1881 年 12 月，苏丹接受了欧洲银行家对奥斯曼财政进行长期监管。《穆哈雷姆敕令》（Muharrem Decree）建立了奥斯曼国债管理处。这个机构实质上发展为独立的、平行的财政部，接受国际共管（法、荷、英、意、德、奥匈、奥斯曼），雇用了 100 名左右外国专家，工作人员总数达 5 000 人。这些改革的长期效果，是将阿卜杜勒-哈米德二世统治期间的国家收入提升 43% 左右，帝国破产的风险逐渐消退了，即便年度财政赤字仍然存在。奥斯曼国债管理处的清正廉洁使阿卜杜勒-哈米德二世得以在统治后期吸引欧洲对公共工程项目的投资，由此刺激帝国整体的经济。在世纪之交，法国的股权仍然巨大，而英国转让了很多股份，德国成为安纳托利亚最大的投资商。[34]

在对俄战争后，发展到这最后一步似乎是不可能的。俾斯麦（这位首相本人就是国家的模范）时代的德国对奥斯曼帝国仍然提不起多少兴趣。阿卜杜勒-哈米德二世的代表团有求于人，手持毡帽①出席柏林会议，谈判进展不佳。1879 年 2 月俄土和约的最终版确认苏丹损失了约五分之二的领土和五分之一的臣民。在柏林，奥斯曼帝国被踢出了它在克里米亚战争末期争取到的大国联盟交椅。实际上，奥斯曼不再是一个欧洲强国，尽管它的省份仍然横跨了巴尔干，从埃迪尔内延伸到亚得里亚海沿岸的阿尔巴尼亚斯库台省。虽然在 1879 年，很多外在的联系正在弱化，但这个苏丹政权继续维系着一个广袤的多民族帝国。阿卜杜勒-哈米德二世仍然是叙利亚、美索不达米亚、阿拉伯、埃及、马格里布直至阿尔及利亚—突尼斯边境的宗主。虽然在高加索的边境收缩了，但他仍然是亚美尼亚五省、库尔德斯坦以及操英语的地理学家所称的 "Asia Minor"（小亚细亚）那片土地上的君主。此外，比起他的前几任，他更大程度地意识到作为哈里发的道义权威。败于俄国之手，给阿卜杜勒-哈米德二世带来了构思帝国新理念的问题，而他接受了挑战。恰到好处的是，比起在山下的海滨宫殿，苏丹从耶尔德兹的山坡上可以眺望更加广袤的亚洲风景。

---

①　原文 "go fez in hand" 应该是模仿短语 "go hat in hand"（放低姿态求人）所造的俏皮话。用土耳其毡帽 "fez" 替代了英语的帽子 "hat"。

第十一章

哈米德时代的帝国

　　阿卜杜勒-哈米德二世在位前十年，勉为其难地接受了奥斯曼的权力与威望在欧洲的持续衰退。圣斯特凡诺与柏林之辱后，1880 年奥斯曼被迫将乌尔齐尼（Ulcinj）和亚得里亚海岸线数英里转让给黑山，一年后割让色萨利和伊庇鲁斯的阿尔塔地区给希腊。1879 年 4 月与奥匈帝国签订的协议确认了波黑仍然是奥斯曼省份，但暂时由奥匈帝国财政部管理。1881 年，奥斯曼的荣耀遭到了更大的打击：波黑青年应征加入弗朗茨·约瑟夫的军队，仿佛他们已经是奥地利的臣民。后来萨拉热窝建立了一个沙里亚学校，设有美丽的柱廊，由哈布斯堡的政府基金建立，这无疑更满足了阿卜杜勒-哈米德二世的哈里发身份而非苏丹身份。1878 年后的哈布斯堡——奥斯曼关系，仍然不温不火，维也纳和布达佩斯坚持从任何可能的商业特许权中得利，而苏丹希望从奥地利铁路项目中增加收入。新帕扎尔旗（*sanjak of Novibazar*）是分隔塞尔维亚与黑山的重要战略走廊，仍然在奥斯曼治下；但在阿卜杜勒-哈米德二世统治的大多数时候，奥匈帝国第十五军驻守该旗为数不多的城镇中的四个。

　　制服圣斯特凡诺的"大保加利亚"幽灵越来越困难。东鲁米利亚——柏林会议催生的奥斯曼自治省，其实是行不通的产物。虽然这个行省为苏丹的金库带来了稳定的收入，但他任命的总督——一位来自萨摩斯岛（Samos）的希腊东正教官僚——为政有失，激化了泛保加利亚情绪，1885 年 9 月在普罗夫迪夫激起了一场暴动。暴动领导人斯特凡·斯坦布洛夫（Stefan Stambulov）宣布将东鲁米利亚与保加利亚合并。接下来一年半，奥斯曼当局表现了克制和审慎，尤其是因为阿卜杜勒-哈米德二世不希望被人进一步指责"屠杀"保加利亚人。他欢迎在首都举行大使会议，结果在 1886 年 4 月，他发现大使们要求他下诏确认"两保加利亚"联合为一个附属公国，换取罗多彼山区一连串穆斯林村落的归还。法理上说，直到 1908 年 10 月，保加利亚都在阿卜杜勒-哈米德二世的宗主权下。1887 年 7 月，萨克森—科堡的斐迪南当上保加利亚亲王后，保证每年从索非亚（保加利亚首府）向君士坦丁堡朝贡一笔款项。但保加利亚的民族野心仍然需要爱琴海出海口。实践中，从 1885 年起，保加利亚就像独立的塞尔维亚和罗马尼亚一样，脱离了奥斯曼的宗主权。[1]

　　19 世纪 80 年代初，阿卜杜勒-哈米德二世短暂考虑过重新声张奥斯曼在埃及的权威，以此抵消帝国在巴尔干的衰落。若是早个几年，这样明显的历史扭转是不可能的；至少有两次，开罗似乎要切断与君士坦丁堡的所有联系，宣布埃及完全独立。1869 年 11 月，

在庆祝苏伊士运河开通的漫长典礼期间，是埃及统治者伊斯梅尔，
而不是他的帝国主公，接待了法国皇后、奥地利皇帝、普鲁士王
储、奥兰治亲王和黑森亲王。欧仁妮皇后、弗朗茨·约瑟夫和其他
外国政要本可以前往君士坦丁堡礼节性地拜访阿卜杜勒-阿齐兹一
世，就像几个月前的威尔士亲王夫妇；但在尼罗河三角洲，伊斯梅
尔以法老的继承人示人。他在开罗兴建了剧院，给他的宾客们留下了
深刻的印象；他委托威尔第（Verdi）创作歌剧《阿依达》（Aida，两
年后出演）。伊斯梅尔曾经自豪地向一位外国著名银行家保证："我的
国家不再在非洲，而是在欧洲。"[2]

　　1863 年，伊斯梅尔继承他的伯父赛义德担任副王，他曾经受
过法国教育，无疑加速了西化的步伐，有效地将埃及与土耳其切
割。棉花贸易扩大给他带来了财富，他利用这一点增加外债，直到
1873 年欧洲金融危机爆发，埃及的经济都保持繁荣，从良好的铁
路系统和高利润的苏伊士运河中受益———一开始，伊斯梅尔是苏伊
士运河最大的个体债券持有者。1866 年春，伊斯梅尔与奥斯曼宗
主达成了两项交易中的一项：埃及的岁贡加倍，换取奥斯曼承认他
的"赫迪夫"头衔、有权扩大埃及军队、发行自己的货币、授衔授
勋不需请示苏丹。在对君士坦丁堡的国事访问中，他斥巨资笼络阿
卜杜勒-阿齐兹一世和有影响力的朝臣。之后，他获得了更慷慨的
让步。1873 年 6 月的一份诏书给予了这位埃及统治者实质上的财政
与行政自治权。此前，他只能通过短期信贷筹钱；此后，他能够向
外国银行获取长期贷款。

　　埃及从苏丹那里获得这样的让步，为时已晚。四周之前，维也
纳证券交易所崩盘，击破了欧洲银行家的信心。信贷来源收缩。不
到两年，伊斯梅尔就发现自己无力偿还短期贷款的高额利息。由于

迪斯雷利的努力和罗斯柴尔德家族的现成资金，他的苏伊士运河股份落入了英国政府手中。英、法专家为了挽救埃及的经济，获得了对埃及公共资源的管控权，控制力度是奥斯曼人从未拥有的。伊斯梅尔急忙取悦奥斯曼当局：1877 年，约 3 万埃军帮助苏丹与俄国作战。但双重委员会——英、法对埃及财政的管制机构——下令大幅削减这位赫迪夫的军队。他们相信（虽然很难令人同意），伊斯梅尔就像当年的阿卜杜勒-阿齐兹一世一样挥霍无度。他们打算把他轰下台。他绝望地求助于阿卜杜勒-哈米德二世，分析道：外国人在开罗擅行废立，对于君士坦丁堡而言是一个不祥的先例。

　　苏丹无动于衷。看到这么坚定的埃及独立支持者流亡在外，他满不在乎。1879 年 6 月 26 日，在英、法的怂恿下，苏丹下令驱逐伊斯梅尔，并将伊斯梅尔 27 岁的儿子陶菲克（Tewfik）扶持上位，作为埃及的宗主。同时，阿卜杜勒-哈米德二世对赫迪夫的军队施加了最高 1.8 万人的限制，撤销了 1873 年 6 月的诏书，再度有效削弱了埃及的自治权。

　　但这不是双重委员会所希望的。苏丹失策了。英、法希望他除掉伊斯梅尔并裁减埃及军队，但陶菲克应当成为英、法的傀儡，而不是阿卜杜勒-哈米德二世的傀儡。两个月后，君士坦丁堡各国大使的施压使苏丹发布了一份修正版的革职诏书："赫迪夫"陶菲克可以行使与他父亲同样的自治权，前提是他向苏丹支付岁贡，并将军队控制在指定规模内。然而，这种限制恶化了埃及危机。哪类军官可以继续军事生涯？是说阿拉伯语的埃及人，还是常被提拔至高位的土耳其-切尔克斯人？接下来两年，操阿拉伯语的下级军官组成的排外主义施压团体持续在开罗和亚历山大港威胁作乱。他们的领导人是艾哈迈德·乌拉比（Ahmed Orabi）中校——在西欧简称为"阿拉比①帕夏"（Arabi Pasha）。

阿卜杜勒-哈米德二世相信，他可以像处理迈扎特一样巧妙地对付乌拉比。他打算利用乌拉比叛军削弱赫迪夫的权威，在埃及制造无政府状态，使双重委员会欢迎奥斯曼实施直接统治，并为帝国潜在最富裕省份的复苏提供财政支持。因此，苏丹个人的埃及政策是极度迂回的。大维齐和其他底万成员欢迎英国的一项动议：1881年6月，在君士坦丁堡召开新一次大使会议。而阿卜杜勒-哈米德二世拒绝批准奥斯曼参与会谈，并执意拒绝派遣奥斯曼远征军前往埃及的请求。相反，他在君士坦丁堡召见乌拉比，并派遣一位私人使节前往开罗与陶菲克会谈。同时，大使们向他做出了奇怪的模糊保证：外国军队不干涉埃及，"除非发生不可预料的事件"。[3]

一开始，事态在阿卜杜勒-哈米德二世掌控之中。亚历山大港的多起暴乱——几乎同时发生——导致了劫掠事件，约50名基督徒被杀。英国军舰适时地轰炸了这座城市。几周后，它们的火炮掩护了一支远征军登陆。远征军由沃尔斯利爵士（Sir Garnet Wolseley）指挥。1881年9月13日，沃尔斯利在泰勒凯比尔（Tel-el-Kebir）击败了乌拉比的军队。苏丹以两条理由抗议英国的行动：（1）入侵埃及侵犯了奥斯曼主权；（2）单边干涉导致他以苏丹身份正在主持的调解行动毫无意义。英国人保证他们在埃及的军事存在就像奥匈帝国驻守新帕扎尔一样，只是暂时的应急手段。这番说辞没有完全安抚他。

---

① 从"乌拉比"（Orabi）到"阿拉比"（Arabi），属于正常的语音讹变，类似于前文的"厄梅尔"与"奥马尔"。

　　阿卜杜勒-哈米德二世在开罗和亚历山大港恢复奥斯曼直接权威的野心接近成功，至少在纸面上如此。伦敦的连续几届首相确实有意尽快撤出埃及。军事占领的持续，首先是为了抑制苏丹（非洲国名）的马赫迪暴动，保护埃及的肥沃地区和红海港口免遭其眼中的疯狂无政府状态破坏。但是，留在埃及的决定，间接原因是奥斯曼政治出乎意料地反常。直到 1887 年，或许晚至 1894 年，英国设想过与苏丹（职位名）和解：埃及将由高门通过副王级的赫迪夫治理，并保证外国债券持有人的权益和苏伊士运河通行权不受阻碍；如果有国际保证遵守埃及的中立，英军就会撤离。亨利·德拉蒙德·沃尔夫（Henry Drummond Wolff）作为特使前往君士坦丁堡，说服苏丹分享埃及的行政管理权。预备协定很快就签署了。1887 年 5 月，英土缔结正式协定：英国将在奥斯曼化的埃及享有优先权，对该地的军事占领在三年之内解除。亨利·德拉蒙德·沃尔夫在君士坦丁堡等待了八周，而阿卜杜勒-哈米德二世接二连三乃至三番五次地对条约改变主意。法国憎恨英国在埃及的特殊地位，而法国大使得到了俄国大使的支持。他们甚至威胁，如果英土条约得到批准，就会开启战端。大使们的强硬措辞是为了让神经衰弱的苏丹感到恐惧。他也确实严肃对待。阿卜杜勒-哈米德二世不难说服自己：英国人正在欺骗他签一份丢掉埃及的条约。耶尔德兹深宫中的孤家寡人，非常容易接受阿卜杜勒-胡达·赛义德（Abul Hauda al-Sayyadi）的神神叨叨。此人是一位来自阿勒颇的善于想象的预言家，看待世俗事务的方式与 3 英里外高门中的大臣和官僚非常不同。[4]

　　最终，阿卜杜勒-哈米德二世拒绝批准条约。做出这种决定的时机看起来是不祥的。苏丹的犹豫——或者像某些人相信的那样，

叙利亚算命先生收受的慷慨贿赂——使埃及脱离了他的掌控。从
1887 年至 1914 年，有一位奥斯曼高级专员驻扎开罗；每年有 66.5
万英镑（约为国家岁入的 4%）的贡赋交到奥斯曼国库。尽管在世
界和平时苏丹拥有名义上的宗主权，但是，1883—1922 年，埃及
就像印度土邦一样被大英帝国牢牢掌控。阿卜杜勒-哈米德二世没
有从批准协定问题上的执拗中占到什么便宜，因为连续几届英国政
府在土耳其的薄弱之处为所欲为。很快，埃及在英国政府（White-
hall）的战略规划中就将取代黑海海峡。"开罗是……欧亚之间、欧
澳之间的通道。"1898 年 11 月，一位外交部官员耐心地向财政部的
同僚解释道，"近期的事件使之也成为欧洲与非洲较多地区之间的
通道。"[5]

　　阿卜杜勒-哈米德二世试图两度纠正他的政策失误，以求牢牢
掌握这个战略通道，却是徒劳。1894 年 8 月，奥斯曼大使向罗斯伯
里勋爵（Lord Rosebery）的自由党政府提出了修订亨利·德拉蒙
德·沃尔夫协定的可能性。一年半后，苏丹坚持说服索尔兹伯里[①]
就埃及问题开启新的谈判，尽管英国外交部和驻佩拉大使馆都断然
回绝。他稍微更喜欢索尔兹伯里和保守党而不是自由党。在自由党
中，难对付的格莱斯顿继续支持奥斯曼治下基督徒的权利，直至
1896 年秋（这时他已经接近 87 岁生日了）。但是索尔兹伯里从未隐
瞒他对奥斯曼求生意志的轻视。他那一代的大多数欧洲政治家也这
么看。借用俾斯麦的比喻，所有人看起来都急于从奥斯曼的果园中
"摘下成熟的果子"。法国在 1881 年埃及危机的高潮期间夺取了突

---

　　①　1895 年 6 月，保守党的索尔兹伯里取代了罗斯伯里内阁。这是索尔兹伯里第三
次出任首相。

尼斯的"梨子"，并维持了在叙利亚的政治野心。虽然沙皇的官方政策不再像19世纪70年代那样致力于"泛斯拉夫主义"，但俄国仍然从高加索对奥斯曼构成威胁。遍布巴尔干西部的奥地利商业企业亦非善类。甚至意大利在法国建立保护国之前就觊觎突尼斯，此时正在对的黎波里塔尼亚和佐泽卡尼索斯群岛表现出兴趣。只有德国人仍然对过早掠夺奥斯曼不感兴趣。因此，阿卜杜勒-哈米德二世与德国建立了最紧密的关系。

　　"东方政治中新的因素——德国人，值得我们严肃考虑。"1877年，莱亚德抵达君士坦丁堡后不久就向迪斯雷利评论道。[6] 这个独特的警告只不过是精明的猜测。虽然普鲁士军官从马哈茂德二世后期开始，就已经在奥斯曼军队中短期效力，但君士坦丁堡与柏林在俾斯麦时代的密切联系极为少见。普鲁士驻耶路撒冷领事馆早在1842年就已建立，常常比大使馆（驻君士坦丁堡）更加活跃，以保障路德宗的利益，并推进新教教派在巴勒斯坦建立农业定居点。甚至威廉·冯·普雷塞尔在1872年提出了他的安纳托利亚宏大铁路计划后，也几乎没有在他的国家采取行动为这次冒险争取支持。[7] 德国的金融机构似乎对扩张持谨慎态度。威名赫赫的德意志银行，虽然1888年9月希望同斯图加特银行一道为安纳托利亚铁路提供资金，但截至现任苏丹统治末期，也没有在奥斯曼的任何地方开办一家分行。1899年，德国开办的第一家奥斯曼银行最终建立，确切而言它是一家地方性机构——德意志巴勒斯坦银行（Deutsche Palästinanbank），从大马士革南至加沙设有多家分行。又过了七年，一家德意志东方银行（Deutsche Orientbank）开始在整个黎凡特和埃及推进德国利益。

　　如果苏丹的臣民对德国有什么看法，他们会将其视为军事强权而非金融机构。传统上，银行家来自巴黎、伦敦、维也纳。为马哈茂德二世效过力的最著名的普鲁士军官毛奇，后来在更大的德国担任参谋长时，依旧轻视土耳其人。1882 年，阿卜杜勒-哈米德二世需要新的军事顾问团。毛奇将这个任务派给一个名不见经传的参谋官奥托·克勒（Otto Kaehler）将军，而不是一位精力旺盛、主动性强的军人。克勒抵达君士坦丁堡后不到两年就去世了，但他已经表现出他是克虏伯公司的一流推销员。克勒的副手兼后任科尔马·冯·德·戈尔茨（Colmar von der Goltz）上校，将三场"俾斯麦战争"① 的经验传授给苏丹的军队，为他赢得了在欧洲的声誉——最后还获得了陆军元帅的军衔。数百门重炮和野战炮从汉堡被运往金角湾，因为戈尔茨确信，达达尼尔海峡应当由现代炮兵镇守，同时克虏伯公司的专家们则对首都以西恰塔利亚（Chatalja）一线的旧堡垒加以修缮。戈尔茨的回忆录透露，他个人非常鄙视阿卜杜勒-哈米德二世；他发现苏丹对外国人在军事学院的影响怀有强烈疑心，而且极度害怕遇刺，对左轮手枪在首都的使用施以严格限制。像其他观察家一样，戈尔茨注意到随着时间的推移，苏丹越来越少地前往耶尔德兹宫之外。戈尔茨在土耳其的使命仍然令人懊恼。建立顺畅运行的总参谋部的尝试，被奥斯曼最高司令部内部的派系斗争所阻碍。但戈尔茨至少促使苏丹整顿军事结构，由此加速动员，并加快了命令从最高司令部下达至战斗部队与偏远驻军的速度。[8]

　　戈尔茨幽默机智，出身于有教养的家庭，怀着极大的耐心，驳斥乌理玛的反对，说服阿卜杜勒-哈米德二世选派军官前往波茨坦，

---

　　① 普丹战争、普奥战争、普法战争。

与普鲁士人一同接受深入训练。早在马哈茂德二世后期，一些土耳其学员就已经前往英国，在伍利奇（Woolwich）接受训练。但是，比起略显偶然的早期尝试，戈尔茨建立起的土军与德军的联系具有更加完善的组织，并持续到第一次世界大战。虽然在任何一年中，极少有 20 名以上奥斯曼军官身处德国，但其中一些人长期外派。截至 1889 年，德皇威廉二世首次（之后还有一次[①]）招摇地访问奥斯曼时，德国的军事影响力正在引起他国大使馆的密切注意。1890年 5 月，一份从佩拉发往英国外交部的情报评估略带惊讶（也有几分夸张）地报告称：大部分土耳其前线步兵已经装备了高质量的毛瑟步枪。[9]

利用外国专家实现军队的近代化，当然是所有改革派苏丹常用的权宜之计，包括阿卜杜勒-哈米德一世、塞利姆三世、马哈茂德二世。但是，阿卜杜勒-哈米德二世的不同在于，他依据很多方面过时的理念塑造新建的骑兵部队。1891 年 3 月，他建立了一支非正规骑兵部队，使人联想到 17 世纪的机动骑兵（*akinji*）或更晚近的"*başı bozuka*"，即臭名昭著的"志愿民兵"。他们的暴行，在西欧和美国对保加利亚惨案的所有记录中都有描述。这些新营被称作"哈米迪耶"[②]，是从安纳托利亚东部游牧的库尔德人和土库曼人中招募的。他们由部落酋长们领导，有奥斯曼军官随军做监察官。人们认为他们的天敌是俄国人，后者看起来可能会从外高加索属地向南推进。[10]

---

　　①　原书有误，之后应当还有两次，即 1898 年和 1917 年两次。
　　②　*hamidiye*，土耳其语义为"属于哈米德的"，是一支轻骑兵，常常用来袭扰亚美尼亚人。

　　一开始，"哈米迪耶"被组织为 30 个名义上训练有素的团，每团各 600 人。但这支部队迅速扩大。19 世纪末，有 63 个团，每个团有 800～1 150 人。表面上看，他们像俄国维持了两个多世纪的哥萨克部队。但是，哥萨克在成为沙皇的士兵之前就是著名的战斗群体，而库尔德和土库曼部落长期作为响马而生存，六七位酋长只是偶尔结成松散的联盟，目的主要是防御惩罚性的远征。旧习难改，地方上的奥斯曼指挥官利用苏丹的"部落宪兵"①，也导致后者难以放弃传统习惯，在埃尔祖鲁姆一带的山区尤其如此。这种状况使列强的领事代表们感到失望，强化了对"可恶的阿卜杜勒"的广泛憎恶。如果库尔德人利用武器和"哈米迪耶"的团级组织折磨安纳托利亚东部的亚美尼亚基督徒，他们的苏丹兼哈里发就不愿意限制这种狂热的血腥发泄。库尔德人是军事化的穆斯林，此前就不信任"坦志麦特"的西化，在"哈米迪耶"中自豪地服役，他们将其视为奥斯曼君主对他们民族身份的一种认同。不幸的是，"哈米迪耶"——就像爱尔兰的"黑棕部队"（Black and Tans）②——留下了种族和宗教仇恨，这种仇恨比奥斯曼和几个直系继承国持续得还要久。

　　在阿卜杜勒-哈米德二世的整个统治时期，"哈米迪耶"都是一个典型。更早的统治者已经西化了奥斯曼人的生活，阿卜杜勒-哈米德二世试图将前辈们从欧洲引进的机构加以伊斯兰化。同时，他成了前辈们所忽略的事业的支持者。来自黎巴嫩和叙利亚的阿

---

　　①　对"哈米迪耶"部队的调侃称呼。
　　②　英国皇家爱尔兰警队下属的准军事组织，"一战"之后成立，用于镇压爱尔兰的革命。

拉伯人，从来没有像在阿卜杜勒-哈米德二世统治前半期那样，在奥斯曼政府中获得这么高的提拔。他们鼓励了这种设想：他作为哈里发，有权保护英、法、俄帝国统治下的穆斯林。他亲自挑选、批准宗教界要人在克里米亚和塞浦路斯、附属的保加利亚和埃及、奥地利占领的巴尔干西部行使宗教权威。大概可以说，他利用并驾驭了传播到亚洲很多地区和北非的"泛伊斯兰情感"，以应对帝国主义。

　　阿卜杜勒-哈米德二世的虔诚非虚。不像最近的几位前任，他强调信仰的真诚，一丝不苟地庆祝穆斯林的节日，从私用金中拨款整修清真寺，扩大穆斯林学校，增加乌理玛资金。臣民对他怀有敬畏之心，这种敬畏很难与崇敬区分开。查尔斯·埃利奥特爵士（Sir Charles Eliot），1893—1898 年担任英国大使馆三等秘书，描述了在阿卜杜勒-哈米德二世统治的第 22 年，耶尔德兹清真寺的乃玛孜（*namaz*）祈祷者：

　　　　星期五正午之前很久，士兵们、观众们（其中包括数百名土耳其女性）占据了所有可利用的空间……最后，喇叭吹了起来……一辆覆盖着车篷的维多利亚马车，沿着陡峭的道路缓缓而下。一位穿制服的老人、普莱夫纳的英雄——陆军元帅奥斯曼帕夏，背对着马匹坐着，毕恭毕敬地对车篷下看不太清的某个人说话。这辆马车停在通往清真寺暗门的楼梯前。一根弹簧降下了车篷。坐在下方的那个人，神采奕奕，登上台阶，在一阵深邃的平静中，转向人群，挥手致意。他并不像一个军事民族的首脑一样，骑着昂首阔步的战马，或者锐气十足、容光焕发而来。他的服装或仪态平平无奇，但他独自站在那里的那一刻，整个场面肃静了……我们与一个伟大民族和一种伟大宗教的人格象征面对面。[11]

苏丹政权的专制性质得到了强化。但是，哈米德时期没有发生针对"坦志麦特"复兴的"反革命"。改革时代得以延续：更好的公共教育；一家农业银行，为最广泛也最落后的行业提供资本；更多的市政机构、硬化道路（paved road）、煤气照明城镇；刑事和民事法庭的流程标准化——但是，让苏丹大为恼怒的是，他无法废除外国居留者凭借单方让步协定长期享受的特殊法律地位。在某种意义上，随着希尔施男爵修建的通往塞尔维亚铁路段的完工，哈米德帝国与欧洲的联系更加紧密了。1888 年 8 月 12 日，第一列来自西欧的直达火车抵达君士坦丁堡。11 月起，旅客可以在周三晚上七点半坐上东方快车离开巴黎，走过 1 867 英里的旅程，途经慕尼黑、维也纳、布达佩斯、贝尔格莱德，在周六下午 5 点 35 分，从同一节车厢里走下来，在斯坦堡区"荒地上的长棚屋"下车。锡尔凯吉（Sirkeci）火车站不久就建成了。在金角湾对岸，"铁路卧铺车公司"（Wagons-Lits Company）开辟了一家豪华旅馆"佩拉宫"，"环境非常优越，独居高处，周遭宽敞"。当然，铁路干线和豪华宾馆的到来，并未使博斯普鲁斯海峡开放旅游，但它们加强了奥斯曼与西欧、中欧的贸易接触，无论是好是坏。英国大使相信，阿卜杜勒-哈米德二世个人对新铁路线抱有敌意。来自西方的第一列火车几乎未被注意。大使报告说："土耳其当局在前一夜已经移走了所有旗帜和其他表达欢庆的标志，奥斯曼官员都被禁止参加这一重要的场合。"[12]苏丹的反应继续让外国观察家感到困惑，他们太乐于相信穿上西服就会让奥斯曼人的思想和行为西化。

哈米德苏丹政权比起以往更是个矛盾的政权。煤气照明的佩拉区和斯坦堡区大街，为旅行者提供了变化万千的"西洋镜"，部分是欧洲的，部分是北非的，但首先是丰富的亚洲文化特质和色彩。一些局外人对这种景象感到不自在，无论是眼前上演的，还是向他们隐藏的，都同样让他们焦虑。1893 年，一位机敏老练的英国外交官，在阔别 10 年后返回君士坦丁堡，对"烂到骨子里的制度"感到震惊。他吐槽"在我们打交道的人群"之中，到处是"对赚钱和投机的狂热"，"法国教育的腐化作用压制了旧日的（土耳其的）传统"；他还将"耶尔德兹宫娱乐活动的花里胡哨"与"我们看不见的真正宫廷——谢赫①，占星术士与鬼鬼祟祟的阴谋，一切阴暗的言行"相互比较。[13]但是，无论外部观察家如何表达愤世嫉俗的怀疑，宗教虔信的血脉并未深藏于表面之下。例如，一位外国观光客希望在土耳其公共浴场（*hamam*）放松身心，他会发现这里被视为一种"瓦克夫"；浴场传统暗喻了灵魂和肉体的洁净。更明确的哈米德特色，就是苏丹倡导《古兰经》的"神圣语言"。古典阿拉伯语原本可能获得与奥斯曼土耳其语同等的官方地位，只不过大维齐劝说他：即便扶持最纯正的阿拉伯语，也会在斯坦堡区引发民怨——在这里，狭隘的土耳其民族情绪已经有了最初的涟漪。

　　这是一个有说服力的论断，因为阿卜杜勒-哈米德二世对人民的情绪十分敏感。他不愿在首都的街道上骑马，一直担心有人会企图谋害他。他对政治谋杀极为忌讳，以至于禁止奥斯曼报纸报道外国领导人或政治家遇刺的消息。沙皇亚历山大二世、美国总统加菲尔德、法国总统萨迪·卡诺、波斯沙阿纳斯尔丁、奥地利皇后伊丽莎白遭遇暴力死亡的消息都被隐瞒。每周只有一两次，阿卜杜勒-

---

　　①　伊斯兰国家的一种称号，本义为"长老"。

哈米德二世敢从耶尔德兹花园现身。他偶尔沿着博斯普鲁斯海峡而下，渡海前往安纳托利亚沿岸。但他不愿意冒险深入帝国内陆，尤其不愿意深入欧洲。虽然他或许拥有想象中的帝国权威和宗教权威理念，但这位哈里发让自己成为宫中的囚徒。东方铁路公司的管理者送给他一节豪华皇家车厢。1909 年载他流亡之前，这节车厢从未被使用过。

第十二章

亚美尼亚、克里特与三十日战争

在旧世纪的最后十年，三场内部危机——亚美尼亚、克里特、马其顿——再度提醒欧洲各国内阁，它们眼中奥斯曼帝国的崩溃征兆近在眼前。纵观历史，显而易见的是这三个问题相互之间是紧密关联的，无论是时机还是性质。但对当时的人而言，这还并不明显。亚美尼亚大屠杀激起了大西洋两岸的人道主义感情，甚至比起20年前（1876年）的保加利亚惨案所激起的感情更加深厚。与亚美尼亚人的遭遇相比，克里特人争取与希腊统一的斗争与马其顿地区的民族纠葛是一个非常类似的问题的棘手变种。

多数亚美尼亚人已经做了大约 500 年的奥斯曼臣民。[1] 像希腊人和波斯人一样，他们是古老的族群，是第一个集体皈依基督教信仰的民族——"启明者"格列高利（Gregory the Illuminator）为他们的国王蒂里达特斯三世（Tiridates Ⅲ）施洗，大约 300 年后，奥古斯丁才将有组织的基督教传入英国肯特。然而，430 年[①]，亚美尼亚君主国消亡了，国土被拜占庭帝国和波斯帝国瓜分。14—15 世纪，亚美尼亚人自古以来生存的山脊和高原落入奥斯曼治下。但是，较大的亚美尼亚社群仍然臣服于波斯，直至 1828 年他们的土地被割让给俄国为止。尽管历史动荡不安，但语言、典籍、宗教的纽带使他们能够保持一种民族认同感。在奥斯曼征服的时代，他们的"亚美尼亚格列高利教会"与罗马联合已有一个半世纪以上。虽然他们后来接受了大多数东正教教义和礼拜，但与基督教世界东部信众更广的其他教会相比，亚美尼亚宗教集团表现出了更大的独立性。例如，亚美尼亚人继续保留拉丁式而不是希腊式的十字架符号。在苏丹治下，它们获得了作为"格列高利米勒特"的独特地位，在君士坦丁堡有一个亚美尼亚格列高利派牧首。

这些宗教领袖没有扮演什么政治角色，直到 1878 年 1 月，首都的亚美尼亚教会中一些接受西方教育的成员，诱使牧首涅尔谢斯·瓦尔贾比迪安（Nerses Varjabedian）前往俄国位于圣斯特凡诺的总部，求助沙皇支持亚美尼亚人在安纳托利亚东部实施自治。但是，亚历山大二世不信任亚美尼亚人的政治野心——他的继承人亚历山大三世更加不信任。无论是在圣斯特凡诺，还是在之后的和会上，俄国都没有推进他们的目标。1878 年，索尔兹伯里勋爵对亚美尼亚人的关切，推动了 8 名英国"军事顾问"接受任命，以确保苏丹在安纳托利亚东部实施改革。但他们的行动——就像这些改革本身——是微不足道的。"军事顾问"的短暂存在鼓励了亚美尼亚煽动家夸大英国历届政府对其事业的兴趣。尽管亚美尼亚人对

---

① 原文如此，应为 428 年。

《柏林条约》感到失望，但从1878年起，亚美尼亚人掀起了活跃的民族独立运动，尽管领头人是流亡者而不是沙皇或苏丹的臣民。

与奥斯曼帝国境内的斯拉夫各族不同，亚美尼亚人在他们定居的任何一个省份都是少数族群。奇里乞亚（Cilicia）的阿达纳一带是亚美尼亚人的一个密集聚居区。但大多数亚美尼亚人生活在六个东部行省：埃尔祖鲁姆、凡省、比特利斯（Bitlis）、迪亚巴克尔、锡瓦斯（Sivas）、马穆雷（Mamuret）。他们是农业人口，与周边游牧的库尔德的穆斯林发生了持续冲突。有文化的或者有进取心的亚美尼亚人移居到君士坦丁堡、士麦那、阿勒颇。19世纪80年代末，约有15万亚美尼亚教会的成员在首都生活，而希腊东正教徒有15.3万，穆斯林有38.5万。很多亚美尼亚人成了小店主。一些人迅速崛起为商人、银行家，往往取得了瞩目的成就。早在阿卜杜勒-哈米德二世登基前，哈科普·扎里菲就被他接纳为金融代理人，受到了信任。1890年，这位苏丹对一份关于巴格达和摩苏尔行省潜在石油储量的报告印象深刻，以至于颁布敕令，规定将所有石油收益归入他的皇室专用金而不是奥斯曼国库。这份报告是于斯屈达尔的一位21岁的亚美尼亚人提交给矿业部的。这个目光敏锐的年轻人就是卡卢斯特·古尔本基安（Calouste Gulbenkian）。[2]

亚美尼亚人并非都属于亚美尼亚格列高利教会。在锡瓦斯和迪亚巴克尔，很多亚美尼亚人是罗马天主教徒，传统上与法国联系；1839年起，亚美尼亚新教传教士在埃尔祖鲁姆一带活跃，争取了改宗者，为他们提供了良好的学校教育。这是个有趣的场面：在美国，联邦派和邦联派参军入伍，而距离南北战争战场5 000英里外的地方，他们的同胞正在一同保护比特利斯的传教团体免遭库尔德人的劫掠。库尔德人的谢赫仍然敌视所有的亚美尼亚基督徒，无论他们信仰新教、天主教，还是格列高利派。30 年后，亚美尼亚问题第一次浮现时，当地存在近百个不同教派的传教站点。在伍德罗·威尔逊之前，还没有哪位美国总统非常关注亚美尼亚的斗争，但美国人在安纳托利亚的存在使他们能够在大西洋两岸的新闻读者中宣传亚美尼亚的事业。截至 19 世纪 90 年代早期，亚美尼亚人比起希腊独立战争之后的其他受压迫民族，可以依靠更加广泛的对外宣传。

在上一个旬年中，安纳托利亚东部几个行省中的局势一直在紧张化。为了响应他们流亡同胞的宣传，亚美尼亚人拒绝向库尔德人支付合法化的保护费，并且抱怨苏丹的地方代表贪得无厌。外国领事报告称这里发生过绑架和谋杀。杀戮活动开始于 1890 年的埃尔祖鲁姆，亚美尼亚教堂、住宅、商店在双方仇恨的自发爆发中遭到破坏。随后，当地村庄发生了屠杀，双方对立的态度愈发强硬。1891 年，苏丹在库尔德人中征募"哈米迪耶"团。两支流亡团队扛起亚美尼亚的事业：（1）"警钟"运动（*Hunchaks*），1887 年成立于日内瓦；（2）此时，又有了一个同样激进的亚美尼亚革命联合会（*Dashnagtzoutiun*/Dashnaks），成立于第比利斯（Tbilisi）。与奥斯曼辩护者声称的不同，两个团体都与俄国政府无关；7 年来，沙皇当局一直在试图将少数民族俄化，甚至比起 19 世纪 70 年代晚期的东方大危机时期更加难以容忍亚美尼亚自治运动。然而，毫无疑问的是，激进的警钟党代理人在乡村中鼓动了"亚美尼亚革命"的希望，因为这些乡村中存在反对歧视性税收（偏袒库尔德人）的浓厚情绪。此外，1894 年秋，穆什（Muş）西南的萨孙（Sassun）地区爆发了一场起义，背后的目的令人难以理解，除非它是为了挑起当局的"严酷报复"，实现牺牲，以便"在欧洲鸣冤"。如果是出于这种政治考量而在萨孙推动起义，那么，愤世嫉俗的策划者确实实现了他们可怕的目标。"哈米迪耶"在起义爆发前就未雨绸缪，起义爆发后实施了残酷的报复：那个秋季，25座村庄遭到摧毁，1万多亚美尼亚人遭到屠杀。英国领事官员几乎毫不怀疑这场屠杀是奥斯曼地方当局下令执行的。[3]

　　1894年和1895年之交的冬季，反土抗议浪潮在国外势头增大。在英国，这场抗议跨越了党派分歧，自由党和保守党、激进党和统一党都站在了同一阵线上，支持人道主义和受难民众的基督教信仰。亚美尼亚大屠杀的报道，促使英国人一个接一个表态要求惩办"可恶的阿卜杜勒"，因为他在过去十年中让他的基督教臣民境况恶化而不是改善。一个英国政治家，如果胆敢回顾克里米亚战争期间的盟友关系，或者回顾前一次俄土战争时期拯救君士坦丁堡的强硬外交承诺，就甭想获得选民的支持。1895年4月中旬，受伦敦的罗斯伯里勋爵的施压，英、俄、法三国大使为改善安纳托利亚东部六省的行政而起草提议。[4]阿卜杜勒-哈米德二世直接忽略了这些提议，因为他准确猜测到巴黎和圣彼得堡不会采取强力手段支持他们的外交人员。

　　当时——1895年6月底——罗斯伯里脆弱的自由党政府让位于强力的保守党-统一党内阁。索尔兹伯里勋爵又一次①兼任首相和外相；一个月后，他获得了令人瞩目的选举胜利，强化了他的权威。②"东方问题"立即吸引了他的注意。他对德国大使说道，土耳其

---

　　①　第三次。
　　②　指1895年7—8月的英国议会选举，保守党（以索尔兹伯里为首）与自由统一党联合，击败了自由党。

"腐朽不堪"，撑不了多久。他补充道："如果英国当初没有错误地拒绝尼古拉沙皇在克里米亚战争前对英国代表的提议，现在就不会闹出什么麻烦。"索尔兹伯里在其他场合重复表达过这些感想。毫无疑问，他相信奥斯曼帝国几年之内就会分崩离析。但是，如果说他在脑海里备好了明确的瓜分方案，那就错了。在接下来几个月里，他接近德、法、俄，争取共同的政策，但遭到了怀疑和误解。[5]

　　一开始，索尔兹伯里相信他能够用"高声放狠话"向苏丹施压，并派一支舰队在前往达达尼尔的海路上巡航。据说，英国当时计划夺取利姆诺斯岛（Lemnos），或者在士麦那或伊斯肯德伦近海实施海军行动。高门对此感到震惊，斯坦堡区街道上出现了骚动。索尔兹伯里向英国大使柯里（Currie）致电："让苏丹见证舰队对君士坦丁堡的情绪造成的影响，由此来判断它将对帝国其他地区造成什么影响。"[6]这种强硬立场短期内似乎是有效的。阿卜杜勒-哈米德二世将大臣们重新洗牌，任命穆罕默德·卡米勒（Mehmed Kamil）担任"西化派"政府的大维齐，并宣布他将接受自己已经抵制了半年的大使们的改革建议。但是，越来越多的证据表明英国与俄国之间的摩擦越来越多，而且，苏丹不是毫无理由地怀疑卡米勒将与外国大使馆合作挫败耶尔德兹宫的政策。因此，苏丹改变主意，在卡米勒仅仅上任五个星期后就将其撤职。形势并没有多少改变：领事馆的报告中描述安纳托利亚东部六省发生了恐怖统治。截至1895—1896年暮冬，报告称3万多名亚美尼亚人在过去两年的惨案中丧生。这些数据遭到了奥斯曼的一个调查委员会的否认。不足为奇的是，使用耶尔德兹宫档案的历史学家们质疑这些数据。[7]

　　索尔兹伯里就像这个世纪早些时候的巴麦尊，希望给予大使这种"自由裁量权":在紧急关头召唤舰队前往君士坦丁堡,而不必请示伦敦。这一提议遭到了第一海务大臣乔治·戈申(George Goschen)的强烈反对——他自己在 1880—1881 年就担任过驻君士坦丁堡的大使。他声称,这种行动有导致舰队被困在海峡的风险:一边是受苏丹"邀请"驶入博斯普鲁斯海峡的俄国舰队,另一边是从萨洛尼卡向东驶来的法国舰队。第一海务大臣把上述策略想得过于危险,因而拒绝讨论之。虽然索尔兹伯里讽刺性地猜测女王陛下的主力舰是不是陶瓷制造的,但他仍然接受了专业官员的判断。[8]然而,他鼓励制订应急计划,以防万一有必要对苏丹动武。1896 年 2 月第二周,他收到了驻君士坦丁堡武官彻姆赛德(Chermside)上校的一封秘密备忘录,其中第一次分析了军队登陆夺取"加利波利半岛最西南端"的前景。彻姆赛德认为——地中海舰队的指挥官也赞同他的意见——海军陆战队在舰队火炮的掩护下,从运输船上登陆,将很快夺取半岛。海军情报局局长和陆军情报局局长都声称至少需要 2 万人才能执行这样的任务,力谏内阁不要采取这种行动。这个提议就此作罢,但重要的是,彻姆赛德的报告仍然是绝密文件,留作未来参考。半个世纪后,大多数 19 世纪英国档案已经解密,但这份报告仍然没有向公众开放查询。[9]

1896 年 2 月 11 日,第一海务大臣告知议会:由于苏丹未能实施在安纳托利亚的改革承诺,"我们不必遵守任何维持奥斯曼帝国存续的约定"。[10]这番表态,与其说是为了直接警告高门,不如说是为了安抚英国舆论。此前,接二连三关于亚美尼亚发生大屠杀的报道使英国舆论一片愤怒。奥斯曼外相艾哈迈德·陶菲克(Ahmed Tevfik)表现出了一些和解的意愿,但"东方问题"在当年最初几个月内迅速复杂化。1896 年 1 月第三周,萨洛尼卡的英国总领事向外交部提交了亚美尼亚革命者正在鼓励马其顿的希腊人制造骚动的明确证据。[11] 2 月底，强烈爱国的克里特岛希腊人社群起义反抗奥斯曼统治。暮春，君士坦丁堡有流言称有英国代理人煽动混乱，以便索尔兹伯里找到占领克里特岛、将之并入英国的口实。但这是无稽之谈；克里特岛的混乱使英国陷入窘境，这尤其是因为同时发生了美、英之间就委内瑞拉问题的紧张局势①和德皇向克留格尔总统发出考虑欠周的电报后②英、德之间的紧张局势。但是，《塞浦路斯公约》和占领埃及，使英国得罪了其他国家，它们注意到了克里特岛对于一个海上强权的战略价值。

　　克里特岛起义的新闻，没有让外国人感到多么稀奇。1770 年、1821 年、1857 年、1866—1868 年、1879 年、1889 年的起义使岛民仇恨奥斯曼的压迫；他们也对保守的瓦里（总督）马哈茂德·杰拉勒丁（Mahmud Jellaledin）的苛政越来越愤怒。1894 年暮夏，在杰拉勒丁绞死了岛上东正教会的四名头面人物后，双方的关系极度紧张。虽然一位希腊出身的瓦里取代了他，但偏远的村庄在接下来一年半中有暴力活动和以暴制暴的很多报告。最严重的动荡发生在 1896 年 5 月最后一周的干尼亚（Khania）暴动后。同时，斯坦堡区和佩拉区有报道称：亚美尼亚革命者、克里特起义者、激进爱国派的希腊民族运动（Ethnike Hetairia）在雅典举行了秘密对话。三支希腊游击队据说已经在色萨利和伊庇鲁斯越过了边界（事实也

---

　　① 指委内瑞拉危机。1895 年，委内瑞拉与英属圭亚那的领土争端引发外交危机。美国介入调停，此事为美国向南美的势力扩张提供了良机。

　　② 保罗·克留格尔（Paul Kruger），时任德兰士瓦共和国（今属南非）总统，在 19 世纪和 20 世纪之交领导布尔人反抗英国统治。1896 年 1 月 3 日，德皇致电庆贺布尔人的一次胜利，激起了英国国内的反德情绪。

是如此）。萨洛尼卡、莫纳斯提尔、科索沃的总督动员了预备役（*redif*），预防希腊民族运动在奥斯曼帝国剩余的希腊省份中掀起叛乱。[12]

　　1896 年夏，外交的主动权短暂转入奥匈帝国外交大臣戈武霍夫斯基（Goluchowski）伯爵之手。弗朗茨·约瑟夫派驻高门的大使卡利切男爵（Baron Calice），同样是君士坦丁堡的外交团队中的资深外交官。7 月第一周，卡利切警告奥斯曼当局，如果不授予克里特的多数民族希腊人自治权，那么，色萨利、伊庇鲁斯、马其顿就会发生严重动荡，列强就不得不召开另一场和会，在奥斯曼的土地上施加新秩序。同时，戈武霍夫斯基请求索尔兹伯里派遣皇家海军加入奥、俄、法、意舰队，对克里特岛实施预防性的国际封锁，以阻止希腊国民前去援助他们的同胞。索尔兹伯里拒绝了："鉴于奥斯曼政府的暴行在英国激起的情绪，我们应当极为慎重，以防采取行动导致我们被视为苏丹打击基督教起义人民的盟友。"他对外交部常务副大臣这么解释道，这番评论也是他向戈武霍夫斯基做出答复的基调。[13]只要奥斯曼帝国仍然存在，英国就没有放弃这项原则。

　　截至 1896 年 8 月第二周，苏丹已经无限期地保持了 42 万人处于战备状态。对于一个仍然重度依赖外国贷款的政府来说，这是个可怕的负担。阿卜杜勒-哈米德二世的大臣们劝他解决克里特问题。高门与耶尔德兹宫之间又一次出现了争论。"次级书吏"艾哈迈德·伊泽特（Ahmed Izzet）力谏苏丹坚决反击任何改革提议。尽管外交界认为 32 岁的伊泽特是"宝座背后的掌权人"，但阿卜杜勒-哈米德二世当时更多的是受到了德、法、俄大使的施压。8 月 25 日，他接受了在克里特实施改革的计划。该计划是驻佩拉区的所有大使馆组成的委员会起草的：克里特人将由一位基督教总督治理，设立一个享有广泛自治权的议会，克里特人占据三分之二的公职，而宪兵部队将在欧洲特派员的指导下整顿。虽然有消息称凡城爆发了新一轮的亚美尼亚屠杀，但在克里特岛，根深蒂固的不满情绪似乎最终得到了安抚。[14]

在某个星期二的早晨，阿卜杜勒-哈米德二世批准了克里特岛改革计划。1896 年 8 月 26 日，星期三下午早些时候，亚美尼亚革命联合会极端派夺取了位于加拉塔区（贝伊奥卢）的奥斯曼银行总部。他们的行动预示了接下来一个世纪近东的很多恐怖组织使用的手段。他们在建筑物中布置爆炸物，挟持人质，要求在东部六省立刻实施改革。他们试图为亚美尼亚人争取权利——与克里特人获得的让步相匹配。即便如此，亚美尼亚人也与克里特岛的希腊人不同，前者在任何一个地方都不构成人口多数。银行内外爆发了两个小时的枪战。银行管理人员、俄国使馆译员和极端派之间的谈判表明，亚美尼亚革命联合会极端派的主要目标是警醒欧洲人关注亚美尼亚人的苦难。在这一点上，他们取得了显著成果。在周四早晨的几个小时中，残存的极端派分子得到安全保障，被带离银行，坐上银行行长在博斯普鲁斯海峡的游艇，最终流亡海外。[15]

他们是幸运儿。在 36 个小时内，暴民的复仇将导致首都的五六千亚美尼亚人遭到屠杀。周三晚间和周四凌晨，奥斯曼军队没有采取行动遏制暴力。大使馆附属常驻战舰上的英国海军陆战队和俄国水兵登陆上岸。周四早晨，大使们联合要求苏丹发布"精准的、直截了当的命令，以立刻停止这种闻所未闻的、可能给陛下的帝国带来最严重后果的事态"。阿卜杜勒-哈米德二世抗辩称"他在位二十年来都没有人对他这么说话"，这时，卡利切男爵和俄国大使涅利多夫（Nelidov）将军的措辞更加严厉。苏丹被告知，列强将不得不考虑"采取何种措施纠正这种恶贯满盈之举"；如果不能结束屠杀，将会损害苏丹的皇位和皇朝。周五聚礼后，苏丹最终采取了行动，下令"禁止杀害"忠诚者。[16]

克里特起义没有在西欧和美国引起多少关注，但君士坦丁堡大街上的惨案是另一回事。屠杀的消息重新掀起了舆论对"可恶的阿卜杜勒"或"大杀手"的声讨。巴黎的克列孟梭更喜欢称其为"耶尔德兹宫的野兽、血红色的苏丹"。在英国政治家（无论是保守党还是自由党）和法国的激进派看来，只要阿卜杜勒-哈米德二世赖在皇位上，奥斯曼帝国就几乎没有稳定、繁荣、良政的希望。甚至德皇威廉二世，这个7年前颇受款待的苏丹宾客，也在德国大使发来的一封急件的边缘写道："苏丹必须被废。"他鼓励英国驻柏林大使与德国外相一起讨论苏丹废立的问题。但这可能只是说说而已。几天之内，"三皇"（德、俄、奥）就一致认为"如果免受外界干涉"，奥斯曼帝国就可以继续存续很多年。因此，德皇向阿卜杜勒-哈米德二世寄送了霍亨索伦家族最新的集体照，端端正正地签了名，作为他个人示好的姿态，这符合德皇的性格特色。[17]

苏丹逃过一劫并不完全是因为欧洲列强间的深刻猜疑，但他继续对此加以利用。亚美尼亚人一进攻奥斯曼银行，敌对的外交官们就开始质疑那些没有明确答案的问题：谁已经提前知道了这场袭击？为什么这么多亚美尼亚富人在周二和周三早晨乘坐汽船离开首都？其他大使馆猜疑：为什么在首都发生屠杀的这一周，意大利"悄悄地"将战舰派往萨洛尼卡和士麦那？为什么英国地中海舰队根据几个月前起草的行动计划，从马耳他开往利姆诺斯岛？而英国大使馆怀疑这场袭击的背后是俄国，因为"当前形势将为俄国突袭

君士坦丁堡提供绝佳机会".[18]

　　然而，涅利多夫大使确实在两个月后返回了圣彼得堡。他在那里试图争取年轻的沙皇尼古拉二世支持他过去四年来一直鼓吹的一项计划——对博斯普鲁斯海峡实施海军奇袭，部队登陆基利奥斯（Kilyos）、萨勒耶尔（Sariyer）、比于克代雷，闪电般推进金角湾。涅利多夫论证道，俄国在海峡的传统敌人不敢在这种关头支持苏丹。"将博斯普鲁斯变为俄国的直布罗陀。"他敦促召开枢密院会议。一时之间，沙皇对俄军"永远"主宰两大海峡的想法产生了兴趣。但他的亲密谋臣们对远东更为青睐，劝沙皇将近东"雪藏"。这段插曲吸引了伦敦的兴趣，但没有造成政策的调整。来自敖德萨的情报让英国外交部充分了解俄国的计划和部队调动，但索尔兹伯里［9月他曾与尼古拉二世在巴尔莫勒尔（Balmoral）讨论过"东方问题"］正确地忽略了俄国仓促行动的可能性。涅利多夫在这个冬季短暂的活动，主要后果就是削弱了施压苏丹改革的集体行动的威力。尽管君士坦丁堡的大使们互相之间怀有深刻的猜疑，但他们响应了英国的提议，在1896年12月底开始了为期六周的讨论，等到次年2月中旬，已经完成了一份综合性的改革计划，呈给阿卜杜勒-哈米德二世。但是，苏丹没有理由屈服于他眼中的又一例"外来干涉"，他的看法也确实有法理上的支持。[19]

　　截至此时，他也能够把强加于他的最后一系列改革视为败笔。虽然克里特人已经接受了8月提出的解决方案，但在冬季，岛上的基督徒和穆斯林之间仍然冲突不断。1897年2月初，希腊驻干尼亚的领事致电雅典，坚称即将发生对东正教家庭的大屠杀——但这个指控从未坐实。在山区，克里特革命者的一个委员会宣布将该岛并入希腊人的王国。2月11日，一支鱼雷艇组成的小型舰队，在希腊国王次子乔治亲王的指挥下，从萨拉米斯出发占领该岛。匆忙之间的外交活动（包括沙皇施加的强大压力），导致希腊国王两天后就将舰队召回国内。但是，国王的任何禁令都无法抑制"民族运动"。1 500名武装志愿军在比雷埃夫斯乘船驶向克里特，决心效仿加里波第"千人红衫军"在西西里岛的成就——这些爱国者在1860年推动了意大利的迅速统一。在更北方，非正规军的武装团体越境进入色萨利，实施挑衅性袭击。

希腊国王、王后在西欧和俄国的亲属们紧急呼吁他们停止走向战争，但未能阻止。该年春季，身处雅典的来自英国的亲希腊自由派，也主张三思而后行，因为根据推测，苏丹最终能够将百万大军（含后备军）投入战场。他们的规劝失败了。希腊国王告诉卡农·麦科尔（Canon MacColl）——一位为奥斯曼治下基督徒不懈斗争的斗士：万一发生战争，希腊人将在苏丹的整个帝国起义反抗土耳其压迫者；其他民族将效仿希腊人的榜样。阿卜杜勒-哈米德二世对"逆贼"的活动火冒三丈，在4月第二周对希腊宣战。但动摇奥斯曼帝国体制的起义浪潮并未发生。[20]

由科尔马·冯·德·戈尔茨完善的动员计划有效运作。希军最初突进梅卢纳（Meluna）隘口的行动，遭到了以埃拉索纳（Ellasona）为基地的土军优势兵力的阻止。很快，奥斯曼军队就向位于拉里萨的希军野战总部推进。"几分钟之内，军队从有组织有纪律的整体，转变为拥挤的、慌乱的逃难人群，在平原上仓皇逃命，返回拉里萨，距离长约40英里。"多年以后，尼古拉亲王回忆起4月23日（战争第四天）他担任炮兵连指挥官时接受炮火洗礼的场景。[21]希军充分集结兵力，将敌军入侵阻挡在温泉关（Thermopylae）

外，而斯莫伦斯基（Smolensky）将军在韦莱斯蒂诺（Valestino[①]）
的英勇防御战中遏制了奥斯曼的攻击。但在 30 天的战斗后，希腊
国王乔治一世勉为其难地接受停火——这是在俄国调停下，奥斯曼
指挥官同意的。所有希腊战士撤出克里特岛，一支从奥匈、法、
德、英、意、俄海军抽调的国际部队负责维护该岛治安。在主要战
区，即法尔萨拉（Farsala）的平原和伊庇鲁斯，停火艰难地实现
了；同时，各国大使试图临场设计一份和平方案。

奥斯曼的胜利提升了苏丹的威信和高门的预期。然而在伦敦，
索尔兹伯里坚决主张基督教城镇不得重归奥斯曼统治；他相信沙皇
作为最强大的东正教君主，也赞同这一主张。四个月前，索尔兹伯
里已经向奥匈帝国大使提起了在海峡联合实施海军示威的可能性，
但在维也纳遭到驳回。现在，他希望向英国在海峡的传统对手提议
对高门实施联合海军施压。当和谈开始时，索尔兹伯里发往驻圣彼
得堡大使尼古拉·奥康纳爵士（Sir Nicholas O'Conor）的电报表
明，他相信阿卜杜勒-哈米德二世尽管取得了战场上的胜利，但一
定会接受欧洲集体施加的解决方案：

> 如果苏丹仍然执意要求归还色萨利，列强们就要以最为
> 严肃的态度考虑这件事……除了打一场艰难而广泛的战争，
> 没有办法在陆地上逼迫他。而在海上逼迫他，是非常轻松的
> 方式……现在是时候让英国和俄国考虑是否有可能达成某种形
> 式的协议，使它们可以与其他愿意合作的列强一道，派遣少数
> 舰船，在耶尔德兹宫前方停泊。[22]

---

① 现多拼写为"Velestino"。

　　上述的海军示威没有实施，因为俄国（理由充分地）相信阿卜杜勒-哈米德二世会对希腊人宽宏大量，列强没有施压的必要。"索尔兹伯里计划"作为历史的另一种可能性，也有其吸引力，这种迹象表明他已经放弃了将奥斯曼帝国作为防范俄国扩张至地中海的一道屏障的传统政策。因此，奥斯曼人要么独立自主，利用军队和哈里发体制，将王朝的使命集中在亚洲；要么在欧洲列强之中寻找另一个天然盟友。三十日战争中德国武器的成功，让阿卜杜勒-哈米德二世几乎不再怀疑该向哪个国家寻求外援。

　　然而，第一项任务是在巴尔干拼凑出和平。希腊的财政几近破产，但不得不向奥斯曼帝国支付赔款，并允许穆斯林自由迁徙，以便其在安纳托利亚避难。国家的边界没有重大调整：希腊人保有了色萨利，除了奥萨山（Ossa）和品都斯山脚之间的大约 20 座村庄根据边界"合理化"原则而归还给奥斯曼。克里特岛实现了真正的自治，它仍然接受奥斯曼的宗主权，但苏丹在与雅典当局磋商后，任命了一位基督教总督。干尼亚附近发生骚乱，奥斯曼士兵杀害了很多希腊基督徒和 8 名英国海军陆战队员后，1898 年 9 月，最后一支奥斯曼军队从岛上撤退。两个月后，希腊的乔治亲王被任命为克里特高级专员，在随后 8 年担任他父王在该岛的特别代表。俄、英、法、意军队占领了主要城镇——这是对于动荡地区实施国际监管的早期成功试验。[23]

　　从表面看来，奥斯曼对马其顿的控制，似乎由于希腊人在三十日战争中的失败而得到加强。即便针对奥斯曼的恨意仍然闷在心中，但"民族运动"的活动已经平息。其他巴尔干国家，准备在奥斯曼军队摇摇欲坠时向马其顿各部分提出领土诉求，但此时靠边站。在之后两三年内，这个行省都相对平静。但是，马其顿仍然是一个比克里特或亚美尼亚更具潜在危险的问题，因为该地民族杂居，吸引了周边国家的干涉。从马其顿整体来看，希腊人可能是最有文化、最擅发声的少数民族，但希腊人和真正意义上的土耳其人远远少于南斯拉夫人——后者容易受到保加利亚或塞尔维亚宣传的影响。在萨洛尼卡本地，还有犹太人大量集中于此；在若干地区，存在少数民族库佐-瓦拉几人（Kutzo-Vlach），他们在地理上分散，只是偶尔被布加勒斯特的近亲民族①惦记。英国领事报告强调了保加利亚秘密会社马其顿内部革命组织（IMRO）的威胁。该组织从1893年起开始活跃。另有一个偏执的保加利亚民族主义组织"至上派"（简称"EMRO"），直接受索非亚当局控制。苏丹可以对这两个组织之间的敌对加以利用。最热忱捍卫阿卜杜勒-哈米德二世的主权的民族，是信仰伊斯兰教的阿尔巴尼亚人；他们对外来干涉和基督教劝诱改宗的憎恨太过强烈，以至于1899年初，他们在黑山的伊佩克（今佩奇，Ipek/Pec）召开了部族头面人物的会议，同意建立一个阿尔巴尼亚联盟，宣誓捍卫苏丹的国土，支持哈里发反击"异教徒"的权威。

虽然阿卜杜勒-哈米德二世占据了主动，建立了"鲁米利亚诸省改革委员会"，并将萨洛尼卡、科索沃、莫纳斯提尔联合为一个单独的省份"*Vilayet-i Selase*"（字面意思为"三行省"），但如果要让马其顿留在奥斯曼治下，仅有纸面上的行政改革是不够的。[24]重中之重，是改变土地所有权，因为除了在萨洛尼卡和色雷斯近郊（希腊基督徒在这里拥有大庄园），占人口绝大多数的斯拉夫农民几乎仍然处于封建统治之下，依附于穆斯林贝伊们的妄想、任性和农业

----

① 指罗马尼亚人。

生产方式。

英国驻君士坦丁堡大使很快就意识到了三十日战争对于阿卜杜勒-哈米德二世统治的重要性。1897 年 6 月初，柯里告诉索尔兹伯里：

> 一场改革运动在土耳其人中取得进展，导致苏丹采取强烈的镇压措施。对于朝廷专横统治的不满情绪日益高涨。大使们只需要等待政府的指示，迫使苏丹改革。事态发展现已完全被希腊战争改变。迅速的动员和良好的组织带来了回馈。色萨利的胜利已经恢复了苏丹和他的穆斯林臣民的尊严，在某种程度上修复了两者之间的裂痕。[25]

这些都是事实，尽管外国军事评论家认为这场战争没有持续足够长的时间以证明军队指挥官是否具有随机应变的能力，也就是在希腊人决意抵抗破坏了奥斯曼胜利的情况下，他们是否能够调整既定计划。这场战争向欧洲各国内阁证明，奥斯曼帝国还没有像它们 10 个月前猜想的那样濒临瓦解——当时，暴民控制了首都，似乎预示着外国会迅速干涉。

三十日战争有一个奇怪的后果，在当时未能引起注意。1897 年 2 月，希腊志愿军从萨拉米斯和比雷埃夫斯出发援助克里特起义者时，驻君士坦丁堡的大使们正在参加会议，讨论保护苏丹的亚美尼亚臣民免遭压迫和屠杀的方式。战争危机使这些会议突然中断；亚美尼亚问题尽管近期在国外导致群情激愤，但仍然悬而未决。随着亚美尼亚民族主义组织之间发生内讧，六省发生的杀戮事件的关注度下降了。接下来是一段不安的停火期，直到 1909 年，阿达纳一带出现了新的屠杀报道。截至那时，一些亚美尼亚人已经有了行政职务，尤其是在财政部中。很多来自首都和较大贸易城市的较为富裕的亚美尼亚人，认为自己日子过得好，移民也不赖。他们带上了财富和技能，前往英国、美国、埃及、法国，而他们仍然生活在苏丹国土内的同胞，再一次成了"历史民族"，几乎被西方遗忘。

几乎被遗忘，但还没有完全被遗忘。随着亚美尼亚危机的消退，有一个民间形象仍然牢牢地根植于民众的偏见中。1896 年 1 月，《笨拙》（*Punch*）杂志的漫画家林赛·桑德曼（Lindsay Sandemann）创作了一个妖人形象，他称为"不可言说的土耳其人"：一位阴鸷的苏丹，站在一座颓圮的死亡之屋外，抚摸着一把出鞘弯刀的边缘。他邪恶地瞥着一条废弃的道路，叫喊道："哈哈！周围没有其他人了，我可以重操旧业了。"对奥斯曼统治的任何新挑战，都足以让这位"不可言说的土耳其人"重新登上畅销杂志的页面。苏丹政权永远无法摆脱亚美尼亚大屠杀的恶名。[26]

第十三章

古老民族与青年土耳其党

　　虽然阿卜杜勒-哈米德二世在很多外国政府眼里令人反感，但他仍然能够依赖欧洲最高调的那位君主的支持。1896 年 8 月，德皇威廉二世曾短暂认为这位苏丹将难免被废，但他很快就向其提供支持，并对德国训练后的奥斯曼军队在希土战争中的成功感到满意。两年之内，威廉就考虑第二次访问奥斯曼帝国，这样的"远征东方"比起乘坐御艇日常巡游要壮观得多。[1] 自从霍亨施陶芬王朝的腓特烈二世皇帝在第六次"十字军东征"期间夺取耶路撒冷后，还没有哪个基督教国家统治者进入过这座圣城。现在，六个半世纪后，一位霍亨索伦王朝的皇帝将以和平使者的身份，怀着基督教的善意，前往耶路撒冷和大马士革。这场朝圣之旅依赖苏丹兼哈里发的慷慨保护。然而，他的第一件事是承认有必要礼节性地在君士坦丁堡拜访阿卜杜勒-哈米德二世。

　　1898 年 10 月 18 日，蒸汽艇"霍亨索伦"号在秋日稍纵即逝的
阳光下闪烁着白色光泽，停泊在多尔玛巴赫切宫外。德皇开始了他
的第二次国事访问，与之相伴的是一场海军秀，苏丹的数千臣民观
看了这一场面。1889 年，一艘更早的"霍亨索伦"号[①]第一次将德
皇夫妇送到君士坦丁堡时，德国人正在土耳其建立影响力，而苏丹
的这对访客热情回应了奥斯曼的地主之谊。德国皇后当时评论道：
"这种感受就像出自《一千零一夜》。"如今，德国获得的回报就在
小亚细亚，而不是博斯普鲁斯海峡。

　　关于从科尼亚向东经过美索不达米亚前往波斯湾的至关重要的
铁路线，最终的决定仍待苏丹下达。摩苏尔一带蕴藏着丰富油矿的
消息传出后，英国和荷兰的公司立即激动不已，对德国而言，有必
要在这一最后的领域达成协议，以实现自负的柏林—巴格达铁路计
划。欧洲各国政府长期以来就注意到了这条穿越小亚细亚的铁路线
的战略价值，它将使君士坦丁堡至巴格达的旅途从 23 天减少到 48
小时。石油传闻复苏了对这项铁路计划的兴趣。因为，铁路特许权
将在铁路两侧若干英里的范围内争取到排他性的石油和矿物开采
权。当"霍亨索伦"号仍然在爱琴海航行时，颇有进取心的印刷商
在哈雷（Halle）印制了《小亚细亚贸易和资源地图》，以惊人的速
度在德国一销而空。[2]

　　1897 年，威廉二世就已经任命马沙尔·冯·比贝尔施泰因
（Marschall von Bieberstein）男爵担任大使，由此凸显了佩拉大使
馆的重要性。这位男爵自从七年前俾斯麦下野以来就担任外交大

---

　　① 　1878—1918 年，德国皇帝（主要是威廉一世和威廉二世）使用过三艘"霍亨索
伦"号御艇。

臣。现在，德皇在"霍亨索伦"号上的随行人员中，就有马沙尔的
继任者、外交大臣比洛伯爵（Count von Bülow）。他在未来还会当
上首相。比洛和马沙尔都接近苏丹的大臣和亲信，决心巩固德国对
安纳托利亚的贸易掌控。有理有据的讨论，再搭配丰厚的贿赂，颇
具效果，拉拢艾哈迈德·伊泽特的工作尤其顺利。

　　阿卜杜勒-哈米德二世精明、自负、多疑，不会上这种当。他
需要的是德国的外交支持、财政和技术。但他并不操之过急，因为
他不希望自己的帝国变为霍亨索伦王朝的附属国。虽然他天性在小
事上一毛不拔，但是与外国交换国礼时，他就会慷慨大方，而且不
计成本地给访客留下深刻印象。该年年底，一位法国外交官冷静地
评估称，德皇的访问花费了奥斯曼国库大约 3 000 万法郎，其中
600 万花在了赠礼上。[3] 但是，德国访客逗留奥斯曼帝国期间，并
没有签署什么特许权条约。作为一种象征性的姿态，苏丹和德皇渡
过博斯普鲁斯海峡，前往安纳托利亚海岸，在海达尔帕夏正式开辟
了令人瞩目的铁路终端；同时，阿卜杜勒-哈米德二世宣布他打算
将终端一带的港口设施租赁给安纳托利亚铁路的德方指导人员。
1899 年 11 月，苏丹最终阐明了他向德国提供更多特许权的意愿，
但要再等大约三年半的时间，正式的赐状才签章确认。1903 年 3 月
的第一周，一个由德国控制的辛迪加获得授权，以完成巴格达铁路
的建设，从科尼亚至巴士拉长达 1 280 英里。同时，这个辛迪加如
愿获得了铁路两侧 20 千米范围内的石油开采权。[4]

　　德皇相信，他的"东方之旅"极大促进了德国在奥斯曼帝国的
贸易和投资。他可能是对的。在柏林，巴格达铁路项目不只是一场
商业冒险，也成为一个民族自豪感问题。但是，特许权的价值从未
得到完整实现。工程问题，以及来自俄、法、英的政治干扰，耽误

了穿越托罗斯山脉和阿马努斯山脉（Amanus）的铁路修建。1917
年10月，威廉二世最后一次访问奥斯曼首都时，这条铁路线仍未
竣工。

　　无论德皇之后有什么想法，在1898年，他厌恶他前往奥斯曼
帝国是作为首席销售代表的这种说法。他承认他前往君士坦丁堡是
出于政治上的必要性，但他宣称他的意图是在苏丹的权威因外国资
助的恐怖主义宣传而削弱的时候促进奥斯曼帝国境内的有效行政管
理。30多年后，威廉二世流亡荷兰期间，在哈罗德·尼科尔森①
《卡诺克勋爵》（*Lord Carnock*）德译本的页边空白写满了对阿卜杜
勒-哈米德二世的辩护，试图解释在亚美尼亚人占领奥斯曼银行后，
"为什么苏丹如此严厉"地对待他们。[5]他回忆说，"我亲眼所见警
察从被包围的亚美尼亚人手中"缴获"新炸弹"，"以崭新、锃亮的
黄金支付的英镑"；他煞费苦心地论证，君士坦丁堡的亚美尼亚人
得到了伦敦流亡者的命令，"发动暴动，以便英国政府可以以此为
由实施军事干预"。但是，这位逊位之君认为，"红衣兵②袖手旁观，
等待他们到来的亚美尼亚人被杀。因此，英国背叛了受它教唆的亚
美尼亚人"。奥斯曼人在佩拉区和斯坦堡区展示给他的情景，使他
确信了西方人对"可恶的阿卜杜勒"的谴责是虚伪的。相比之下，
这位德国统治者不仅要向阿卜杜勒-哈米德二世，还要向所有忠诚
的奥斯曼人伸出友谊之手，无论他们是什么信仰、什么民族。

　　在德皇前往圣地的朝圣之旅期间，他时常回归"保护性友谊"

----

　　①　哈罗德·尼科尔森（Harold Nicolson，1886—1968），英国外交官、历史学家、
传记作家。

　　②　redcoat，指英军。

这项主题。按照计划的旅行路线，"霍亨索伦"号将向南驶向海法，使德皇可以一路穿越巴勒斯坦、叙利亚、黎巴嫩，在通济隆旅行社（Thomas Cook and Son）的引导下游历。如果"霍亨索伦"号在雅法近海而不是海法停泊，德皇就有可能乘坐火车前往耶路撒冷，因为早在 1892 年，一条从耶路撒冷直通海岸的路线已被开辟。但是，"从海法前往耶路撒冷的旅途……是在马背或马车上进行的，我们都满意这种出行方式"。比洛伯爵后来解释道。"铁路……真的不适合这种场景。"[6]比洛没有补充说明，雅法—耶路撒冷铁路线是由法国公司而不是德国公司完工并运营的。

　　德皇的这次走马观花，表面上是为了在宗教改革纪念日（10 月 31 日）出席耶路撒冷一座新的路德宗教堂——救世主教堂（Erlöserkirche）的落成典礼。但他也记挂着德国的天主教。威廉二世从他的盟友苏丹手中，获得了"安眠之地"，即传统上圣母玛利亚的安息地，他将其赠给天主教的"德意志驻圣地协会"。最重要的是，德皇试图向苏丹的臣民展示他是一位世界级统治者。他访问耶路撒冷，骑着一匹黑色战马，身穿一套白色礼服，头盔上装饰着闪亮的金鹰，展现了德意志帝国的权威和气派，仿佛就是为了让阿卜杜勒-哈米德二世不敢访问的这座动荡之城对德国肃然起敬。

　　就像拿破仑在埃及一样，威廉也被伊斯兰教吸引。他在致沙皇的信中说："如果我去那里的时候没有任何宗教信仰，我肯定会转向穆罕默德。"[7]他也受到了领事馆报告的影响，其中分析了德国可以对正在壮大的泛伊斯兰主义运动加以利用。因此，在威廉二世访问耶路撒冷的一周之后，他在大马士革向萨拉丁墓敬献了花圈。在这里，他回应了乌理玛的欢迎：向"苏丹陛下和 3 亿……尊奉他为哈里发的穆斯林"承诺"德国皇帝永远是他们的朋友"。德皇之所以能提出这种保证，是因为与其他世界性帝国相比，他的殖民地中几乎没有穆斯林信众。[8]

德皇在"古老民族"（这是他使用的称呼）之中的远行，给德国人带来了文化和物质利益。在物质方面，土耳其从德国的进口从 1897 年的 6% 增长到 1910 年的 21%，这使英、法的份额尤为减少。除了偶有几个月产生了怀疑和紧张（尤其是在 1908—1909 年）外，柏林和高门之间的官方关系仍然是友好的。宗教团体和教育家在小亚细亚和圣地传播德语和德国思想。一个新教组织"耶路撒冷协会"（*Jerusalems-Verein*）在犹地亚（Judaea）开设了八所学校，而天主教的"巴勒斯坦协会"（*Palästinaverein*）活跃的范围更广，"德意志东方使团"（*Deutsche Orient-Mission*）则"抢占"了此前由美国人服务的亚美尼亚地区。但是，德国在土耳其的三大主要影响力，仍然是军火商、银行家、铁路工程师。在 16 年内，德国工业为安纳托利亚铁路和它的巴格达支线提供了 200 台火车头，3 500 个乘客车厢或货运车厢以及轨道的钢材。一位萨克森工程师海因里希·迈斯纳（Heinrich Meissner）受委托建造汉志铁路。这条铁路铺设于 1900—1908 年，从大马士革向南通往麦地那。德国还收到了另外 100 台火车头和 1 100 个车厢的订单，专供这条窄轨"朝圣铁路"使用。[9]博斯普鲁斯海峡安纳托利亚一侧的海达尔帕夏码头特许权，吸引了更多德国投资，但法国公司继续控制了海峡欧洲一侧以及士麦那、萨洛尼卡、贝鲁特的港口设施——这些是奥斯曼帝国最有利可图的港口。

当德皇威廉二世访问在地理上构成巴勒斯坦的三个行省时，阿拉伯人口与犹太人口之比大约是 10∶1。但耶路撒冷对于《圣经》记载的最古老民族，对于基督徒和穆斯林而言，都是神圣之城。德皇充分意识到了中欧和黎凡特的犹太人问题激起的情感。他在抵达君士坦丁堡的次日，接见了以西奥多·赫茨尔（Theodor Herzl）为首的非奥斯曼犹太人五人代表团。一年前，赫茨尔在巴塞尔（Basle）召开的一次世界性会议上正式确立了"锡安主义"（犹太复国主义）。德国向巴勒斯坦的"锡安定居地"提供保护的可能性，引起了德皇的兴趣。因为他的臣民中，有十分之一是犹太人，其中有很多人是驰骋商海的富豪。他告诉赫茨尔："我对你的运动完全熟悉，它立足于合理而有益的理念。"但 9 天之后，赫茨尔第二次求见德皇——这次就在耶路撒冷城外，他发现威廉二世的态度变得大为冷淡。奥斯曼方面与德皇同行的代表们已经向访客们明确表态：赫茨尔谈及犹太人需要"在巴勒斯坦有公开的、依法保障的家园"，苏丹对此感到全面警惕；赫茨尔和他的同伙出现在耶路撒冷，也是一件棘手的事。1901 年，阿卜杜勒-哈米德二世同意在耶尔德兹宫接见赫茨尔时，毫不掩饰他对兴起的"锡安主义"的敌视。[10]

犹太人的抱负从未对奥斯曼人造成尖锐的困扰。据估计，截至世纪之交，在直属苏丹统治的 2 000 万人中，犹太教信众占 23 万，大约有四分之三是穆斯林。犹太人在奥斯曼帝国比在俄国和东欧其他地区混得好。1868 年起，至少有两名犹太人担任"坦志麦特"常驻国务委员，参与为整个帝国起草法律的活动。犹太教"米勒特"长期与希腊东正教和亚美尼亚"米勒特"具有类似地位。在奥斯曼的社会结构中，君士坦丁堡的大拉比与基督教的两位牧首具有同等地位，尽管犹太人最大的聚集区离奥斯曼首都非常远——在加利利海（Galilee）西北岸的萨洛尼卡，也在耶路撒冷。俄国在沙皇亚历山大三世治下实施的大迫害，对奥斯曼的行政管理构成了挑战，就像其他任何政府面临一支受迫害民族的逃难一样。在巴勒斯坦，犹太人口从 1880 年的仅有 2.4 万人（只相当于伦敦犹太人的半数），增加到 1903 年的 4.9 万人，再到"一战"爆发时的 9 万人，而在这个地区的阿拉伯人有 50 万。1882 年，犹太人开始大规模迁移时，奥斯曼当局采取措施，阻止来自俄国和东欧其他地区的犹太人在拉塔基亚（Latakia）、贝鲁特、海法、雅法港口登陆。6 年后，耶路撒冷（1516 年起一直受奥斯曼统治）成为特别行政区（*Mutasarriflik*）的中心。这个特别行政区从死海延伸到雅法和加沙，且受高门直接管理。[11]

控制巴勒斯坦沿海一带的移民，对奥斯曼人具有政治和经济意义，对该地的外国领事也是如此。世纪之交的巴勒斯坦非常同质化，这里的人民绝大多数是逊尼派。他们大多数是温和、忠诚的奥斯曼人，阿卜杜勒-哈米德二世愿意怀着同情之心倾听他们的陈情，并将一些受教育的阿拉伯人提拔到耶尔德兹宫的要职。在耶路撒冷，阿拉伯人和犹太人一样，都是古老的民族。他们可以宣称是在当地生活了 10 个世纪乃至更久的社群的后裔，甚至可以追溯到《圣经》中的迦南人。奥斯曼政府担心，如果来自俄国的成千贫困的犹太农民聚集在这块高度敏感的区域，他们就会与阿拉伯人产生长期的冲突，对于已有的犹太人定居点（其中一些已经建立了 30 多年）也是一种负担。1891 年，阿卜杜勒-哈米德二世接受了耶路撒冷的阿拉伯显贵的第一次请愿。他们要求禁止犹太人移民和土地购买。苏丹心怀同情地考虑了他们的诉求。即便在赫茨尔开始争取犹太人的民族故地前，奥斯曼审查部门就已经决定禁止在书报中提及犹太人的"应许之地"、巴勒斯坦的边界问题乃至"亚伯拉罕之约"。早在 1886 年，阿拉伯袭击者就开始进攻雅法和耶路撒冷之间

的犹太拓荒者的农业定居点。当外国注意力集中到其他地区（苏丹
的亚美尼亚臣民的苦难）后，阿拉伯袭击者加强了活动。这显示了
定居者的韧劲——其中很多人是早于赫茨尔的非政治性的"锡安主
义者"——虽然他们常常与社会价值观保守的拉比集团以及当地的
穆斯林发生冲突，但他们不屈不挠，并且自信地寻求外国资金，决
心在这片土地上艰难度日。

尽管苏丹对于犹太人在这里的渗透显然抱有敌意，但德国当局
偶尔会对奥斯曼帝国境内的德国犹太人慈善组织提供援助，至少维
持到第一次世界大战爆发前。1904 年，"世界锡安主义组织"（WZO）
在莱茵兰建立了总部；7 年后，搬至柏林。但是，由于德国和中欧反
犹主义愈演愈烈，"WZO"对于威廉街（Wilhelmstrasse）① 的决策无
法施加影响力。虽然奥斯曼人完全不信任赫茨尔和他在"WZO"
的继任者，但他们容忍了某个金融世家的法国支系领头人——埃德
蒙·德·罗斯柴尔德男爵（Baron Edmond de Rothschild）对波兰
人和南俄犹太人拓荒定居点的资助。1884 年起，这些模范定居点
的劳作由多数来自法国的农业专家实施监督。定居点的成功，提供
了繁荣的希望，为奥斯曼帝国境内一块总体上仍然贫穷落后的地区
吸引了更多的投资。埃德蒙男爵本人就推动了很多进步，例如种植
葡萄树、推广西柚种植；1900 年，他建立了"犹太殖民协会"，并
担任主席，直到 34 年后去世为止。但凡奥斯曼有关部门希望向巴
黎寻求贷款，它们就不敢对"犹太殖民协会"的活动施加过于苛刻
的限制。[12]

但是，犹太人的这一切主动性，都与阿卜杜勒-哈米德二世推

_____

① 指代德国政府。

动伊斯兰团结、将阿拉伯土地更加紧密整合进土耳其核心领土的外在决心相悖。此外，由于奥斯曼的统治萎缩，整个帝国也存在难民问题。穆斯林从巴尔干、俄国、法国控制的马格里布流亡而来，在首都和士麦那一带造成了严重的社会压力。艾哈迈德·伊泽特的智慧结晶——汉志铁路工程，在某种意义上是犹太人定居点的意识形态雷同品：将信仰与物质利益相联系，呼吁在整个伊斯兰世界以自愿捐赠的方式筹集百万镑资金（也是这么实施的），以便改善朝觐者从大马士革至麦地那并最终抵达麦加的交通。但除了朝觐者之外，军队也可以被调往阿拉伯的中心地带；随着安曼（Amman）、马安（Ma'an）两镇与叙利亚城市和贝鲁特相联系，向南远至亚喀巴（Aqaba）的叙利亚行省都有望被破产的穆斯林难民控制。汉志铁路加上与之齐头并进的电报线，为苏丹政权对长期失控的省份重申奥斯曼的控制力提供了机会。

　　但是，阿卜杜勒-哈米德二世的偏执心理使他阴暗多疑、反复无常，因而拒绝授权予人。如果奥斯曼政府继续受制于这些因素，那么汉志铁路的"前景"和"机会"真的可以实现吗？这位苏丹天生才思敏捷，以至于他能够对他仅有一知半解的理念加以运用。因此，他试图利用——并且往往是同步利用——泛伊斯兰宣传、大奥斯曼情感、"土耳其主义"。后者是一种文化运动，意在拔高奥斯曼帝国的文化遗产中（传统上土里土气）的土耳其元素。但他的推崇是反复无常的：捕风捉影的密探们提供蛊惑人心的报告，会浇灭苏丹前一日的热情，使他无法兑现似曾支持的很多东西。菲利普·柯里爵士多次向英国外交部报告，"对朝廷专断统治的广泛不满"正在推动秘密改革运动的扩大。[13]世纪之交后不久，柯里的继任者尼古拉·奥康纳爵士在佩拉区任职期间，抗议运动被认定是青年土耳其党所为。

土耳其历史学家声称最早的青年土耳其党小组由军医学生在1889年5月的斯坦堡区成立，并且早在1896年夏，就有70多名青土党军官和候补军官遭军法审判为颠覆罪后，被流放到的黎波里。[14]其说有一定的合理性。然而，在追踪青年土耳其运动的早期历史时，存在三个基本问题：（1）奥斯曼军队中的政治小组（必定是秘密的）与青土党在日内瓦、巴黎、开罗的流亡团体（甚为高调，吸引舆论注意）是同时存在的；（2）海外的潜在领袖之间的竞争与堕落；（3）尽管在斗争策略上，并且往往在远景目标上，密谋团体之间都存在差异，但它们倾向于接受泛化的称呼"青年土耳其党"。青土党受了"坦志麦特"时代"青年奥斯曼党"的诸多启发，但这一新的抗议运动具有更加广泛的社会基础。其支持者已经从教育改革中受益，尤其是大学在斯坦堡区的复兴和中学、军校的良好教育。此外，1859年开办的公务员学校（*Mekteb-i Mulkiye*），截至1900年每年为行政系统输送100名毕业生。在20世纪头十年崭露头角的20名青年土耳其党成员中，6人是军校出身，7人是公务员学校出身。[15]

但是，这场运动中最具革命性的集团领袖具有无可挑剔的皇室血统。萨巴赫丁亲王（Prince Sabaheddin）是马哈茂德二世的外曾孙、阿卜杜勒-迈吉德一世的外孙、阿卜杜勒-哈米德二世同父异母妹妹塞尼哈（Seniha）公主的儿子。1899年，他自愿与父亲和兄弟流亡在外。1902年2月，就是他在巴黎主持了青年土耳其党大会。会上颁布了一份决议，呼吁列强"出于人类的整体利益"确保高门遵守它的条约承诺，"以造福奥斯曼帝国各地"。然而，这份决议受到了颇具影响力的少数派的谴责，他们声称列强的"利益并不总是与我们国家的利益一致"。政治流亡者的大会中，经常出现少数派的意愿占优的情况。无论青年土耳其党多么希望见证"欧洲文明在我们国家传播"，但他们在实践中都出于爱国而致力于维护帝国的独立性。贵族出身的萨巴赫丁领导了一个分裂出来的小团体——奥斯曼"个人主动性和非集权化同盟"。这是个臃肿的名称，但在表露意图方面，却极其明确。

青年土耳其运动的发展，与奥斯曼帝国在欧洲剩下的最大的直接统治行省越来越强的无政府状态密切相关。希腊在三十日战争中失败后，马其顿的暴力活动短暂陷入低潮，到世纪之交，寻求建立"大保加利亚"的各种组织掀起了又一波暴力活动。最具戏剧性的一击发生在 1901 年 9 月，马其顿内部革命组织扣留了一位美国传教士海伦·斯通（Helen Stone）。她被关押在多伊兰湖（Doiran）一带的山区。美国政府交付 6.6 万美元赎金后，她才在斯特鲁米察（Strumica）获释。斯通女士受到了"科米塔迪伊"（comitadji）①绑架者的优待，以至于返回马萨诸塞州的波士顿时，她成为马其顿内部革命组织诉求的强烈支持者。[16]

这段插曲本身并不严重，但绑架一位女性传教士不可避免地在美国、英国、法国、意大利媒体上得到了大量报道。记者们强调，土耳其人显然无力阻止敌对的"至上派"和马其顿内部革命组织指挥官恐吓乡村头面人物支持他们。海伦·斯通获释后，欧洲列强立即就马其顿和色雷斯深入改革的问题，与高门展开不紧不慢的外交谈判。外交官们很快意识到了问题的紧迫性。1903 年春，一系列炸

---

① 这个词在土耳其语中意为"委员会"，后来成为巴尔干多地的反抗组织（游击队）的称呼。

弹袭击震惊了萨洛尼卡，城中的奥斯曼银行被炸。几个月后，保加利亚"科米塔迪伊"在山区发动了持久的游击战。居住在萨洛尼卡的希腊人死于爆炸；奥斯曼"瓦里"哈桑·费赫米帕夏（Hassan Fehmi Pasha）坚定而不偏不倚地维持城中的秩序，之后很久仍然被希腊人铭记。但在 1903 年，马其顿内部革命组织活动的直接后果就是希腊爱国团体在萨洛尼卡和周边村镇的复苏。希腊领事馆成为新运动的核心。一位希腊历史学家回忆道："一场接一场的会议……发生在大教堂中，那里多次制订行动计划，由各种武装团体执行。"[17]

　　不只是保加利亚人和希腊人威胁要炸掉巴尔干火药桶。1903年 6 月，卡拉乔尔杰维奇（Karadjordjevic）王朝在贝尔格莱德的复辟，带来了新的具有进攻性的民族主义情绪，导致了塞尔维亚革命小组的复苏，在于斯屈布（斯科普里，Üsküb/Skopje）和莫纳斯提尔（比托拉，Monastir/Bitolj）尤其如此。一年半的时间内，一支切特尼克（Chetnik）①"小型军队"（在贝尔格莱德和尼什受训）就在瓦尔达尔河（Vardar）上游河谷和奥赫里德湖（Ochrid）一带活动。他们只在受进攻时才与奥斯曼正规军作战，但土耳其人撤退时，他们就持续地声张塞尔维亚的诉求。整片地区的种族、文化、宗教地图极其斑驳复杂。例如，在于斯屈布，乌理玛仍然保有权势，也存在一个塞尔维亚东正教主教区，这座城镇的第一座剧院是两位罗马天主教商人开办的，其中一位是意大利人，另一位名为科莱·博亚久（Kole Bojaxhiu）——他是戴着土耳其毡帽的阿尔巴尼亚人，又与一位塞尔维亚人结婚。1910 年，这个典型的多元文化马其顿家庭诞生了一个女儿。她的事业远离巴尔干各族，而在印度的贫

---

　　①　塞尔维亚、南斯拉夫的民族主义准军事组织（泛称）。

民之中，她就是冈婕·阿涅泽·博亚久（Ganxhe Agnes Bojaxhiu），出生时是一位奥斯曼臣民，后来成为加尔各答的特蕾莎修女。[18]

　　对于当时新创立的诺贝尔和平奖而言，一位未来的得主诞生于这样一块冲突不断的地区，看起来不合时宜。截至 1903 年，列强（已经由于帝国争霸而矛盾重重）对于巴尔干爆发新冲突的可能性感到警惕。事态发展令人不快地联想到 19 世纪 70 年代的保加利亚或者更加近期的亚美尼亚。没有哪个政府愿意再针对"不可言说的土耳其人"发动一场引发群体骚动的战争。在英国自由党中，仍然存在强大的亲保加利亚游说活动；在伦敦和巴黎，马其顿自治的主张也有一些支持度。但大多数政府打算让奥斯曼继续统治这个省份，同时由国际共管一支有效的宪兵部队。只有英国希望奥斯曼军队完全撤出马其顿（就像撤出克里特岛一样）。1903 年 10 月，沙皇尼古拉二世和奥皇弗朗茨·约瑟夫在各自的外交大臣陪伴下，在维也纳以南 100 英里的米尔茨施泰格（Mürzsteg）皇家狩猎便屋会晤。两位皇帝在这里同意了一项推荐给苏丹的改革计划：（1）俄、奥各派一位"代理文官"为土耳其总督提供咨询；（2）宪兵部队由一位欧洲人指挥；（3）将该省划分为多个"治安区"，每个列强负责其中一区。

　　1903 年 11 月最后一周，苏丹接受了"米尔茨施泰格提议"。列强扬言实施海上示威，迫使苏丹接受了他显然厌恶的提议。[19]然而，阿卜杜勒-哈米德二世精通掩饰和拖延，他几乎没有将这些高度复杂的提议付诸实施。一位意大利人负责指挥宪兵，五大列强的官员为了维持该地区的治安而起草临时方案。两年后——英、法、意、俄再度展示海军力量后——苏丹进一步妥协：同意成立国际委员会，监督其在马其顿的财政收支。只有德皇和他出色的大使比贝尔施泰因没有采取恐吓行动。"德国人在力所能及的范围内给我带来好处，而欧洲其他国家尽可能地给我带来伤害。"阿卜杜勒-哈米德二世在私下言谈中心酸地说。[20]他没有意识到的是：似乎令苏丹卑躬屈膝的法、英、意、俄，与从苏丹赐予的商业特许权中获利颇丰的德国，在年轻一代军官看来没有什么区别。此外，德国军事教官像此前的很多外来专家一样，自认为高人一等，令骄傲和野心勃勃的土耳其年轻人无法容忍。对所有外来影响的强烈憎恨，过去常常给奥斯曼的反对派运动提供能量，到了 1905—1906 年，这种憎恨几乎要再次浮现——但这一次有点不同。

在塞尔维亚、保加利亚、希腊，下级军官（出身于参军报效君主的传统欠缺的家庭）已经形成了危险的施压集团，威胁要推动政府采取他们自己构思的民族主义政策。类似的演变，也从 1902 年 2 月大会和 1907 年 12 月第二场大会（也在巴黎举办）之间的青年土耳其运动得到反映。令阿卜杜勒-哈米德二世的秘密警察感到惊愕的是，有证据表明 1906—1907 年在苏丹的若干野战部队中存在异见团体。1906 年 9 月，邮政官员穆罕默德·塔拉特（Mehmed Talaat）在萨洛尼卡成立了"奥斯曼自由协会"（*Osmanli Hürriyet Cemiyeti*），并获得了第三军军官们的支持。两个月后，出生于萨洛尼卡、主要在莫纳斯提尔接受教育的 25 岁上尉参谋官穆斯塔法·凯末尔在大马士革的第五军军官中建立了秘密的"祖国运动"（*Vatan*）。"祖国运动"很快就在雅法、耶路撒冷、贝鲁特建立小组。到了次年 9 月，"奥斯曼自由协会"已经与青土党在日内瓦的流亡者建立联系；第二次巴黎大会后不久，这一联合起来的青年土耳其运动的领袖们采用了"统一与进步委员会"（CUP，*Ittihad ve Terakki Cemiyeti*，简称"统进委"）的名号。这个组织吸纳了凯末

尔的"祖国运动"和其他一些异见组织。[21]"统进委"内部各附属
社团间的共同联系就是马其顿。多数成员正在或刚刚在这个动乱省份
服役过，要么就出生在那里。1908 年，现代希腊的第二大城市萨洛
尼卡成为"青年土耳其革命"的动力源。

　　那个夏季的事态发展没有遵循可识别的模式，最具戏剧性的那
些篇章发生在非常偏远的帝国一隅，以至于人们似乎难以想象它们
能够撼动奥斯曼的宝座。莫纳斯提尔的第三集团军卫戍部队的随军
穆夫提是一位警方线人、耶尔德兹宫的间谍。6 月初，他偶然发现
少校副官艾哈迈德·尼亚齐（Ahmed Niyazi）卷入一场"统进委"
阴谋。后者是一位忠诚度可疑的军官，驻守在莫纳斯提尔和奥赫里
德之间的雷斯内（今雷森，Resne/Resen）。这位穆夫提被击伤，从
而无法将消息上报首都。尼亚齐决定提前暴动，在 7 月 3 日周五祷
告期间夺取武器弹药，前往奥赫里德一带的山区展开武装起义。
"统进委"担心遭到反击，便支持尼亚齐；很多下级军官随他进入山
区，其中最著名的是恩维尔少校，他在鲁米利亚巡抚（Inspector-
General）侯赛因·希勒米（Hüseyin Hilmi）的参谋部效力——巡
抚本人也同情青土党。在尼亚齐的推动下，"统进委"与萨洛尼卡
的外国领事订约，派遣代理人前往马其顿的各个主要城镇，宣布恢
复 1876 年宪法。起初，阿卜杜勒-哈米德二世低估了这场起义的影
响力。但是，他麾下一位极度忠诚的将军在莫纳斯提尔遭到暗杀；
随后，从安纳托利亚被匆匆调去镇压马其顿起义的军队中充斥着造
反情绪，这些都使苏丹震惊不已。送抵首都的报告表明，鲁米利亚
守军迅速宣布拥护 1876 年宪法。他们的诉求其实是模糊不清的，
尽管显而易见的是，在几处地区，起义者既获得了阿尔巴尼亚人的
支持，也得到了一些保加利亚和希腊社群的支持。更伟大的城市发

生的更古老的斗争[①]，又一次产生了回响。英国副领事听到一位年轻的"统进委"军官用法语在兹拉马（Drama）小镇宣告："祖国、自由、平等、博爱。"[22]

随着耶尔德兹宫的士气下降，阿卜杜勒-哈米德二世苏丹发起最后一试，以重拾政治主动权。他决定抢占反对派的先机，这在他的统治期间不是第一次。苏丹免去了穆罕默德·费里德（Mehmed Ferid）的职务（此人在过去五年半中担任了大维齐），并第七次将屈奇克·穆罕默德·赛义德召回岗位。后者曾经在 31 年前奥斯曼立宪主义"空欢喜"时，向议会宣读苏丹的讲话。48 小时内，赛义德帕夏与苏丹就同意满足马其顿革命者的第一项诉求。苏丹——五个月后他这么解释道——相信帝国境内的各族人民截至此时教育程度已经足够高，可以接受议会制政府的运行方式。1908 年 7 月 24 日公布的一份帝国敕令（*irade*），宣布立即恢复中断的 1876 年宪法；数日之后，宣布对政治犯和流亡者实施大赦。8 月 1 日，一份《哈蒂-胡马云诏书》批准取缔秘密警察、废除任意拘押、允许出国旅行、承认种族和宗教平等、重组现行政府。这份诏书也承诺在三个月内以选举组建议会。群众的欢庆游行席卷了奥斯曼帝国治下的欧亚城乡，得到了十余个民族的支持。[23]

哈米德时代结束了。青土党没有在耶尔德兹，而是在萨洛尼卡开枪，就摧毁了专制统治。但是，苏丹-哈里发体制没有改变。8 月 31 日，这个三个世纪以来在位最久也最诡计多端的幸存者，披着君主立宪制的诡异外衣，开启了他治下的第 33 个年头。他佝偻的臂膀不太容易肩负起这样的重任。

---

　　① 指巴黎发生的法国大革命。

第十四章

争取统一与进步

　　宪法的突然恢复，让"统一与进步委员会"措手不及。它的创始成员曾经幻想过实施长期斗争，才能够说服苏丹在 32 年的中断后恢复试探性的代议制政府试验。此前，青土党看起来首先需要设法与持同情态度的乌理玛要员合作，废除在位的君主。与此相反，很快就显而易见的是，帝国敕令改变了统治者与被统治者的现有关系。7 月 31 日，敕令公布后的那个星期五，阿卜杜勒-哈米德二世冒险前往阿亚索菲亚清真寺，参加每周的聚礼。这是 25 年来他第一次鼓起足够的勇气，渡过金角湾，在古老的拜占庭"巴西利卡"祈祷。这场马车之行是他个人的小胜。在他最害怕遭到暗杀的狭窄街道上，他甚至得到了欢呼。[1] 8 月初，他有些勉强地承认，有必要接待"统进委"代表团，讨论他们的改革计划的是非曲直。

　　一位还算受欢迎的苏丹，摆出这种和蔼可亲的姿态，给未遂的革命者们制造了难题：让谁去耶尔德兹宫担任他们的代言人？"统进委"不是一个政党，甚至不是一个全国性的抗议活动。在马其顿之外，它缺乏任何协调的组织；到目前为止，也没有哪个人可以崛起为领袖人物。对尼亚齐少校、杰马尔少校、恩维尔少校或者其他任何下级军官而言，去首都都是危险之举。他们在法律上可能被视为叛乱分子。马其顿最有经验的"统进委"成员是纳泽姆医生，他是萨洛尼卡市立医院的主管，也是青土党密谋者和巴黎流亡者之间的主要线人。但是，尽管纳泽姆两个月后成为"统进委"中央委员会的秘书长，他仍喜欢置身于公众视线之外。还有一位侯赛因·希勒米，此人在鲁米利亚备受尊敬，曾在萨洛尼卡的一片欢腾中宣读苏丹的敕令。但希勒米同样不是合适的人选。虽然同情青土党的目标，但他忠于更老一代人的失落的自由主义。55 岁的希勒米很难为那些比他年轻 20 多岁的军官和文官担任代言人。[2]

最终，委员会选择了三位老练的官僚：穆罕默德·贾维特[Mehmed Cavit（Djavid）]，萨洛尼卡一位商人的儿子，擅长搞经济；穆斯塔法·拉赫米（Mustafa Rahmi），来自鲁米利亚最富有的地主家庭之一；穆罕默德·塔拉特，大约两年前在萨洛尼卡帮助建立了"奥斯曼自由协会"。塔拉特出生在埃迪尔内的一个农民家庭，但智力超群。虽然他是一位白手起家的政治家，以至于不能冒着受到孤立的风险轻易妥协，但他也雄心勃勃，以至于不能因为盲目接受教条式的狂热而缩手缩脚。在接下来十年，是塔拉特而不是其他派头更大的同事将"统进委"的决议有效转化为政治行动。两位冷酷的第三集团军参谋官——艾哈迈德·杰马尔[Ahmed Cemal（Djemal）]少校和恩维尔少校，在国外名气更大；但是，随着关于青年土耳其运动的混乱的回忆录史料越发清晰，穆罕默德·塔拉特这个当初的电报员，作为令人敬畏的三人组中的智囊形象越来越突出。

即便是第一次觐见阿卜杜勒-哈米德二世时，塔拉特似乎也展现了他的个人魅力。代表团抵达首都时，赛义德帕夏对他们摆出了一副臭脸。塔拉特和他的两位同事适时地要求苏丹解除赛义德的职务，任命一个更加自由主义的内阁。四天之内，赛义德就出局了，亲英派的穆罕默德·卡米勒帕夏第三次担任大维齐，组建了一个改革派内阁，其中只有大教长和外交大臣有过从政经验。"统进委"重拾自信，于是另外四名内部成员（包括杰马尔和恩维尔）也抵达首都。这个内部委员会决定不寻求接管政府本身，但是仍然要作为施压团体，影响宫廷、高门乃至议会的决策。8月底，新任英国驻君士坦丁堡大使杰勒德·劳瑟爵士（Sir Gerard Lowther）自以为是地通报伦敦："鉴于这个国家正在由联盟委员会，也就是一群善意的小伙子执掌，事态发展非常顺利。"[3]

与之前的改革派一样，卡米勒政府和"统进委"都强调有必要将奥斯曼帝国转变为现代化的中央集权国家。在前一个世纪，这样的计划已经被宣布了至少四次。但遗憾的是，每一次的成果都缺少了劳瑟自以为他又一次见证的"善意"。当卡米勒提出看起来令人极为眼熟的改革时，"统进委"追求更加激进的措施。他们的理想是一个对安纳托利亚的土耳其源头感到自豪的穆斯林资本主义社会；所有奥斯曼臣民，无论种族和宗教，都应当享受同等权利，并接受同等的义务，为一个中央集权国家服务。不再有米勒特制度下的法律差异，不再承认"单方让步协定"（外国人在商业和法律上享受的特权）。"统进委"也支持农业改革和更公正的税制。但有趣的是，即便是这种新的有活力的改革计划，也与过去保持着连续性：青土党要求扩大并完善民法典，也就是艾哈迈德·杰夫代特的委员会在 40 年前推出的那部民法典。

新近确立的新闻自由和政治结社权有利于多党制的发展。[4] 虽然伊斯兰传统派中坚力量和弱小的奥斯曼民主党参加角逐，但 1908 年的选举主要只有两个组织竞争："统进委"（尽管还没有组织为政党）作为"统一派"（*Ittihatçilar*）参加竞选；9 月中旬，有一个反中央集权的自由主义党派（奥斯曼自由联盟，*Osmanli Ahrar Firkasi*）建立了，成员包括大维齐和萨巴赫丁亲王，后者急忙从巴黎回国参加政治活动。选举在 11 月至 12 月初进行，选举方式再次是间接的选举人团制，选举结果是统一派获得了压倒性支持。然而，穆罕默德·卡米勒政府仍然暂时留任。1908 年 12 月 17 日，阿卜杜勒-哈米德二世再一次冒险走过斯坦堡区的狭窄街道，在阿亚索菲亚清真寺后方的政府机关召开他治下的第三次议会。几个月后，彻拉安宫被改作议会两院的办公场所。1904 年 8 月，可怜的前任苏丹穆拉德五世的软禁生活由于他死于糖尿病而告终，此后彻拉安宫一直空置，直到成为议会办公地为止。

奥斯曼君主立宪制的发展，被一连串的外国危机所阻碍。青土党革命的消息，引起了维也纳和布达佩斯的警惕。30 年来，弗朗茨·约瑟夫的大臣和军人都将名义上的奥斯曼省份波黑视为实质上的殖民地。如果君士坦丁堡的新政权试图让波黑的议员回归，从而挑战哈布斯堡的权威，那会发生什么？如果奥斯曼议会宣称保加利亚这样的附属国有代表权，又该如何？澄清苏丹在巴尔干的权威并对此设限，符合邻国的利益。在青土党革命之前，奥匈帝国外相埃伦塔尔男爵（Baron von Aehrenthal）已经宣布支持一项铁路计划，由此激起了巴尔干传统仇恨的幽灵。这项铁路计划，是从萨拉热窝出发，经过新帕扎尔旗①，通往米特罗维察（Mitrovica）并继续通往萨洛尼卡港口，由此以独立的塞尔维亚为代价，开放了哈布斯堡治下的克罗地亚。②"统进委"的活动刺激埃伦塔尔和保加利亚统治者采取行动。1908 年 10 月第一周，奥匈帝国正式吞并波黑。在索非亚，斐迪南亲王宣布为独立的"保加利亚人的沙皇"（6 个月后，列强承认保加利亚独立，这个头衔降格为"国王"）。不久之后，克里特人试图为脱离奥斯曼主权并与希腊联合争取正式承认。[5]

　　这场危机在奥斯曼帝国内的第一个影响，就是强化了亲英派的势力。两位领头的"统进委"官员，纳泽姆医生和艾哈迈德·里扎（Ahmed Riza）在 1908 年 11 月第二周前往伦敦，试图缔结英土联盟，得到了外相爱德华·格雷爵士的接见。他们向他解释，"统进委"希望改变奥斯曼帝国的性质；他们声称，潜在地看，"土耳其是近东的日本"。格雷保证，"我们对于他们正在土耳其所做的善举表示完全赞赏"，并主动提出派人帮助"组织海关、警务等，只要他们愿意"。但他解释称，英土之间无法实现紧密的合作关系，因为英国坚定地置身于联盟体系之外（除了在远东地区）。这是一场友好但没有成果的会谈。[6]虽然格雷和他的主要顾问们知道这两位访客的重要性，但英国外交部似乎已经清醒地认识到：他们严格来说只是私人访客，而不是奥斯曼政府派出的使节。毫无疑问，外交大臣本人也不太相信青土党文官政府持久延续的前景。"恶劣而腐败的政府，很可能积重难返，难以改革，"在接待纳泽姆和里扎的 10 周前，格雷已经写信给劳瑟说，"眼下发生的巨变，大概会演变

---

① 　新帕扎尔旗大致包括今黑山东北部和塞尔维亚西南部。

② 　简单来说就是这条铁路将亚得里亚海沿岸的克罗地亚与爱琴海联系起来。

出强大而有效的军事独裁。"[7]

很难不让人想象，英国在波斯尼亚危机期间错失良机。德国——奥匈帝国的忠实盟友，在君士坦丁堡暂时信誉受损，格雷或许可以抓住机会，恢复英国对高门失落的影响力。当然，在过去 20 年内，利益关系已经改变。随着奥斯曼最终在巴尔干"退潮"，没有哪位外交大臣愿意看到欧洲和平因为领土争端而受到威胁。但从世纪之交以来，英国外交部——甚至还有印度事务部——一直对波斯湾和美索不达米亚的未来，而不是土耳其的两大海峡，表示更多的关切；而"统进委"就像阿卜杜勒-哈米德二世本人一样，意识到苏丹的亚洲国土的重要性。截至 1899 年，专业的谈判（多数情况下是由印度总督的代理人在当地举行）已经保证所有的波斯湾小型谢赫领地（sheikdom），包括科威特，实质上都成为英国的保护国，即便理论上说，它们仍然处于苏丹的主权之下。在伦敦注册的幼发拉底河和底格里斯河蒸汽航运公司垄断了巴格达和巴士拉的港口权，在奥斯曼向柏林提供巴格达铁路协议的特许权之前，前述公司没有受过挑战。1908 年和 1909 年之交的冬季，德国的窘境原本可以给格雷提供一次机会，以便在一个英印商业的传统主导优势受威胁的地区保障贸易利益。处于危机的不只是铁路建设。截至此时，石油政治也影响了英国外交部和奥斯曼高门的决策。1908 年 5 月 26 日——青土党革命 9 周之前——马斯吉德苏莱曼（Masjid-i-Su-laiman）报告了海湾地区第一次重要的石油产出。该地在波斯边境一侧，但距离巴士拉只有 150 英里。不出意外，卡米勒帕夏政府最初的行动之一，就是在"统进委"施压下颁布法令，将石油收入和财产从苏丹的专用金重新转入奥斯曼国家，由此反击了阿卜杜勒-哈米德二世 18 年前的小聪明。外国对石油特许权和开采权的竞标，在旧政权时期暂时批准的或接受试探性议价的，现在不得不经由财政部重新提交。在这些问题上，劳瑟大使口中的"善意的小伙子"早熟般地精明。[8]

波斯尼亚危机在约 6 个月的时间里吸引了欧洲各国内阁的注意力。在这段时期内，奥斯曼政府继续强调愿意争取英国的友谊。在有限的程度上，英国的外交为青土党带来了一些补偿：格雷说服"英俄协约"的合作伙伴（即俄国）推迟讨论《伦敦海峡公约》的修订，因为在土耳其事务上提出这么广泛的一个问题"不合时宜"；英国海军舰队在克里特附近海域部署，有力地说明了格雷反对立即将该岛主权转让给希腊；在英俄交易中，达成了一项不寻常的协议：土耳其承认保加利亚的独立，换取了俄国勾销 1878 年奥斯曼战争赔款的 40 期付款。[9] 同时，海军少将道格拉斯·甘布尔（Douglas Gamble）爵士率领一支英国海军代表团前往君士坦丁堡，再度帮助苏丹整饬舰队。

所有这些保持颜面的姿态，很难抵消悲哀的事实：在帝国长达 20 年的"哈米德荣耀"后，新政府建立之时，过去领土损失的沮丧轮回正好也重新出现。"穆斯林纯净主义者"，对于城市时髦街道上不戴面纱的"现代"女性，已经感到不满，他们开始反击改革派。社会立场保守的"伊斯兰统一社"建立了。苏丹的第四子穆罕默德·布尔汉丁（Mehmed Burhaneddin）就是成员之一，有传言称该组织得到了宫廷的财政支持。1909 年 2 月第二周，"统进委"策划了自由派卡米勒帕夏的垮台，以该组织提名的希勒米接替其担任大维齐。这项政治操作，给了"伊斯兰统一社"抱怨的口实：马其顿来的人正在制造新的专制统治。在驻守首都的第一集团军，和从萨洛尼卡而来指导立宪革命的第三集团军军官政治家之间，产生了嫌隙。1909 年 4 月 12 日和 13 日之交的夜晚，第一集团军下属部队与斯坦堡区的宗教学员携手，要求政府辞职，并建立严格遵守沙里亚、尊重苏丹作为哈里发的权威的宗教主义政权。接下来的早晨，暴民冲入议会建筑，杀死两名众议员。阿卜杜勒-哈米德二世欣然接受示威者的诉求；艾哈迈德·陶菲克临时构建了一个忠君联盟——大概可以被描述为"耶尔德兹宫之友政府"。外交官们及时将帝国专制复辟的消息报告回国内。[10]

这样的评估把话说早了。这场政变没有遵循传统模式；示威者没有抓获"统进委"领导人，而被扣押或杀害的众议员也一只手能数得过来。此外，持不同政见的军官们，虽然批评很多现代化改革，但更赞同"统进委"成员的爱国主义意识形态，而不是耶尔德兹宫阴晴不定的专制统治。在这些军官中，有一位 53 岁的将军马哈茂德·谢夫凯特帕夏（Mahmud Shevket Pasha），他曾经作为借调至德军的奥斯曼军官，在普鲁士待了 9 年。青土党革命开始时，他正担任科索沃总督。这位帕夏从未加入过"统进委"，但是新政权授予他关键的职责，担任驻马其顿的第三集团军的统兵将领。当首都的消息传至萨洛尼卡时，谢夫凯特帕夏命令他的师级参谋长、少校副官穆斯塔法·凯末尔组织第三集团军进军首都郊区；截至 4 月 22 日，凯末尔的后勤规划和战略铁路的便利，使部队和火炮得以集中在圣斯特凡诺。由此，谢夫凯特帕夏令人生畏的大军可以为议会代表团提供保护。后者发表了宣言，正式谴责苏丹的行动。次日，在高门行政大楼和塔克西姆的军营发生断断续续的战斗后，阿卜杜勒-哈米德二世做出让步，罢免了陶菲克内阁。然而，这一次苏丹的迅速回心转意无法挽救自己。"统进委"决定结束他的统治。[11]

　　表面上看，法律的惯例得到了遵守。在塔拉特的强大施压下，大教长批准了一道废黜苏丹的教令。1909 年 4 月 27 日，65 岁的穆罕默德五世继任了他 66 岁的同父异母哥哥阿卜杜勒-哈米德二世的职位。但是，这次废立与此前的 13 次在两个方面有重大不同。第一，向大教长提出要求的，不是政务委员会中的大臣，而是被统治者冒犯的议会代表，这位统治者"发誓要重返正义之路，却违背承诺，挑起了内战"；两位参议员、两位众议员组成的议会代表团向苏丹通知他的命运："本民族已经废黜了你。"[12] 第二，阿卜杜勒-哈米德二世不需要被囚禁在某座奥斯曼宫殿的囹圄中。他被告知，议会已经决定必须要将他流放到外省，会为他在萨洛尼卡找一幢别墅。得知自己的终点站后，阿卜杜勒-哈米德二世瘫倒在他的大宦官怀中（大宦官很快会遭受更不幸的命运，在加拉塔桥上被公开绞死，理由是他在耶尔德兹宫的密室中以他主人的名义犯下了恶行）。阿卜杜勒-哈米德二世的恳求与抗议只是徒劳。当天深夜，前任苏丹、两位皇子、三位妻子、四位嫔妃、五位宦官、14 名仆人，踏上了他们 24 小时的火车之旅，前往那座最初引起动荡的城市。[13]

　　除了阿卜杜勒-哈米德二世在耶尔德兹宫遭人恨的心腹外，新政权对于过去的政客们，没有实施血腥的清洗，因为在若干场合，新政权还需要他们的效力。艾哈迈德·陶菲克赴伦敦担任大使，在接下来十年远离政治，只要"统进委"成员掌握权力，他就拒绝考虑任何入朝为官的诱惑。5 月 5 日，侯赛因·希勒米重新担任大维齐，在该年年底之前执掌政府。法学家和前外交官易卜拉欣·哈克帕夏（Ibrahim Hakki Pasha）继任。两位重要的"统进委"人士在希勒米和哈克内阁都担任过大臣：塔拉特是内政大臣，贾维特是财政大臣。"统进委"的其他领导人中，杰马尔上校先后担任于斯屈达尔和阿达纳的军事总督，而恩维尔少校前往柏林担任武官。阿卜杜勒-哈米德二世被废 4 个月后，恩维尔参加了德国在维尔茨堡（Würzburg）的军事演习，给人们留下了深刻印象，其中尤其包括他的同席访客温斯顿·丘吉尔。[14] 如果在接下来几年，西欧的政治家和军人愿意承认这位风度翩翩的年轻少校是奥斯曼帝国的真正统治者，那么，恩维尔出于本性也不会去纠正他们。有些时候他就是这么自信。

　　但紧接着阿卜杜勒-哈米德二世被废后，谁是"金角湾的领主"？奥斯曼帝国再也没有一位君主主张"既统也治"。穆罕默德五世是一位和蔼的蹒跚老人。由于酗酒和纵欲过度，他即位之时，已经身心俱疲。这种不良的生活习惯，是过去 30 多年他的同父异母哥哥怂恿的，以免这位假想的继承人卷入政治阴谋。即便他是一位奉行禁欲主义且才思敏捷的君主，他也会发现，8 月议会对 1876 年宪法做出了广泛的修正，限制了他的权力。[15] 未来，只有大维齐和大教长应当由苏丹选择，而苏丹不再有任命各部大臣或两院议长的权力（此后议长由两院议员选举产生）。甚至苏丹的私人幕僚也要由议会任命——这个规定是为了防止再次产生一个耶尔德兹宫"内朝"。每年 11 月至来年 5 月，议会必须召开；大臣们对众议员而不是对大维齐负责；对于议会任意一院发起的立法，苏丹只能享有延搁性的暂停否决权。对于所有这些革命性的创新，最根本的是修订后的宪法第三条：只有当奥斯曼王朝的首领履行效忠祖国和民族的登基誓言，承诺遵守伊斯兰教法和宪法，主权才可以授予他。因此，议会享有不可剥夺的权利以废黜任何违反帝国基本法的苏丹。

　　从纸面上看，1909 年 8 月的这些宪法修正案为奥斯曼各族人民提供了一个比在沙皇俄国或霍亨索伦德国更加基础广泛的议会制政府。然而，现实与改革者的期望相去甚远。令人遗憾的是，穆罕默德五世在位第一年，青土党的立法记录令人感觉压抑。《流浪汉法》（1909 年 5 月 8 日）对待缺乏"明显谋生手段"的顽固乞丐，比英国都铎王朝早期的法律还要苛刻。《结社法》（1909 年 8 月 16 日）禁止建立名称中出现民族或种族的政治组织，这个举措导致了阿尔巴尼亚、希腊、保加利亚俱乐部的关闭，但对于前一年 1 月建立的"土耳其社"（*Turk Denegli*）却不设限制，因为它辩称"土耳其"一词暗示了一门口头语言或一种民间文化，不含政治意味。《禁止抢劫与煽动法》（1909 年 9 月 27 日）规定建立"巡捕营"，清除并镇压武装团体，尤其是巴尔干的游击队。同时，《征兵法》引入了非穆斯林承担军事义务的新原则。这是"统进委"落实其声称的厌恶"种族与信仰之分"，但此举使其迅速失去了基督徒和犹太教徒的支持。其他法律还有：禁止印刷可能激起动乱的书籍和报纸文章；公共集会的组织者需要获取警方的允许，保证只有提前申报的主题才能够在集会上讨论。[16]

市政管理改善了；更多的学校建立了，尤其是女子学校；终止土地所有权异常的工作开始了，以便清除"伊尔蒂扎姆"制度的最后残余。但是，尽管"统进委"成员强调他们反对外国人享受特殊条约权益，却没有废除那些不平等条款。虽然新政权主张奥斯曼自力更生，但仍然鼓励外国专家来到君士坦丁堡，为行政现代化提出建议：理查德·克劳福德爵士（Sir Richard Crawford）将英国公务员的经验应用到奥斯曼海关；斯泰平（M. Sterpin）从布鲁塞尔前来指导邮政和电报——塔拉特对于原有部门的办事效率不敢恭维；莱昂·奥斯特罗罗格（Leon Ostrorog）伯爵此前已经被聘用为司法议程方面的顾问,此时的新任务是为奥斯曼法律与西欧主要法典的协调提供建议——两年后,由于反感传统宗教团体的施压,他从这个岗位辞职了。更加开明的青土党曾经长期谴责它们的蒙昧主义。

无论是在首都还是在海外,人们认为这些改革是在"统进委"的集体领导下,通过大维齐和他挑选的大臣,在宪法的要求下实施的。这是一个误导性的印象。"统进委"在首都不受信任,它的代表人物被指责为"不信宗教的利己主义者","沉浸于共济会和/或锡安主义"。"统进委"的总部直到1912年都留在萨洛尼卡,未免意味深长。此外,虽然希勒米和哈克在任期间理论上都属于"统进委"人物,但他们对于决策没有最后拍板权。皇位和议会背后的实际掌权者是谢夫凯特将军,而他仍然在"统一与进步运动"之外。[17]他作为第三集团军指挥官和"进军斯坦堡"的行动策划者,享有的威望使他在阿卜杜勒-哈米德二世垮台后4年内,对君主立宪制帝国实施了遮遮掩掩的军事独裁。1909年5月,谢夫凯特担任第一、二、三集团军的总监察官。数日之后,他作为戒严执行官,获得了更大的权力,此后两年内,在有不满情绪爆发风险的城镇中保持了实质性的戒严状态。1910年初,他出任哈克内阁的陆军大臣,对于军队的部署和军事预算的用途守口如瓶,甚至塔拉特和贾维特一直不确定他是敌是友。最终,谢夫凯特从幕后走到台前,在1913年上半年亲自出任大维齐。

民众对"统进委"的幻想破灭,尤其是越来越不满其鼓励狭隘的土耳其民族主义组织,导致了帝国境内一些相隔很远的地区都爆发了反抗。对于《结社法》的憎恨,激起了密谋团体的发展,尤其是在黎凡特的阿拉伯人之中。在法国赞助下受过教育的叙利亚和黎巴嫩穆斯林,1911年在巴黎成立了"青年阿拉伯社团",直接挑战了青土党的中央集权政策。对奥斯曼更加直接的威胁是阿尔巴尼亚的动荡。早在 1909 年 5 月，当局试图征收新税时，柳马（Lyuma）地区就发生了战斗。但是，1910 年早春的一场起义给当局造成了更深刻的印象。这尤其是因为起义集中在科索沃——谢夫凯特帕夏刚刚担任军事总督的地方。他认为这是对他个人的冒犯，因此反应过激，派遣了 5 万军队前去恢复秩序，下令对宗族领袖们公开鞭笞，以恐吓狂妄的民众。起义蔓延到了基督徒和穆斯林群体，迫使谢夫凯特在 1911 年 4 月又一次亲自领导了"远征"；两个月后，他又鼓动苏丹-哈里发正式造访阿尔巴尼亚诸省。但战斗仍然悬而未决。[18]

　　当军队在帝国的西北边缘作战时，亚美尼亚革命联合会又在东北方制造动荡。同时，苏丹东南方极远的领土，爆发了两场阿拉伯人起义：一是吉达（Jeddah）以南的阿西尔（Asir）地区①穆罕默德·伊德里西（Muhammad al-Idrisi）谢赫的起义；二是更南方，与英国的亚丁保护国②搭界的叶海亚·哈米德·丁（Yahya Hamid-al-Din）伊玛目的起义。为了在苏丹的帝国境内这么偏远的角落应对这种紧急军情，陆军部又向阿拉伯地区派出 3 万人——这些士兵是从青土党改革仍然未受挑战的省份征募的。因此，驶向红海的运输船，不只是从于斯屈达尔和士麦那出发，也来自今利比亚境内的的黎波里和德尔纳（Derna）——当时位于奥斯曼帝国的西南角。截至 1911 年盛夏，的黎波里行省和班加西旗（*sanjak* of Bengha-zi）——由苏丹直接统治的最后的北非领土——只有 3 400 名有战斗力的正规军士兵驻守。这支薄弱的防御力量分布在 1 000 英里长

---

①　位于今沙特阿拉伯西南部。
②　位于阿拉伯半岛西南角，范围大致相当于今也门共和国。

的巴巴里海岸，从意大利南部港口乘坐汽船只需一夜就能抵达。[19]

自从法国占领突尼斯以来，意大利殖民组织就敦促历届政府关注利比亚的开发与占领。20世纪初，法国从摩洛哥向东的殖民活动出现新高潮，罗马和米兰的商人们因而相信，如果他们的政府不迅速吞并的黎波里塔尼亚和昔兰尼加，就会永失良机。意大利外相后来写道：在他的同胞中，"存在着普遍的、模糊的需要有所作为的愿望"。[20] 早在1911年2月，奥斯曼驻罗马大使就向高门表达了对意大利正在策划进攻的担忧。6月，他进一步发出警告，这次警告传到了谢夫凯特帕夏本人耳中。谢夫凯特也做不了什么，只是将2万支毛瑟枪和200万发定装弹药（cartridge）① 经由一艘快速汽船发往的黎波里，下令一旦战争爆发就将这些武器分配给阿拉伯部落民。尽管青年阿拉伯党异见分子在巴黎活动，红海下游沿岸爆发了暴乱，但谢夫凯特意识到，意大利天主教徒入侵伊斯兰领土，可以促使部落成员团结一致支持苏丹-哈里发反击基督教"异教徒"。

1911年9月27日，意大利不满奥斯曼粗暴对待在利比亚的商人，向高门发出了一道全然无法接受的最后通牒。次日，战争爆发了。意大利海军发动突击，为的黎波里、班加西、德尔纳、图卜鲁格（Tobruk）的登陆战做好准备。面对现代军舰的轰炸和首次投入战争的飞行器（从原始的双翼飞机上手投小型炸弹），减员的奥斯曼分遣队几乎无法抵抗这样的进攻。然而，奥斯曼总参谋部临时构思的战略计划运作得非常好。尽管侵略者控制了沿海城镇，但他们无法渗透内陆；意军不适应在沙漠中对熟练的阿拉伯骑兵作战，因此，罗马和米兰追求的速胜化为泡影。意军的海上封锁，阻止了

---

①　简单来说，就是将火药和弹头封装在一个弹壳中的那种子弹。

来自爱琴海或黎凡特的奥斯曼援军抵达利比亚。但是，个别军官身穿便衣，横穿英国控制的埃及，偷偷越界，援助昔兰尼加的抵抗。这些军官中，有恩维尔贝伊和穆斯塔法·凯末尔。两人均与奥斯曼正规军会合。信奉赛努西教团的阿拉伯部落民监视着意军在图卜鲁格的守军。随后，恩维尔贝伊越过沙漠，前往的黎波里塔尼亚；而凯末尔仍然留在班加西和德尔纳附近。截至 11 月初，利比亚正式被意大利王国吞并时，战争已经陷入僵局，"征服者"有效控制的地区不超过海岸线一带。[21]

的黎波里、班加西、德尔纳失守的消息传到君士坦丁堡后，群情激愤。哈克帕夏立刻辞去大维齐职位；"统进委"背上了试图腐蚀军官团、削弱军队的骂名；几个月后，谢夫凯特辞去了陆军大臣职务。他抱怨道，如果青土党和自由派的各种派系坚持要在每一座驻防城镇的军营中操弄政治，奥斯曼军队就不可能现代化。[22]

随着 1912 年春季的到来，意大利扩大了战争范围。4 月 18—19 日，海军中将莱昂内·维亚莱（Leone Viale）的 12 艘战舰轰炸了达达尼尔海峡的堡垒。但维亚莱被迫放弃了护送一支鱼雷艇小舰队沿着海峡而上，进攻停泊在狭窄水道中的舰船的计划，因为事实证明奥斯曼的炮火非常精准，而且他的活动引起了列强哗然——不出意外，土耳其人立即对所有商船封锁了海峡，对于俄国的黑海贸易打击尤为巨大。维亚莱在达达尼尔海峡受挫后，返回爱琴海。运输船在斯塔姆帕利亚（Stampalia）加入他后，舰队于 5 月前去占领罗得岛和佐泽卡尼索斯群岛中剩余的岛屿。

从军事上看，意土战争接连发生的紧急状态，清晰地向外国观察家展现了奥斯曼帝国的优势和劣势。在欧洲之外，全副武装的贝都因人支持苏丹的正规军，在精明的领导之下，通过突袭和伏击消耗墨守成规的敌军，阻止其最终胜利；在奥斯曼首都附近，部署在战略堡垒的外国火炮可以击退任何敌军的袭击。虽然奥斯曼海军有3艘现代巡洋舰、8艘驱逐舰、14艘鱼雷艇以及一些珍贵的战列舰，但作为一支作战舰队，它们无足轻重。1910年接替道格拉斯·甘布尔担任英国代表团团长的海军将领威廉姆斯，发现土耳其军官敌视任何改革尝试；为了出风头，他们更关注配备两艘新购的下水20年的德国战列舰，而不是充分运用他们更小型的战舰。[23]在最近扩大的应征军队中，不存在人力问题，但是大多数新兵仍然对现代武器疏于训练。此外，虽然参谋工作有助于某场特定战争中的有限行动，却无力解决一场多线同时爆发的大型战争的后勤问题。如果青土党改革家享有五六年的和平时期，实施真诚的"统一与进步"，奥斯曼国家庶几能够在军事上再度强大。结果却是，1911年和1912年的危急关头，正好赶上君主立宪制帝国处于最虚弱的局部过渡时期，当时，苏丹-哈里发没有忠诚的臣民愿意作战，就几乎没有希望在防御战争中获胜。

更糟糕的事很快就发生了。巴尔干诸国看到它们曾经强大的邻国明显陷入困境，就在俄国支持下集体发难，坚决要将奥斯曼人赶出被其占据五个半世纪的欧洲。尽管阿尔巴尼亚各地和马其顿的起义目标之间存在矛盾，但在1912年夏，塞尔维亚、保加利亚、希腊、黑山组建了巴尔干联盟；接下来的初秋，又缔结了更加明确的秘密军事联盟。10月8日，巴尔干战争爆发，黑山军队挺进阿尔巴尼亚北部和新帕扎尔旗。[24]三个较大的巴尔干王国一天之后开战，共同进攻马其顿，保加利亚进攻色雷斯（很快就包围了埃迪尔内），希腊海军在爱琴海行动。巴尔干盟军可以将70多万人投入战场。野心勃勃的将军纳泽姆帕夏（Nazim Pasha），6月初取代谢夫凯特成为陆军大臣，但无望征召 32.5 万以上的兵力反击敌军。

10 月 15 日，奥斯曼与意大利匆匆达成和议。根据《乌希条约》，苏丹接受了利比亚的丧失，换取他的宗教地位在被割让的省份得到承认和意大利承诺撤出佐泽卡尼索斯群岛、将之归还奥斯曼管理（意大利从未兑现）。但是奥斯曼军队没有快速通道可以从利比亚撤出并在鲁米利亚集结。凯末尔和恩维尔花了一个多月的时间才返回首都——其中，凯末尔乘坐汽船从亚历山大港前往马赛，乘坐火车前往布加勒斯特，再乘坐汽船从康斯坦察（Constanza）前往博斯普鲁斯海峡。截至 11 月中旬，凯末尔走完旅程时，色雷斯已经被保加利亚夺取，科索沃、莫纳斯提尔、奥赫里德、斯科普里落入塞尔维亚人之手，希腊人赢取了马其顿最大的宝地——萨洛尼卡港。当希腊和保加利亚军队逼近前苏丹阿卜杜勒-哈米德二世的流亡之城时，他急忙登上德国常备（stationnaire）警戒舰"罗蕾莱"号（SMS *Lorelei*）[①]，返回贝勒贝伊宫。

君士坦丁堡当时挤满了不像他这么著名的避难者。他们可悲地逃离了城镇和乡村，即便这些地方已经是家族数代人眼中的真正故乡。保加利亚军队尽管仍然在围攻埃迪尔内，也在进攻首都的主要防线——恰塔利亚防线，距离拜占庭的古老城墙只有 20 英里。10 月 29 日，穆罕默德·卡米勒被任命为大维齐，他的亲英派名声有望争取到英国政府的支持。他呼吁列强派遣战舰渡过海峡保护首都免受占领。同时，他命令警察逮捕了几位他怀疑正在策划政变的"统进委"活动家。但是，截至 11 月第三周，无论是在首都还是在

---

　　① 得名于德国民间传说中的女妖罗蕾莱，她以歌声诱惑水手，与希腊神话中的女妖塞壬类似。

战场上，紧张局势均有所缓解。恰塔利亚防线固若金汤，"哈米迪耶"号轻巡洋舰的战绩也提升了士气。这艘轻巡洋舰的指挥官侯赛因·拉乌夫（Hüseyin Rauf）暗中驶出达达尼尔海峡，威胁了希腊海军在爱琴海的优势。当初雪从安纳托利亚向西转移到鲁米利亚时，巴尔干盟军同意达成停火。12月3日，炮火平息。一周之内，在爱德华·格雷的主持下，各方在伦敦举行和谈。

卡米勒帕夏打算接受丧权辱国的条款以便安抚英国友人的传闻，使"统进委"恢复了政治主动权。[25]大维齐担心政变，确有道理。塔拉特起初试图争取纳泽姆将军的支持，但后者仍然对"统进委"极不信任，拒绝卷入阴谋。1913年1月23日，卡米勒打算容忍埃迪尔内成为保加利亚城市的消息，促使"统进委"成员实施已经策划数周的政变。恩维尔上校[①]率领一伙军官，冲入高门办公楼的主会议室，迫使卡米勒在枪口下辞职。恩维尔的一位同志击毙了纳泽姆将军。他一定已经过多知晓了"统进委"的公开活动，只不过他付出了生命的代价。青土党将军艾哈迈德·杰马尔动用了作为首都总督的紧急权力，同时，恩维尔前往皇宫，恐吓苏丹任命谢夫凯特为大维齐。很快，一艘埃及汽船载着卡米勒前往亚历山大港。一位英国外交官已经为他争取了安全保证。[26]

"袭击高门"事件是青土党传奇中尤为突出的戏剧化篇章。它发生在伦敦和谈似乎接近崩溃的时间点（主要是由于保加利亚的不妥协）。2月3日，战斗重启。但是，谢夫凯特新政府能够在战场上取胜的希望很快破灭。3月6日，希腊人最终夺取了约阿尼纳。此前的冬季，艾沙特帕夏（Essad Pasha）在这里（阿里帕夏的旧巢

---

①　即前文的恩维尔少校。军衔已经提升。

穴）曾经实施了英勇抵抗。同时，削弱保加利亚对埃迪尔内的控制是不可能的；这座城市经历了激烈战斗，伤亡惨重，食物短缺迫使其在 3 月 26 日投降。4 月 14 日，双方再次停火，和谈恢复。截至 6 月初，奥斯曼政府不得不承认克里特岛、马其顿、色雷斯、阿尔巴尼亚和大多数爱琴海岛屿的丧失。由此，"土耳其的欧洲部分"将被限制在君士坦丁堡腹地，边境从埃内兹（埃诺兹，Enez/Enos）至米底（米迪亚，Midye/ Media）几乎呈一条直线，这样，埃迪尔内就位于保加利亚内侧 30 多英里。

在军队最终崩溃前，劳瑟大使向伦敦的外交部发回的报告，就预测夏季会发生另一场政变。[27]毫无疑问，埃及的英国当局希望卡米勒复辟，相信他是"土耳其与英国之间传统友谊久经考验的捍卫者"。然而，尽管卡米勒从他的故乡塞浦路斯偷偷返回君士坦丁堡，但他很快再一次被迫出局。在接下来无情的政治博弈中，"统进委"成为受益者。6 月 11 日，马哈茂德·谢夫凯特乘坐汽车离开陆军部，前往高门办公楼时，在贝亚泽特广场被击毙。担任军事总督的杰马尔迅速反应。刺杀行动被归罪于政治反对派——自由统一党。该党的很多成员在严密押解下被运往锡诺普。军事法庭判处了若干位自由派领导人死刑——但常常是缺席审判的，例如萨巴赫丁亲王。最终，"统进委"青土党人掌握了政权。该委员会的秘书长穆罕默德·赛义德·哈利姆帕夏（Mehmed Said Halim Pasha）——穆罕默德·阿里的诸多孙子之一——接替谢夫凯特担任大维齐长达三年半以上。但帝国的实际统治者是著名的三人团：内政大臣塔拉特；首都军事总督杰马尔；恩维尔，暂时通过拒绝大臣职位展现自己的高风亮节，仍然是一位前线军人，并迎娶了苏丹的侄女埃米内·纳吉耶（Emine Naciye）公主。谢夫凯特遇刺时，公主还不满 15 岁。

保加利亚的愚蠢和恩维尔本人的勇敢，推动了他的地位节节高升，也巩固了"统进委"对权力的掌控。[28]保加利亚人嫉妒希腊和塞尔维亚的战果（尤其是在保加利亚认为属于自己的马其顿部分地区），导致他们在1913年6月29日和30日之交的夜晚对前盟友发起突然袭击。在6日的激战后，斐迪南国王的军队陷入绝境。7月11日，罗马尼亚决定夺取多布罗加（Dobruja），开辟了北线战场，导致保加利亚的形势更加恶化。两日后，奥斯曼军队从埃内兹—米底一线向西突进，几乎没有遭遇抵抗。随着军队逼近埃迪尔内，恩维尔上校率领骑兵冲在行进的步兵纵队前方，成为这座城市的"武士解放者"。他立即前往锡南的杰作——塞利姆清真寺。作为一位虔诚的穆斯林，他总是在军大衣中携带一本《古兰经》。他在清真寺中将这座城市的解围向真主倾诉。虽然恩维尔在很多同侪军官眼里远远称不上讨喜，但他与生俱来的作秀技巧使他在那个夏季逃入首都和首都周边20万盲目的巴尔干诸省难民眼中成为英雄般的守护者。

在布加勒斯特修订后的和议条款，移动了埃内兹—米底边界，这样就让埃迪尔内回归了奥斯曼主权。"统进委"可以声称自己在第二次巴尔干战争中取得了有形的战果：如果"统进委"的宣传家们希望重新点燃1908年青土党革命的热情，这是必不可少的。从纸面上看，君主立宪制5年的统治成果看起来乏善可陈。苏丹的权力仍然受到限制；兴建了更多学校，治安更加有效，都市（尤其是在首都）排水系统得到改善；在更加开明的城市，女性的职业地位提升了，她们破天荒地获得了成为医生、律师、公务员的机会。在这方面和经济民族主义的试验方面，青土党延续了"坦志麦特"时代的工作，同时也为下一代的共和国改革者提供了该在哪些方面进一步发展、该在哪些方面任其自然的指导方针。但这些成果由于穆罕默德五世在位最初几个月的压制性法律和议会影响力在其后的迅速弱化而抵消。1910 年 1 月的火灾，具有某种象征意义：这场火灾由电气故障引发，迅速烧毁了在彻拉安宫新建的议会两院，迫使议员们在美术学院的狭窄画廊中指点江山。虽然苏丹的男性臣民有权在 1913 年和 1914 年之交的冬季行使投票权，但军事镇压使"统进委"成为唯一参选的有组织的政党。截至那时，"统进委"候选人在意识形态上都是狭隘的土耳其主义，而不是像很多早期的青土党人那样提倡种族平等的奥斯曼共同体。在缺乏其他备选党派的情况下，反对派（如果到了 1913 年还存在的话）在组织上也难免是民族主义的，有一个较大的阿拉伯人组织，还有代表希腊人、亚美尼亚人、犹太人社群的较小组织。多数议员甚至在寻求参选前就受到"统进委"的审查。[29]

　　对土耳其语言文化的自豪感，在世纪之交前就表露出来。然而，在青土党革命后的 5 年内，由于灾难性的领土丧失，这种情绪被激化了。1878—1879 年，阿卜杜勒-哈米德二世已经被迫割让了五分之二的国土。1908—1913 年，另外 42.5 万平方英里①土地——或者说是帝国剩余领土的三分之一以上——脱离了奥斯曼的统治。甚至在收复埃迪尔内后，1914 年，苏丹在欧洲的立足点仍然不超过 4 500 平方英里，而这里曾经长期是帝国大型兵源地鲁米利亚的一小部分。如果"统进委"三帕夏意在阻止帝国的进一步崩溃，那么，看起来有必要的是将土耳其的民族自豪感引导至他们所能理解的一个部门：奥斯曼军队。谢夫凯特在遇刺前不久曾告诉德国大

---

① 1 平方英里约为 2.6 平方千米。

使，德国一定要在奥斯曼国家的重塑中扮演特殊角色。他宣称军队将在"一个德国将军的近乎独裁的控制下"改革。[30] 从这位死于非命的大维齐的表态中，恩维尔感受到了一种对陆海军的信任。他像谢夫凯特一样，对军队持有高度评价。1913 年 6 月 30 日，德皇威廉二世任命利曼·冯·桑德斯（Liman von Sanders）将军率领新的军事代表团前往君士坦丁堡。[31]

第十五章

德国的盟友

　　对于加利波利战役和阿拉伯劳伦斯暴动这样的史诗传奇着墨过多，会导致读者难以理解，即便到 1914 年盛夏时节，奥斯曼帝国仍然置身于敌对的联盟体系之外，可以自由地在同盟国和协约国之间做出抉择，或者捍卫自身的中立。"七月危机"① 期间，赛义德·哈利姆政府仍然不确定会转向哪一条道路。在此前一年，奥斯曼与英、法的关系大有提升。从奥斯曼帝国总体来看，这两个国家比起德国或奥匈帝国都是更好的贸易伙伴。在运营土耳其原油公司方面，国际合作大有进展。该公司 1911—1912 年注册于伦敦，致力于开发摩苏尔和巴格达行省（伊拉克）的石油资源。英土关系风平浪静，以至于萨拉热窝刺杀事件的半个月后，英国大使还休假回

---

① 指斐迪南大公遇刺后的一个月内，欧洲列强之间矛盾逐步升级的一系列事件。

国。晚至 1914 年 7 月 21 日，奥斯曼公债在伦敦发行，以资助英国在博斯普鲁斯的企业。[1]

但是，没有人质疑德国在这里的政治影响力是巨大的。德皇威廉二世认定，他的帝国仍然占据主导地位，他也决心维护这种地位。1913 年 12 月，他曾敦促利曼·冯·桑德斯将军新军事代表团中的 40 名军官"低调……踏实、和谐地工作"，促进"土耳其军队的德国化"[2]；他出于务实的实践，坚持认为虽然戈尔茨凭借每年 3 万马克津贴就取得了成功，但在一个高度竞争且通货膨胀的市场中，利曼"认为合适"的资金可能会上升到每年 100 万马克。

柏林几乎没有大臣或官僚像德皇一样，对神秘的东方怀有自信的热情。德国大使私底下评价土耳其"作为盟友毫无价值"。[3]柏林—巴格达铁路仍然让德皇着迷，但它很难成为政策的轴心，因为到了 1913—1914 年，整个项目都紧巴巴。完成这条铁路线，需要注入更多资本、需要为德国投资者赐予更多特权、需要英国不再反对铁路的最南一线①（1913 年 8 月，英国与奥斯曼当局解决争议后，直到次年 6 月才完成与德国的平行谈判）②。柏林当局也无法永远指望君士坦丁堡的"亲德派"的支持。虽然 1914 年 1 月德皇喜见恩维尔被任命为陆军大臣，但在 10 周之内，"土耳其的最后希望"（威廉二世对他的称呼）就与利曼爆发了激烈的争吵。德国人尝试获得博斯普鲁斯海峡堡垒中的普鲁士炮兵专家的关键指挥权，

---

①　指巴格达铁路向南延伸到巴士拉。巴士拉是英国势力范围的波斯湾沿海城市，不希望德国染指。

②　英土协议规定：土耳其对其亚洲领土上的铁路，不应区别对待；英国政府任命两名代表，参加巴格达铁路公司董事会；未经英国允许，不得修建从巴士拉通往波斯湾的铁路。1914 年 6 月，"一战"爆发前夕，英国与德国达成了类似的协定。

激怒了这位埃迪尔内"英雄般的解放者"。如果俄国史料可信，那么在 1914 年 3 月，"德国暴政"就遭到了奥斯曼首都军官团体的深恶痛绝，以至于一些人考虑用暗杀的方式除掉利曼。[4]

"统进委"领导人本身不会批准这么鲁莽的行动，但他们从来没有成为协约国战时宣传中的亲德傀儡。塔拉特从 1913 年至 1918 年都是奥斯曼政府中枢最具影响力的人物。他起初支持与俄国保持更紧密的关系，认为可以利用沙皇的大臣们对于德国在黑海海峡强化军事存在的警惕，与俄国达成一笔好交易。1914 年 2 月，塔拉特接受了俄国的条约提议，为亚美尼亚东部诸省的基督教社群提供保护；5 月，他率领奥斯曼代表团前往克里米亚，在利瓦季亚（Livadia）① 受到了沙皇尼古拉二世的接见，并向俄国外交大臣萨宗诺夫（Sazonov）试探性地建议结盟。[5]塔拉特在财政部的同僚穆罕默德·贾维特，支持与法国提升关系。巴黎当局的提名人仍然掌控了奥斯曼国债管理处，还打算在帝国财政再次面临破产之际批准新的贷款。他们与英国人共同控制奥斯曼银行，并为奥斯曼财政部提供精明的建议。法国专家也受委托组织首都和其他几座城市、港口的宪兵队。贾维特不是唯一对法国抱有期望的"统进委"领导人。1914 年 7 月第二周，艾哈迈德·杰马尔访问"奥赛码头"（Quai d'Orsay）②，在此宣布如果时机成熟，奥斯曼政府"会将它的政策转向三国协约"。[6]俄国和法国都没有积极回应青土党的这些动议。

当恩维尔从谢夫凯特的政策中继承了新的、强大的德国军事代

---

① 位于克里米亚半岛上，"二战"期间著名的雅尔塔会议就在此地举行。
② 法国外交部的别称。

表团时，海军大臣杰马尔也继承了一个同样强有力的承诺：为整饬奥斯曼舰队争取越来越多的英国援助。1912 年春，海军少将亚瑟·林普斯（Arthur Limpus）成为 5 年内作为资深顾问支持土耳其人的第三位皇家海军军官。截至 1914 年 8 月，林普斯的代表团中已经有 70 多名英国海军军官（与利曼同来的德国陆军军官大致也是这么多，但是德国代表团的规模随着欧战爆发而迅速扩大）。林普斯的前任，也就是海军将领威廉姆斯，已经鼓励购买一艘无畏舰，这艘英国建造的"雷沙迪耶"号（Reshadieh）于 1913 年 9 月下水，但要再等几个月才能够驶向土耳其。年底之前，林普斯取得了两项瞩目成果：阿姆斯特朗·惠特沃思（Armstrong Whitworth）和维克斯（Vickers）① 接受了建造新的海军造船厂的合同；阿姆斯特朗也要完成更大的第二艘战列舰"奥斯曼一世苏丹"号。贾维特和杰马尔确信他们可以筹集 350 万英镑，建造像这两艘战舰这样威风凛凛的帝国权力象征。

公众对海军新项目的热忱，堪比同样精心策划的阿卜杜勒-哈米德二世统治后期的汉志"朝圣铁路"。过去两年在城镇和较大乡村建立的"统进委"俱乐部，指导地方社区的战列舰筹资工作，在面向外国宣传的报道中，强调甚至连学童们也为这项伟大的爱国事业贡献力量。一场庆祝性的"海军周"计划在金角湾举办，根据提议，苏丹的整个舰队都会为新战列舰护航，穿过达达尼尔海峡，开创奥斯曼海权的时代。[7]

两艘战列舰很快在英国船厂完工了。1914 年 7 月，400 名土耳其军官和水手抵达泰恩赛德（Tyneside），将驾驶它们前往直布罗

---

① 英国的两家制造业公司，均得名于创办人的名字，1927 年两家公司合并。

陀海峡，再横穿地中海，完成前往黑海海峡的试航。这些人的到来恰逢英国的战争资源动员之际：8月1日，在新月旗升起前，两艘战列舰被海军部控制，"临时"交付给皇家海军。英国海军部行动的消息，立刻由电报发往君士坦丁堡，引起了君士坦丁堡的沮丧和惊愕。[8]德国大使馆资助的反英舆论战助长了土耳其人的愤怒。可以理解，德国拿英国未能提供及时补偿大做文章。英国扣押军舰，使赛义德·哈利姆内阁中的协约国同情者失去威信。"亲德派"几个星期以来声称，如果德国和奥匈帝国赢得了一场奥斯曼靠边站的战争，获胜方就会无情地瓜分奥斯曼帝国。现在，协约国似乎同样损人利己：它们不仅对结盟的提议置若罔闻，还明显对"统进委"恢复奥斯曼帝国荣光的愿望表示轻蔑。8月2日，赛义德·哈利姆和恩维尔与德国签订正式盟约。这份盟约高度保密，连贾维特、杰马尔和多数内阁同僚在数周时间内都对此一无所知。盟约只规定对俄国采取军事行动——在这种情况下，利曼将"对（奥斯曼）军队的全面指挥产生有效影响力"。

有人声称，秘密条约的缔结"一失足成千古恨，搞垮了奥斯曼帝国"。[9]但是结盟条款给高门留下了回旋余地。恩维尔和赛义德·哈利姆在投入军事行动前，继续迫切要求得到在巴尔干问题上修订条约的明确承诺；他们敦促德国对保加利亚和希腊施压，以归还色雷斯部分领土和爱琴海岛屿。但柏林方面没有回音。晚至8月中旬，英国大使仍然在强调艾哈迈德·杰马尔和纳泽姆医生的亲协约国倾向。他劝说第一海务大臣（温斯顿·丘吉尔）向"海军大臣（杰马尔）发出有同理心的友好信息"。此前，丘吉尔已经向他认识并仰慕的恩维尔发送了一封电报，呼吁他避免与德国纠缠不清。此时，他又发送了一封电讯，阐明英国将为两艘被征用的战列舰提供什么补偿：每天 1 000 英镑，只要土耳其保持中立，每周支付一次。恩维尔正式拒绝接受这样的信息。虽然他的答复措辞优美，但明确将其讽刺为集市上的讨价还价。[10]

德国人能够提供的，不只是租金和"深切遗憾"。他们利用了土耳其对遭受英国海军羞辱的憎恨。8 月 10 日夜，战列巡洋舰"格本"号（SMS *Goeben*）和轻巡洋舰"布雷斯劳"号（SMS *Breslau*）避开了从墨西拿海峡①向东出动的皇家海军的追击，驶入达达尼尔海峡。几个月前，"格本"号成为在金角湾停泊的有史以来最大的战舰，已经吸引了他国的兴趣和嫉妒。此时，这份厚礼就要被交给苏丹——8 月 12 日，柏林宣布德国将这两艘战舰卖给土耳其人："格本"号更名为"冷酷者塞利姆苏丹"号，"布雷斯劳"号更名为"米迪利"号（*Midilli*）。虽然这两艘战舰不如英国征用的无畏舰那么强大，但它们具有一项不可估量的优势：可以立刻悬挂奥斯曼的旗帜出海，船上有待命的德国军官和船员。8 月 15 日，英国海军代表团正式停止活动。林普斯仍然留在君士坦丁堡，直到 9 月 9 日海军部命令他前往马耳他。[11]那时，将"格本"号和"布雷斯劳"号驶入达达尼尔海峡的海军将领②威廉·苏雄（Wilhelm Souchon），升起了他作为奥斯曼舰队司令的旗帜。这是一位"意志坚定的塌下巴矮个子男人，穿着长长的不合身的礼服大衣"。海峡地区的德国工人、水手、岸防炮手已经增加到约 800 人。[12]

伦敦当局认为奥斯曼帝国很快就要作为德国盟友参战。然而，赛义德·哈利姆内阁仍然有些犹豫。德国资助的报纸继续强调爱国

---

①　位于意大利本土南端（脚尖处）与西西里岛之间。

②　准确来说，当时是海军少将。

主义和为国牺牲的美德，仿佛在提醒大臣们履行职责。但这种舆论战的影响，并不总是符合德国的心意。强化的土耳其民族主义，在利比亚和巴尔干战争期间就保持活跃，并且与针砭时弊的世俗主义作家齐亚·格卡尔普（Ziya Gökalp）关系紧密，在那个秋天臻于狂热。9月初，民众情绪鼓舞了青土党宣布废除单方让步协定：帝国境内的所有外国人由此要服从奥斯曼民法典、刑法典、商法典。[13]但是，尽管这一举措的首要目的是惩治英国人和法国人，却在柏林引发了抗议，因为它也威胁到了在帝国境内服务的越来越多的德国人的地位。狂热的土耳其人并不总是仔细区分一批外国人和另一批外国人。对于1914年的青土党人而言，比起履行恩维尔的盟约，中立和改革本应是更加明智的议程。

德国在坦能堡战役中的大胜，使大维齐和恩维尔确信：无论欧洲其他战线情况如何，俄国都不再具有沿着本国的遥远边境发动一场持久进攻的资源了。因此，收复在高加索失地的诱惑对奥斯曼而言是难以抗拒的。同时，俄国的盟友英国所施加的海军压力也令奥斯曼难以容忍。与其温水煮青蛙，不如快刀斩乱麻。9月27日，在达达尼尔海峡附近巡航的皇家海军战舰拦截并驱返了一艘试图进入爱琴海的土耳其鱼雷艇——由于艇上有几位德国船员，所以这个行动没有听起来那么无礼。[14]土耳其立即回应，关闭了海峡，并沿着主航道布设水雷。除了沿岸交通外，黑海与外部世界的贸易即刻停止，保加利亚、罗马尼亚、俄国、土耳其的海港遭到有效封锁。因此，尽管敖德萨和康斯坦察由于土耳其的主动封锁受损，但特拉布宗、萨姆松（Samsun）、君士坦丁堡本身也自讨苦吃。为了弥补奥斯曼帝国的财政损失，德国从10月21日起，提供相当于2亿英镑的金条，条件是苏丹一宣战，这些财产就立即移交给奥斯曼国库。10 月 28 日，苏雄在"冷酷者塞利姆苏丹"号上扬旗，率领舰队进入黑海，轰炸敖德萨、尼古拉耶夫、塞瓦斯托波尔。苏雄的突袭具有决定性意义。11 月 1 日，俄国发出的最后通牒遭拒；4 天后，英、法发出的最后通牒也遭拒。11 月的第一周结束时，奥斯曼帝国进入了战争状态。尽管首都中的知识分子越来越世俗化，但穆罕默德五世遵守了作为苏丹-哈里发的传统回应方式。11 月 11 日，他宣布发动"圣战"，呼吁英国、俄国、法国的所有穆斯林起义打击"异教徒"。[15]

　　有一位君主立即做出了回应。1914 年盛夏，埃及的"赫迪夫"阿巴斯·希勒米二世（1892 年起在位），已经前往他的家族在博斯普鲁斯的宫殿居住。宣战之时，他仍然在那里。他立即支持哈里发的"圣战"宣言：每一位有责任的埃及人都应该起义反抗英国统治。[16]无人响应，但是赫迪夫的呼吁具有深远的影响。它斩断了开罗与君士坦丁堡之间仅存的宪法联系，因为英国 12 月 18 日在埃及建立了保护国，废黜了不走运的阿巴斯·希勒米二世，宣布他的叔父侯赛因·卡米勒为"埃及苏丹"。伦敦明智地没有发展到吞并埃及，尽管塞浦路斯岛在英土战争爆发当日被正式并入大英帝国。同时，与奥斯曼当局的关系一直一言难尽的科威特酋长国，组建了英国保护下的独立政府。

　　"格本"号和"布雷斯劳"号一在金角湾附近停泊，相信支持奥斯曼帝国会带来利益的残余声音就在伦敦销声匿迹了。战略利益正在迅速改变。现在，让俄国人"占据君士坦丁堡"起码比德国人占据它要好：俄国越来越依赖英国的投资；满足俄国在黑海海峡的历史野心，有助于降低英俄在中亚和波斯油田一带冲突的风险。"显而易见，君士坦丁堡肯定是你们的。"土耳其参战一周之内，乔治五世国王对俄国大使如是说。同时，英国外交大臣向俄国承诺，一旦奥斯曼帝国求和，黑海海峡问题就会得到友好解决。[17]但在英国内阁中，仍然存在强烈的情感：最好在多尔玛巴赫切宫和耶尔德兹宫附近保留英国和法国海军，使伦敦和巴黎能够针对这个衰亡帝国塑造最后的瓜分方案——当然，也要一直记住"我们的俄国盟友"的需求。

1914 年 9 月初，第一海务大臣温斯顿·丘吉尔、陆军大臣基钦纳勋爵（Lord Kitchener）和陆海军的主要谋臣讨论了一个宏大战略，他们认为这个战略很快就可以用来对付土耳其。在他们的一系列备选行动中，最重要的就是派遣已经在爱琴海北部集中的强大舰队强渡达达尼尔海峡；如果有必要，应当夺取加利波利半岛，以便战舰通行。这个任务的难度被低估了。11 月初，英法战舰对海勒斯岬角（Cape Helles）的堡垒实施预先轰炸，使"大海之钥"堡垒的火炮销声匿迹，这很大程度上是因为一枚炸弹击中了军火库，发生了大爆炸；6 周之后，一艘英国潜艇发射鱼雷击沉了一艘停泊在狭窄水道中的 40 年役龄的战列舰。这一年内这片水域都没有发生新的战斗。直到新年伊始，防御性的鱼雷发射管（还是林普斯好几个月之前建议铺设的）已经部署在了狭窄水道中的"大海之锁"堡垒。春季来临前，利曼计划动用奥斯曼军队 50 个师中的 6 个保护达达尼海岸免遭入侵。[18]

基钦纳在埃及和黎凡特具有丰富经验，主张在其他地区也实施快速行动，最好是打击巴格达铁路。圣诞节前一周，英舰"多丽丝"号（HMS *Doris*）的一支登陆队在这艘轻巡洋舰的 11 门 6 英寸炮的掩护下，在伊斯肯德伦①以北上岸。袭击者没有遭遇抵抗，他们发现当地士兵对于火车头、仓库、铁路车辆被炸无动于衷，甚至帮助海军军官布设炸药，将它们炸上夜空。两年后，丘吉尔承认这起事件促使英军认为他们的敌人是一群饭桶。海军部好奇："我们打的到底是哪种土耳其人？"[19]

　　在争夺加利波利半岛的战役中，这个问题有了答案。1915 年 1 月 15 日，伦敦的战争委员会最终同意了一项海军远征行动，"以君士坦丁堡为目标"，开辟一条向俄国运送补给的道路（当时俄国在东线焦头烂额）。但是，3 月 18 日，试图穿越狭窄水道的三分之一的主力舰沉没，整个军事行动的理念就改变了："君士坦丁堡远征军"——当它在埃及集结的时候，就经常被这么称呼，漫不经心地忽略了其中的风险——被运往爱琴海北部利姆诺斯岛上的摩德洛斯（Mudros）。海上轰炸 5 周之后，英军、澳大利亚军、新西兰军在半岛上实施了一系列登陆，一支法军入侵了曾经属于特洛伊海岸的地区。当时，大多数奥斯曼军队——约 8.4 万人——处于戒备状态。计划不充分、军种的混乱、领导层的犹豫，以及现代战争史上第一场两栖作战中一切未曾预料的问题结合在一起，导致一场构思得富有想象力、战斗得十分英勇的史诗冒险，变成了前功尽弃的悲剧。1916 年 1 月 9 日，大约是战争委员会做出决定的一年后，最后一支英军灰溜溜地撤出海勒斯岬角，留下了弹孔密布的壕沟网和足够维持土耳其四个师四个月的食品和装备。在达达尼尔海峡两岸，

① 位于今土耳其南方海岸的一个突出部，靠近叙利亚。

还有来自英国及其殖民地的 3.4 万死者和来自法国本土与海外殖民地的 1 万死者。这些人中，只有四分之一有自己的墓地。[20]

加利波利战役是奥斯曼历史上最大的防御战胜利。"小穆罕默德"（Mehmedchik）——土耳其版的"汤米·阿特金斯"（Tommy Atkins）① ——为苏丹的帝国赢得了 6 年的喘息时间。但这个代价是可怕的。虽然战役期间土军的伤亡数字从无定论，但肯定是侵略军的两倍。陆军大臣恩维尔宣称自己此战有功。更准确地说，战略部署是在利曼的指令下实施的；而在半岛尖端，艾沙特帕夏和他的参谋部成功抑制了澳新军团的内陆突进。如果说有哪位传奇英雄从这场战役中崛起，那这个人就是穆斯塔法·凯末尔。这位上校用激励②或哄骗的手段，使他麾下第十九师意志动摇的逃兵沿着萨勒巴尔（Sari Bair）和阿纳法尔塔（Anafarta）的嶙峋山脊实施英勇的防御。奥斯曼陆军部的官方宣传杂志希望将凯末尔的画像放在封面上，但恩维尔插手其中：他不允许公开鼓吹一位战功逐渐超过他的当代人物。凯末尔奉命指挥第十六集团军，被派往安纳托利亚与俄军作战。14 年后，一位英国参谋官撰写加利波利战役的官修史时，客观评估了凯末尔在保卫半岛中的作用："历史上极少有一位师级指挥官能够发挥这么深远的影响力，不只是影响一场战役的进程，可能也影响了一场战争乃至一个国家的命运。"[21]

达达尼尔海峡的战斗是被敌人强加在奥斯曼人头上的。同样，1915 年和 1916 年的很多时间里，沿着外高加索的旧俄国边境的阴

---

① 汤米·阿特金斯，是代称英国步兵的俚语，在"一战"期间颇为流行，但其起源远远早于"一战"，大概最初是某个士兵的名字。

② 凯末尔当时说了一句名言："我不是命令你们去取得胜利，而是命令你们去死。"

郁战事也是如此。1916 年 2 月中旬，历史性的堡垒埃尔祖鲁姆突然被敌军奇袭拿下，几乎可以肯定，这是因为沙皇的野战指挥官获得了奥斯曼阿拉伯军官们献上的情报——后者被在苏丹军队中传播的专横的"土耳其主义"激怒了。不同于达达尼尔海峡和东安纳托利亚的这些防御战，德国和奥斯曼帝国还试图煽动叛乱、扩大"圣战"。"我们的领事……一定要点燃整个伊斯兰世界的激烈暴动。"德皇威廉二世宣称，"至少英国应该丢掉印度。"[22]恩维尔似乎也这么想。在加利波利战役前，他已经邀请凯末尔指挥三个团，穿过波斯境内，鼓动俾路支斯坦、信德、旁遮普①的穆斯林反抗英国统治——凯末尔明智地拒绝了。印度穆斯林很少注意到哈里发的宣言，与英国和澳新军团在加利波利并肩作战的印度军队也没有响应土耳其的兵变号召。

恩维尔也支持破坏分子从美索不达米亚越境进入波斯南部，炸毁新建的英国-波斯石油公司在阿巴丹（Abadan）的炼油厂。英国迅速采取的军事活动挫败了这起特殊计划，尽管德国代理人威廉·瓦斯穆斯（Wilhelm Wassmuss）后来在波斯南部一片广大地区挑起了反英起义。[23]作为最后一搏，恩维尔派青土党军官前往利比亚，鼓励戒律森严的塞努西教团穆斯林进攻英军前哨；如果意大利再度与土耳其开战，就对昔兰尼加的沿海城镇恢复荒漠袭击。在这方面，恩维尔取得了成功。在赛义德·艾哈迈德麾下，塞努西教团

---

①　三地今天均在巴基斯坦，当时在英属印度的范围内。"巴基斯坦"（Pakistan）的名字由该国的地名拼合而成，"P"代表旁遮普（Punjab），"a"代表阿富汗尼亚（Afghania），"k"代表克什米尔（Kashmir），"i"代表信德（Sind），"stan"代表俾路支斯坦（Baluchistan）。

在西部的沙漠中为哈里发忠诚作战，直到帝国最终崩溃为止。一位著名的奥斯曼代理人加法尔帕夏·阿斯基里（Jafar Pasha al-Aski-ri），在一场西部沙漠的骑兵散兵战中被英军俘虏，后来，他支持家乡美索不达米亚的阿拉伯人起义，帮助建立了伊拉克陆军。[24]

在德国要求下，奥斯曼最高司令部试图实施一场宏大计划，以便"摧毁英国在埃及的统治"。这个计划起初是在土耳其参战之前三个月在柏林筹备的。艾哈迈德·杰马尔将军放弃了大臣职位，以便重返军事服役。1914 年 11 月，他奉命指挥大马士革的奥斯曼第四集团军。两个月后，他在贝尔谢巴（Beersheba）集中了 2 万人，在炮兵支援下，将对"大英帝国的颈静脉"苏伊士运河发起进攻。一些德国技术军士部队与土军同行。杰马尔麾下有一位巴伐利亚上校弗朗茨·克雷斯·冯·克雷森施泰因（Franz von Kress von Kressenstein）男爵担任他的参谋长。在德国建造的浮桥，经过中立国保加利亚走私而来，目的是让入侵者渡河前往运河西岸。杰马尔和克雷斯都相信，以足够的兵力对英军阵地发动奇袭，将激起埃及民族主义者反抗殖民者的占领，迎回"赫迪夫"阿巴斯·希勒米二世。德国最高统帅部最为重用的东方学家恩斯特·耶克（Ernst Jaeckh）预测进攻方有望"得到 7 万阿拉伯游牧民的加入"。[25]

杰马尔的袭击没有（像通常的说法那样）让英军感到意外。法国的侦察机已经发现奥斯曼的纵队在西奈沙漠中穿行。1915 年 2 月 3 日至 10 日，伊斯梅利亚（Ismailia）以北爆发了战斗。有一座奥斯曼浮桥成功地连接了运河两岸，但杰马尔对埃及人没有欢迎奥斯曼的解放感到失望，撤走了军队。当杰马尔撤往贝尔谢巴时，克雷斯上校与几个营的步兵和一个中队的骑兵留在西奈沙漠，对埃及构成长期威胁。德国工程师指导建造一条战略铁路，连接雅法与贝尔谢巴。克雷斯麾下的袭击者时不时地在运河中设雷，直到 1916 年暮夏，澳新军团骑兵最终肃清了沙漠地区。到了该年年底，英军决定在巴勒斯坦开辟一个新的——最后证明也是决定性的——战斗前线。[26]

早在 1914 年 8 月，英国在开罗的情报部门就与美索不达米亚的奥斯曼军队中持不同政见的阿拉伯人建立了联系。主要的线人是阿卜杜勒-阿齐兹·马斯里（Abdul Aziz al-Masri）少校。他在巴格达建立了一个秘密社团"契约社"（al-Ahd），其中的伊拉克军官宣誓支持任何推动阿拉伯人从土耳其统治下独立的事业。[27] "一战"的爆发，强化了英国在奥斯曼的这些外围省份煽动暴动的努力。然而，在这个地方，伦敦的外交部和印度事务部之间存在利益冲突，开罗与西姆拉①之间也存在利益冲突。印度副王当局反对在奥斯曼帝国内挑动叛乱。他们担忧，动荡会蔓延到印度次大陆，因为这里有与阿拉伯地区类似的秘密社团。

毫无疑问，英国对于中东的责任被多部门笨拙地分享，这有利于奥斯曼最高司令部。虽然开罗与汉志、叙利亚南部各部落保持了政治联系，但印度事务部签订了 1915 年 12 月的条约，承认了雄心勃勃的阿卜杜勒-阿齐兹·伊本·沙特（Abdulaziz Ibn Saud，时年35 岁）作为内志（Nejd）的统治者。[28] 孟买的副王政府认为波斯湾、美索不达米亚和新近开发的油田属于自身的利益范围——阿拉伯南部很多地区和亚丁湾也是如此。在后两个地区，英国的加煤站从 1839 年至 1937 年就由英印政府任命的军事化的"政治外驻代表"（Political Residents）管理。是西姆拉统帅部开启了"美索不

---

①　驻印英军总部所在地，位于印度西北部边境不远处。

达米亚作战行动"，派遣"D军"① 前往波斯湾头部。战争第二天，
远征军在法奥（Fao）登陆，无视当地的奥斯曼驻军，半个月后没
费多大力气就夺取了巴士拉，由此保住了阿拉伯河（Shatt-al-Ar-
ab）的石油设施。但英军没有利用阿拉伯兵员骚扰奥斯曼人，而是
把美索不达米亚南部视为被征服的领土。就是在这种情况下，26
岁的伊拉克阿拉伯民族主义者努里·赛义德（Nuri al-Said）② 很快
被放逐到印度。

　　"D军"对阿拉伯民族主义的敌视，以及德国陆军元帅科尔
马·冯·德·戈尔茨和德国代表团来到巴格达，强化了奥斯曼的抵
抗。最终，1915年9月底，汤森（Townshend）将军占领了战略意
义重大的城镇库特阿马拉［Kut al-Amarah，巴士拉以北250英里
（约402千米）］。西姆拉统帅部立即敦促他进军巴格达。汤森试图
努力做到不负众望。但是，没有阿拉伯人的支持，任何深入美索不
达米亚的行动都是鲁莽的冒险。11月22日，戈尔茨临时拼凑的军
队在一个精良的安纳托利亚师的增援下，在巴格达以南不足20英
里（约32千米）的泰西封（Ctesiphon）击败了入侵者。截至12月
3日，汤森的1.7万士兵在库特被围，还有6 000名阿拉伯人也受
困于这场战斗中。四次解围的尝试，均告失败。基钦纳自信地心生
一计，向奥斯曼指挥官哈利勒帕夏（Khalil Pasha）提供至少100
万英镑，只要后者允许库特守军自由离开。但哈利勒拒绝了这个提
议。出于宣传需要，恩维尔还对之嗤之以鼻（他是哈利勒的侄子）。

――――――――――

　　①　英属印度的几支远征军之一。A军：西线；B军、C军：东非；D军：美索不
达米亚；E军：西奈半岛和巴勒斯坦；F军：苏伊士运河；G军：加利波利。
　　②　在之后的伊拉克王国时期，他成为一名重要政治人物，多次出任首相，1958年
在伊拉克革命中被处决。

1916 年 4 月 29 日，库特守军沦入了严苛的被俘生活。就像三个半月前加利波利的敌军撤退后那样，奥斯曼人为驱逐了入侵者而感到自豪。一时间，这种说法提升了国内的士气。[29]

就像 1914 年的其他政府一样，奥斯曼当局也认为战争很快就会结束。帝国经济无法承受在多条战线上的长期战争负担。虽然外省大多数城乡习惯于自给自足，但君士坦丁堡依赖主要来自俄国，其次来自法国和意大利的谷物进口。因此，即便在战争的第一个冬天，首都也存在严重的食品短缺。难民的涌入和斑疹伤寒的蔓延，加剧了首都的困难。其他地区通常是自给自足的，但由于农业工作者应征入伍而受到冲击。在安纳托利亚东部，侵略造成了破坏。叙利亚和黎巴嫩饥荒的部分原因是长期干旱，部分原因是食物配给制度的不平等，铁路车辆和轨道投入军事用途也加剧了食物短缺。1915 年 10 月，保加利亚作为德国、奥匈帝国、奥斯曼帝国的盟友参战，与中欧之间再度有了直接的铁路线连通，这样，土耳其人就有了棉花、羊毛、皮革、摩苏尔行省的石油和其他矿产的销售市场。假如没有德国的物资支持，苏丹将不得不提前求和。事实上，官方数据表明，首都的生活成本在战争最初 25 个月翻了两番。德国有效地资助奥斯曼盟友，花费相当于 2.5 亿英镑，支持奥斯曼军队在战场上撑了四年。[30]

从政治上看，奥斯曼统治的性质没有改变，尽管审查和警察控制不可避免地加强了。直到战争的最后几周，青土党都在决定政策。[31]赛义德·哈利姆担任大维齐，直到 1917 年 2 月为止，长期作为有实无名的首席大臣的塔拉特正式继任。同时，穆罕默德五世继续履行君主立宪制苏丹的职责。他迎接了第三次前来国事访问的德皇威廉二世，1917 年 10 月 16 日在多尔玛巴赫切宫主持了一场晚会；1918 年 5 月第三周，在哈布斯堡王朝唯一一次前往奥斯曼首都进行国事访问期间，他接待了皇帝兼国王卡尔和皇后齐塔（Zita），这场豪华活动给一个恶性通货膨胀的帝国火上浇油。7 周之后，也就是 7 月 3 日，穆罕默德五世去世，阿卜杜勒-迈吉德一世的幼子、57 岁的穆罕默德六世即位，他是 36 位奥斯曼苏丹的最后一位。在这之前 5 个月，他们的同父异母哥哥阿卜杜勒-哈米德二世也去世了，在战争的紧张时刻，他几乎被人遗忘。他不是死于他长期害怕的匕首或毒药，而是由于心脏病发作死在贝勒贝伊的床上。

虽然在某些方面看起来令人惊讶，但青土党在战争的前三年试图保持革命的势头。1913 年 4 月颁布的法令允许将宗教法庭的审判转交给世俗上诉法庭（*Mahkrme-i Temyiz*），维护了世俗司法体系对乌理玛的优先权；穆斯林统治集团的权威逐渐被削弱，在赛义德·哈利姆的大维齐执政末期衰落到极致。1916 年 4 月起，大教长不再自动成为内阁成员；接下来几个月，他被剥夺了在如今被视为世俗事务上的所有行政职能，例如管理宗教基金会和教育。截至穆罕默德六世继位，大教长只被接受为一位宗教界贤达，作为教义的解读者而受到咨询和尊敬。在妇女解放方面，也有一系列措施审慎推进：1917 年修订的家庭法确定婚姻是一种世俗的结合；如果证据表明丈夫有通奸行为，妻子有权与之离婚。然而，很多社会禁忌仍然被严格遵守，尤其是在农村地区；在城镇和城市，所有剧院、餐馆、讲堂仍然需要为女性设置垂帘区。

由于青土党解除了对穆斯林激进派的限制（过去青土党为了迎合国外好感而长期施加了限制），保守派对世俗化的反对减轻了。不再可能有外国调查团在基督教少数群体抱怨遭受迫害的省份活动。亚美尼亚革命联合会在凡城重新开始活动，俄国现在公开支持

旧边界两侧实施某种形式的亚美尼亚自治，导致奥斯曼担心境内的
亚美尼亚人将把沙俄入侵者视为"解放者"并支持他们挺进安纳托
利亚。因此，1915 年 5 月，奥斯曼当局组织了一起针对亚美尼亚人
的大规模放逐行动，将他们从东部诸省驱逐到美索不达米亚北部的
定居地受监视。多达 50 万亚美尼亚人在这一时期或死于饥饿，或
死于途经库尔德人为主的地区时的长途跋涉，或死于当地官员纵容
下的屠杀。很快，叙利亚北部和奇里乞亚乡村的亚美尼亚社群同样
被赶出家园，集中迁往叙利亚中部。没有人知道有多少亚美尼亚人
在战争期间死亡。土耳其官方估计总数约为 30 万人。亚美尼亚方
面声称约 200 万人在其认定的系统化种族灭绝中被杀害。[32]可悲的
是，看起来很有可能的是至少 130 万亚美尼亚人死亡。如果这个估
计正确的话，那么它意味着在战争期间和战后不久，遇难的亚美尼
亚人数相当于法兰西共和国的阵亡士兵数。

　　随着冲突持续的时间比预想的要久得多，个别"统进委"领导
人不可避免地开始越来越独立于高门。穆斯塔法·拉赫米，1908
年 7 月阿卜杜勒-哈米德二世接见的第一支青土党代表团三成员之
一，1915 年被任命为伊兹密尔的瓦里，成为该省一位强大的军阀，
能够保护亚美尼亚人和希腊人免遭袭击，时不时地向雅典的协约国
代理人发出求和信号。此后，奥斯曼在叙利亚的军事指挥官艾哈迈
德·杰马尔帕夏也表现出了与协约国单独缔结条约的倾向。但在
1915 年夏，他仍然是三人团统治中的支柱，相信敌军将很快实施
海上入侵，支持伊斯肯德伦和海法之间的一场阿拉伯人叛乱。因
此，杰马尔采用了极端的镇压措施，旨在"清算"阿拉伯秘密会社
和其他异见组织。1915 年 8 月 28 日，11 名阿拉伯人在贝鲁特被绞
死；在黎巴嫩，逮捕、处决、放逐持续了一年半。整个社会都遭了

殃。杰马尔认为没有理由过于精确地区分阿拉伯人、犹太人背叛的可能性。劳伦斯若干年后写道：杰马尔"施加共同的苦难和危险的压力，团结了叙利亚各个阶级、各种境况、各种信仰的人，从而使暴动成为可能"。[33]

　　杰马尔认为阿拉伯人叛乱在即的判断是正确的。它酝酿已久。战争爆发前不久，麦加"圣裔"侯赛因·伊本·阿里·奥恩（Hussein ibn Ali el-Aun）的次子阿卜杜拉埃米尔，两度试探埃及的英国当局，了解他是否可以争取伦敦支持一场反对奥斯曼统治的起义。阿卜杜拉像他的父亲和他的弟弟费萨尔埃米尔（奥斯曼议会成员）一样，熟悉君士坦丁堡的政治生活。基钦纳勋爵从 1911 年直到战争前夕担任过英国驻埃及的代理人兼总领事，曾在开罗会见阿卜杜拉，阿拉伯人对青土党政权日益增长的敌意令他印象深刻。这位埃米尔的父亲并非一生下来就是叛乱者。他是一位年迈的保守派，对于西化的奥斯曼总督派来汉志感到惊恐。作为哈希姆王朝的首领和先知的第 37 代直系后裔，这位麦加"圣裔"得到了基钦纳及其使节的高度尊重。但英国大概夸大了"圣裔"在伊斯兰教中的地位；英国人大概也认为他希望看到奥斯曼帝国一扫而空，但他从没有这么想过。1914 年 8 月，基钦纳担任陆军大臣后，与哈希姆王公们继续保持联系。"一位血统高贵的阿拉伯人，大概可以在麦加或麦地那执掌哈里发政权。在神佑之下，现在正在发生的一切坏事才有可能转好。"英国对苏丹宣战的 6 天前，基钦纳还与阿卜杜拉通过信。[34]

　　"圣战"宣言促使英国重提建立哈希姆哈里发政权的想法。但截至此时，侯赛因考虑的是一顶王冠。1915 年夏，侯赛因与英国驻埃及高级专员亚瑟·亨利·麦克马洪爵士书信沟通，寻求开罗对建立哈里发政权和哈希姆阿拉伯王国的支持。这个王国将向南延伸，从奇里乞亚（大约是现代土耳其与叙利亚的边界）直至也门，从地中海直至美索不达米亚的东界。最后在 1915 年 10 月 24 日致侯赛因的一封信中，麦克马洪同意英国将"在麦加'圣裔'提议的限制和边界之内，承认并支持阿拉伯人的独立"，但也有一些重大的保留意见，尤其是排除了在成分或性质上不完全属于阿拉伯人的地区。在北方，梅尔辛（Mersin）和伊斯肯德伦属于这一类。"大马士革、哈马（Hama）、霍恩斯（Horns）①、阿勒颇（Aleppo）以西的叙利亚部分地区"（事实上就是地中海东部海滨）也是如此。其他保留意见包括：巴格达和巴士拉行省坚持接受"特殊行政管控措施"以保护英国利益；履行英国对保护其他阿拉伯统治者的承诺；并提醒这些承诺只关乎"英国在不损害盟友法国的情况下可以自由行动的那些领土"。[35]

麦克马洪的信件仍然是 20 世纪外交中最具争议的文件之一。他的信息的薄弱之处不在于叙述了多少条款，它们由于战时形势所限而不够精确，就像这封信谨慎地省略了一些内容，尤其是没有提及巴勒斯坦、耶路撒冷或犹太人。侯赛因有好几个月持续与麦克马洪通信，希望英国阐明相关提议和令人动情的词语"独立"的含义。他没有得到想要的答复。但在 12 月，他又得到了一次鼓励：外交大臣爱德华·格雷爵士支持"阿拉伯独立于土耳其主宰"。当然，侯赛因被告知，前提是阿拉伯人自己要取得暴动成功。[36]

英国外交部有充分的理由这么模棱两可。"法国盟友"该不该

① 原文如此。疑为霍姆斯（Homs）之误。大致和哈马、大马士革等地位于同一直线上。

被视为英国利益的损害者，引起了疑问。1915 年 11 月，法国驻贝鲁特前总领事弗朗索瓦·乔治-皮科（François Georges-Picot）抵达伦敦。整个 12 月并延续到第二年，乔治-皮科与备受尊敬的阿拉伯研究者马克·赛克斯（Mark Sykes）上校会谈。这两位研究中东的专家一起构思在黎凡特瓜分奥斯曼帝国的提议，1916 年 5 月被接受为《赛克斯—皮科协定》。[37] 该协议设想建立两个阿拉伯国家，一个在大马士革一带受法国保护，另一个从巴格达到亚喀巴受英国保护。法国人将管理北至贝鲁特、南至推罗（Tyre）的黎巴嫩；英国人将控制阿科和海法；巴勒斯坦由法国、英国、沙俄共同负责。该协议常常被批评与侯赛因已经得到的承诺相互矛盾。然而，可以说《赛克斯—皮科协定》详述、阐明、补充了麦克马洪的提议，而不是驳斥了它们。后来的争议，更多出于英国 1917 年对"锡安主义运动"承担的责任。但是，无论麦克马洪的信件和赛克斯—皮科谈判对于此后几十年的影响如何，放在第一次世界大战的背景下，它们的历史意义是清楚而明确的：它们表明，截至 1915 年，协约国一致同意在有限爆发的阿拉伯民族主义的支持下，肢解奥斯曼帝国。

1916 年 6 月 5 日，"圣裔"侯赛因向麦加的奥斯曼营房象征性地发起步枪射击，发表了一份声明，开始发动暴动。他尤其谴责了青土党人的不虔诚，指责他们削弱了苏丹-哈里发的宗教特权。[38] 一开始，这番豪言壮语是与武力行动匹配的，至少在汉志是如此。麦加的土耳其人很快就被肃清；6 月 9 日，吉达港遇袭，并在英国皇家海军的近海支援下，一周之后落入阿拉伯人之手；塔伊夫（Taif）城镇是麦加东南 40 英里的一处绿洲，即便土军继续从周边堡垒的坚墙之后抵抗，它也很快落入了阿卜杜拉埃米尔的手中。然而，麦地那无法夺取。这座城市不仅有先知墓，还有奥斯曼第十二军的总部，由强大而虔诚的法赫尔丁帕夏（Fakhri en-Din Pasha）指挥。他不想看到阿拉伯叛军进入麦地那，因而调动他的守军承受了 30 个月的围城。1919 年 1 月，其他奥斯曼军队指挥官已经接受停火协议 10 周后，他仍然拒绝停火。

基钦纳一直坚持认为有必要准备一场全面起义，而不仅仅发生在某个特定行省。在暴动开始的那一天，他在前往俄国途中溺水身亡。其他阿拉伯人对于哈希姆家族的号召反应迟缓。有几个月，汉志的战斗是否会对奥斯曼帝国造成实在的军事挑战也是个问题。直到当年年底，侯赛因的英国赞助者——开罗的"阿拉伯分局"——开始严肃地与暴动者协调：T. E. 劳伦斯上尉作为英国赴汉志代表团的团长，确保费萨尔埃米尔被接受为贝都因游击队的有效领导人；同时，奥斯曼老兵阿卜杜勒-阿齐兹·马斯里少校在拉比格（Rabegh）训练阿拉伯正规军，同为伊拉克人的军官和密谋家努里·赛义德（获允从印度返回）支持他。[39] 即便在这几个月必要的准备阶段，恩维尔、塔拉特、杰马尔也无法忽视帝国南翼的危险。不了解情况的德国顾问们对此感到懊恼。只要哈希姆叛军还在战场上——或者更准确地说，在沙漠中——就要有至少 3 万土军部署在汉志铁路一线和麦地那、也门。

1917 年夏，哈希姆王朝转入攻势。7 月 6 日，阿拉伯人夺取了重要的港口亚喀巴，在英国支援下，该地成为费萨尔埃米尔的基地，以便袭击深入内陆 70 英里的铁路并进军叙利亚。即便在亚喀巴沦陷前，奥斯曼的自大也被贝都因人袭击巴勒贝克（Baalbek）打了脸——该地在大马士革以北 50 英里，6 月 11 日，在这里连接叙利亚与帝国中心的重大战略铁路上，一座桥被摧毁。大约五周后，英国情报部门的一份评估报告经瑞士抵达伦敦，引用了土耳其信源，报告称阿拉伯北方部落之中表现的动荡，导致了前线六个营立即转移到巴勒贝克，以便扑灭这片高度敏感区域的暴动。[40]

　　土耳其的关切是可以理解的，因为中东地区战争的性质在迅速变化。英国的莫德（Maude）将军认真将巴士拉开发为军事基地并使该港口现代化，截至 1917 年 1 月，已经能够集中四倍于敌方奥斯曼的兵力。3 月 11 日，巴格达被攻占（至少是这座城市漫长历史中第 30 次沦陷）。然而，恩维尔仍不愿意放弃美索不达米亚。在德国支持下，一个新的强大集团军群——代号"闪电"（*Yildirim*）——夏季在安纳托利亚南部集结。前德军总参谋长、近期罗马尼亚的征服者埃里希·冯·法金汉（Erich von Falkenhayn）将军前往君士坦丁堡，计划发动攻势，收复巴格达，使德土联军横穿波斯乃至更远，由此实现从英国手中夺取印度的离谱战略目标。但"闪电"很快就不得不转向其他地方。当法金汉和恩维尔在君士坦丁堡组织"闪电"时，刚刚从西线而来的艾伦比将军（英国）正在完成对西奈半岛发动攻势的准备。但在 3 月和 4 月，最初两场加沙战役未能突破德土联军的主要防御体系。截至 1917 年秋，法金汉意识到巴勒斯坦，而不是美索不达米亚和波斯，才是"闪电"的天然活动场。[41]

　　法金汉可以动用奥斯曼 14 个师、德军亚洲兵团的核心（约 6 500 名技术军士和参谋官）反击艾伦比。但法金汉的集团军群远远不如纸面上那么强。穆斯塔法·凯末尔——7 月 7 日受命指挥驻叙利亚的第七集团军——9 月报告称他麾下的一个师中，半数士兵身体疲惫，甚至无力承受一次列队行进，遑论打击敌人。此外，海达尔帕夏发生的蓄意破坏，延缓了亚洲兵团抵达叙利亚的时间。9 月 6 日，该地铁路侧线的一场大爆炸摧毁了车厢、仓库和军火。在

指挥结构中，还存在一个根本性缺陷：法金汉本人鄙视且怀疑所有
土耳其人。"他的性格中存在固执、自私的一面。"他最著名的参谋
官弗朗茨·冯·巴本（Franz von Papen）后来回忆道。[42]这位将军
狂妄自大，以至于恩维尔不得不南下大马士革，试图协调法金汉与
两位经验丰富的奥斯曼指挥官：杰马尔与凯末尔。恩维尔失败了。
凯末尔没有打算实施德国的作战计划，而是在 10 月初获允休病假。
杰马尔保留了在叙利亚的指挥权，但仍然被法金汉搞得愤愤不平。

　　1917 年 10 月最后一天，艾伦比以两倍于对手的步兵、十倍于
对手的骑兵，开启了西奈半岛的攻势，并取得了所有近期目标。[43]
奥斯曼在贝尔谢巴的前进基地第一天就被奇袭拿下。半个月之后，
雅法被攻占；12 月 3 日，耶路撒冷被攻克。艾伦比的胜利，结束了
奥斯曼对犹太教徒、基督徒、穆斯林共同的圣城近 700 年的统治。
冬季的到来，阻碍了英军进一步推进。但截至年底，无论是在君士
坦丁堡还是在伦敦看来，苏丹的阿拉伯领土都很快要永久丧失了，
当然，除非新一轮"泛伊斯兰情感"爆发，将暴动的矛头转向支持
它的"异教徒"。

　　这种可能性被英国人忽视，却燃起了身处大马士革的杰马尔的
希望。1917 年 11 月的布尔什维克革命①后，俄国外交部档案中的
战时秘密条约被披露。苏丹的臣民因此第一次知道 1915 年 3 月的
《君士坦丁堡协定》②，即奥斯曼首都和海峡将被沙皇俄国吞并，而
英国和法国"在近东和其他地区实现目标"；人们也知道了，协约
国承诺承认意大利对佐泽卡尼索斯群岛的主权，意大利还可以在阿

---

①　即十月革命，"十月"依据的是俄历。
②　三大协约国（英法俄）之间缔结的协定。

达纳行省获得大量领土，从而在小亚细亚占据一块立足点。但奥斯曼当局最为充分地利用了被披露的《赛克斯—皮科协定》，认为这是争取阿拉伯人的手段。被废黜的"赫迪夫"阿巴斯二世被派往大马士革，德国人在这里建立了"阿拉伯分局"，与英国人大约一年前在开罗建立的同名机构分庭抗礼。当杰马尔帕夏向侯赛因的秘密提议无果而终后，1917 年 12 月 6 日，他在贝鲁特发表演讲，援引了被披露的文件，向整个伊斯兰世界"证明"麦加正在与西方的基督教帝国主义密谋。[44]一个月前——11 月 2 日，《赛克斯—皮科协定》的细节被披露之前，著名的《贝尔福宣言》宣布英国政府"支持在巴勒斯坦为犹太人建立民族家园"。此时，杰马尔可以援引《赛克斯—皮科协定》和《贝尔福宣言》，向伊斯兰世界"证明"受到英国资助的阿拉伯人正在把穆斯林遗产转交给"锡安帝国主义者"。[45]

在战争的最后一个冬天，杰马尔的同僚愿意接受广泛的权力下放，只要奥斯曼的权威能够在阿拉伯地区以某种形式保留。因此，1918 年 2 月，奥斯曼外交大臣（恩维尔的一位亲戚）告诉美国人，高门不会拒绝威尔逊总统"十四点原则"的第十二条：建议奥斯曼的非土耳其民族自治发展。颇具影响力的宣传家齐亚·格卡尔普也支持联邦制帝国，将事实上独立的土耳其和阿拉伯国家联系起来。[46]哈希姆家族不可避免地被金角湾态度的貌似转变吸引了。费萨尔埃米尔和杰马尔之间有进一步（近乎）秘密的交流；夏季，凯末尔返回巴勒斯坦前线后，费萨尔与他之间甚至还有更加秘密的接触。[47]劳伦斯或许已经鼓励费萨尔做出这些举动，希望助长青土党各派之间的不和，并更多试探奥斯曼的意图。但要是这样的话，这就是一个危险的博弈。1918 年 6 月，英国外交部发现费萨尔在阿拉伯和土耳其军队可能再度"并肩"作战前，就已经在书面上立下了高门将要做出的让步。就像劳伦斯在《智慧七柱》（*Seven Pillars of Wisdom*）中谨慎记录的那样："事态发展最终使这些复杂的谈判流产了。"[48]

恩维尔不再对帝国境内的阿拉伯地区抱有太大兴趣，而是转向了东方（中亚）。沙俄的崩溃使奥斯曼军队能够重新占据埃尔祖鲁姆、东安纳托利亚和三年战争中丢失的历史上的"亚美尼亚"行省。如果恩维尔能够从心所欲地在外高加索集中兵力，由此夺取中亚，他就打算将欧洲和小亚细亚托付给他鼓励已久的德国代表团。在几个月内，恩维尔就和黑海一带的德国部队产生了嫌隙，以至于他的参谋部提供的地图上将高加索的德国前哨标注为"敌控"。[49]但在 1918 年 1 月，他对于德军在黑海海峡一如既往的强大优势绝无不满：苏雄仍然指挥舰队，奥斯曼总参谋长是一位天才的普鲁士战略家汉斯·冯·泽克特（Hans von Seeckt）将军；德国军官指挥奥斯曼第五集团军（利曼·冯·桑德斯）和黎凡特的第八集团军（弗朗茨·克雷斯·冯·克雷森施泰因）与"F 集团军群"（法金汉）。没有哪位指挥官能够与法金汉友善合作。当泽克特说服柏林召他回国，以利曼接替他在大马士革的岗位时，奥斯曼军中一片欢喜。恩维尔认为这些德国专家是"缓冲器"：当他把注意力转移到高加索时，他们可以遏制协约国预期对巴勒斯坦的进攻。由于恩维尔的主动，那个秋天新月旗在三个多世纪以来没有哪位苏丹拥有过的土地上飘扬。但是，恩维尔动用土军精锐团满足他的高加索幻想时，他在政府的同僚们正在怀疑新月旗还能在斯坦堡本地飘扬多久。

截至目前，英国已经完善了战略计划，发动三路进攻，在冬季到来之前将奥斯曼人逼出战争。[50]主要攻势将在巴勒斯坦开始，艾伦比将沿着波拿巴和易卜拉欣帕夏的传统路线打入叙利亚，必要之时穿越奇里乞亚和安纳托利亚。一抵达阿勒颇，艾伦比所部就会与从拉马迪（Ramadi）① 沿着幼发拉底河北上的骑兵汇合。费萨尔麾下的阿拉伯人将在约旦河河谷以东提供支援，以大马士革为主要目标。同时，在巴尔干的萨洛尼卡战线，弗朗谢·德斯佩雷（Franchet d'Esperey）将军麾下的多国军队中的英军各师，将出力击败德国的盟友保加利亚，并向东沿着另一条熟悉的路线（色雷斯山区）打向君士坦丁堡。在巴尔干战区，奥斯曼的部队最为虚弱；甚至在1917 年春，战事最高潮之时，在马其顿与德国、奥地利、匈牙利、保加利亚并肩作战打击协约国的奥斯曼部队只有 18 个营。1918 年9 月 30 日，保加利亚人与协约国单独停火时，奥斯曼欧洲分遣队也不太可能发起顽强的抵抗。

1918 年暮夏，青土党的统治大约的确是摇摇欲坠了。6 月，对媒体的政治审查已经放松。虽然塔拉特仍然是大维齐，但他在 7 月任命了一位自由派内政大臣。数周之后，政治流亡者受鼓励返回首都，新的政治党派和社团开始涌现。[51] 其中比较重要的，是自由派知识分子的"土耳其威尔逊联盟"。由于美国从未与奥斯曼交战，该联盟在任何意义上都无法被视为一个叛国组织。君士坦丁堡的清谈政治家希望：复兴奥斯曼的议会制度后，他们大概可以获得华盛顿的"民主大先知"② 的同情。

只有在巴勒斯坦和遥远的麦地那，奥斯曼指挥官仍然表现出真正抵抗协约国进攻的决心。8 月第二周，凯末尔已经返回巴勒斯

① 位于巴格达以西 100 千米的幼发拉底河畔。
② 指威尔逊。

坦，指挥第七集团军——利曼的集团军群中三个军团之一。他认为战争不会再持续多久，但他希望保护真正的土耳其核心区免遭入侵、占领或瓜分。因此，第七集团军主要是以土耳其民族主义者而非奥斯曼忠诚者的身份，抵抗艾伦比的进攻。9月18日，协约国开始沿着雅法以北海岸进军。飞机的持续动用和创新的骑兵部署，使英军在三日之内击败了约旦以西的两支奥斯曼军队，同时费萨尔麾下的阿拉伯人切断了德拉（Deraa）以北的铁路节点。

　　10月1日，大马士革沦陷。[52]官方宣传中，这座历史名城是由阿拉伯人解放的，他们急于获取支持以便满足其治理叙利亚首府的诉求。但事实上，抵达大马士革中心的第一批部队（早晨6时）是第三轻骑兵旅中的澳大利亚人。法国人急于控制叙利亚港口，次日抵达贝鲁特，但最先来到这里的是第七印度师的部队。大马士革和贝鲁特的失守在君士坦丁堡造成了惊人后果——凶讯最终颠覆了政府。10月8日，塔拉特辞职。但首都一片混乱，以至于苏丹花了6天时间才找到可以信赖的人继任大维齐。最后在10月14日，艾哈迈德·伊泽特将军得以组建一个"和平内阁"。截至那时，在色雷斯，米尔恩（Milne）将军麾下的英国萨洛尼卡集团军前锋已经接近代德阿加奇；而在美索不达米亚，英国和印度军队正在坚定地沿底格里斯河北上，剑指摩苏尔油井（直到11月3日才最终夺取）。[53]

　　10月26日，和谈开始在摩德洛斯近海停泊的英国海军地中海舰队旗舰"阿伽门农"号（HMS *Agamemnon*）上举行。他们停泊了五天，在省界的划定上出现了混乱。协约国首席代表海军将领卡尔索普（Calthrope）的任务艰巨，他需要在自己的现实需要、伦敦的英国—印度施压集团和巴黎、罗马的强硬派之间协调。[54]奥斯曼代表团没有理解允许协约国有权占据战略据点"以防动乱发生"的条款中隐含的威胁。当 10 月 30 日签订停火协议时，条款不像土耳其人担忧的那么苛刻：没有对君士坦丁堡的强制占领。奥斯曼在巴勒斯坦、叙利亚、美索不达米亚、阿拉伯的守军将向协约国投降，后者将建立军管直至缔结和约为止；被关押的亚美尼亚人将获释；协约国军队将占据达达尼尔海峡和博斯普鲁斯海峡的堡垒；两大海峡将清除水雷，使战舰可以进入黑海；协约国专员将控制铁路；超出保障国内秩序所需的军队将要解散。

《摩德洛斯协定》是一份精明的文件，没有对苏丹的权威施加形式上的限制。但穆罕默德六世很快就会亲眼见证战败的事实。11月 13 日，协约国战舰从金角湾向西延伸至马尔马拉海，排成 16 英里的一字长蛇阵。据说，苏丹对前来多尔玛巴赫切宫觐见他的土耳其议会代表团说："我不能望向窗外。我讨厌看到它们。"[55]他痛苦地意识到，他只有镜花水月般的权威。然而，这比德皇威廉二世、奥地利皇帝兼匈牙利国王卡尔、保加利亚国王斐迪南的处境要好。在这四位败国之君中，截至 11 月中旬，只有苏丹保住了皇位。

第十六章

主权与苏丹政权

1918 年和 1919 年之交的冬季，君士坦丁堡是一座士气低落的悲惨之城。难民挤满了这座城市，很多人被斑疹伤寒和其他疾病折磨。哪里的食物都短缺，取暖的煤炭几乎无处可寻。没有电车运行，欧亚之间的渡轮也几乎没有。在过去一个半世纪中，奥斯曼输了九场战争，但没有哪一次首都人民感受到了这么痛苦的战败后果。协约国的"保护"与被敌国占领很难说有什么区别。在实践中，没有协约国高级专员卡尔索普（在法国和意大利同事的协助下）的允许，几乎什么事也办不成。尽管专员们齐心协力，但他们各自政府的政策分歧阻碍了他们的紧密合作，也阻碍了将奥斯曼帝国作为一个整体来推进计划。在土耳其东北部更偏远的省份，多山的地形常常让协约国占据的"战略据点"相隔甚远，陷入无益的孤立。俄国未来命运的不确定性，强化了这些行省事实上的无政府状态。[1]

在金角湾，至少还有有序行政的样子。亨利·梅特兰·威尔逊（Henry Maitland Wilson）将军在佩拉区建立了总部，英、法、意分遣队驻守战略重地。但是土军仍然持有武器。当获胜的法国将军德斯佩雷 2 月从萨洛尼卡抵达漫天飞雪的君士坦丁堡时，奥斯曼军官以及希腊人、意大利人与他一起检阅英国仪仗队；当弄得人心惶惶的报告传遍斯坦堡区，宣称希腊人将要在阿亚索菲亚清真寺恢复基督教象征物时，是奥斯曼卫兵阻止了穆斯林抗议者。这样的谣言在那个冬季是常见的：据说，协约国允许希腊人和亚美尼亚人在争议行省屠杀穆斯林、摧毁他们的家园；基督教神父正在接管穆斯林的学校和孤儿院，甚至在首都也是如此；非土耳其人在每个地区都受到了协约国军管机构的优惠对待。有足够多的歧视案例证明了这些传闻，尽管它们很多时候在报道中被夸张了。当不得不在奥斯曼帝国被统治的民族中做出选择时，卡尔索普言简意赅：对他而言，土耳其人是"坏人"。"我们一以贯之的政策就是不要对土耳其人表露任何形式的恩惠。"他在就职 7 个月后对外交大臣保证道。[2]

这种怀疑情绪阻碍了新生的奥斯曼民主制的发展。1918 年 11 月和 12 月初，10 年前引入的议会制政权似乎能比黯淡的青土党坚持更久。随着"统进委"三帕夏流亡在外，苏丹的姐夫兼密友国婿费里德帕夏（Ferid Pasha）领导的"奥斯曼自由联盟"立即复苏了。但在缺乏强力政治领导的情况下，只要战争持续，比看起来还要多的决策是依赖于苏丹的个人取向。穆罕默德六世并非一位天生的专制者。他完美地拥有弱势统治者那令人尴尬的固执，还脾气暴躁、目光短浅。他登基之后不久发生的一件微末小事，凸显了他的性格。苏丹们传统上都有络腮胡，任何光下巴的君主都要急忙在继

位数周之内蓄须。但穆罕默德六世不是这样。57 岁的他没有理由
从俗。尽管遭到乌理玛的抗议，但他仍然打算追求现代性，作为
"无髯苏丹"而统治。人们普遍认为，这种创新以某种奇怪的方式
削弱了君主的地位。[3]

　　对穆罕默德六世而言，这是不幸的，因为他决心既统也治。苏
丹不喜欢议会制机构，也不屑于隐藏他的偏见，试图效法他的同父
异母哥哥在圣斯特凡诺之辱后的政治操弄。他缺乏阿卜杜勒-哈米
德二世的阴险，能打的牌也比他更少。但接二连三的高级专员们承
认他的利用价值，即便他的权威已经削弱。表面上看，苏丹和高级
专员似乎持有共同的目标；后者也更喜欢通过法令来统治，而不是
尊重一个政治论坛（议会）的希望，尤其是因为他们在其中察觉到
了新生的社会主义。

　　12 月 21 日，穆罕默德六世解散议会，高级专员没有表达抗议。
这次政变之后，政府回归了更加传统的行事方式。[4]在教育和解读
家庭法两方面，大教长的权威被重树。1919 年 3 月第一周，穆罕默
德六世任命国婿费里德担任大维齐。苏丹一些最为忠诚的追随者，
也质疑他姐夫的廉洁和虔诚。但穆罕默德六世坚持维护苏丹的特
权。他提醒批评者，他有权任命任何他青睐的人——"甚至是希腊
或亚美尼亚的牧首，或者犹太教的大拉比"[5]。很快就显而易见的
是，国婿费里德的"自由主义"程度较轻。他可以遵守协约国的大
部分要求，同时向高级专员强调乌理玛作为"良好秩序与纪律的守
卫者"的价值。具有印度工作经验的英国官员倾向于同意国婿的主
张，他们相信即便是毛拉也比革命党好。

　　1918 年和 1919 年之交的冬季，奥斯曼帝国各部都没有采取严
厉的镇压措施。审查是有选择性的。尽管高级专员们提出了抗议，

但苏丹的大臣们容忍了"土耳其人捍卫权利社团"。苏丹很可能也知道秘密的"前哨社"，这是沿着黑海海岸前往安纳托利亚东部或穿过达达尼尔海峡进入士麦那以便走私武器的一批官员。几乎肯定的是，他意识到他最受尊敬的便衣将军——凯末尔，正在明确地鼓励土耳其民族主义传播。但他不予置评。他有一个奇怪的习惯，时不时地在他接见的大臣和军官面前闭眼。凯末尔本人在苏丹的某次聚礼之后与他谈话时也注意到这一点。[6]穆罕默德六世的姿态是潜意识的表现吗？无论如何，也不管苏丹有没有默许，一场萌芽中的抵抗运动甚至在 1919 年 1 月中旬（巴黎和会开幕）之前就把土耳其的主要城镇串联起来。凯末尔是退役名单上知道志愿民兵组织有多么广泛的三位将军之一。这些组织正在等待一个信号，以保护自己的家园不受外国统治的侵害。

事态发展取决于巴黎发生了什么或者没有发生什么。政治家、外交家和委派的专家优先解决与德国媾和的问题，然后集中处理奥地利和匈牙利的命运，之后才能仔细考虑奥斯曼各民族的诉求。直到 1919 年 6 月 17 日，奥斯曼代表团才受到"十人理事会"①（巴黎和会有效运行的主要执行机构）的接见；又过了 11 个月，最终的和约条款才送达高门。但在此之前很长时间，荣耀、憎恨、幻灭的情绪结合，已经在土耳其人中推动了一种新的民族认同感。

《摩德洛斯协定》签署时，君士坦丁堡真诚的自由派们信心十足地期待和约缔结者们重新划定欧洲和亚洲的版图，顺应美国总统

---

① 英、美、法、意、日五国各出两名主要代表组成。这五国作为"普遍利益的交战国"，有权参加和会的一切会议；其他国家作为"个别利益的交战国"，只能出席与本国有关的会议。

威尔逊的原则。这些原则强调以民族自决治疗国际"病恙"。据信，威尔逊的理想主义将以某种方式抹去战时瓜分土耳其的秘密条约、引诱意大利参战的诱饵、马克·赛克斯和乔治-皮科的交易，以及被披露的其他可耻外交诡计。这些希望大部分都破灭了。威尔逊的"民族自决"支持亚美尼亚人，部分原因是富裕的移民可以在大西洋两岸发起组织有效的动议，部分原因是美国传教士长期在亚美尼亚人居多的行省保持活跃。巴黎和会建议将奥斯曼争议领土暂时割让给胜利的列强，作为国际联盟的"托管地"。当国际联盟开始运作时，伊拉克、巴勒斯坦和（后来的）外约旦（Transjordan）成为英国托管地；在巴黎与伦敦的激烈博弈后，法国获得了叙利亚和黎巴嫩的托管权。1919 年 5 月，威尔逊总统完全打破了美国外交的基本传统，同意寻求国会支持美国对亚美尼亚乃至君士坦丁堡的托管。[7]

　　对于某个国家的野心，威尔逊仍然像奥斯曼自由派原先的设想一样，持有敌意。他强烈反对意大利尝试在小亚细亚获得立足点，这很大程度上是因为那里没有已经建立的意大利人社群。但即便在小亚细亚，威尔逊的原则对于土耳其人也是灾难性的。他责备罗马"殖民主义者"的论调，被希腊首席代表韦尼泽洛斯（Venizelos）歪曲，以便推进他自己的野心。奥斯曼帝国最好的爱琴海港口士麦那，仍然存在大型的希腊人社群。韦尼泽洛斯不难说服威尔逊，希腊军队有必要占据这座港口及其腹地，既是为了保护同胞免受土耳其人统治，也是为了阻止意大利以佐泽卡尼索斯群岛为跳板进入亚洲大陆。韦尼泽洛斯已经长期受到英国首相大卫·劳合·乔治（David Lloyd George）的热心支持。巴黎和会召开不到两个月，他就可以依赖英美代表团的支持。土耳其民兵在西安纳托利亚的希腊人社群发动暴力袭击的报道，给韦尼泽洛斯提供了机会。1919 年 5

月 15 日，希军一整个师被运往士麦那。他们的登陆得到了海上的英、法、美战舰的保护。[8]

　　在这一决定性步伐之前的三周内，协约国似乎将很快占据奥斯曼帝国剩余的每一座海港和有规模的城镇。边远省份的动荡迅速蔓延。高级专员向苏丹发出严厉的警告，特别强调了黑海沿岸盛行的无政府状态，奥斯曼第九集团军似乎无力维护这一动荡地区的秩序。[9]穆罕默德六世有意安抚：一支位高权重的军事代表团，在一位精力充沛的检察长的率领下，应当立即派去对第九集团军施加纪律约束。4 月底，英国当局得到保证：苏丹对凯末尔帕夏率领这样的代表团有十足信心。英国人带着一些犹豫，相信了苏丹的话：签证及时地盖上印戳，授权凯末尔作为第九集团军的检察长，从君士坦丁堡出发，前往小型港口萨姆松。因此，希腊军队在士麦那登陆一日之后，凯末尔登上了英国建造的贸易船"班德尔马"号（Bandirma），穿过博斯普鲁斯海峡，承诺恢复黑海沿岸的秩序。"帕夏，你能拯救国家。"苏丹在送别时对他说道。凯末尔认为模棱两可的话比起明确的指令要更合时宜。几个小时后，一位英国军官在一份危险人物名单上发现了凯末尔的大名。英国武官立刻动身前往高门，按照命令面见大维齐，确信这位检察长是否仍然留在首都。"阁下，太晚了，"国婿平静地告诉他，"鸟飞了。"[10]

　　在现代土耳其共和国，凯末尔抵达萨姆松的日子（5 月 19 日）每年都会作为国家节日而庆祝，仿佛这是那场要扫清苏丹和苏丹政权的革命的开端。但是，登陆萨姆松本身并不是一个令人瞩目的事件。在一周多的时间里，凯末尔都谨慎行事。只有当他前往安纳托利亚高原，正式在土耳其人与少数民族发生冲突的城镇施加秩序时，才开始展现出独立性。他第一次真正的革命行动发生在阿马西亚（Amasya）。这是一座古老的赫梯①城堡，耸立在耶希尔河（Yesirlimak）的峡谷之上。6 月 21 日，凯末尔在此发表《独立宣言》，呼吁土耳其人民派遣代表团参加一场国民大会。大会将在安纳托利亚的锡瓦斯举行，因为苏丹、首都和行政部门都在外国人的胁迫之下。这位检察长被不容商量地召回君士坦丁堡，但他拒绝服从。7 月 8 日，他辞去了军官职务。

接下来是 8 个月的政治混乱。凯末尔并非第一位力主抗战的军事指挥官（这场斗争已经被称作"独立战争"），但他肯定是前往山区的将军中最有才干的，他的支配地位也得到了埃尔祖鲁姆会议和锡瓦斯会议的确认。② 在某些方面，锡瓦斯会议是令人失望的，只有 39 人能够前往那里。但在两场会议上，代表团都拥护一份宣言，它的原则后来在知名的《国民公约》中加以阐明和丰富。[11] 该宣言坚持认为，土耳其族群有自决权，安纳托利亚和土耳其的欧洲部分构成了一个不可分割的实体，其中不能有亚美尼亚或希腊国家；协约国应当放弃肢解奥斯曼帝国、规训君士坦丁堡政府的计划。锡瓦斯会议也呼吁召开新的选举制议会，在一座协约国陆海军无法威胁到议员的城市召开。

在这套计划中，苏丹或大维齐很难反对什么。尽管苏丹批准了逮捕凯末尔的命令，君士坦丁堡与国民军之间仍然保持联系。锡瓦斯会议闭幕 11 日后，一支美国调查组受总统委派，访问锡瓦斯，调查建立美国托管地是否可行，与凯末尔就民族自决问题进行讨

---

① 赫梯是上古时期以安纳托利亚为主体的西亚古国，公元前 13—前 14 世纪处于鼎盛，后逐渐被"海上民族"和亚述帝国消灭。

② 埃尔祖鲁姆会议于 1919 年 7 月底、8 月初召开，锡瓦斯会议于 1919 年 9 月上旬召开。两座城市分别位于安纳托利亚的东部和中部。

论。四周之后，这位叛将在阿马西亚接待了奥斯曼海军大臣，并将
他送回首都（带上了一份《国民公约》）。作为国民代表委员会主
席，凯末尔要求举行选举，在一座免遭外国控制的城镇召开议会。
他也要求该委员会应当把握机会，否决任命奥斯曼代表团参加巴黎
和会。这些条款被阿里·里扎帕夏（Ali Riza Pasha，10 月 2 日取
代国婿费里德担任大维齐）拒绝。[12] 议会在苏丹无法详加审查的城
镇召开，这对穆罕默德六世而言是不可理喻的。他不希望从博斯普
鲁斯海峡舒适而安全的宫殿，搬到偏远的安纳托利亚草台班子首
都。选举适时地举行了：凯末尔的民族主义党在下议院中比其他党
派获得了更多席位。但 1920 年 1 月第二周议会召开时，议员们仍
然聚集在斯坦堡区。

　　现存的信件表明，英国当局对于凯末尔无法形成决定性意
见。[13] 一些人认为他是"bandit"（土匪），一些人认为他是"brig-
and"（绿林）。这是个微妙的区别。但没有英国人认为他是对土耳
其人民负责任的代言人。他当选为埃尔祖鲁姆的代表，但远离一座
他几乎肯定要被拘捕或谋杀的城市①。作为一位缺席议员，相比于
在会议厅发言，他甚至可能对议会造成了更大的影响。苏丹正式发
表开场白后，凯末尔从安卡拉（当时称为"安哥拉"）发来的贺电
就立即向议员们宣读了。议会召开的九周，民族主义者决定了日常
的会务。一些议员试图秘密让他当选为议会主席（议长），希望体
制内身份能够让他免于被逮捕。但由于担心苏丹可能会受刺激而解散
议会，这个提议被搁置了。保持议会召开，议员们才能够在 2 月第二
周为凯末尔的《国民公约》背书，由此赋予《锡瓦斯宣言》合宪性。

---

　　①　即君士坦丁堡。

奥斯曼议会的离经叛道气质让英国高级专员、海军将领约翰·德·罗贝克爵士（Sir John de Robeck，数月之前接替了卡尔索普）惶恐不安。大量武器库存送到凯末尔手中的消息（一些武器源自法国和意大利）已经让他担忧不已。这些武器是为了对付谁？奥斯曼议会召开的那几周，伦敦正在详细讨论递交给苏丹的条约款项。如果这些要求与《国民公约》相抵触，罗贝克爵士预感土耳其人的抵抗会持续下去。他试图为高级专员们向上级争取先发制人的许可，以强化协约国对苏丹和君士坦丁堡行政系统的控制。[14]

这个要求在最高层造成了尴尬的问题。美国很快回归孤立状态：威尔逊身患重病，很多民主党、全体共和党对国际联盟的敌意，使提议中的美国托管权作为一种"历史非常态"已经不了了之，尽管直到6月，美国国会才正式表态拒绝。三大协约国在政策或目标上很难达成一致。英法之间针对黎凡特的摩擦比世界大战爆发还要早。"在叙利亚问题上，敌人是法国而不是土耳其。"T. E. 劳伦斯 1915年2月写道（虽然是在私人信件而不是官方报告中）。[15]法国深深憎恶英国在战争最后几天快速夺取摩苏尔，因为赛克斯与皮科本已考虑将这个丰富的产油区划入法国的势力范围。英意关系也没有轻松到哪里去。四年来，意大利都反对英国支持韦尼泽洛斯的希腊，无论是在马其顿、阿尔巴尼亚还是爱琴海问题上；罗马政府也怨恨劳合·乔治协助希腊在安纳托利亚冒险。法国和意大利的行动继续让英国人迷惑。1919年底，皮科前往安纳托利亚与凯末尔面谈。虽然凯末尔军队后来对占领亚美尼亚人为主的马拉什（Marash）一带的法军开火，但截至次年春季，显而易见的是，法军打算从奇里乞亚的前线撤退，以保障对叙利亚的控制。意大利人似乎也在寻求与凯末尔达成谅解，但前提总是保住佐泽卡尼索斯群岛。尽管协约国之间存在这么多裂痕和怀疑，但协约国最高委员会还是积极回应了罗贝克的要求：高级专员可以实现对奥斯曼首都的占领，拘捕"危险的"持不同政见者，将他们扔到马耳他岛关押。[16]

军事占领君士坦丁堡，并不是协约国的联合行动，法军和意军在第一天都无动于衷。1920 年 3 月 16 日一大早，英国陆军士兵、海军陆战队员、水手接管了斯坦堡区和佩拉区的主要建筑，并开着装甲车巡逻街道。土耳其陆军部被英国军官占领、搜查，此后由三大协约国共同管控。85 名议员和约 60 名军官或资深官僚被捕。3月 18 日，奥斯曼议会正式解散，从此再未召集。首都实施军事管制。如此激烈地干涉土耳其内政，给英国人招来了仇恨。

数周之前，英国外交大臣寇松勋爵（Lord Curzon）敦促他的内阁同僚推动奥斯曼统治在君士坦丁堡的结束，由此"一劳永逸地解决最为严重地腐蚀着欧洲公共生活近 500 年的问题"[17]。在公布的英国文件中，他的备忘录长达 8 页多，排版密集。两件事促使了它的出炉：（1）法国总理克列孟梭访问唐宁街，他支持保留奥斯曼对这座城市的统治；（2）印度事务大臣埃德温·蒙塔古（Edwin Montagu）声称将苏丹-哈里发驱逐出他在欧洲的宫殿，将在南亚次大陆的穆斯林中激起严重骚动。"直到两三年之前，在印度穆斯林中还没爆发过支持君士坦丁堡作为哈里发驻地和伊斯兰世界首都的情感，"著名的前任印度总督寇松有力地宣称道，"个人认为，相较于在君士坦丁堡采取任何措施，如果我们剥夺土耳其人对士麦那的控制，此举将更猛烈地点燃土耳其亚洲地区种族、宗教仇恨的烈焰。"[18]因此，他建议对君士坦丁堡和黑海海峡给予某种形式的国际地位。但寇松没有说服内阁。蒙塔古担心，如果哈里发被无礼地赶到博斯普鲁斯海峡对岸，会对印度穆斯林造成影响。这种担忧占了上风。他们认为，最好的办法是先暂时占据君士坦丁堡，随后任命一位职业外交官作为高级专员，此人需要说服苏丹有必要维护"英国的友谊"。11 月，霍勒斯·朗博尔德爵士（Sir Horace Rumbold）接替了罗贝克。

这些英国高级专员的责任艰巨。他们要为一座面临财政崩溃的城市负责治安和行政；逃离苏俄的流亡者渡过黑海持续到来，也给他们造成了困扰。朗博尔德抵达君士坦丁堡的那一周，载有 1.2 万俄国流亡者的 60 艘船停泊在马尔马拉海的拥挤水域。近三年来，一位英国上校科林·巴拉德（Colin Ballard）在苏丹的首都执掌"协约国间治安委员会"，当奥斯曼当局无钱支付宪兵的薪水时，是高级专员保障了他们的月俸。徒劳地统治帝国残余部分的，是苏丹穆罕默德六世。1920 年 4 月初，他重新任命国婿费里德帕夏为大维齐。一位强势的苏丹会悄悄离开首都，在安纳托利亚领导土耳其民族主义者；一位诡计多端的苏丹或许已经执行了消极的不服从政策；但穆罕默德六世和国婿过于弱势，以至于他们与高级专员尽可能紧密合作。甚至优柔寡断的大教长也宣布凯末尔和他的代表委员会是背叛沙里亚的无信仰者，一经发现可立即将其枪毙。[19]

这样的严词谴责并未动摇凯末尔。他在安卡拉建立了大国民议会，继续奥斯曼议会的工作。4 月 23 日，大国民议会确认了凯末尔担任国务委员会执行主席。但要再等 9 个月，大国民议会才有正式的立宪活动。凯末尔模棱两可地提议："苏丹-哈里发一旦摆脱他正在遭受的胁迫，就应在其政体制度之内，以大会决定的形式保持其地位。"[20] 没有哪位大会成员持有异议。

当大国民议会召开时，协约国在圣雷莫（San Remo）举行会议，决定和约的最终条款。这是由英、法、意专家起草的，其中一些人非常了解中东。各方讨价还价，尤其是英国在摩苏尔油田问题上向法国让步。一份协定给予了法国优惠待遇和利用油田的产出服务于叙利亚发展的权利。劳合·乔治的内阁同僚和专业顾问反反复复试图说服首相不要支持韦尼泽洛斯在士麦那一带建立永久希腊区。3 月第二周，罗贝克写信给寇松说："这将在未来几年成为一种溃疡，是一个持续不断的刺激因素，可能会使小亚细亚的流血冲突持续几代人。"[21]外交大臣同意他的看法，即便前者总体上同情希腊人的事业。他宁愿看到希腊人控制加利波利半岛，使达达尼尔海峡成为前线以及欧亚之间的通道。没有什么理论能够说服劳合·乔治改变政策，他仍然是韦尼泽洛斯的忠实支持者。

　　1920 年 6 月第二周，和约呈交给了苏丹的代表团。[22]由于雅典方面泄露了信息，条款很快就人尽皆知。和约比土耳其人预想的要苛刻。他们听任苏丹的阿拉伯领土丧失，但对于提议的欧洲部分边界感到震惊。希腊的边界向东推进，包括了埃迪尔内和直至恰塔利亚一线的整个色雷斯。新版图将使君士坦丁堡在欧洲只有 25 英里的腹地。同时，希腊将获取爱琴海 8 座岛屿，而士麦那将置于希腊控制下，在 5 年内保持名义上的奥斯曼主权，此后举行公投，决定该地区属于希腊还是土耳其。罗得岛和佐泽卡尼索斯群岛割让给意大利。独立的亚美尼亚国家，将包括 6 个争议行省的大部分地区以及俄国的亚美尼亚省份，且得到了黑海出海口。伍德罗·威尔逊——或者其他以这位患病总统的名义行事的美国人——接受了一项经由仲裁决定这个国家（亚美尼亚）边界的提议；将埃尔祖鲁姆堡垒和特拉布宗港口划给亚美尼亚人，甚至震惊了仇视土耳其的劳合·乔治。条约也提议在幼发拉底河以东建立自治的库尔德斯坦，库尔德人有权在 12 个月后选择独立。黑海海峡非军事化，由一个国际委员会控制；奥斯曼陆军削减到 5 万人，海军仅保留岸防舰船；恢复对外国商人有利的单方让步协定；英、法、意共同控制奥斯曼国家预算和公债。

法国元帅福煦认为这份条约提议是对和平的威胁。4 月，他警告称，为了向心有不满的土耳其施加这样的条款，协约国需要 27 个师（约 32.5 万人）的军队。[23]没有哪个厌战的政府会考虑这样的投入。几个月后，当查尔斯·"蒂姆"·哈林顿爵士（Sir Charles "Tim" Harington）获得听起来高大上的职位"协约国军队驻土耳其总指挥官"时，他发现自己只能使唤 8 000 名英军控制君士坦丁堡和黑海海峡。只有韦尼泽洛斯准备授权在安纳托利亚发动战事，以图击溃土耳其国民军。协约国为了等待土耳其的答复，暂时阻止了他——它们等来的答复是个坏消息。提议的边界在仍然忠于苏丹的土耳其士兵中激起了愤慨，以至于他们也投奔了凯末尔。凯末尔的部队向马尔马拉海推进。在这里，他们受到协约国战舰的炮火阻击，退往内陆——在海军炮的射程之外。

在这个节骨眼，协约国取消了对希腊之役的否决。韦尼泽洛斯提议，希腊军队应当进军色雷斯，扑灭在欧洲行动的"拥凯派"游击队；而以士麦那为基地的希腊远征军主力，将把凯末尔麾下的国民军从安纳托利亚西部肃清。6 月 22 日，希军各团向前推进，只遇上了零星的抵抗。不到 20 天，他们就将凯末尔军逼退山中，肃清了整个西南安纳托利亚。一个月后，苏丹的特命全权大使们未能实现任何对条约的修订，在巴黎郊区色佛尔（Sèvres）签署了和约。但是，即便他们签了字，也仍然强烈抗议协约国制定的苛刻条款。几个月后，高门才会批准条约使之生效。在那之前，苏丹的大臣们还满怀希望，认为可以废除条约中颇具惩罚性的条款。

　　长期谈判、持续讨价还价、大臣与大使之间大量交流、挑拨列
强之间的斗争——所有这些策略都是奥斯曼外交的熟悉特征。所有
解密文件都证明了末代大维齐艾哈迈德·陶菲克和他的大臣们都是
这种传统游戏的娴熟玩家。[24]但是，决定性的斗争不是发生在海
峡，而是在安纳托利亚，这里的游戏规则不同。例如，凯末尔不只
是抗议建立一个亚美尼亚国家。《色佛尔条约》签订七周之后，国
民军穿越亚美尼亚诸行省，夺取了卡尔斯①。不久，苏维埃红军在
埃里温（Erivan）建立了一个亚美尼亚亲苏共和国。截至12月第
一周，安卡拉政府②与苏俄当局签订了《久姆里③条约》，由此确立
了一个比苏联的国祚还要长久的俄土边界，横穿了分裂的亚美尼
亚。凯末尔不仅仅保住了他的东翼，还能够借助苏俄的武器和装备
打击西方帝国主义。1921年1月，他比起前一年夏天更有把握抵御
希腊的攻势。那个月，希腊四个步兵师从布尔萨出发，沿着安纳托
利亚铁路主干道，穿越难行的山区，前往重要的交通节点埃斯基谢
希尔。在公路和铁路海拔下降到埃斯基谢希尔平原的最后一道山脊
上，有一座小镇伊讷尼（Inönü），希腊军队在此遭到遏制。两个月
后，希军从士麦那向内陆突进，伊讷尼又发生了第二次战役。凯末
尔军又一次守住了阵地，希军未有进展。[25]
　　法国和意大利从未像英国那样认为有强烈必要坚守《色佛尔条
约》并维护苏丹的政府。3月，法国和意大利各自与凯末尔的代表
达成协议。讽刺的是，这些协议传到了伦敦，而寇松已经同时邀请

---

　　①　卡尔斯靠近当代亚美尼亚与土耳其的边境（土耳其一侧）。
　　②　即土耳其大国民议会，现代土耳其共和国的前身。
　　③　久姆里（Gümrü）靠近当代亚美尼亚与土耳其的边境（亚美尼亚一侧）。

苏丹政府和安卡拉的国民军派代表与三大协约国见面讨论《色佛尔条约》可能修改的方面。到目前，英国已经动摇了对希腊的支持，因为韦尼泽洛斯已经下台，年轻的希腊国王亚历山大突然去世，他的父王康斯坦丁一世复位，而英国和法国曾在 1917 年借口他"亲德"而逼迫他流亡在外。尽管劳合·乔治不信任康斯坦丁一世，但他对于安纳托利亚的冒险投入过多，无法仿效法国和意大利。[26]

苏丹越来越被迫表现得像英国的傀儡，这种卑躬屈膝的态度从来不是英国外交部想要的。他表现为一位开明的专制君主要好得多。霍勒斯·朗博尔德抵达君士坦丁堡不久，就着手实施传统的任务：借助苏丹的地位强化奥斯曼政府。正如朗博尔德致寇松的电报中所说，这个任务包括发挥"苏丹的基石作用……给予他明确的、全心全意的援助，在坚实的财政基础上重建行政系统"[27]。但穆罕默德六世过于脆弱，无力发挥这样的作用。朗博尔德与苏丹首次会面后，感到的是迷惑与失望。一周之后，朗博尔德向乔治五世国王汇报："他在很长一段时间里一言不发，他的嘴唇紧张地抽搐着。"[28]

也有几次，穆罕默德六世突然主张起他继承而来的伊斯兰教最高权威，令首都的外国官员们印象深刻。查尔斯·"蒂姆"·哈林顿爵士晚年回忆，在斋月最神圣的一夜（*Leilat al-Kadir*），苏丹骑着白马，气派地抵达阿亚索菲亚清真寺，1 万名信众在这座古老"巴西利卡"的巨大穹顶下弓身祈祷。[29]但这种场景比较罕见。1921 年 9 月多数时候，也就是凯末尔的国民军和希腊人作战的关键期，没有哪位大臣或外交官能够与苏丹谈判。穆罕默德六世的朋友谢里夫·阿里·海德尔（Šerif Ali Hayder）回忆道，该月第一天，"他娶了一位新妻子，他如此沉迷，以至于他拒绝接见任何访客"。穆罕默德六世 60 岁了，而他的新妻子内夫扎德（Nevzad）只有

19 岁。[30]

　　不足为奇，朗博尔德发往伦敦的急件，愈发详细地关注国民军领袖们的品质，即便他无法前往安卡拉与他们见面。高级专员和军事指挥官（哈林顿）都被土耳其人在安纳托利亚的不屈精神所折服。哈林顿反复表达他的信念：尽管希军的攻势令人难忘，但凯末尔一旦成功突破希军战线，就几乎不会遭遇抵抗。这种看法激怒了劳合·乔治。早在 1921 年 4 月第一周，哈林顿就在评估，如果凯末尔军队沿着从埃斯基谢希尔通往海达尔帕夏的铁路追击希军，那么协约国控制前往于斯屈达尔和马尔马拉海的道路，前景将会如何。[31]

　　四个月后，在萨卡里亚河（Sakarya）沿岸爆发了一场持续 22 天的战役。① 地点距离安卡拉只有 55 英里。朗博尔德希望希军和凯末尔军互相消耗，这样英国和苏丹就可以介入调停。希军确实筋疲力尽，但熟悉地形与气候的土军并没有。接下来的冬季，凯末尔能够积累新资源，从萨卡里亚河沿线获胜的悍不畏死的守护者中组建一支令人生畏的军队。1922 年 8 月 26 日，凯末尔亲自对希腊在山区的阵地（距离士麦那 200 英里的内陆）发动出其不意的攻势。哈林顿对伦敦的警告坐实了。半个月之内，凯末尔已经获得了彻底胜利。9 月 13 日，一道两英里长的火墙正在毁灭士麦那的希腊人和亚美尼亚人区域。近 25 万基督徒和犹太教徒登上这座燃烧之城附近海域的外国战舰寻求庇护。[32]

　　凯末尔的重量级胜利，使奥斯曼的命运落入了他的掌控。他近期的目标是明确的：以一份新的解决方案取代《色佛尔条约》，将

---

　　①　1921 年 8 月 23 日至 9 月 13 日。

土耳其人民心中的城市伊斯坦布尔和埃迪尔内归还。他的部队奋力向达达尼尔海峡推进，进入了《色佛尔条约》确立的中立区。该地区纵深 50 英里，以恰纳卡莱为基础。在这几个关键星期内，这座城镇通常被称为"恰纳克"（Chanak）。三大协约国（英、法、意）的旗帜飘扬在恰纳克的码头，但实际上只有英国军队象征性地部署在城镇周围。一个单独的步兵营、一支轻骑兵中队、一个炮兵连保护英国在小亚细亚的立足点——纵深 12 英里的"海峡区"，但这支寒酸的卫戍部队得到了达达尼尔狭窄水道的三艘战列舰的支援。士麦那活火熔城的 10 天之内，英军和土军狭路相逢，在带刺铁丝网的后方掘壕固守。这里距离古代特洛伊的考古遗址很近。1922 年 9 月下半月，英国媒体的头版头条唯恐天下不乱。英国与凯末尔主义土耳其之间的战争似乎一触即发。[33]

查尔斯·"蒂姆"·哈林顿将军和霍勒斯·朗博尔德爵士凭借理智与温和避免了战争。哈林顿拒绝将劳合·乔治内阁的最后通牒递交给国民军，因为他认为这将给危机"火上浇油"；朗博尔德劝说土耳其代表团前往穆达尼亚，讨论黑海海峡、东色雷斯的未来安排和凯末尔部众尊重"中立区"的必要性。双方在穆达尼亚举行了 10 天的商谈后，10 月 11 日签署了正式的协定，规定在谈出取代《色佛尔条约》的新和约之前，凯末尔军队撤离"中立区"，由协约国占领君士坦丁堡、恰纳克、加利波利半岛。一开始，谈判打算在威尼斯举行，但意大利受到了政治危机的强烈震动：10 月底，墨索里尼上台，揭开了法西斯时代的序幕。于是，和平会议改在洛桑（Lausanne）举行。[34]

理论上，穆达尼亚谈判期间，奥斯曼帝国仍然存在一位君主。但截至此时，苏丹的统治权已经缩小到穆罕默德六世在耶尔德兹花

园周边闲逛之时目之所及的范围。凯末尔是一位现实主义者，认为
苏丹政权是一种时代错乱的体制，要像秋风扫落叶一样被扫除。尽
管国民军的核心圈子里，没有哪位成员希望穆罕默德六世留在皇位
上，但也有几个人仍然尊重苏丹政权和哈里发体制的传统。他们担
心，激进的宪法改革促使共和主义增强，将导致虔信宗教者离心离
德；在 1922 年的世界上，还不存在一个伊斯兰共和国。凯末尔暂
时不打算强推这一议题。他任命挚友雷费特帕夏（Refet Pasha）上
校担任东色雷斯军事总督，总部设于斯坦堡区。雷费特从穆达尼亚
出发，乘坐汽船"居尔尼哈尔"号（Gulnihal）渡过马尔马拉海，
10 月 19 日在加拉塔桥旁的埃米讷尼（Eminonü）码头登陆。张灯
结彩的拱门横跨着斯坦堡区的窄街，宣礼塔上旗帜飘扬，横幅标语
宣布了土耳其人民的荣耀，穆斯塔法·凯末尔"加齐"军队的胜利
使土耳其人民得以重生。在接下来的三天里，到处都在庆祝土耳其
革命的胜利。[35]

　　这里所说的"到处"不包括耶尔德兹宫。雷费特坦言，他尊重
"哈里发的崇高职位"，但不承认苏丹的政府。当穆罕默德六世接见
他时，他敦促苏丹退位。苏丹一如既往地拖延时间。协约国坚持遵
守外交礼节，从而决定了他的命运。它们邀请安卡拉的大国民议会
代表团和高门代表团同时参加洛桑会议。这个错误的礼节激怒了安
卡拉的议员们，以至于凯末尔起草提案，要求议会废除苏丹政权。
一位奥斯曼皇子可以担任哈里发。世俗派的凯末尔不想得罪支持他
的那些神职人员。但自此以后，世俗权力将授予土耳其人民主权。[36]

　　大国民议会并非一个"躺平"的（supine）机构。11 月 1 日，
讨论凯末尔的议案时，很多成员并不淡定。与过往历史的决裂太激

进了。正是凯末尔本人发表了决定性的讲话：

> 先生们，主权和苏丹政权并不是由于学者们的研讨和辩论来证明由谁授予谁。主权和苏丹政权是凭借实力、权力、武力夺取的。奥斯曼的子孙们凭借武力夺取了土耳其民族的主权和苏丹政权。他们维持这种僭越长达六个世纪。现在，土耳其民族反抗了，制止了这些僭主，有效地将主权和苏丹政权掌握在自己手中。这是一个既定事实。现在我们讨论的问题，不是该不该把主权和苏丹政权交给全民族。这已经是一个既定事实。问题只不过是我们该如何表述它。[37]

五年后，凯末尔回忆："最终，议长推动这份提案的表决，并宣布它得到了一致接受。只有一个声音说：'我反对。'……诸位，以这种方式，奥斯曼苏丹国的衰亡完成了最终的葬礼。"

11 月 4 日，陶菲克将奥斯曼帝国最后一届政府的官印归还给苏丹-哈里发。接下来的星期五，穆罕默德六世听到宣礼官呼吁信众为身为哈里发而不再身为国君的他祈祷。这番经历让他失去信心。他不希望在君士坦丁堡度过另一次周五聚礼。大多数随从抛弃了穆罕默德六世，他转而寻求哈林顿的帮助："我的人身安全在君士坦丁堡受到了威胁，我要向英国政府寻求避难，要求尽可能快地将我从君士坦丁堡转移到其他地方。"1922 年 11 月 16 日，他在致哈林顿的一份照会中这么写道，并且郑重地签名："穆罕默德·瓦希德丁，穆斯林的哈里发。"[38] 伦敦的批准一经电报发来，哈林顿的参谋部就制订了周密的计划，在接下来的周五早晨（远远早于聚礼的开始时间）秘密将末代苏丹从耶尔德兹宫救走。

穆罕默德六世从来没有可能以六个世纪最高权威的继承人身份

而风光地离境。然而，也没有人料到他竟然会以这种卓别林喜剧的方式退场。[39] 出逃计划本身是完美的。周四夜间，穆罕默德六世告诉随从，他将在耶尔德兹建筑群的梅拉西姆阁楼（Merasim Kiosk）就寝。该地与一道门非常近，哈林顿部署掷弹护卫兵的营房与这道门毗邻。这是个下雨天，狂风大作。周五早晨，雷费特帕夏雇佣的监视被废苏丹的探子们如果醒来，或许会觉得奇怪：一支掷弹兵分遣队从黎明之前一个多小时起，竟然在倾盆大雨中训练。他们大概也会感到奇怪：两辆救护车竟然在练兵场边缘等待。有 11 人神不知鬼不觉地进入宫门，摸进耶尔德兹宫。但一位听命于雷费特的土耳其海军军官认出了被人搀扶进第一辆救护车的花甲老人。这位尊贵乘客的伞收进门中后，救护车就开走了。大部分随从带着几箱沉重的行李坐上了第二辆救护车，10 分钟后离开。

这位土耳其海军军官匆匆穿上几件衣服，没有换掉室内拖鞋，就跑过湿漉漉的街道，前往加拉塔桥和雷费特在斯坦堡区的总部。他似乎没有注意到，多尔玛巴赫切宫附近的海滨码头，有一小群人在等待，其中的重要人物就是哈林顿将军和英国代办内维尔·亨德森（Nevile Henderson，他将在"二战"爆发时担任英国驻柏林大使）。第二辆救护车安全到达。但让要员们感到惊愕的是，载有被废苏丹的第一辆救护车走失了。让哈林顿和亨德森感到宽心的是，这辆车终于出现了，司机解释说一个轮胎破了，不得不冒着倾盆大雨在黑暗的小巷中更换车轮。一艘海上汽艇将苏丹和他的随从恭敬地送上了开动着蒸汽机、停泊在金角湾近海的英舰"马来亚"号。随着汽艇驶近这艘战列舰，穆罕默德六世对哈林顿提出了最后一个请求：可以劳烦关照苏丹滞留在耶尔德兹宫的五位妻子，将她们转送到此吗？截至上午 9 时，雷费特试图安慰那位穿着湿透的室内拖鞋的心烦意乱的探子时，"马来亚"号正在驶入马尔马拉海。亨德森问："苏丹陛下愿意前往马耳他岛吗?"穆罕默德六世没有反对。中午，宣礼官号召信众参加聚礼时，战列舰正在劈波斩浪前往达达尼尔海峡。"鸟飞了"再一次发生，但这一次，"这只鸟"一去不复返了。

尾声

垂死的奥斯曼

　　奥斯曼帝国的主权已死，但这个王朝残余的威信尚存。在一个变化的世界中，它流连了 15 个月不愿离去，延缓了土耳其共和国的诞生。这段时期，凯末尔试图找到一种妥协方案：保持量身定做的奥斯曼哈里发地位，在他正在创建的这个严格世俗化国家里作为凝聚力和信仰统一的象征。事实证明这是一个不可能完成的任务，这与伊斯兰教的整个特质相悖。

　　穆罕默德六世逃跑的消息一在安卡拉确认，宗教事务大臣就发布了废黜令：穆罕默德六世被指控与土耳其的敌人串通，在修订和约方案的洛桑会议召开前夕放弃了哈里发职位。[1] 次日，大国民议会选举阿卜杜勒-阿齐兹一世尚存的最年长的儿子阿卜杜勒-迈吉德二世继承他的堂兄担任哈里发。新的宗教领袖 50 多岁，是一位和蔼可亲的唯美主义者。22 年前，对于一位奥斯曼皇子而言，他获得了独一无二的名声，因为巴黎沙龙展览了他的一幅画作。他对政治毫无兴趣。1918 年夏，塔拉特与他套近乎，遭到他的拒绝；两年后，他同样拒绝了凯末尔。11 月 24 日，他被授予哈里发之衔时，没有在埃于普举行佩剑仪式。托普卡珀宫任职仪式的唯一一位英国见证者乔治·扬（George Young）认为这场仪式就是个笑话："安卡拉议员代表团通知一位年迈的业余人士，他已经像工会领袖一样经由多数票当选。"作为新任哈里发，阿卜杜勒-迈吉德二世看上去是一位"戴着毡帽、穿着礼服大衣、挂着绿色绶带的胖子"。凯末尔在哈里发任职仪式上的代表雷费特帕夏发现阿卜杜勒-迈吉德二世就像"一只雀鹰"。扬评论道："哈里发没有得到奥斯曼之剑，但被授予了达摩克利斯之剑。"[2] 或许如此。但阿卜杜勒-迈吉德二世似乎甘愿接受雷费特的影响力。尽管按传统教规禁止在艺术中呈现活物，但他甚至画了一幅雷费特的画像。

授职仪式凸显了洛桑会议期间土耳其国际地位的时代错乱特色。伊斯兰国家基本上是神权政体，君主的世俗权力源于神授，作为神在人间的代理人而统治；而共和国是世俗的政体，由无神论的"异教徒"创建，当时在伊斯兰世界闻所未闻。如果奥斯曼苏丹国不复存在，伊斯兰教纯粹派大概会主张国家元首就是哈里发，当政府事务落入其他人手中时，这位君主拥有在一个社会共同体里捍卫信仰的神圣职责。新任哈里发过上了帝国的生活方式，以"阿卜杜勒-迈吉德·本·阿卜杜拉·汗"署名，就像是在强调他的奥斯曼传承，乌理玛全力支持这位精神领袖，甚至超出了新土耳其的某些边界。传统上，每周五要在正午祈祷的训示中召唤统治者的名字。1922 年 11 月底起，哈里发阿卜杜勒-迈吉德二世也受到了这种宗教礼遇，不只是在土耳其的清真寺中，还在巴格达和前奥斯曼的伊拉克诸省各地。哈里发政权是一种超越民族的体制。大国民议会中较为保守的议员宣传，保留哈里发会为新土耳其带来作为伊斯兰领袖的国际地位。他们声称，废除哈里发是"与理性、忠诚、民族情感全然不相容的"[3]。

凯末尔强烈主张培养民族主义情感，但他希望这种情感是土耳其爱国主义性质，而不是伊斯兰性质。在他的指示下，伊斯梅特帕夏，即土耳其第二任总统伊斯梅特·伊纳尼（Ismet Inönü），试图说服洛桑会议上的英、法、意代表团，安卡拉政府主张建立同质化的土耳其民族国家，既免于外部干涉，自身也不愿意实施对外冒险。支持哈里发体制的大国民议会议员可能导致伊斯梅特的任务更加艰巨。这也难怪，土耳其代表团决定将精力集中在纯世俗的问题上。截至目前，战时的原协约国也是如此。英国对阿拉伯人建立哈里发政权的支持，随着"汉普郡"号（HMS *Hampshire*）残骸中的基钦纳一起湮灭，因为知识水平更高的阿拉伯事务专家使英国政府确信：哈里发从来不仅仅像 1870 年后的教皇①那样是一位精神领袖（但基钦纳似乎曾经这么认为）；没有哪个对印度次大陆提出主权要求的帝国列强会欢迎各民族的穆斯林在单独一位哈里发旗下联合起来，无论他驻跸在哪个国家。在洛桑谈判的七个月内，安卡拉和伦敦都偏向于忽略哈里发的存在。

最后，伊斯梅特的努力取得了惊人的成功。[4]会议的主要任务是将《色佛尔条约》替换为一个协商后的解决方案：既要承认奥斯

① 公元 756 年"丕平献土"后，教皇不只是天主教的精神领袖，也是有自己领土和主权的世俗君主，具有双重身份。19 世纪下半叶，意大利逐步统一。1870 年，教皇仅剩的领土罗马城也并入统一的意大利王国。但教皇的宗教职位继续保留。

曼统治过渡为中东的民族主权，也要保障新土耳其在欧洲的立足点。1923 年 7 月 24 日，《洛桑条约》签订，同意瓜分色雷斯，希腊与土耳其以马里查河（Maritsa）为界，但埃迪尔内确认为土耳其城市。希腊在小亚细亚悲剧性的冒险结束了，土耳其人保住了士麦那及其腹地，享有完整主权，也保住了忒涅多斯岛、因布罗斯岛（Imbros）和两大海峡沿岸，尽管在黑海海峡以及色雷斯边境设有非军事区。土耳其代表团没有对任何阿拉伯土地提出诉求，但试图收复摩苏尔周边一些库尔德人占主体的地区。直到 1926 年，国际联盟最终决定摩苏尔应当属于英国托管下的伊拉克，而土耳其可以获得英国拥有的当地油田 10% 的收入。洛桑会议中最大的问题，是英、法以及意大利试图重新逼签单方让步协定和其他形式的财政管制与经济监督。这个问题的冲突是如此严重，以至于 1923 年 2 月第一周会议因此搁浅，直到 4 月最后一周才恢复。最终，伊斯梅特的意愿占了上风。单方让步协定被永久抛弃，除了临时限制土耳其的关税税率，安卡拉政府可以自由制订自身的经济计划。与德国、奥地利、匈牙利、保加利亚不同，凯末尔的土耳其不需要对战胜的协约国支付赔款。

　　洛桑会议有一些问题悬而未决。对于土耳其和希腊少数民族的未来命运的讨论，早于洛桑会议。但直到《洛桑条约》批准后，安卡拉与雅典之间达成了"人口互换"的双边协议。100 多万希腊人离开了小亚细亚，约 35 万土耳其人从马其顿移居安纳托利亚寻找新生活。由于边界的重新划定，这两支背井离乡的族群都承受了巨大的痛苦。

　　其他两个自古以来敌对的民族也是这么痛苦，但形式有所不同。亚美尼亚人和库尔德人的诉求在洛桑会议上几乎无人问津。独

立的亚美尼亚、自治的库尔德斯坦，再也没有下文。[5]有人提议建
立一个亚美尼亚"民族家园"，但土耳其人拒绝考虑，英、法也不
强求。因此，亚美尼亚人仍然是被分裂的民族：一些人生活在苏
联，很多人定居在叙利亚和黎巴嫩，其他人在现在被称作伊斯坦布
尔的城市寄人篱下。库尔德人在凯末尔的民族国家中，理论上被视
为"非民族"，被简单地界定为"山地土耳其人"。《洛桑条约》签
订两年后，一场库尔德人起义被残酷镇压。1929 年和 1930 年爆发
了新的起义。1987 年，"库尔德工人党"（PKK）在土耳其东南部
发起的游击战，导致现代土耳其 71 个省中，有 8 个实施军管。恐
怖主义和镇压的可怕循环持续到 20 世纪 90 年代。像亚美尼亚人一
样，库尔德人被后奥斯曼时代的中东边界所拆散；在伊拉克（1961
年，库尔德人口占伊拉克人口的五分之一），长达 30 年的斗争加剧
了他们的苦难。

　　《洛桑条约》在三个方面令安卡拉的大国民议会感到失望。国
际海峡委员会的建立引起了一些怨恨。这个委员会总部在伊斯坦布
尔，旨在维护黑海与地中海之间重要水道的航行自由。其他议员遗
憾未能获得摩苏尔，并批评法国托管的叙利亚包含了哈塔伊
（Hatay）地区①，伊斯肯德伦港口和历史名城安条克（安塔基亚）也
在其中。但在 250 名议员的议会上，只有 14 人投票反对批准《洛桑
条约》。[6]

　　伊斯梅特在洛桑的成功，使凯末尔得以完成他的革命。条约签
订十周之内，协约国对奥斯曼首都的占领结束了。查尔斯·"蒂

---

　　①　哈塔伊地区要等到 1939 年才加入土耳其。冒险电影《夺宝奇兵 3》中，最后寻
找圣杯的情节就发生在哈塔伊。

姆"·哈林顿离开了这座他曾享有惊人声望的城市。1923 年 10 月 2
日，一个营的冷溪卫队在哈里发官邸——多尔玛巴赫切宫外的广场
列队行进，随后登上停泊在博斯普鲁斯海峡的运兵船"阿拉伯"
号。[7] 四天后，土军返回伊斯坦布尔。然而，他们受到的接待不像
民族主义党预料的那么热情，这可能是因为凯末尔从不掩饰他对苏
丹首都的疑心，包括这座城市臭名昭著的政治阴谋和腐败记录。不
到半个月，这座帝国城市就被贬抑。10 月 13 日，大国民议会推行
了四天前伊斯梅特提议的宪法修正案，宣布"安卡拉是土耳其国家
的政府驻地"。最终，10 月 29 日夜，议会决定"土耳其国家的政府
形式是共和国"。一刻钟内，议会选举凯末尔为土耳其第一任总统，
由此确认了他过去四年行使的国家领导权。[8]

　　阿卜杜勒-迈吉德二世或许曾经设想过一种双重制度，伊斯坦
布尔作为哈里发驻地，而所有政治事务在安纳托利亚中部（指安卡
拉）开展。如果是这样的话，他的幻想很快就破灭了。共和国建立
只有 11 周时，总统严厉地警告他不要追随"他苏丹祖先的道路"。
凯末尔解释道："我们无法以礼仪和诡辩为由，损害土耳其共和国
的利益。哈里发必须认清自己是谁，职责是什么。"[9] 但这个职责是
什么呢？这个问题让印度次大陆的两位著名穆斯林——阿米尔·阿
里（Ameer Ali）和阿加·汗（Aga Khan）感到困惑。他们写信给
当上土耳其总理的伊斯梅特，建议说土耳其共和国应该对哈里发授
予特殊的国际地位，因为这可以"赢得穆斯林的信心和尊重"。这
封信在送达安卡拉之前，就被泄露给媒体。总统对此加以利用。议
会被告知，只要伊斯坦布尔保留了哈里发体制，就会为外界提供干
涉土耳其内政的机会。相反，废除哈里发制度，将"丰富伊斯兰信
仰"，使共和国能够肃清乌理玛。大国民议会负责任地投票赞同与

奥斯曼帝国的过往一刀两断：1924 年 3 月 3 日，哈里发制度被废除。阿卜杜勒–迈吉德二世被正式废黜，前统治王朝的所有成员都要从土耳其共和国驱逐。[10]

次日早晨，宣布阿卜杜勒–迈吉德二世被废的报纸还没来得及在街上叫卖，他就被赶出了多尔玛巴赫切宫。一辆汽车将他快速带到恰塔利亚，该地位于不断扩大的城市（伊斯坦布尔）外围。整个周二，他在这里等待其他家庭成员被带到这座小镇。晚上，最著名的巴尔干列车在恰塔利亚短暂停留。那几位奥斯曼人带着大包小包，坐上了"东方快车"前往欧洲。[11]

没有哪位领衔的奥斯曼政治家为新共和国所用，同样也没有哪位青土党政权的大臣为新共和国服务。他们大多数已经死了。1922年，恩维尔在中亚死于与苏俄红军的一次鲜为人知的骑兵散兵战；截至此时，杰马尔、赛义德·哈利姆、塔拉特都在流亡期间被亚美尼亚激进分子刺杀，刺客的目的就是为同胞的苦难复仇。战前两位著名的青土党人穆罕默德·贾维特和纳泽姆医生，选择留在共和国。1926 年，在极为薄弱的证据下，两人被指控密谋暗杀凯末尔总统，在安卡拉市中心被公开处以绞刑。十几位不太出名的原"统进委"人士在大国民议会中担任议员。除了伊斯梅特，他们在议会中没有获得特别的知名度。[12]

但是，奥斯曼王朝在中东留下的遗产，比土耳其共和国或其他继承国愿意承认的多得多。[13] "坦志麦特"改革已经使教育良好的官僚阶层（在公务员学校训练为公务员）和高度专业的军官团（军事学院的毕业生）的兴起成为可能。没有公务员学校培养的行政官员的技能，凯末尔关于土耳其的宏大现代化计划就是不可能实现的。两次世界大战之间，在叙利亚、黎巴嫩、外约旦以及伊拉克，奥斯曼培养的管理者，常常与英、法这样的委任管理国爆发冲突。在中东所有国家的军队中，奥斯曼军事传统仍然强大，甚至在自由军官委员会（埃及民族革命的动力源）中亦然。19 世纪 70 年代初为了推动帝国近代化而起草的民法典，也为土耳其共和国提供了框架，尽管 1926 年颁布的民法典也广泛借鉴了瑞士惯例。在土耳其共和国外，对于试图协调伊斯兰传统与西方法律理念的所有社会，19 世纪 70 年代的那部民法典仍然是一个模范。在原奥斯曼帝国的很多地区，20 世纪中叶前，很多地方政府几乎没有变动。不在地主①政治精英的影响力也是如此，只是从效力奥斯曼转变为效力后续的政府。因此，这些"社会贤达"能够给在地图上看似碎片化的地区带来惊人的稳定。他们维持了微妙的均势，直到老欧洲国家不再主宰这片地区时，新一代人继承他们。奥斯曼家长制的阴影，比苏丹的帝国持久得多。

那么，为什么奥斯曼身经百战，最终却在第一次世界大战后垮台？凯末尔主义者打算推广一种历史决定论。他们赞美土耳其民族的亚洲起源，声称苏丹们一进入欧洲，接受了拜占庭皇帝的遗产继承人角色，就由于新的获利而陷入圈套；这笔遗产致命地削弱了一个本质上尚武的帝国，因此，奥斯曼王朝从踏入博斯普鲁斯海岸的那一刻起就注定失败。这种极度简化的理论背后，也有一些事实：只要奥斯曼帝国不断扩张，君士坦丁堡就是深入巴尔干半岛和多瑙河流域的天然基地；但随着奥斯曼的国土日蹙，这座城市就是一个在异文化大陆上危险暴露的立足点。几位晚期的苏丹，尤其是阿卜杜勒-哈米德二世，承认帝国仍然在亚洲和北非有尚待完成的使命

① 指长期不在本乡居住的地主。

（在北非的程度较低），但他们无法摆脱鲁米利亚的束缚。如果这些后期苏丹没有被欧洲的遗产拖累，他们本可以开发安纳托利亚、美索不达米亚、黎凡特的资源为帝国所用。因此，一些中东地区即便没有出现难遇的明智统治者，奥斯曼的习惯和传统也尚且能在王朝覆灭后存留近半个世纪，那么，一位开明苏丹本可以将稳定的政府和有效的行政带给这些地区。

当然，这种性质的理论建构是空洞的推测。更切题的是探讨苏丹政权与伊斯兰教之间的关系。奥斯曼国家本质性的宗教基础，给这个帝国同时带来了优点和缺点。17 世纪早期，穆斯塔法·科奇笔下的"紧紧握住穆罕默德律法这根强力绳索"[14]，使苏丹得以利用民众的宗教虔诚，在一系列对外战争中打击"异教徒"。而且，只要政府能够端居在伊斯兰教法的基础上，乌理玛就构成了国家的忠实支柱。但 18 世纪末，西欧的革命导致中央集权政府的新观念渗入奥斯曼帝国。此后，世俗政治越来越多地蚕食宗教阶层固守的特权，对一个奥斯曼国家拥有义务兵军队和议会这样的西化机构的可行性造成了疑问。就像苏丹们试图同时保住欧洲和亚洲的土地一样，他们也希望占尽两个世界的好处：世俗世界与精神世界。奥斯曼哈里发的诉求从未像 19 世纪末和 20 世纪初那样被强烈宣称，即便这几十年，批判性的理智主义和大众的土耳其民族主义对于传统的思想和行为方式造成了巨大冲击。不彻底的青土党革命推翻了苏丹的专制统治，主张政教分离理念，但未及找到足够的替代品（无论是政治上还是宗教上），就把这个帝国拖进了毁灭性的战争，而更加明智的谋臣大概会置身事外，就像 20 多年后（第二次世界大战期间）伊斯梅特·伊纳尼政府的选择一样。1920 年 4 月，由于恐惧凯末尔有所掩饰的世俗政权主义（laicism），苏丹-哈里发和大教长禁止民族主义运动，由此凸显了君主兼宗教领袖多么脱离群众。四个月后，当穆罕默德六世授权签署《色佛尔条约》时，他更加远离了自己的臣民。

忠于奥斯曼王朝的阿拉伯王公阿里·海德尔听闻穆罕默德六世逃亡后，在日记里写道："希望真主能从这种跪久了爬不起来的（weak-kneed）苏丹手上拯救我们。"在后来的日记中，阿里补充道：对于伊斯兰世界的"瓦解"，"土耳其皇室要负很大责任"。[15] 虽然历史学界仍然不主张强调个别统治者对重大事件的影响，但毫无疑问的是阿卜杜勒-哈米德二世的继承人没有好好服务奥斯曼人。意味深长的是，末代苏丹一驶向马耳他岛，就满足于退出历史舞台，定居在意大利里维埃拉（Riviera）的圣雷莫，没有尝试建立流亡政府。唯独有一次，他的行动激起了暂时的关注，这就是他退位不久决定前往麦加朝圣。他相信，这是每一位虔诚穆斯林都应履行的义务，而他的所有 35 位前任都可耻地忽视了这项义务。

他尽管不再作为苏丹或哈里发而统治，但仍然意志薄弱。穆罕默德六世不出所料地渡过苏伊士运河，在吉达下船。他从海岸石灰岩山脉的贫瘠山谷出发，走过了 54 英里的路程，亲眼见到了围住天房的麦加大清真寺。但他没有在神殿等待完成全部的朝圣活动：围绕天房绕行七圈、亲吻黑石。穆罕默德六世在麦加时，听闻他曾经的叛逆封臣、汉志国王侯赛因再次试图获取哈里发头衔。为了不冒险卷入政治阴谋，这位前苏丹急忙返回他在墨索里尼治下意大利的避难所。1926 年 5 月 15 日，过完 65 岁生日三个月后①，他死在那里。他是君士坦丁堡陷落后，第一位无法在他的同名者（穆罕

---

① 原文如此，疑是 5 月 16 日、生日四个月后。

默德二世）征服的城市埋葬的苏丹。但法国托管当局态度温和，允许他的遗体迁葬在他短暂统治过的领土上。他的墓地位于大马士革。[16]

奥斯曼末代哈里发的命运更加奇特。穆罕默德六世被废后只活了 42 个月，但阿卜杜勒-迈吉德二世从"东方快车"下车后，还有 20 多年的流亡生涯。作为一名精致的文化人，他选择在巴黎度过晚年，这是一座展览过他画作的城市。两次世界大战之间是独裁者耀武扬威的年代，但他安静地生活，几乎被遗忘。他比之前任何一位奥斯曼王朝首领活得都久。77 岁去世时，他在更广阔的世界里并不为人所知，甚至连伦敦《泰晤士报》上简短的讣告都没有。[17]但这也难怪：阿卜杜勒-迈吉德二世死于 1944 年 8 月 23 日——巴黎历史上不寻常的一天。大皇宫①化为火海，自由法国的坦克和美国的步兵忙于将他选择的流亡之城从纳粹的占领中解放。仿佛是为了补偿他去世的新闻热度，盟军当局允许他的遗体运往伊斯兰教第二大圣城。在奥斯曼历代统治者中，只有末代哈里发被埋葬在麦地那。

①　巴黎大皇宫（Grand Palais）最初是巴黎为举办 1900 年世博会所建，不是真的皇宫。

奥斯曼攻克君士坦丁堡后的历代苏丹及在位年份

穆罕默德二世 1444—1446 & 1451—1481

巴耶塞特二世 1481—1512

塞利姆一世 1512—1520

苏莱曼一世（大帝）1520—1566

塞利姆二世（酒鬼）1566—1574

穆拉德三世 1574—1595

穆罕默德三世 1595—1603

艾哈迈德一世 1603—1617

穆斯塔法一世 1617—1618 & 1622—1623

奥斯曼二世 1618—1622

穆拉德四世 1623—1640

易卜拉欣 1640—1648

穆罕默德四世 1648—1687

苏莱曼二世 1687—1691

艾哈迈德二世 1691—1695

穆斯塔法二世 1695—1703

艾哈迈德三世 1703—1730

马哈茂德一世 1730—1754

奥斯曼三世 1754—1757

穆斯塔法三世 1757—1774

阿卜杜勒-哈米德一世 1774—1789

塞利姆三世 1789—1807

穆斯塔法四世 1807—1808

马哈茂德二世 1808—1839

阿卜杜勒-迈吉德一世 1839—1861

阿卜杜勒-阿齐兹一世 1861—1876

穆拉德五世 1876

阿卜杜勒-哈米德二世 1876—1909

穆罕默德五世 1909—1918

穆罕默德六世 1918—1922

阿卜杜勒-迈吉德二世（哈里发）1922—1924

地名对照表

左栏地名为本书通常使用的形式。[①]

Aleppo（阿勒颇）	Halab（哈拉卜）
Ankara（安卡拉）	Angora（安哥拉）
Brusa（布鲁萨）	Bursa（布尔萨）
Chanak（恰纳克）	Çanakkale（恰纳卡莱）
Constantinople（君士坦丁堡）	İstanbul（伊斯坦布尔）
Dedeagatch（代德阿加奇）	Alexandroúpolis（亚历山德鲁波利斯）
Edirne（埃迪尔内）	Adrianople（哈德良堡）
Gallipoli（加利波利）	Gelibolu（盖利博卢）
Ioánnina（约阿尼纳）	Janinà（约阿尼纳）

[①] 这些地名差异，有些是同一个词在不同语种或不同时代的变体，有些是直接改名。

İskenderun（伊斯肯德伦）	Alexandretta（亚历山大勒塔）
Jassy（雅西）	İaşi（雅西）
Karlowitz（卡尔洛维茨）	Sremski Karlovici（斯雷姆斯基·卡尔洛维奇）
Kuchuk Kainardji（库楚克-开纳吉）	Kainardzhi（开纳吉）
Lepanto（勒班陀）	Návpaktos（纳夫帕克托斯）
Monastir（莫纳斯提尔）	Bitola（比托拉）
Mudanya①（穆达尼亚）	Mudaniya（Mundanya，穆达尼亚）
Peloponnese（伯罗奔尼撒）	Morea（摩里亚）
Pera/Galata（佩拉/加拉塔）	Beyoğlu（贝伊奥卢）
Plovdiv（普罗夫迪夫）	Philippopolis（菲利普波利斯）
Prinkipo（普林基波岛）	Büyükada（比于克阿达岛）
Ruschuk（鲁舒克）	Ruşe（鲁塞）
Salonika（萨洛尼卡）	Thessaloniki（塞萨洛尼基）
San Stefano（圣斯特凡诺）	Yesilkoy（耶希尔柯伊）
Scutari［（阿尔巴尼亚）斯库塔里］	Shkodra（斯库台）
Smyrna（士麦那）	İzmir（伊兹密尔）
Tenedos（忒涅多斯岛）	Bozcaada（博兹贾阿达岛）
Trebizond（特拉布宗）	Trabzon（特拉布宗）
Üsküb（于斯屈布）	Skopje（斯科普里）
Üsküdar（于斯屈达尔）	Scutari［（土耳其）斯库塔里］

① 正文中也出现了将"y"拼写为"i"的词形。

历史术语解释

* "ş" 有时转写为 "sh"

aga（阿哥）：主要宫廷官员；指挥官

akinji（机动骑兵）：早期奥斯曼军队的非正规骑兵

Bab-i Âli（高门）：大维齐的行政机关

bailo（大使）：威尼斯共和国的大使

başi bozuka/bashibazooks（志愿民兵）：19 世纪末在巴尔干动用的非正规志愿军

bayrakdar（擎旗者）：持旗帜的人

bey（贝伊）：早期奥斯曼帝国的藩属统治者；之后，又指一个旗（*sanjak*）的总督

beylerbey（贝勒贝伊）：行省总督

caliph（哈里发）：源于阿拉伯语 *khalifa*，先知的继承人

Capitulations（单方让步协定）：双边条约建立的治外法权和关税优惠体系

ceşme（喷泉）

devşirme（德米舍梅）：17 世纪中叶在被征服的巴尔干地区征发信仰基督教的男孩，改宗伊斯兰教，为苏丹服务

Divan（底万）：苏丹的帝国委员会和法庭

dragoman（译员）：服务于外国使节的口译员

Effendi（埃芬迪）：表示尊敬的土耳其头衔

Ethnike Hetairia（希腊民族运动）：19 世纪晚期的希腊民族主义社团

evkaf［复数］/*vakif*［单数］（瓦克夫）：伊斯兰宗教慈善捐献

firman（敕令）：帝国诏书（后来被 *irade* 取代）

fetva（教令）：擅长伊斯兰教法的穆夫提发布的法律意见书

Galatasaray（加拉塔萨雷）：帝国中学，1869 年开办，也被称为"苏丹学校"（*Mekteb-i Sultani*）

Ghazi（加齐）：伊斯兰战争英雄的荣誉头衔

Grand Vizier（大维齐）：苏丹的首相

haiduk/hajduk（黑盗客）：巴尔干的匪帮，通常是保加利亚人或塞尔维亚人

hamidiye（哈米迪耶）：阿卜杜勒-哈米德二世创建的辅助性宪兵队，主要由库尔德人组成

hafiye（秘密警察）

hamam（公共浴场）

Harbiye（军校）：佩拉区的军事学院

harem（后宫）：苏丹家眷中的女性；她们的居室

hatt-i hümayun（《哈蒂-胡马云诏书》）：帝国法令

hospodar（特首）：瓦拉几亚和摩尔达维亚的总督

Hümbaraciyan（掷弹兵团）

ilmiye（学者会议）：宗教文化机构，被视为伊斯兰教"长老会"

iltizam（伊尔蒂扎姆）：包税

imam（伊玛目）：清真寺的领拜人

irade（敕令）：帝国命令（*firman* 的后继）

Janissaries（耶尼切里）：土耳其语 *Yeni Çeri*，苏丹的常备军，直到 1826 年都是一支精英兵团

jihad（吉哈德）：打击"异教徒"的"圣战"

jurnalcis（警方线人）

kafe（囹圄），奥斯曼皇子们作为实质上的囚徒而接受看管的宫室

kaimakan（副大维齐）

kaime（纸币）

kapetanate（甲必丹）：波斯尼亚强大的穆斯林军事统治阶层

Kapudan Pasha（舰长帕夏）：海军元帅

Khedive（赫迪夫）：奥斯曼在埃及的藩属统治者（1867—1914 年）

kiliç kuşanmaci（佩剑仪式）：相当于苏丹的加冕礼

klephts（绿林）：希腊起义帮派

Lale Devri（郁金香时代）：1718—1730 年

madresse（穆斯林高等教育院校）

Mamelukes（马穆鲁克）：起初是奴隶，后来成为埃及的统治阶层

Mecelle（奥斯曼民法典）：1869—1878 年发布

Meclis-i Ayan（贵族院/参议院）：奥斯曼上议院

Meclis-i Mebusan（众议院）：奥斯曼下议院

Mehmedchik（小穆罕默德）：奥斯曼列兵的绰号（参考"汤米·阿特金斯""poilu"① 等等）

millet（米勒特）：给予公认的宗教集团（东正教、犹太教等）的法律地位；后来代表民族

mufti（穆夫提）：伊斯兰教法的阐释者

Mulkiye（奥斯曼公务员学校）

---

① Poilu，本义为"毛发"，第一次世界大战时期法国士兵的绰号。

mullah（毛拉）：穆斯林高级法官，乌理玛成员

namaz（乃玛孜）：礼拜

Nizam-i Cedid（新秩序）：苏丹塞利姆三世的"新秩序"，尤其是指他改革后的军队

orta（营）：耶尼切里的营

Pasha（帕夏）：高级官僚的尊称

Philike Hetairia（"友谊社"）：希腊一个民族主义运动团体

Porte（高门）："Sublime Porte"的简称，见 *Bab-i Âli*

redif（预备役军人）

rusdiye（中学）

sanjak（旗）：地方行政单元，相当于县

sarayi/sarai（宫殿）

segban-i cedit（驯犬兵）：卫队

selamlik（聚礼/主麻拜）：人群聚集于周五（主麻日）正午的祈祷仪式

serdengeçi（愿抛头颅者）：训练有素的耶尼切里步兵进攻部队

şeriat（沙里亚）：伊斯兰教法，规范穆斯林的生活准则

şeyhülisläm（大教长）：首席穆夫提，奥斯曼帝国穆斯林统治集团首脑

Shi'ites（什叶派）：拥护阿里及其直系后裔的教派；什叶派的信奉者

silahtar（西拉赫塔）：帝国龙骑兵近卫军

sipahi（西帕希）：骑士，最初指"蒂马尔"持有者，或苏丹近卫军中的骑士

Sublime Porte（高门）：见 *Bab-i Âli*

Sunni/Sunnites（逊尼派）：有"正统派"之称，伊斯兰教最大的教派

tanzimat（坦志麦特）：政府的革新；19 世纪的改革时代

timar（蒂马尔）：从一块特定土地获取收入（但没有土地的所有权）

turbe（陵墓）

ulema（乌理玛）：穆斯林统治集团

Valide Sultana（太后）：在位苏丹的母后
vladika（采邑主教）：黑山的邦君兼主教
vilayet（行省）
yamak（亚马克）：青年耶尼切里雇佣军

注　释

注释中使用的缩写：

Add. MSS：大英图书馆藏增补手稿

Ahmad：*Feroz Ahmad*，*The Young Turks*

Alderson：A. D. Alderson，*The Structure of the Ottoman Dynasty*

Anderson：M. S. Anderson，*The Eastern Question*

Barker：T. M. Barker，*Double Eagle and Crescent*

BDD[①]：G. P. Gooch and H. Temperley，*British Documents on the Origins of the War*，*1898 - 1914*

Cemal：Djemal Pasha，*Memoirs of a Turkish Statesman*

Corr. Nap.：《拿破仑一世通信集》（*Correspondance de Napoléon I*）

Davison，Essays：R. Davison，*Essays in Ottoman and Turkish History*

Davison，Reform：R. Davison，*Reform in the Ottoman Empire*，*1856 - 1876*

DBF：《英国外交部档案》（*Documents of British Foreign Policy*），系列一

DDF：《法国外交档案》（*Documents Diplomatiques Françaises*），系列二或系列三

DDI：《意大利外交档案》（*I Documenti Diplomatici italiani*）

EI i：《伊斯兰教百科全书》第一版，1913—1938

EI ii：《伊斯兰教百科全书》第二版，1954—

FO：英国公共档案馆藏外交部文件

Gibb and Bowen：Sir Hamilton Gibb and H. Bowen，*Islamic Society and*

---

① 原书如此。

the West

　　GP：J. Lepsius，A. Mendelssohn Bartholdy，F. Thimme，*Die Grosse Poli-tik der europäischen Kabinette*

　　HJ：剑桥大学《历史杂志》（*Historical Journal*）

　　Hinsley：F. H. Hinsley（ed.），*British Foreign Policy under Sir Edward Grey*

　　Hurewitz：J. C. Hurewitz，*Diplomacy in the Near and Middle East*，*A Documentary Record*

　　IJMES：《国际中东研究杂志》（*International Journal of Middle East Studies*）

　　JMH：《近代史杂志》（*Journal of Modern History*）

　　Kedourie：E. Kedourie，*England and the Middle East*

　　Kemal Sp.：M. K. Atatürk，*Speech delivered by Chazi Mustapha Kemal*，*October 1927*

　　Kent：Marian Kent（ed.），*The Great Powers and the End of the Ottoman Empire*

　　Langer：W. L. Langer，*The Diplomacy of Imperialism*（rev. single volume edition）

　　Lewis：Bernard Lewis，*The Emergence of Modern Turkey*

　　L-P：Stanley Lane-Poole，*Life... of Viscount Strayford de Redcliffe*

　　PRO：英国公共档案馆（邱园）

　　SEER：《斯拉夫与东欧评论》

楔子　常胜的奥斯曼

　　1. "恐怖的事件"，史蒂文·朗西曼（Steven Runciman）在《1453：君士坦丁堡的陷落》一书第 160 页引自阿加拉托斯修道院抄本（Agarathos monastery codex）。朗西曼的描述，仍然是对于该事件最精细的研究，与吉本的《罗马帝国衰亡史》第 68 章形成了有趣的对比。亦可参阅 Halil Inalcik，"The Policy of Mehmed Ⅱ towards the Greek Population of Istanbul and the Byzantine Buildings of the City"，*Dumbarton Oaks Papers*，no. 23，pp. 213 - 249；并可从整体上参考他的《1300—1600 年的奥斯曼帝国》（*The Ottoman Empire*，*1300 - 1600*）。

2. Lewis，pp. 317 - 318；Shaw，*Gazis*，p. 78.

3. 马基雅弗利《君主论》第四章第四段。

4. Lewis，pp. 89 - 92；Shaw，*Gazis*，pp. 159 - 163；亦可参阅 *EI* 第一版 *timar* 和 *wakf*（阿拉伯语对 *vakif* 的拼写）词条。

5. Shaw，*Gazis*，pp. 132 - 149.

6. Alderson，pp. 74 - 76.

7. Davison，*Essays*，pp. 16 - 17. Halil Inalcik，"The Heyday and Decline of the Ottoman Empire" in *Cambridge History of Islam*，I，pp. 324 - 353. M. A. Cooke（ed.），*A History of the Ottoman Empire to 1730*，这本书是对剑桥历史系列中相关章节的实用摘编。Andrina Stiles，*The Ottoman Empire 1450 -1700*，这本书是出色的、趣味盎然的导读式作品，浓缩就是精华。

第一章　维也纳之战

1. Barker，pp. 244 - 245. 比起 John Stoye，*The Siege of Vienna* 一书中的戏剧性描述，巴克（Thomas M. Barker）的作品名气较低，但他将整场战役及其后果置于宏观的历史背景下清晰阐述。

2. Ibid.，pp. 68 - 71. 德国著名学者弗朗茨·巴宾格尔（Franz Babinger）为 *EI* 第一版编写了卡拉·穆斯塔法的详细传记词条。

3. 佛罗萨科伯爵（Count Frosaco）的信件，最初刊发于 *Revue de Hongrie*，Ⅲ。巴克在其书第 257 页引用了这段摘抄。

4. Stoye，op. cit.，and cf. E. Crankshaw，*Maria Theresa*，pp. 121 - 123.

5. 现代史家对卡伦山战役最精细的描绘，参见：Barker，pp. 321 - 334.

6. 关于这位外交官（贝内蒂，Benetti）和他的报告，请参阅：N. Barber, *Lords of the Golden Horn*，p. 105.

7. Richard Kreutel, *Kara Mustafa vor Wien*，pp. 121 – 124 & 184. 这本书提供了一位不具名奥斯曼官员的日记的译注版。克罗伊特尔（Kreutel）的作品受到了巴克（Barker，p. 403，亦可参阅 p. 364）的批判性审视。

第二章　挑战自西来

1. Barker, pp. 369 – 370; Lord Kinross, *The Ottoman Centuries*，p. 349.

2. M. A. Cooke（ed.），*Ottoman Empire to 1730*，p. 190; N. Cheetham, *Mediaeval Greece*，pp. 300 – 301.

3. Shaw, *Gazis*，p. 219; Alderson, pp. 65 – 66.

4. Ibid, pp. 32 – 36.

5. *EI* 第一版中的塞利姆三世传记；Barker, p. 108。

6. Gibb and Bowen I, pp. 314 – 328; Nahsom Weissmann, *Les Janissaries*，pp. 30 – 48.

7. Gibb and Bowen II，pp. 191 – 192.

8. Shaw, *Gazis*，p. 223; Kinross, op. cit.，p. 353; Cooke, op. cit.，p. 193.

9. Lord Acton, *Lectures on Modern History*，p. 259.

10. Rifat Abou El-Haj，"Ottoman Diplomacy at Karlowitz"，*Journal of American Oriental Society*，vol. 87（1967），pp. 498 – 512; Barker, pp. 373 – 374; Davison, *Essays*，p. 20; Shaw, *Gazis*，pp. 223 – 225; Kinross, op. cit.，pp. 356 – 357，373 – 376.

11. Alderson, p. 66; Shaw, *Gazis*，p. 228. 亦可参阅鲍恩（Bowen）在 *EI* 第二版中撰写的艾哈迈德三世传记词条。

12. Gibb and Bowen II，p. 216 & pp. 233 – 234; C. A. Frazee, *Christians*

and Sultans，pp. 6 – 7；G. G. Arnakis，"The Greek church of Constantinople and the Ottoman Empire"，*JMH*，vol. 24，September 1952，especially pp. 242 – 250.

13. A. de la Moutraye，*Travels*，vol. 1，p. 333.

14. Davison，*Essays*，p. 20；Kinross，op. cit. ，pp. 376 & 383. 关于头巾的谚语似乎源于拜占庭历史学家米海尔·杜卡斯（Michael Ducas）。

第三章　郁金香时代及其后续

1. Lewis，p. 437；关于科奇贝伊，参阅因伯（C. H. Imber）在 *EI* 第二版第五卷中所撰词条。

2. M. L. Shay，*Ottoman Empire from 1720 to 1734*，pp. 17 – 27；Kinross，*Ottoman Centuries*，p. 378，pp. 380 – 382.

3. Lewis，pp. 45 – 46；Shaw，*Gazis*，p. 235.

4. Shay，op. cit. ，p. 19.

5. 1718 年 4 月 10 日致布里斯托尔女士的信，收于 E. Halsband，*Complete Letters of Lady Mar Wortley Montagu*，vol. 1，p. 397。

6. L. Cassels，*The Struggle for the Ottoman Empire*，p. 52；L. A. Vandal，*Une ambassade française en Orient sous Louis XV*，p. 88.

7. Ibid. ，p. 85.

8. Shay，op. cit. ，p. 22.

9. Kinross，*Ottoman Centuries*，p. 380；Shaw，*Gazis*，pp. 234，293 – 294.

10. Ibid. ，pp. 236 – 237；N. Berkes，*The Development of Secularization in Turkey*，pp. 42 – 45；M. Daley，*The Turkish Legacy*，pp. 17 – 24；Lewis，pp. 50 – 51.

11. Jean-Claude Flachat，*Observations sur le Commerce et sur les arts … même des Indes Orientales*，p. 111.

12. Shay，op. cit. （14 January 1724），p. 22.

13. Ibid. ，p. 23.

14. Ibid. , pp. 27 - 28; Vandal, op. cit. , pp. 27 - 28.

15. Lewis, p. 47.

16. Vandal, op. cit. , pp. 116 - 146. 后续段落依据: H. Benedikt, *Der Pascha-Graf Alexander von Bonneval* , especially pp. 82 - 160.

17. Shaws, *Gazis*, pp. 246 - 247.

18. Anderson, p. xv; P. M. Holt, *Egypt and the Fertile Crescent*, p. 111; A. Hourani, "The Changing Face of the Fertile Crescent in the Eighteenth Century", *Studia Islamica* , 8 (1953), pp. 89 - 122.

19. 现代历史学家对《库楚克-开纳吉条约》最完整的描述,请参阅: Davison, *Essays*, pp. 29 - 44. 英译本见: Hurewitz, I, pp. 54 - 61. 关于 1774 年 8 月 17 日弗朗茨·图古特发往维也纳的报告,请参阅: Davison, *Essays*, p. 32, 相关评论见 pp. 43 - 44。

20. 关于该条约的各种形式,戴维森 (Davison) 教授在他的论文《〈库楚克-开纳吉条约〉中的多索格拉法教堂》("The Dosografa church in the Treaty of Kuchuk Kainardji", *Essays*, pp. 51 - 59) 中有深入讨论。我从中吸纳了本章最后几段的内容。亦可参阅他的论文: "The Treaty of Kuchuk Kainardji, A Note on the Italian text", *International History Review*, vol. 10, no. 4 (1988), pp. 611 - 621.

第四章　西方的接近

1. L. Cassels, *Strugele for the Ottoman Empire*, p. 110; Vandal, *Une ambassade française*, pp. 197 & 291; Kinross, *Ottoman Centuries*, p. 396.

2. W. R. Polk, *The Opening of South Lebanon*, pp. 10 - 18; P. Holt, *Egypt and the Fertile Crescent*, pp. 120 - 123.

3. 关于阿里帕夏的整体情况,请参阅斯基奥蒂斯 (D. N. Skiotis) 的论文: "From Bandit to Pasha" in *IJMES*, vol. 2 (1971), pp. 219 - 244. 普洛美尔

（William Plomer）所著传记《雄狮阿里》（*Ali the Lion*）和雷默兰（G. Remerland）更加学术化的研究《约阿尼纳的阿里帕夏》（*Ali de Tekelen*，*Pasha de Janina*）主要依据法国外交档案。Shaw，pp. 253 – 254.

4. Kinross，op. cit.，pp. 410 – 413；G. S. Thomson，*Catherine the Great and the Expansion of Russia*，pp. 170 – 193.

5. Anderson，p. 20；Shaw，*Between*，pp. 64 – 68.

6. Ibid.，pp. 14 – 17，包括路易十六的信件全文（pp. 16 – 17）。

7. B. Lewis，"The Impact of the French Revolution on Turkey"，*Journal of World History*，vol. 1（1953），pp. 105 – 125，summarized Lewis，p. 63.

8. Lewis，p. 65.

9. Lewis，p. 59.

10. Alderson，p. 87 和该书的谱系表四十四；亦可参阅德尼（Deny）在 *EI* "Valide Sultanlar" 条目下的文章。欲知更多的浪漫主义假说，可参阅 N. Barber，*Lords of the Golden Horn*，pp. 118 – 119 以及篇幅更长的 B. A. Morton，*The Veiled Empress* 与 Lesley Blanch，*The Wilder Shores of Love*。

11. *Corr. Nap.* vol. 1，nos. 61 & 65.

12. Miot，*Mémoires I*，p. 235；J. F. Bernard，*Talleyrand*，pp. 201 – 204；C. Herold，*Bonaparte in Egypt*，pp. 127 – 129；D. Chandler，*The Campaigns of Napoleon*，pp. 211 – 212.

13. *Corr. Nap.* vol. 4，pp. 191 – 192；奥斯曼的反应：Shaw，*Between*，pp. 258 – 271.

14. Herold，op. cit.，pp. 286 – 299.

15. Shaw，*Between*，pp. 278 – 281；Anderson，p. 33.

第五章　塞利姆三世的诡谲命运

1. P. Holt，*Egypt and the Fertile Crescent*，pp. 176 – 192；Shaw，*Be-*

tween，pp. 286－291.

2. Ibid.，pp. 317－327. 关于塞尔维亚暴动及其历史背景，请参阅：M. Boro Petrovich，*History of Modern Serbia*，vol. 1. pp. 23－81；Temperley，*History of Serbia*，chapter 10.

3. V. Puryear，*Napoleon and the Dardanelles*，pp. 2－39.

4. 这个数字或许高于寻常。请参阅 C. Issawi，*Economic History of Turkey*，pp. 80 & 83－84 和 Anderson，p. 60。

5. 拿破仑致塞利姆三世，1805 年 1 月 30 日，*Corr. Nap.* vol. 10 no. 8298。

6. 拿破仑致塔列朗，1806 年 6 月 9 日，*Corr. Nap.* vol. 12 no. 10339。

7. 拿破仑致科兰古（Caulaincourt），1808 年 5 月 31 日，L. Lecaistre，*Lettres inedites de Napoleon I*，vol. 1，p. 198；并参阅 A. Palmer，Alexander I，pp. 143 & 155。

8. M. P. Coquelle，"Sébastiani，ambassadeur à Constantinople"，*Revue Historique Diplomatique*，vol. 18（1904），pp. 574－611.

9. P. Mackesy，*The War in the Mediterranean*，*1803－10*，p. 161.

10. Ibid.，pp. 166－167.

11. Ibid.，pp. 170－174，补充以英国外交部文件 FO 78/55 中的阿巴思诺特报告。

12. Mackesy，pp. 176－177；C. Frazee，*Orthodox Church and Independent Greece*，p. 8.

13. Mackesy，op. cit.，pp. 186－194.

14. Shaw，*Between*，pp. 373－375.

15. Ibid.，pp. 378－395.

16. Puryear，op. cit.，pp. 207－227；Mackesy，op. cit.，pp. 206－211.

17. Shaw，*Between*，pp. 403－404.

18. Temp.，p. 6 & p. 401.

19. A. Juchéreau de St Denys，*Les Révolutions de Constantinople en 1807－08*，vol. 2，pp. 217－392；Shaws，pp. 2 and 3；Lewis，pp. 74－75.

20. Juchéreau，op. cit. ，vol. 2，pp. 199 – 208.

第六章　谜一般的马哈茂德二世

1. C. Macfarlane，*Constantinople in 1828*，p. 111；L. A. Marchand，（ed. ）*Byron Letters*，vol. 1，pp. 241 – 256；J. C. Hobhouse，*Journey through Albania…to Constantinople*，vol. 1，p. 365.

2. Temperley，*Hist. of Serbia*，p. 190；该书出版于 1917 年，该部分很可能是在巴尔干战争期间撰写的；Shaws，p. 6；Davison，*Essays*，p. 23。

3. L-P，vol. 1，pp. 49 – 53 & p. 513；Slade，*Travels in Turkey*，etc. ，第八章和第九章。

4. L-P，vol. 1，p. 49.

5. 斯特拉特福德·坎宁致韦尔斯利（R. Wellesley），1809 年 11 月 9 日，L-P，vol. 1，p. 71。

6. Ibid. ，p. 63；C. W. Crawley，*The Question of Greek Independence*，pp. 55 – 56.

7. Kinross，*Ottoman Centuries*，pp. 443 – 444 和前文第四章注释 3 所引用的作品。

8. H. Holland，*Travels in Ionian Islands*，Albania，etc. ，vol. 1，p. 204.

9. 接下来几段参考了：D. Dakin，*Unification of Greece*，pp. 39 – 43；C. W. Crawley，op. cit. ，pp. 18 – 20；R. Clogg（ed. ），*The Movement for Greek Independence*，pp. 175 – 200.

10. 1789 年讲道词，译文见：ibid. ，pp. 56 – 64.

11. Palmer，*Alexander I*，pp. 377 – 380；C. M. Woodhouse，*Capodistria*，pp. 267 – 270.

12. 沙贝尔（Chabert）致斯特兰福德，1821 年 3 月 31 日，Add. MSS 36299，no. 59。

13. 沙贝尔致斯特兰福德，1821 年 4 月 16 日，Add. MSS 36299，no. 88；皮萨尼同一日的备忘录，Add. MSS. 36301，no. 4。

14. 1821 年 3 月绝罚令，Clogg，op. cit.，pp. 203 – 206；参阅 C. A. Frazee，*Orthodox Church and Independent Greece*，pp. 28 – 29。

15. 牧首之死：目击者描述，见 R. Walsh，*A Residence at Constantinople*，pp. 314 – 317；皮萨尼备忘录，1821 年 4 月 25 日，Add. MSS 36301，no. 5；正式函件：斯特兰福德致卡斯尔雷，1821 年 4 月（25 日？），FO 78/98/27；稍晚的描述：斯特兰福德致卡斯尔雷，1821 年 6 月 12 日，FO 78/99/47；Frazee，op. cit.，pp. 32 – 33；Crawley，op. cit.，pp. 17 – 18。

16. 斯特兰福德致卡斯尔雷，1821 年 7 月 23 日，FO 78/99/71。

17. Frazee，op. cit.，pp. 36 – 39.

18. Walsh，op. cit. I，pp. 316 – 317；皮萨尼备忘录，1821 年 6 月 1 日，Add. MSS 36301，no. 54。

19. Temperley，*Foreign Policy of Canning*，pp. 336 – 338. 易卜拉欣在希腊的活动，请参阅：Crawley，op. cit.，pp. 38 – 59。

20. 乔治·坎宁致斯特拉特福德·坎宁，1826 年 1 月 9 日，L-P，vol. 1，p. 396；A. Palmer，*The Chancelleries of Europe*，p. 46。

21. Hobhouse，op. cit. I，p. 213.

22. 关于土耳其宫廷编年史家，请参阅：Temp.，p. 16，p. 402.

23. 斯特拉特福德·坎宁致乔治·坎宁，1826 年 4 月 19 日，L-P，vol. 1，p. 401。

24. L-P，vol. 1，p. 417；斯特拉特福德的描述约在 40 年后写就。

25. Ibid.，pp. 418 – 420；Walsh，op. cit. vol. 2，pp. 264 – 266 和该书附录七，pp. 502 – 525；亦可参阅 Temp.，pp. 18 – 22 和 Laurence Kelly 的 *Istanbul*，pp. 266 – 271 翻译的法方描述。

26. 斯特拉特福德·坎宁致乔治·坎宁，1821 年 8 月 12 日，L-P，vol. 1，p. 424。

第七章　埃及风格

1. 关于马哈茂德二世改革：Lewis，pp. 75 – 103；Shaws，pp. 21 – 29，35 – 40，46 – 48.

2. Lewis，pp. 89 – 92.

3. C. Issawi，*Economic History of Turkey*，p. 161.

4. Anderson，pp. 67 – 74；Crawley，*Question of Greek Independence*，pp. 86 – 112；Palmer，*Chancelleries of Europe*，pp. 48 – 49.

5. 关于外交背景以及海军事件，请参阅：C. M. Woodhouse，*The Battle of Navarino*.

6. Crawley，op. cit.，pp. 164 – 175；Shaws，pp. 31 – 32；Hurst，*Key Treaties*，vol. 1，pp. 188 – 203.

7. N. Shilder，*Imperator Nikolaus I*，vol. 2，pp. 250 – 251.

8. 巴麦尊致格兰维尔（Granville），1832 年 11 月 6 日，C. Webster，*Foreign Policy of Palmerston*，vol. 1，p. 282。该书第四章是这场危机中列强政策的宝贵资料。P. Holt，*Egypt and the Fertile Crescent*，pp. 232 – 235；P. Vatikiotis，*History of Modern Egypt*，p. 65；Temp.，pp. 89 – 136.

9. Anderson，pp. 81 – 86；P. E. Moseley，*Russian Diplomacy and the Opening of the Eastern Question*，p. 21.

10. Palmer，*Chancelleries*，pp. 64 – 65；J. Norris，*The First Afghan War*，pp. 214 – 216.

11. 毛奇 1839 年 7 月 12 日信件，H. von Moltke，*Briefe aus dem Turkei*，pp. 377 – 400（参考战役及其准备工作的相关内容）。

第八章　病夫？

1. Temp，p. 242.

2. Shaws，pp. 58 - 59；Temp. ，pp. 98 - 99，157，163，243 - 247；L-P，vol. 2，pp. 101 - 114。

3. Temp. ，pp. 158 - 161. 《花厅御诏》的官方法文本见 Young，*Coup de droit Ottoman*，vol. 1，pp. 257 - 261. 相关章节广泛引用了 Shaws，pp. 58 - 59。

4. 外交官的评论：Temp. ，p. 162. 亦可参阅：Temperley，"British Policy towards Parliamentary Reform and Constitutionalism in Turkey"，*Cambridge Historical Journal*，1933，especially pp. 150 - 160.

5. 见 Palmer，*Chancelleries of Europe*，pp. 65 - 67 的讨论。

6. Hurst，*Key Treaties*，vol. 1，pp. 252 - 258；C. Webster，*Foreign Policy of Palmerston*，vol. 2，pp. 644 - 737；Anderson，pp. 100 - 104.

7. Hurst，*Key Treaties*，vol. 1，pp. 259 - 260.

8. 关于尼古拉访问英国的描述，依据阿伯丁文件和俄国材料，见：A. Palmer，*The Banner of Battle*，pp. 1 - 7.

9. 关于"坦志麦特"的整体情况：Lewis，pp. 75 - 125；Shaws，pp. 61 - 118；Davison，*Essays*，pp. 114 - 128.

10. Temp. ，pp. 242 - 243. 这一观点很可能在 1934 年著就，出现在一个将斯特拉特福德和 T. E. 劳伦斯"改造东方人"的方法加以对比的奇怪段落中。

11. 参阅论文《奥斯曼首次试行纸币》（*The First Ottoman Experiment with Paper Money*），载于 Davison，*Essays*，pp. 60 - 72。

12. Shaws，p. 107 引用的详细数据，出自伊斯坦布尔的史料。

13. 斯特拉特福德致巴麦尊，1851 年 4 月 5 日，Temp. ，p. 242。

14. Temp. ，pp. 188 - 197 & p. 446，或许可以补充以罗斯上校在 Strathnairn Papers，Add. MSS 42834 中的日志。

15. 关于黎巴嫩的马龙派，请参阅：Yapp，*Making of the Modern Near East*，p. 136；P. M. Holt，*Egypt and the Fertile Crescent 1576 - 1922*，pp. 236 - 241.

16. 厄梅尔的主要传记资料是他的外科医生的回忆录，在奥匈帝国治下的波斯尼亚萨拉热窝出版：J. Koetscheck，*Aus dem Leben Serdar Ekrem Omer pasha*.

17. 考利勋爵（Lord Cowley）在维也纳致巴麦尊，1849 年 1 月 3 日，FO 30/122/10。该文件提到了两次，他的报告依据的是与约翰大公的谈话。第三次见下文所引（注释 18）。

18. 1845 年 12 月的维也纳访问：T. Schiemann，*Geschichte Russlands unter Kaiser Nikolaus I*，vol. 4，p. 377；A. Palmer，*Metternich*，pp. 290 - 291.

19. Temp.，pp. 259 - 265. 一本英国政府蓝皮书《关于土耳其境内难民问题的通信》（Correspondence Respecting Refugees within the Turkish Dominions）发布于 1851 年（第 1324 号，"Accounts and Papers" 第 50 卷）。

20. Temp.，pp. 265 - 266，502 - 506.

21. Temp.，pp. 292 - 295.

22. 休·罗斯致克拉伦登，1852 年 12 月 28 日，FO 78/894/170。

23. A. A. Zaionchkovskii，*Vostochnaia voina v sviazi s sovremennoi i politeschkoi obstanovki*，vol. 1，pp. 356 - 357.

24. 对于这些谈话最完整的讨论见：G. H. Bolsover，"Nicholas I and the Partition of Turkey"，*SEER*，vol. 27（1948 - 1949），pp. 139 - 143. 但是该文章一定要结合西摩的日志 Add. MSS 60306 阅读。关于这条引文，见 1853 年 1 月 9 日的日志。

25. Palmer，*Banner of Battle*，pp. 14 - 15.

26. 罗素致西摩，1853 年 2 月 9 日，FO 65/649/38；Temp.，pp. 274 - 275。

27. Ibid.，*Palmer*，op. cit.，p. 16.

28. 休·罗斯致邓达斯，1853 年 3 月 5 日，Add. MSS 42801；休·罗斯致克拉伦登，3 月 6 日，FO 78/930/73。

29. 斯特拉特福德致克拉伦登，1853 年 4 月 11 日，FO 78/931/12。亦可参阅优秀的论文：J. L. Herkless，"Stratford, the Cabinet and the Outbreak of the Crimean War"，*HJ*，vol. 18 iii（1975），pp. 497 - 523.

30. 布莱克利的报告，1853 年 4 月 23 日，Stratford de Redcliffe Papers，FO 352/36；斯莱德 5 月 21 日的报告，附在斯特拉特福德 5 月 28 日致克拉伦登的通信中，FO 78/932/70。

31. Herkless，loc. cit.，pp. 498，501，522.

32. Palmer，*Banner of Battle*，p. 20.

33. 斯特拉特福德致克拉伦登，1853 年 8 月 14 日，FO 78/939/220。

34. Palmer，op. cit.，p. 23.

35. Vatikiotis，*History of Modern Egypt*，p. 72；Temp.，p. 346.

36. Temp.，p. 475；Herkless，loc. cit.，p. 517.

37. Temp.，p. 363.

第九章　多尔玛巴赫切宫

1. J. Curtiss，*Russia's Crimean War*，pp. 186 – 188.

2. Palmer，*Banner of Battle*，pp. 30 – 32.

3. 罗斯的日志，1854 年 10 月 25 日，Add. MSS 42837。

4. 关于卡尔斯：A. J. Barker，*The Vainglorious War*，pp. 274 – 279.

5. Shaws，p. 140；Lewis，p. 115；亦可参阅 *EI* 第一版和第二版中的传记词条。

6. 各条约的文本，见：Hurst，*Key Treaties*，vol. 1，pp. 317 – 337. 关于巴麦尊的评论，见他 1855 年 9 月 26 日致克拉伦登的信件，Add. MSS 48579。关于奥斯曼的反应，亦可参阅：Shaws，pp. 87，124 – 125，140；Lewis，pp. 113 – 115 & 131；Davison，*Reform*，pp. 52 – 80.

7. Anderson，pp. 156 – 157.

8. Lewis，p. 339；Shaws，pp. 116 & 141.

9. R. G. Richardson，*Nurse Sarah Anne*，p. 80；Cook，*Florence Nightingale*，p. 85.

10. 查尔斯·戈登致阿伯丁勋爵，1854 年 5 月 10 日，Add. MSS 43225.

11. 切利克·居莱尔松（Celik Gulbersoy）所著的《多尔玛巴赫切宫》是一部插图精美的书籍，虽然是以土耳其语书写的，但非土耳其语的读者也能明显感受到这座宫殿的富丽堂皇。

12. Shaws，pp. 63，82 – 83.

13. 关于电报在奥斯曼帝国影响力的详细研究，请参阅：Davison, *Essays*, pp. 133 – 165.

14. Vatikiotis, *History of Modern Egypt*, pp. 71 – 74，84.

15. 请参阅：Sumner，p. 140.

16. 关于黎巴嫩协定：Holt, *Egypt and Fertile Crescent*, p. 241；1861 年黎巴嫩法令文本，Hurewitz，I，pp. 165 – 168；Hurst, *Key Treaties*, vol. 1, pp. 408 – 410。

17. 维多利亚女王致普鲁士太子妃，1867 年 7 月 13 日，R. Fulford（ed.），*Your Dear Letter*, p. 143。

18. Shaws，pp. 83 – 91，106 – 111，119.

19. Lewis，pp. 145 – 151；Shaws，pp. 130 – 133.

20. Edward Hornby, *Autobiography*, p. 74，被引用于 Davison, *Essays*, p. 111。

21. Sumner, p. 101；H. Feis, Europe, *The World's Banker*, pp. 312 – 314；C. Issawi, *Economic History of Turkey*, pp. 321 – 324.

22. 维多利亚女王致普鲁士太子妃，1867 年 7 月 20 日，Fulford, op. cit., p. 145；《泰晤士报》1867 年 7 月 19 日。

23. Sumner, p. 103.

24. C. Issawi, *Economic History of the Middle East*, pp. 90 – 91.

25. Shaws, p. 153.

26. Sumner, p. 101；Shaws, pp. 154 – 156.

27. R. W. Seton-Watson, *Disraeli, Gladstone and the Eastern Question*,

pp. 32 & 37；A. P. Vacalopoulos，*History of Thessaloniki*，pp. 116 - 120.

28. Sir Henry Elliot，*Some Revolutions and Other Diplomatic Experiences*，p. 231；Lewis，pp. 156 - 158；Shaws，p. 163.

29. Davison，*Reform*，pp. 330 - 339；Alderson，p. 69；J. Haslip，*The Sultan*，pp. 70 - 72.

30. Davison，*Reform*，pp. 317 - 349，同时该书附录 D（p. 418）讨论了阿卜杜勒-阿齐兹一世的命运。关于切尔凯兹·哈桑事件，亦可参阅：Shaws，p. 164；Lewis，p. 159；Alderson，p. 70.

31. 亨利·埃利奥特致德比勋爵，1876 年 8 月 17 日，FO 78/2462/867；Seton-Watson，op. cit.，p. 36。

32.《泰晤士报》1876 年 8 月 3 日刊登了一份来自塞拉皮亚的报道，落款日期为 7 月 26 日。

33. 亨利·埃利奥特致德比勋爵，1876 年 9 月 25 日，FO 78/2464/1079。

第十章　耶尔德兹宫

1. J. Haslip，*The Sultan*，p. 84；参阅凯利（L. Kelly）主编的《伊斯坦布尔》一书 208 - 210 页收录的 Pierre Loti，*Aziyade*。亦可参阅：R. Devereux，*The First Outoman Constitutional Period*，pp. 41 - 46.

2. 亨利·埃利奥特致德比勋爵，1876 年 9 月 15 日，FO 78/2463/1016。

3. Haslip，op. cit.，pp. 76 - 78；Shaws，p. 172；关于亨利·埃利奥特和"佚名"英国人，见他 1876 年 8 月 27 日致德比勋爵的函件，FO 78/2462/915。

4. 1876 年宪法：R. Devereux，op. cit.，p. 80；Davison，*Reform*，pp. 358 - 408；伯纳德·刘易斯（Bernard Lewis）在 *EI* 第二版中的文章《宪法》（*Dustur*）。亦可参阅：Shaws，pp. 174 - 178.

5. Sumner，pp. 198 - 234；Seton-Watson，*Disraeli*，*Gladstone*，etc.，pp. 51 - 105.

6. Kenneth Rose，The Later Cecils，p. 62，引自 Hatfield archives（C51/1 - 2），是 1876 年 12 月 25 日索尔兹伯里致罗伯特·塞西尔勋爵（Lord Robert Cecil）的一封私信。

7. Kennedy，*Salisbury*，p. 100；Seton-Watson，op. cit. ，pp. 133 - 137；Sumner，pp. 235 - 251. 亦可参阅大使会议期间德国外交官布施（C. A. Busch）的日记，他的一位同僚利奥波德·拉施多（Leopold Raschdau）将之编辑出版于 *Deutsche Rundschau*，vol. 141（Berlin，1909），especially，pp. 22 - 27。

8. Ali Haydar Midhat，*Midhat Pasha*，p. 145；Devereux，op. cit. ，p. 110；Davison，*Reforms*，pp. 400 - 402.

9. 关于选举和议会组成，请参阅：Devereux，op. cit. ，pp. 123 - 145. 开幕仪式，ibid. ，pp. 108 - 113。

10. Sumner，p. 271；Anderson，p. 193.

11. Sumner，pp. 319 - 333 & 339.

12. Devereux，op. cit. ，pp. 186 - 187.

13. 莱亚德致德比，1877 年 4 月 30 日和 5 月 18 日，Seton-Watson，op. cit. ，p. 207 引自 Add. MSS。

14. 莱亚德致比肯斯菲尔德，1878 年 2 月 5 日，ibid. ，p. 354。

15. Devereux，op. cit. ，pp. 236 - 248.

16. Sumner，p. 373；Seton-Watson，op. cit. ，p. 311.

17. 莱亚德致德比，1878 年 2 月 15 日，Add. MSS 39131 中的副本；对照阅读 Seton-Watson，op. cit. ，p. 317。

18. 德比致莱亚德，1878 年 2 月 14 日，Add. MSS 39137；对照阅读 Seton-Watson，op. cit. ，pp. 331 - 332。

19. E. Corti，*The Downfall of Three Dynasties*，p. 241.

20. Joan Haslip，*The Sultan*，p. 131.

21. 《圣斯特凡诺条约》的文本：Sumner，pp. 627 - 637；Hurst，*Key Treaties*，vol. 2，pp. 528 - 546.

22. Anderson，pp. 210 - 216；Sumner，pp. 434 - 438.

23. 莱亚德致德比，1878 年 3 月 13 日，FO 195/1176/343。关于军队集合地的提议，请参阅：Seton-Watson, op. cit. , pp. 324 - 325.

24. Sumner，pp. 475 - 495 & 637 - 651.

25. Seton-Watson, op. cit. , p. 325 & 423.

26. Sumner, p. 510 从 *Russkaya Starina* vol. 150 中引用了俄国德米特里·阿努钦（Dmitri Anuchin）上校的日记。

27. Lewis, p. 172；Shaws, p. 189.

28. Seton-Watson，op. cit. , pp. 427 - 429.

29. Shaws，pp. 213 - 225 使用了耶尔德兹宫档案；Haslip, op. cit. , p. 184；Kinross, *Ottoman Centuries*, pp. 533 - 535。

30. Haslip, op. cit. , pp. 152 - 153. 埃德温·皮尔斯（Edwin Pears）爵士的《阿卜杜勒-哈米德传》（*Life of Abdul-Hamid*），作者是一位外交官，对耶尔德兹宫具有相当的了解，并为他的作品《驻君士坦丁堡四十载》（*Forty Years at Constantinople*）提供了补充。G. Dorys, *Abdul Hamid Intime* 和 Paul Regla, *Les Secrets de Yildiz* 是小说的良好素材来源。它们都是在阿卜杜勒-哈米德二世统治后期写就的。

31. 莱亚德致亨利·埃利奥特，1878 年 7 月 5 日，Add. MSS 39138。亦可参阅：Sumner, p. 506；Seton-Watson, op. cit. , pp. 419 - 420 & 509 - 512.

32. 《柏林条约》文本：Sumner, pp. 658 - 669；Hurst, *Key Treaties*, vol. 2，pp. 551 - 577.

33. Stratford de Redcliffe, *The Eastern Question*, p. 49.

34. Lewis, p. 447；C. Issawi, *Economic History of Turkey*, pp. 361 - 365；D. C. Blaisdell, *European Financial Control in the Ottoman Empire*, pp. 88 - 93；Shaws, p. 223 & 225.

第十一章　哈米德时代的帝国

1. Sumner，pp. 563 – 568；Anderson，pp. 227 – 231；C. Jelavich，*Tsarist Russia and Balkan Nationalism*，pp. 215 – 243；R. Crampton，*A History of Bulgaria 1878 –1918*，pp. 85 – 114.

2. P. J. Vatikiotis，*History of Modern Egypt*，p. 73.

3. 关于伊斯梅尔，请参阅：P. Holt，*Egypt and the Fertile Crescent*，pp. 195 – 210. 亦可参阅：Anderson，pp. 242 – 243；M. E. Yapp，*Making of the Modern Near East*，pp. 213 – 232.

4. Anderson，pp. 244 – 251；Lewis，p. 402；Yapp，op. cit. ，p. 181.

5. 外交部致财政部，1898 年 11 月 7 日，FO 78/4967。G. Papadopoulos，*England and the Near East*，p. 27 引用过此文件。

6. 莱亚德致比肯斯菲尔德，1877 年 8 月 1 日，Add. MSS 39137 附件。

7. E. M. Earle，*Turkey，the Great Powers and the Baghdad Railway*，pp. 107 – 110.

8. Ulrich Trumpener in Kent，pp. 115 – 116；Goltz，*Denkwürdigkeiten*，pp. 120 – 126.

9. 1890 年 5 月 22 日情报报告，附于 FO 195/2053。

10. Shaws，p. 246；Langer，p. 160.

11. 完整描述见：Sir Charles Eliot（"Odysseus"），*Turkey in Europe*，pp. 115 – 117. 一篇较长的摘录见：Laurence Kelly，*Istanbul*，pp. 272 – 273.

12. 怀特致索尔兹伯里，1888 年 8 月 17 日，FO 78/4102/320，引用于 C. L. Smith，*The Embassy of Sir William White*，p. 116。关于对铁路终端的评论，参阅弗朗西丝·埃利奥特（Frances Elliot）描述的乘火车抵达，刊登于 Kelly，op. cit. ，pp. 259 – 260。

13. H. Nicolson，*Lord Carnock*，pp. 88 – 89.

第十二章　亚美尼亚、克里特与三十日战争

1. A. O. Sarkissian，*History of the Armenian Question*，chapters 1 - 2.

2. S. H. Longrigg，*Oil in the Middle East*，p. 13. 关于亚美尼亚人，亦可参阅：Langer, chapter 5；Sumner, pp. 16 - 17，513，547，572；L. Arpee，*The Armenian Awakening*，*History of the Armenian Church 1820 -1860*.

3. Sarkis Atamian, *The Armenian Community*，pp. 51 - 130；亚美尼亚革命运动的发展：Louise Nalbandian, *The Armenian Revolutionary Movement*，pp. 80 - 98，104 - 118，151 - 163.

4. Langer, p. 162.

5. 哈茨费尔特（Hatzfeldt）致荷尔斯泰因（Holstein），1895 年 7 月 30 日，GP vol. 10，no. 2371。

6. 斯塔尔（Staal）致洛巴诺夫（Lobanov），1895 年 8 月 13 日，Meyendorff（ed.），*Correspondence de M. de Staal*，p. 256；索尔兹伯里致柯里的电报，1895 年 10 月 9 日，FO 195/1862/177。

7. Shaws，p. 204；Langer，p. 161.

8. A. Marder，*British Naval Policy*，p. 245；Papadopoulos，*England and the Near East*，p. 55.

9. 彻姆赛德的报告，附于柯里 1896 年 1 月 29 日致索尔兹伯里的函件，FO 78/4884/78，2 月 10 日送抵伦敦。关于它在伦敦得到的评估，见：Marder，op. cit.，pp. 249 - 250.

10. 戈申的演讲，1896 年 2 月 11 日，Hansard，*Parliamentary Debates*，4th Series，vol. XXVII，p. 162.

11. 总领事布伦特（Blunt）致索尔兹伯里，1896 年 1 月 20 日，FO 78/4734/1. D. Dakin, *The Unification of Greece*，*1770 -1923*，这本书既涵盖了克里特岛问题（pp. 149 - 151），也涵盖了马其顿乱局（pp. 159 - 179）。

12. 赫伯特致索尔兹伯里，1896 年 7 月 4 日，FO 78/4724/263。

13. 索尔兹伯里致桑德森（Sanderson），1896 年 7 月 25 日，FO 7/1240。关于向维也纳的答复，请参阅：*Queen Victoria's Letters*，ser. 3，vol. 3，p. 58。

14. Papadopoulos，op. cit.，pp. 77 - 79。

15. 这些事件的细节，1896 年 8 月 30 日和 31 日由赫伯特致电索尔兹伯里，FO 78/4724/365 和 374。目击者描述见于一篇佚名文章："The Constanti-nople Massacres"，in *Contemporary Review* for October 1896，pp. 457 - 465。

16. Papadopoulos，op. cit.，pp. 82 - 83。

17. 威廉二世的评论在 GP vol. 12，no. 2901 中作为脚注出现；亦可参阅：Haslip，*The Sultan*，pp. 225 - 226。

18. 赫伯特致索尔兹伯里，1896 年 8 月 31 日，FO 78/4724/tel. 374。其他问题：tel. 368（8 月 30 日）和 tel. 386（9 月 5 日）；赫伯特 9 月 2 日的函件，FO 78/4714/695。

19. 涅利多夫计划的细节，在赫沃斯托夫（V. Khvostov）投给 *Krasnyi Arkhiv*，vol. 47（1931）的文章中得到披露，英语概述见：Boutelle and Thayer，*Digest of the Krasnyi Arkhiv*，p. 384. 亦可参阅：Langer，pp. 337 - 340. 关于黑海舰队活动的完整报告，从驻敖德萨总领事馆发往伦敦，见 FO 65/1540；最早的一份（no. 10）落款为 1897 年 2 月 5 日。关于大使会议，见柯里致索尔兹伯里的电报 FO 78/4724 和 4797；亦可参阅 Papadopoulos，op. cit.，pp. 112 - 120。

20. 关于宣战，ibid.，pp. 140 - 142；帕帕佐普洛斯（Papadopoulos）也将 H. A. 劳伦斯上尉对佩拉当局发动之战争的一篇军事评估（最初在 FO 78/4993 中）作为附录三。Langer，chapter 11 对这场战争颇有研究，并附有地图。关于雅典的乐观情绪，见：G. W. E. Russell，*Malcolm MacColl*，pp. 195 - 197. 亦可参阅：Dakin，op. cit.，pp. 152 - 154。

21. Prince Nicholas of Greece，*My Fifty Years*，p. 157。

22. 索尔兹伯里致奥康纳，1897 年 5 月 15 日，FO 65/1535/tel. 244；答复：奥康纳致索尔兹伯里，5 月 17 日，FO 65/1536/tel. 59 和 FO 65/1532/dis-

patch 112。

　　23. Papadopoulos，op. cit. ，p. 222.

　　24. Shaws，pp. 207 – 211；Crampton，op. cit. ，pp. 229 – 240；戴金 （D. Da-kin）《希腊的统一》（*Unification of Greece*）一书第 159～179 页简洁地谈及了他在作品 *The Greek Struggle in Macedonia，1897 – 1913* 中更加详细分析过的史料；Stoyan Pribicevich，*Macedonia，Its People and History*，pp. 119 – 136 对一个仍然剑拔弩张的话题采取了一种 （温和的） 南斯拉夫倾向。

　　25. 柯里致索尔兹伯里，1897 年 6 月 2 日，FO 78/4802/372；Papadopou-los，pp. 245 – 247 作为附录二完整呈现。

　　26.《笨拙》，1896 年 1 月 18 日；纳入了一期特别增刊《不可言说的土耳其人》中，它重新刊登了 1876 年 9 月和 1914 年 11 月间的 24 幅反奥斯曼漫画，并随着《笨拙》1914 年 12 月 16 日那一期发行。

第十三章　古老民族与青年土耳其党

　　1. *GP* 第 12 卷第 83 章收录了相关的德国外交档案。同时代的报告见：G. Gaulis，*La Ruine d'une Empire*，pp. 156 – 242. 参阅：A. Palmer，*The Kai-ser*，pp. 91 – 92. 非常奇怪的是，拉马尔・塞西尔 （Lamar Cecil） 的传记作品 （*Wilhelm II，Prince and Emperor 1859 – 1900*） 详尽且有学术价值的第一卷完全忽略了德皇前往君士坦丁堡、巴勒斯坦、叙利亚的访问。

　　2. F. Fischer，*Germany's Aims in the First World War*，pp. 20 – 22 & 39 – 40；C. Issawi，*Economic History of Modern Turkey*，pp. 188 – 191.

　　3. Haslip，*The Sultan*，p. 236.

　　4. Longrigg，*Oil in the Middle East*，p. 27.

　　5. 这些评论——约 400 个单词——是威廉二世 1931 年做出的，见于 *Die Verschworung der Diplomaten* 的一个副本的第 120 页。这是尼科尔森的《卡诺克勋爵》的德语版。我拥有这本书。所释内容的页面对应英语版的第 89 页。

6. Prince von Bülow，Memoirs，1897 - 1903，p. 249.

7. 威廉二世致尼古拉二世，1898 年 11 月 9 日，N. Grant，*The Kaiser's Letters to the Tsar*，pp. 65 - 70。

8. Bülow，op. cit.，p. 254.

9. Trumpener in Kent，pp. 117 - 120. 关于汉志铁路，见 Kinross，*Ottoman Centuries*，p. 567 和专题研究 W. Ochsenwald，*The Hijaz Railroad*。

10. M. Lowenthal（ed.），*Diaries of Theodor Herzl*，pp. 266 - 267 & 282. 关于赫茨尔与德皇的会谈，请参阅：I. Friedman，*Germany，Turkey and Zionism*，pp. 75 - 81. 书中详细研究了赫茨尔与德意志帝国圈子的早期接触（pp. 56 - 62 & 65 - 74）。关于赫茨尔与苏丹的会谈，请参阅：ibid.，pp. 97 - 98.

11. Ibid.，pp. 154 - 170.

12. Derek Wilson，*Rothschild*，pp. 289 - 298.

13. 见前引柯里的电报，第 12 章，注释 25. 彻姆赛德上校 1896 年 3 月 30 日关于军事化异见人士的一份有趣报告（FO 78/4705）或许可以加以补充。亦可参阅：奥康纳致索尔兹伯里，1898 年 12 月 21 日，FO 78/4920/659。

14. Lewis，pp. 208 - 210；Kinross，*Ottoman Centuries*，pp. 504 - 507.

15. Ahmad，pp. 166 - 181；E. F. Ramsaur，*The Young Turks*，pp. 55 - 57；关于萨巴赫丁，请参阅：ibid.，pp. 65 - 67 & 124 - 129.

16. J. Swire，*Balkan Conspiracy*，pp. 84 & 94 - 97.

17. A. P. Vacalopoulos，*History of Thessaloniki*，p. 127.

18. David Porter，*Mother Teresa，The Early Years*；S. Skendi，*The Albanian National Awakening*，pp. 380 - 404.

19. B. Jelavich，*History of the Balkans*，vol. 2，XXth Century，pp. 89 - 90；Albertini，*Origins of the War of 1914*，vol. 1，pp. 132 - 138.

20. Haslip，*The Sultan*，p. 234；Kent，pp. 122 - 123.

21. Ramsaur，op. cit.，pp. 94 - 95；Kinross，*Atatürk*，pp. 24，25，28.

22. 兹拉马的事件：Ahmad，op. cit.，p. 12 引用了 FO 371/544/423。拉

姆绍尔（Ramsaur）和艾哈迈德（Ahmad）的作品补充了 Lewis，pp. 206 - 209。

23. Shaws，p. 267.

第十四章　争取统一与进步

1. Shaws，p. 273；Haslip，*The Sultan*，pp. 263 - 264.

2. Ahmad，pp. 20 - 21，172，175.

3. 劳瑟致格雷，1908 年 8 月 4 日，*BDD*，vol. 5，no. 205；亦可参阅劳瑟 8 月 25 日的私信，no. 209。

4. Shaws，p. 276；Lewis，p. 226.

5. Kent，pp. 37 - 39；Palmer，*Chancelleries*，pp. 214 - 215；Albertini，*Origins of the War of 1914*，vol. 1，pp. 206 - 210.

6. 格雷致劳瑟，1908 年 11 月 13 日，Feroz Ahmad，"Great Britain's Relations with the Young Turks"，Middle East Studies，vol. 2，no. 4（1966），p. 306 & p. 309 引自公共记录办公室（PRO）的"格雷文件"（Grey Papers）。

7. 格雷致劳瑟，1908 年 8 月 11 日，*BDD*，vol. 5，no. 207.

8. B. C. Busch，*Britain and the Persian Gulf 1894 - 1914*，pp. 187 - 234，304 - 347；Longrigg，*Oil in the Middle East*，pp. 18 - 19.

9. M. K. Chapman，*Great Britain and the Baghdad Railway 1888 - 1914*，chapter 4. 英俄之间的交流可以在 *BDD*，vol. 5，nos. 535 - 541 中得到追踪。

10. Ahmad，pp. 39 - 42；Shaws，pp. 279 - 281；Lewis，pp. 211 - 212；Francis McCullagh，"The Constantinople Mutiny of April 13th"，*Fortnightly Review*，vol. 86，pp. 58 - 69 和他的专著《阿卜杜勒-哈米德的垮台》（*The Fall of Abdul Hamid*）；Sir Andrew Ryan，*The Last of the Dragomans*，pp. 54 - 56。

11. Ahmad，pp. 43 - 48.

12. Shaws，p. 282；Anderton，p. 71. 关于废君教令：Abbot，*Turkey in Transition*，p. 258.

13. Kinross，*Ottoman Centuries*，p. 578；Haslip，*The Sultan*，pp. 285 – 287.

14. M. Gilbert，*Winston S. Churchill*，vol. 3. p. 189，and Companion to vol. 3，pt. 1，p. 39. 亦可参阅：Ahmad，pp. 49 – 51.

15. Ahmad，pp. 58 – 61.

16. Shaws，pp. 284 – 286.

17. Ahmad，pp. 45 – 48，106 – 107，179. 费罗兹・艾哈迈德（Feroz Ahmad）也为 *EI* 第二版投稿了一篇关于谢夫凯特的佳作。

18. S. Skendi，*The Albanian National Awakening*，*1878 – 1912*，pp. 398 – 404；Shaws，p. 288.

19. Timothy W. Childs，*Italo-Turkish Diplomacy and the War over Libya*，*1911 – 1912*，p. 25. 关于也门发生的事件：P. Mansfield，*The Otoman Empire and its Successors*，p. 30；Yapp，*Making of Modern Near East*，pp. 174 – 175.

20. 这种论调在蔡尔兹（Childs）前引著作第二章和第三章中得到阐述。亦可参阅：Albertini. op. cit.，vol. 1，chapter 6.

21. Childs，op. cit.，pp. 70 – 91；G. F. Abbot，*The Holy War in Tripoli* 是同时代的英国人描述，对奥斯曼人持同情态度。亦可参阅：E. N. Bennett，*With the Turks in Tripoli*.

22. Ahmad，pp. 94 & 107.

23. Childs，op. cit.，p. 24；马莱（Mallet）致格雷，1913 年 12 月 5 日，*BDD*，X（i）no. 403 对于了解英国海军的任务颇有帮助。

24. B. Jelavich，*History of the Balkans*，Vol. 2，XXth Century，pp. 95 – 100；Dakin，*Unification of Greece*，pp. 195 – 200；R. Crampton，*History of Bulgaria*，pp. 401 – 428；W. Miller，*The Ottoman Empire and its Successors*，pp. 498 – 522.

25. Ahmad，pp. 113 – 116，172 – 173.

26. 这位外交官是杰拉尔德・菲茨莫里斯（Gerald Fitzmaurice），他对该事件的报告见于 FO 195/2451/340，落款为 1913 年 2 月 5 日；对照阅读 Ry-

an. op. cit. ，p. 80。关于高门袭击事件，见：Ahmad，pp. 116 – 121；Shaws，pp. 295 & 299；Djemal，*Memoirs of a Turkish Statesman*，pp. 1 – 3；Sir E. Pears，*Forty Years in Constantinople*，pp. 331 – 332.

27. Ahmad，p. 128.

28. E. C. Helmreich，*The Diplomacy of the Balkan Wars*，pp. 324 – 332 或许可以补充克兰普顿（Crampton）的描述。亦可参阅：Albertini，op. cit. ，vol. 1，pp. 450 – 453.

29. 可从整体上参阅艾哈迈德前引著作第七章。

30. 旺根海姆（Wangenheim）致外交部，1913 年 5 月 17 日，*GP* vol. 38，no. 15303。

31. F. Fischer，*War of Illusions*，pp. 333 – 334.

第十五章　德国的盟友

1. Longrigg，*Oil in the Middle East*，p. 30；Gilbert，*Winston S. Churchill*，vol. 3，pp. 188 – 190.

2. Fischer，*War of Illusions*，pp. 334 – 335.

3. 旺根海姆致德国外交部，1914 年 7 月 18 日，被科里根（H. S. W. Corrigan）在他的论文 "German – Turkish Relations and the Outbreak of War in 1914"，*Past and Present*，no. 36，p. 151 中引用。亦可参阅：Howard，*Partition of Turkey*，pp. 96 – 102；Trumpener，pp. 15 – 20. 关于巴格达铁路，请参阅查普曼（Chapman）前引作品的最后一章和 Hurst，*Key Treaties*，vol. 2，pp. 867 – 873。

4. Fischer，op. cit. ，p. 336.

5. Corrigan，loc. cit. ，p. 168；邦帕尔（Bompard）致杜梅格（Doumergue），1914 年 5 月 27 日，*DDF*，sér. 3，vol. 10，no. 291。

6. 法国外交部公函，1914 年 7 月 13 日，*DDF*，sér. 3，vol. 10，no. 504. Djemal，*Memoirs*，p. 106 & p. 113 可靠性较差。

7. Shaws，p. 311. 关于土耳其对战争到来的反应，请参阅：H. Morgenthau，*Secrets of the Bosphorus*；Lewis Einstein，*Inside Constantinople*（1915 年和 1916 年的日志）。关于这些事件对一个孩子造成的冲击，见伊尔凡·奥尔加（Irfan Orga）引人入胜的《一个土耳其家庭的肖像画》（*Portrait of a Turkish Family*）。

8. Gilbert，op. cit.，vol. 3，pp. 191 – 193 & Companion vol. 3，pp. 9，10，19；Fromkin，*Peace to End All Peace*，pp. 54 – 61.

9. A. J. P. Taylor，*Struggle for Mastery in Europe*，p. 533. 关于结盟，亦可参阅：Howard，op. cit.，pp. 83 – 91.

10. Gilbert，op. cit.，vol. 3，p. 196.

11. 丘吉尔致林普斯，1914 年 9 月 9 日，Gilbert，Companion vol. 3，pt. 1，p. 105。

12. 林普斯致丘吉尔，1914 年 8 月 26 日，ibid.，pp. 56 – 60。对苏雄的描写见：Lewis Einstein，op. cit.，p. 43.

13. Shaws，p. 312；Ahmad，p. 157.

14. Gilbert，op. cit.，vol. 3，pp. 212 – 213 澄清了此事。

15. Trumpener，pp. 23 – 57；Howard，op. cit.，pp. 106 – 115；Yapp，*Making of Modern Near East*，p. 272.

16. Holt，*Egypt and Fertile Crescent*，p. 263.

17. 俄国大使致俄国外交部，1914 年 11 月 13 日，Taylor，op. cit.，p. 541 引自俄国外交档案。亦可参阅迈克尔·埃克斯坦（Michael Ekstein）关于"俄国、君士坦丁堡和 1914—1915 年的黑海海峡"的论文，载于 Hinsley，pp. 423 – 435。

18. Fromkin，op. cit.，pp. 126 – 137；Gilbert，op. cit.，vol. 3，pp. 202 – 203，217 – 219，229 – 235.

19. Ibid.，p. 222，引用了丘吉尔 1916 年 9 月对达达尼尔专员的证词。

20. 加利波利之战背后的大战略，可以在马丁·吉尔伯特（Martin Gil-

bert）的著作《丘吉尔》第三卷中得到追踪。罗伯特·罗兹·詹姆斯（Robert Rhodes James）的《加利波利》对这场悲剧提供了良好的叙述与分析。

21. Aspinall-Oglander, *Military Operations*：*Gallipoli*, pp. 485 – 486.

22. 1914 年 7 月 30 日威廉二世书页边缘的批注，Fischer, *Germany's Aims...*, p. 121 引自德国外交档案。

23. Ibid. , p. 127；Fromkin, op. cit. , p. 209.

24. Holt，op. cit. , pp. 273，276，290.

25. Fischer，op. cit. , pp. 127 – 128. 关于南方诸省背后的问题，见：Emin, *Turkey in the World War*, p. 88.

26. Gilbert，op. cit. , vol. 3，pp. 279，281，291；Vatikiotis, *History of Modern Egypt*，pp. 253 – 254；Shaws, p. 320；Trumpener, pp. 111 – 112.

27. Holt，op. cit. , pp. 260 – 261；Fromkin, op. cit. , pp. 176 – 178.

28. Ibid. , p. 106 – 110；Kedourie, *Anglo-Arab Labyrinth*, pp. 47 – 52.

29. 早在 1912 年，远征法奥就已在计划中，见 Busch, *Britain and Persian Gulf*, p. 329。见 A. T. Wilson, *Mesopotamia*；*Loyalties 1914 – 1917*；对这场战役的描述，见 A. J. Barker, *The Neglected War*；M. Fitzherbert, *The Man Who Was Greenmantle*, pp. 169 – 181；J. Wilson, *Lawrence of Arabia*, pp. 253 – 278（第 270 页讨论了基钦纳的贿赂）和拉塞尔·布拉登（Russell Braddon）在《围困》（*The Siege*）中对库特之战的感人描述。

30. Trumpener, *passim*；亦可参阅埃明（Emin）的前引书和摩根索（Morgenthau）的《秘密》（*Secrets*）。

31. Yapp，op. cit. , pp. 267 – 272；A. Hayder, *A Prince of Arabia*, pp. 106 – 109；Reinhold Lorenz, *Kaiser Karl*, pp. 461 – 465.

32. Richard Hovannissian, *Armenia on the Road to Independence*, pp. 45 – 56；Shaws, pp. 315 – 316.

33. T. E. Lawrence, *The Seven Pillars of Wisdom*, p. 48；Jeremy Wilson，op. cit. , p. 201.

34. 英国外交部（包含基钦纳的信息）致驻开罗奇塔姆（M. Cheetham）的电报，1914 年 10 月 31 日，FO 371/2139/303。见 Fromkin, op. cit. , pp. 96 - 100；与之形成对比的论点，见 Kedourie, *In the Anglo-Arab Labyrinth*, pp. 17 - 20 和 J. Wilson, op. cit. , p. 165 & p. 1003。

35. Ibid. , pp. 214 - 216 & 1014 - 1016. 马里安·肯特（Marian Kent）教授在 Hinsley, pp. 444 - 447 中对这一颇具争议的问题提出了明智的评判。1939 年，这份通信作为英国政府蓝皮书（Cmd. 5957）被发表。亦可参阅 L. Friedman, "The Hussein-McMahon Correspondence and the Question of Palestine", *Journal of Contemporary History*, vol. 5, no. 2（1970）和同年第 4 期发表的汤因比、弗里德曼（Friedman）之间的后续交流。

36. Hinsley, p. 446.

37. *DBF* Series 1, vol. 4, pp. 241 - 251；Kedourie, pp. 4 - 5, 65 - 66, 107 - 113；布鲁斯·费尔顿（Bruce Felton）向 Kent, pp. 163 - 164 投稿的文章；马里安·肯特向 Hinsley, pp. 447 - 451 投稿的文章；Yapp, op. cit. , pp. 277 - 278。

38. J. Wilson, op. cit. , p. 288；Fromkin, op. cit. , p. 207 & pp. 218 - 228.

39. J. Wilson, op. cit. , p. 300.

40. Ibid. , pp. 412 - 413 & 1069 - 1070.

41. Kinross, *Atatürk*, pp. 104, 108, 112；Trumpener, pp. 311 - 333.

42. Papen, *Memoirs*, p. 72. 对巴本后续生涯的兴趣，已经使历史学家们倾向于忽视他对亚洲军团指挥官及后者与土耳其人关系的明智判断，pp. 69 - 82。

43. Fromkin, op. cit. , pp. 311 - 313 是最新描述。

44. Kedourie, p. 107.

45. 关于《贝尔福宣言》，见斯坦（L. J. Stein）的专题研究和 Fromkin, op. cit. , pp. 274 - 300。关于德国犹太人、德意志和这份宣言，见：Friedman, *Germany, Turkey and Zionism*, pp. 339 - 341.

46. Anderson, p. 348.

47. J. Wilson, op. cit. , pp. 469 - 470, 558, 1087.

48. Lawrence, *Seven Pillars*, p. 556.

49. Trumpener, pp. 167 - 190.

50. 最清晰的描述见：C. Falls, *Armageddon*. 亦可参阅：Fromkin, op. cit.，pp. 332 - 342. 关于巴尔干前线，请参阅：Palmer, *The Gardeners of Salonika*, pp. 229 - 231.

51. Kinross, *Atatürk*, p. 126；Shaws, pp. 332 - 333；Anderson, pp. 348 - 349.

52. 对于大马士革的陷落，长期以来存在历史争议。事实上，这一争议起源于四十年前埃利·凯杜里（Elie Kedourie）的研究，后者挑战了关于费萨尔阿拉伯军的作用的公论（对照阅读 Kedourie, pp. 2 & 119 - 121）。凯杜里的很多观点，被杰里米·威尔逊（Jeremy Wilson）在他清晰的劳伦斯传记（第 559～562 页）和相关的注释（第 1103～1108 页）中批驳。亦可参阅此后的争论，见：Fromkin, op. cit.，pp. 334 - 347.

53. Longrigg, op. cit.，p. 44；Barker, op. cit.，p. 222.

54. 见格温·戴尔（Gwynne Dyer）的两部分论文《1918 年的土耳其停火》（The Turkish Armistice of 1918），发表于《中东研究》（*Middle East Studies*）第八卷，分别刊登于 1972 年 5 月和 10 月。停火协议的英文本，见：E. G. Mears, *Modern Turkey*, pp. 624 - 626. 亦可参阅：Kinross, *Atatürk*, pp. 127 - 134.

55. Ibid.，p. 136.

第十六章　主权与苏丹政权

1. Ryan, *Last of the Dragomans*, pp. 122 - 126；Lewis, pp. 234 - 235；Davison, *Essays*, p. 208；Edib, *Turkish Ordeal*, pp. 7 - 20.

2. 卡尔索普（Calthorpe）致寇松，1919 年 6 月 6 日，FO 406/41/58；Shaws, p. 329.

3. 见 *EI* 第二版穆罕默德六世的传记词条。

4. Shaws, p. 333.

5. 引用于上述 *EI* 第二版。

6. Kinross，*Atatürk*，p. 137.

7. 弗罗姆金（Fromkin）的作品《终结所有和平的和平》(*Peace to End All Peace*) 对这些事件提供了最新且最详细的评论。它们也可以在 *DBF*，series 1，vol. 4 中得到追踪。关于美国一方：H. N. Howard，*Turkey*，*the Straits and U. S. Policy*，pp. 51 – 109.

8. 卢埃林-史密斯（M. Llewellyn-Smith）的作品《爱奥尼亚想象》(*Ionian Vision*) 对希腊人的活动提供了最佳的现代描述。汤因比的《希腊与土耳其的西方问题》(*Western Question in Greece and Turkey*) 是将这些事件置于某种历史背景中的当代尝试。

9. Ryan，op. cit.，pp. 129 – 131.

10. Kinross，op. cit.，p. 158. 凯末尔在他 1927 年 10 月致大国民议会的 36 小时演讲中非常详细地描述了他的活动。724 页的英译本，在第 24~57 页涵盖了这些事件。

11. 关于《国民公约》：Mears，*Modern Turkey*，pp. 629 – 631；Kinross，pp. 531 – 532 对此加以概括；Davison，*Essays*，pp. 211 – 212。

12. Kinross，op. cit.，chapter 23；Ryan，op. cit.，p. 141.

13. Ibid.，pp. 142 – 147；Gilbert，*Churchill*，vol. 4，chapter 27，notably pp. 476 & 487.

14. 见罗贝克致寇松的信件，藏于 *DBF*，vol. 13，尤其是第 17 号和第 32 号。

15. 劳伦斯 1915 年 2 月的信件被 Kedourie，p. 98 引用。

16. 见 *DBF*，vol. 7，nos 36 – 38，no. 50，no. 55 中的协约国会议纪要。

17. 寇松关于君士坦丁堡未来安排的备忘录，见：*DBF*，vol. 4，no. 646；Nicolson，*Curzon*，pp. 212 – 215.

18. 寇松备忘录（如上所示）。

19. Martin Gilbert，*Sir Horace Rumbold*，pp. 219 – 224；Shaws，p. 349；Lewis，p. 246.

20. Kinross，op. cit.，p. 222.

21. 罗贝克致寇松，1920 年 3 月 9 日，*DBF*，vol. 13，no. 17，p. 18。

22. Davison，*Essays*，p. 215；Anderson，pp. 367 – 368；Gilbert，*Churchill*，vol. 4，pp. 485 – 488.

23. Anderson，p. 368；Kinross，op. cit.，p. 233.

24. Nicolson，*Curzon*，pp. 160 – 174 或许可以得到 *DBF* 第 12 卷中相关文件的补充。

25. Kinross，op. cit.，chapter 32.

26. Gilbert，*Churchill*，vol. 4.，pp. 600 – 601.

27. 朗博尔德致寇松，1921 年 1 月 20 日；Gilbert，*Rumbold*，pp. 228 – 230.

28. 朗博尔德致英王乔治五世，1930 年 12 月 13 日，ibid.，p. 224。

29. C. Harington，*Tim Harington Looks Back*，p. 90.

30. A. Hayder，*A Prince of Arabia*，p. 242.

31. Gilbert，*Rumbold*，p. 238.

32. Ward Price，*Extra Special Correspondent*，p. 129；Kinross，op. cit.，chapter 40.

33. D. Walder，*The Chanak Affair*，pp. 303 – 318；Gilbert，*Churchill*，vol. 4，chapter 45；Harington，op. cit.，pp. 100 – 128.

34. 关于穆达尼亚：Harington，pp. 117 – 128；Davison，*Essays*，p. 224.

35. Kinross，op. cit.，p. 344.

36. Ibid.，p. 348；Shaws，p. 365.

37. Kemal，*Speech*，pp. 377 – 379.

38. 哈林顿（Harington）的著作插图中有该文件的一张照片。

39. 哈林顿栩栩如生的描述的很大部分（pp. 129 – 131）在 Kinross，op. cit.，pp. 349 – 351 中再现。土耳其报纸的追忆在 Alderson，p. 72 中得到利用。亦可参阅：Hayder，op. cit.，pp. 249 – 250；Walder，op. cit.，pp. 333 – 335.

尾声　垂死的奥斯曼

1. Alderson，p. 73.

2. G. Young，*Constantinople*，pp. 111 – 112；并在 L. Kelly，*Istanbul*，pp. 253 – 254 中重印。

3. Lewis，pp. 256 – 258；Kemal，*Speech*，pp. 668 – 669.

4. Davison，*Essays*，pp. 225 – 231；对照阅读尼科尔森《寇松》第 10 章和第 11 章对这场大会的经典描述。亦可参阅：Gilbert，*Rumbold*，pp. 280 – 289；Ryan，*Last of the Dragomans*，pp. 174 – 198.

5. Lewis，p. 350；Yapp，*Near East since the First World War*，pp. 78 – 79，147，156 – 157.

6. Kinross，*Atatürk*，p. 357.

7. C. Harington，*Tim Harington Looks Back*，p. 134；Walder，*Chanak*，pp. 349 – 352.

8. Kemal，*Speech*，pp. 657 – 659；Lewis，pp. 254 – 256；Shaws，p. 368.

9. Kemal，*Speech*，p. 683.

10. Lewis，p. 258；A. Hayder，*A Prince of Arabia*，pp. 268 – 270.

11. Ryan，op. cit. ，p. 213.

12. 关于恩维尔的命运，请参阅：Fromkin，*Peace to End All Peace*，pp. 485 – 490. 关于贾维特和纳泽姆的命运，请参阅：Kinross，*Atatürk*，pp. 428 – 433. 关于"统进委"成员的后续生涯，请参阅：Ahmad，pp. 166 – 181.

13. Yapp，op. cit. ，pp. 3 – 4，37 – 38，227 – 229.

14. Lewis，p. 437；亦可参阅上引书，chapter 3，p. 32.

15. A. Hayder，op. cit. ，p. 250（"跪久了爬不起来的"），p. 266（"瓦解"）。

16. 关于朝圣见：Alderson，p. 126。关于死亡与葬礼见：ibid. ，pp. 109 & 111.

17. Alderson，pp. 109 & 111.

参考书目

All books were published in London unless otherwise stated.

MANUSCRIPT SOURCES

Selected files from:
Aberdeen Papers, British Library
Ardagh Papers, Public Record Office
Foreign Office Papers (including Stratford Canning Papers), Public Record
    Office
Layard Papers, British Library.
Palmerston Letterbooks, British Library
Seymour Papers (Sir Hamilton Seymour), British Library
Smythe Papers (Lord Strangford; Francois Chabert; Bartolomeo Pisani),
    British Library
Strathnairn Papers (Sir Hugh Rose), British Library

PUBLISHED COLLECTIONS OF OFFICIAL DOCUMENTS

Documents Diplomatiques Françaises 1871-1914 (Paris, 1929-55)

Gooch, G. P. and Temperley, H. W. V. (eds), *British Documents on the Origins of the War, 1898-1914* (1926-38)

Hurewitz, J. C., *Diplomacy in the Near and Middle East*, 2 vols (Princeton, 1956)

Hurst M. (ed.), *Key Treaties for the Great Powers 1814-1914*, 2 vols (Newton Abbot, 1972)

Lepsius, J., Mendelsohn Bartholdy A., Thimme F. (eds), *Die Grosse Politik der europäischen Kabinette* (Berlin, 1922-7)

Woodward, E. L., Butler, Rohan and others (eds), *Documents on British Foreign Policy 1919-1939* Series 1 (1947-72)

Young, George (ed.), *Corps de droit civil Ottoman* (Oxford, 1907-8)

GENERAL BOOKS

Abbot, G. F., *Turkey in Transition* (1909)

—— *The Holy War in Tripoli* (1912)

Acton, Lord, *Lectures on Modern History* (1906)

Ahmad, F., *The Young Turks* (Oxford, 1957)

Albertini, L., *The Origins of the War of 1914*, vol. 1 (Oxford, 1951)

Alderson, A. D., *The Structure of the Ottoman Dynasty* (Oxford, 1956)

Anderson, M. S., *The Eastern Question* (1966)

Andrew, Prince, of Greece, *Towards Disaster* (1930)

Antonius, G., *The Arab Awakening* (Beirut, n.d.)

Arpee, L., *The Armenian Awakening, History of the Armenian Church 1820-60* (Chicago, 1909)

Aspinall-Oglander, C. F., *Military Operations, Gallipoli*, 2 vols (1929-32)

Atamian, S., *The Armenian Community* (New York, 1955)

Atatürk, M. K., *A Speech Delivered by Ghazi Mustapha Kemal, President of the Turkish Republic, October 1927* (Leipzig, 1929)

Barber, N., *The Lords of the Golden Horn* (1973)

Barker A. J., *The Neglected War; Mesopotamia 1914-1918* (1967)

—— *The Vainglorious War, 1854-56* (1970)

Barker, Thomas N., *Double Eagle and Crescent* (New York, 1957)

Benedikt, N., *Der Pascha-Graf Alexander von Bonneval* (Cologne and Graz, 1959)

Bennett, E. N., *With the Turks in Tripoli* (1912)

Berkes, N., *The Development of Secularization in Turkey* (Montreal, 1964)

Bernard, J.F., *Talleyrand* (1973)

Blaisdell, D.C., *European Financial Control in the Ottoman Empire* (New York, 1929)

Boutelle, L.M. and Thayer, G.W., *A Digest of the Krasnyi Arkhiv volumes 1-40* (Cleveland, 1947)

Bülow, Prince B. von, *Memoirs, 1897-1903* (1932)

Busch, B.C., *Britain and the Persian Gulf 1894-1914* (1976)

Cassels, L., *The Struggle for the Ottoman Empire 1717-1740* (1966)

Chandler, David, *The Campaigns of Napoleon* (1966)

Chapman, M.K., *Great Britain and the Baghdad Railway 1888-1914* (Northampton, Mass., 1948)

Cheetham, Sir Nicholas, *Mediaeval Greece* (New Haven, Conn., 1981)

Childs, Timothy W., *Italo-Turkish Diplomacy and the War over Libya, 1911-1912* (Leiden, 1990)

Clogg R. (ed.), *The Struggle for Greek Independence* (Manchester 1973)

—— *The Movement for Greek Independence* (1976)

Cook E., *Short Life of Florence Nightingale* (1925)

Cooke, M.A. (ed.), *A History of the Ottoman Empire to 1730* (Cambridge, 1976)

Corti, E., *The Downfall of Three Dynasties* (1934)

Crampton, R.J., *A History of Bulgaria, 1878-1918* (New York, 1983)

Crawley, C.W., *The Question of Greek Independence* (Cambridge, 1930)

Curtiss, J.S., *Russia's Crimean War* (Durham, NC, 1979)

Dakin, D., *The Greek Struggle in Macedonia* (Salonika, 1966)

—— *The Unification of Greece* (1972)

Davison, Roderic H., *Reform in the Ottoman Empire, 1856-1876* (Princeton, 1963)

—— *Essays in Ottoman and Turkish History* (Austin, Texas, 1990)

Devereux, R., *The First Ottoman Constitutional Period* (Baltimore, 1963)

Djemal Pasha, *Memoirs of a Turkish Statesman, 1913-19* (1922)

Djevad Bey, A., *État militaire ottoman* (Constantinople, 1882)

Earle, E.M., *Turkey, the Great Powers and the Baghdad Railway* (New York, 1923)

Einstein, Lewis, *Inside Constantinople* (1917)

Eliot, Sir Charles ('Odysseus'), *Turkey in Europe* (1900)

Feis, Herbert, *Europe, the World's Banker* (New Haven, Conn., 1930)

Edib, Halide, *The Turkish Ordeal* (1928)

Elliot, Sir Henry, *Some Revolutions and Other Diplomatic Experiences* (1922)

Emin (Yalman), Ahmed, *Turkey in the World War* (Newhaven, Conn., 1930)

Encyclopaedia of Islam, first edition (Leiden, 1913-38)

Encyclopaedia of Islam, second edition (Leiden, 1954 continuing)

Falls, Cyril, *Armageddon* (1964)

Fischer, F., *Germany's Aims in the First World War* (1967)

—— *War of Illusions, German Policies 1911 to 1914* (1975)

Fitzherbert M., *The Man Who Was Greenmantle* (1983)

Flachat, Jean-Claude: *Observations sur le Commerce et sur les art . . . même des Indes Orientales* (Lyons, 1766)

Frazee, C.A., *Orthodox Church and Independent Greece* (1969)

—— *Christians and Sultans* (1980)

Friedman, Isaiah, *Germany, Turkey and Zionism* (Oxford, 1977)

Fromkin, David, *A Peace to End All Peace* (1989)

Fulford, Roger (ed.), *Your Dear Letter* (1971)

Gaulis, G., *La Ruine d'une Empire* (Paris, 1921)

Gibb, Sir Hamilton and Bowen, H., *Islamic Society and the West*, two parts (1950, 1957)

Gilbert, Martin, *Winston S. Churchill*, vol. 3 (1982), Companion to vol. 3 (1972), and vol. 4 (1985)

—— *Sir Horace Rumbold, Portrait of a Diplomat, 1869-1941* (1973)

Gillard, D., *The Struggle for Asia* (1977)

Göltz, W.L.C. von der, *Die Thessalische Krieg und die türkische Armee* (Berlin, 1898)

—— *The Turkish Army, characteristics and capabilities* (1898)

—— *Denkwürdigkeiten* (ed. F. von der Göltz and W. Foerster, Berlin, 1929)

Grant, N., *The Kaiser's Letters to the Tsar* (1920)

Gulbersoy, Celik, *Dolmabahche* (Istanbul, 1984) (in Turkish)

Halsband, R., *The Complete Letters of Lady Mary Wortley Montagu*, vol. 1 (Oxford, 1965)

Harington, Sir Charles, *Tim Harington Looks Back* (1940)

Haslip, Joan, *The Sultan* (1958)

Hayder, Ali, *A Prince of Arabia* (ed. G. Stitt) (1948)

Helmreich, E.C., *Diplomacy of the Balkan Wars* (Cambridge, Mass., 1938)

Herold, C., *Bonaparte in Egypt* (1963)

Hinsley, F.H. (ed.), *British Foreign Policy under Sir Edward Grey* (Cambridge, 1977)

Hobhouse, J.C., *A Journey through Albania . . . to Constantinople during the Years 1809 and 1810* (1913)

Holland, Sir Henry, *Travels in Ionian Islands, Albania . . .*, vol. 1 (1819)

Holt, P.M., *Egypt and the Fertile Crescent, 1576-1922* (1965)

Holt, P.M., Lambton, A.K.S. and Lewis, B. (eds), *Cambridge History of Islam*

(1970)

Hovannissian, Richard, *Armenia on the Road to Independence* (Berkeley, 1967)

Howard, H. N., *The Partition of Turkey 1913-1923* (Norman, Oklahoma, 1931)

—— *An American Enquiry in the Middle East: the King-Crane Commission* (Beirut, 1963)

—— *Turkey, the Straits and U.S. Policy* (Baltimore, 1974)

Inalcik, Halil, *The Ottoman Empire, 1300-1600* (1973)

Issawi, C., *The Economic History of the Middle East* (Chicago, 1966)

—— *The Economic History of Turkey 1800-1914* (Chicago, 1980)

James, Robert Rhodes, *Gallipoli* (1965)

Jelavich, Barbara, *History of the Balkans, Vol. 2, XXth Century* (Cambridge, 1983)

Jelavich, C., *Tsarist Russia and Balkan Nationalism* (Westport, Connecticut, 1978)

Juchereau de St Denys, A., *Les Revolutions de Constantinople en 1807-08* (Paris, 1819)

Kedourie, Elie, *England and the Middle East, The Destruction of the Ottoman Empire 1914-21* (1956: rev. ed. 1987)

—— *The Chatham House Version* (1970)

—— *In the Anglo-Arab Labyrinth* (Cambridge, 1976)

Kelly, Laurence, *Istanbul, A Traveller's Companion* (1987)

Kannengeisser, Hans, *The Campaign in Gallipoli* (1927)

Kennedy, A. L., *Salisbury, 1830-1903* (1953)

Kent, Marian (ed.), *The Great Powers and the End of the Ottoman Empire* (1984)

Kinross, Lord, *Atatürk, The Rebirth of a Nation* (1964)

—— *The Ottoman Centuries; The Rise and Fall of the Turkish Empire* (1987)

Koetschek, J., *Aus dem Leben Serdar Ekrem Omer pasha* (Sarajevo,? 1890)

—— *Aus Bosniens letzer Turkenzeit* (Vienna, 1905)

Kreutel, Richard, *Kara Mustafa vor Wien* (Graz, 1955)

Lane-Poole, S., *Life of Stratford Canning, Viscount Stratford de Redcliffe*, 2 vols (1888)

Langer, W. L., *The Diplomacy of Imperialism* (New York, rev. ed. 1951)

Lawrence, T. E., *The Seven Pillars of Wisdom* (1935)

Lecestre, L., *Lettres inédites de Napoléon I*, vol. 1 (Paris, 1897)

Lewis, Bernard, *The Emergence of Modern Turkey* (Oxford 1968)

Llewellyn-Smith, Michael, *Ionian Vision: Greece in Asia Minor, 1919-22* (1973)

Longrigg, S., *Oil in the Middle East* (3rd ed., Oxford, 1968)

Lorenz, Reinhold, *Kaiser Karl und der Untergang der Donaumonarchie* (Graz, 1959)

Lowenthal, M. (ed.), *Diaries of Theodor Herzl* (1958)

McCullagh, F., *The Fall of Abd-el-Hamid* (1910)

Macfarlane, C., *Constantinople in 1828* (1829)

Mackesy, Piers, *The War in the Mediterranean, 1803–10* (1957)

MacMunn, Sir George and Falls, Cyril, *Military Operations in Egypt and Palestine,* 2 vols (1930–39)

Mansfield, P., *The Ottoman Empire and its Successors* (1973)

—— *The Arabs* (2nd ed. 1985)

Marchand, L.A. (ed.), *Byron Letters*, vol. 1 (1973)

Marder, A.J., *British Naval Policy 1890–1905* (1941)

Mears E.G., and others, *Modern Turkey* (New York, 1924)

Meyendorff, A. (ed.), *Correspondence Diplomatique de M. de Staal*, vol. 2 (Paris, 1929)

Midhat, Ali Haydar, *The Life of Midhat Pasha* (1903)

Miot de Melito, A.F., *Mémoires I* (Paris, 1858)

Miller, W., *The Ottoman Empire and its Successors* (4th ed. Cambridge, 1936)

Moltke, H. von, *Briefe aus dem Turkei* (Berlin, 1873)

Morgenthau, Henry, *Secrets of the Bosphorus* (1918)

Moseley, P.E., *Russian Diplomacy and the Opening of the Eastern Question in 1838 and 1839* (Cambridge, Mass., 1934)

Moutraye, Aubrey de la, *Travels*, vol. 1 (1723)

Nalbandian, L., *The Armenian Revolutionary Movement* (Berkeley, 1963)

Napoleon I., *Corréspondence de Napoléon I* (Paris, 1854–69)

Nicholas, Prince, of Greece, *My Fifty Years* (1926)

Nicolson, Harold, *Lord Carnock* (1930)

—— *Peacemaking 1919* (1933)

—— *Curzon, The Last Phase* (1934)

Norris, J., *The First Afghan War* (Cambridge, 1967)

Ochsenwald, W., *The Hijaz Railroad* (Charlottesville, 1980)

Orga, Irfan, *Portrait of a Turkish Family* (1988)

Palmer, Alan, *The Gardeners of Salonika* (1965)

—— *Metternich* (1972)

—— *Alexander I, Tsar of War and Peace* (1974)

—— *The Kaiser* (1976)

—— *The Chancelleries of Europe* (1983)

—— *The Banner of Battle* (1987)

Papadopoulos, George S., *England and the Near East, 1896–1898* (Salonika, 1969)

Papen, Franz von, *Memoirs* (1952)

Pears E., *Forty Years at Constantinople* (1916)

—— *Life of Abd ul-Hamid* (1917)

Petrovich, M. Boro, *History of Modern Serbia*, vol. 1 (New York, 1976)
Plomer, William, *Ali the Lion* (1936)

Polk, W. R., *The Opening of South Lebanon* (Cambridge, Mass., 1963)
Porter, D., *Mother Teresa, The Early Years* (1986)
Pribicevich, Stoyan, *Macedonia, Its People and History* (Pittsburgh, Penn., 1982)
Puryear, V., *Napoleon and the Dardanelles* (Berkeley, 1951)
Ramsaur, E. F., *The Young Turks* (Princeton, 1957)
Remerland, G., *Ali de Tekelen, Pasha de Janina* (Paris, 1928)
Rose, Kenneth, *The Later Cecils* (1975)
Runciman, Sir Stephen, *The Fall of Constantinople 1453* (1969)
Russell, Braddon, *The Siege* (1969)
Russell, G. W. E., *Malcolm MacColl* (1914)
Ryan, Sir Andrew, *The Last of the Dragomans* (1951)
Sanders, Liman von, *Five Years in Turkey* (Annapolis, 1927): original German
    version, *Funf Jahre Turkei* (Berlin, 1920), is preferable
Sarkissian, A. O., *History of the Armenian Question to 1885* (Urbana, 1938)
Schiemann, T., *Geschichte Russlands unter Kaiser Nikolaus I*, 4 vols (Berlin,
    1904–19)
Seton-Watson, R. W., *Disraeli, Gladstone and the Eastern Question* (1933)
—— *History of the Rumanians* (Cambridge, 1934)
Shaw, S. J., *Between Old and New: The Ottoman Empire under Sultan Selim III*
    (Cambridge, Mass., 1971)
—— *History of the Ottoman Empire and Modern Turkey: Empire of the Gazis*
    (Cambridge, 1977)
Shaw, S. J. and E. K., *History of the Ottoman Empire and Modern Turkey: Reform,
    Revolution and Republic* (Cambridge, 1977)
Shay, M. L., *Ottoman Empire from 1720 to 1734 as revealed in despatches of the
    Venetian bailo* (Urbana, 1944)
Shilder, N., *Imperator Nikolaus I* (St Petersburg, 1903)
Skendi, S., *The Albanian National Awakening, 1878–1912* (Princeton, 1967)
Slade, Adolphus, *Record of Travels in Turkey, Greece, etc.* (1854)
Smith, C. L., *The Embassy of Sir William White at Constantinople 1886–1891*
    (Oxford, 1957)
Stein, L. J., *The Balfour Declaration* (1961)
Stiles, Andrina, *The Ottoman Empire 1450–1700* (1989)
Stoye, John, *The Siege of Vienna* (1967)
Stratford de Redcliffe, Lord, *The Eastern Question* (1881)
Sumner, B. H., *Russia and the Balkans, 1870–1880* (Oxford, 1937)
Swire, J., *Balkan Conspiracy* (1939)

Taylor, A.J.P., *The Struggle for Mastery in Europe* (Oxford, 1954)
Temperley, H.W.V., *History of Serbia* (1917)
—— *The Foreign Policy of Canning, 1822-27* (1925)
—— *England and the Near East, The Crimea* (1936)
Thomson, Gladys Scott, *Catherine the Great and the Expansion of Russia* (1950)
Toynbee, A.J., *The Western Question in Greece and Turkey* (1922)
Trumpener, U., *Germany and the Ottoman Empire 1914-1918* (Princeton, 1968)
Vacalopoulos, Apostolos P., *A History of Thessaloniki* (Salonika, 1963)
Vandal, L.J.A., *Une Ambassade Française en Orient sous Louis XV* (Paris, 1887)
Vatikiotis, P.J., *The History of Modern Egypt* (1991)
Victoria, Queen, *Letters*, 3rd Series, vol. 3 (1930)
Volkan, V.D. and Itzkowitz, N., *The Immortal Atatürk* (Chicago and London, 1984)
Walder, David, *The Chanak Affair* (1969)
Walsh, R., *A Residence at Constantinople* (1836)
Ward Price, G., *Extra-Special Correspondent* (1957)
Webster, Sir Charles, *The Foreign Policy of Palmerston*, vol. 1 (1951)
Weissmann, Nahoum, *Les Janissaries* (Paris, 1964)
Wilson, A.T., *Mesopotamia: Loyalties 1914-17* (1930)
Wilson, Derek, *Rothschild* (1988)
Wilson, Jeremy, *Lawrence of Arabia* (1989)
Wolf, J.B., *The Diplomatic History of the Baghdad Railroad* (Missouri, 1936)
Woodhouse, Hon. C.M., *The Greek War of Independence* (1952)
—— *The Battle of Navarino* (1965)
—— *Capodistria* (Oxford, 1973)
Yapp, M.E., *The Making of the Modern Near East* (1987)
—— *The Near East since the First World War* (1991)
Young, George, *Constantinople* (1926)
Zaionchkovskii, A.A., *Vostochnaia voina v sviazi s sovremennoi i politeschloi obstanovki* (St Petersburg, 1908-13)

ARTICLES IN PERIODICALS

Ahmad, Feroz, 'Great Britain's Relations with the Young Turks', *Middle East Studies*, vol. 2, no. 4 (1966)
Arnakis, G.G., 'The Greek church of Constantinople and the Ottoman Empire', *JMH*, vol. 24, Sept. 1952

Bolsover, G. H., 'Nicholas I and the Partition of Turkey', *SEER*, vol. 27 (1948–9)

Coquelle, M. P., 'Sébastiani, ambassadeur à Constantinople', *Revue Historique Diplomatique*, vol. 18 (1904)

Corrigan, H. S. R., 'German-Turkish Relations and the Outbreak of War in 1914, A Re-Assessment', *Past and Present*, 36 (1967)

Davison, R., 'The Treaty of Kuchuk Kainardji, A Note on the Italian text', *International History Review*, vol. 10 no. 4 (1988)

Dyer, Gwynne, 'The Turkish Armistice of 1918' in *Middle East Studies*, vol. 8, for May and Oct. 1972

Friedman, I., 'The Hussein–McMahon Correspondence and the Question of Palestine', *Journal of Contemporary History*, vol. 5, no. 2 (1970); and correspondence in no. 4 of 1970

Herkless, J. L., 'Stratford, the Cabinet and the Crimean War', *HJ*, vol. 18, no. 3 (1975)

Hourani, A., 'The Changing Face of the Fertile Crescent in the Eighteenth Century', *Studia Islamica*, 8 (1953)

Kedourie, E., 'The Surrender of Medina, January 1919', *Middle East Studies*, vol. 13, no. 1 (1977)

Lewis, B., 'The Impact of the French Revolution on Turkey', *Journal of World History*, vol. 1 (1953)

McCullagh, Francis, 'The Constantinople Mutiny of April 13th', *Fortnightly Review*, vol. 86 (1908)

Rifat Abou El-Haj, 'Ottoman Diplomacy at Karlowitz', *Journal of American Oriental Society*, vol. 87 (1967)

Skiotis, D. N., 'From Bandit to Pasha' in *International Journal of Middle Eastern Studies*, vol. 2 (1971)

Swanson, V. R., 'The Military Rising in Istanbul, 1909', *Journal of Contemporary History*, 5 (1970)

Temperley, H. W. V., 'British Policy towards Parliamentary Rule and Constitutionalism in Turkey', *Cambridge HJ*, vol. 4, no. 2 (Oct. 1933)

Trumpener, U., 'Turkey's Entry into World War I', *JMH*, vol. 39 (1962)

译 后 记

近年来，随着"世界史热"在国内出版界的兴起，历史爱好者们对于土耳其（尤其是奥斯曼土耳其）的关注也越来越多，很多网友在拜占庭、奥斯曼相关的视频中，刷起了"精罗落泪""新朝雅政"之类的弹幕。这部《奥斯曼帝国衰亡史：1683—1923》，为历史爱好者们提供了新的精神食粮。

本书作者艾伦·帕尔默（1926—2022）是英国历史作家，著作颇丰，以普及类读物为主，题材集中在 19 世纪后期和 20 世纪初的欧洲外交史和重要人物传记。其中，国内出版社引进过的作品有《波罗的海史》《夹缝中的六国：维也纳会议以来的中东欧历史》等。

本书并非教科书式的写作风格，对于历史事件，不是背景一、二、三条，过程一、二、三条，意义一、二、三条，把现成的结论展示给读者。因此，坦率地讲，对于需要搭建基本知识框架的零基础读者而言，这部作品可能有些挑战性。本书的叙事取舍和语言风格，反而有种历史纪录片解说词的味道。比如，在"郁金香时代及其后续"的相关篇章，作者并没有着重分析耶尼切里反对改革的原因，反而花了数页篇幅描写具有视觉冲击力的内容——美轮美奂的建筑和奢靡的宫廷娱乐。设想一下，如果您在观看一部纪录片，这段文字搭配上相应的画面，那是多么贴切。本书的行文还有几分茨威格《人类群星闪耀时》的味道。例如著名的巴拉克拉瓦战役，作者没有罗列交战各方的排兵布阵、战斗经过，而是只选取了拉格伦决定发起轻骑兵冲锋的那个瞬间。取其精，得其神。当然，这并不是说本书是"随心所欲"的散文。作者仍然在叙述中埋下了一根主线：奥斯曼在改革与反改革中的反复挣扎，在追求"西化"与维持帝国之间的艰难抉择。即便是今天的土耳其，也面临着类似的选择题。相信读者阅毕此书，会得到自己的感悟。

　　一个多世纪前，奥斯曼土耳其就在中国得到了特殊的审视，晚清民国的知识分子为土耳其历史赋予了严肃和沉重的意义。当时的中国深陷半殖民地半封建社会的深渊，中、土两国相似或相关的民族命运引发了中国知识分子的关注。"一战"之后，凯末尔初步实现民族独立、建立共和国并实施改革的诸多英勇事迹，给依旧在苦寻救亡之路的中国人带来了强烈刺激。20世纪二三十年代，中国知识界反复陈述和探究土耳其革命和改革的历程，试图从中提炼出某些成功经验和改革举措。

　　但是，这种跨国类比往往是隔空感知，未充分考虑具体的前提和条件差异，甚至一厢情愿，强行比附。比如，1919—1922年的希土战争，民国知识界几乎一边倒地"选边站队"，力挺土耳其，并抨击希腊（尽管对于凯末尔政权的评价，各派之间存在分歧）。如《土耳其革命史》（商务印书馆，1929年）一书，认为战争的缘起是：

> 地中海东部之克列特岛、塞普洛斯岛（按：今译克里特
> 岛、塞浦路斯岛），巴尔干北部之马其顿、慈拉斯（按：今译
> 色雷斯），以及爱琴海对岸之小亚细亚各地，均为彼辈大希腊
> 主义者鼓吹之对象。然而上述各地，无一不属于土耳其帝国之
> 版图。……（巴尔干战争后）彼之侵略成绩，似此已甚可观，
> 然其野心犹不止此。

该书进一步指出，希土战争并非单纯的两国问题，而是有大国
在背后"拱火"：

> 英国与希腊之联合尤为悠久，尤为露骨。……只是其后土
> 耳其国民军努力太甚，杀敌太勇，遂使英希两国之大欲，终归
> 于泡影耳。

再如王善赏《土耳其民国十周国庆之感想》（《河南大学学报》，
1934 年）一文中，怒斥希腊"令人发指"；甚至由希腊在 5 月攻克
士麦那，联想到中国的"国耻"碰巧在 5 月特别多，所以同情土
耳其。

> 希腊如此胆大妄为，固然令人发指；而英法美竟与希腊狼
> 狈为奸，助纣为虐，更是令人齿冷。斯密拿（按：今译士麦
> 那）是土耳其的经济中心，如我国的上海一样；而惨变发生的
> 时间又恰是在五月。读者必知我国的国耻在五月内是特别的
> 多，如五三、五七、五九、五卅等等。兴念及此，能不为之下
> 同情之泪乎？

放在当时的时代背景下，这种情绪是可以理解的：中国长期受
到西方列强侵略，尤其是在巴黎和会上被战胜的协约国出卖，于

是，一些中国知识分子将这种不满迁怒于协约国支持下的希腊，同时对土耳其的衰落与抗争产生了强烈的代入感和共情。

今天来看，关于希腊和土耳其的矛盾纠葛，拜占庭帝国与奥斯曼帝国的旧日恩仇，我们没必要"入戏太深"。土耳其一方固然是为了恢复国土，但希腊一方同样是为了实现"伟大理想"，孰是孰非，又怎么能说清呢？当然，应当指出的是，虽然中国知识分子在希土战争中贬斥希腊，但并不是因为他们与希腊有什么国仇家恨，只是借用希土战争这个外壳，发挥对其他主题的看法。事实上，希腊也是近现代中国人宣传爱国主义的素材，拜伦的作品《哀希腊》在中国屡译不倦，并且它的"哀某某"式标题经常被知识分子用于创作或仿作，演变成救亡图存的文学符号。在这里，奥斯曼帝国反而成为"反派"了。

综合来看，研究土耳其史，不能把中世纪和近现代割裂。如果仅仅看近现代史，土耳其固然是受到西方列强打压、宰割的受害者，是广大亚非拉"难兄难弟"的一员，但是，在这之前的三四百年内，奥斯曼帝国强大之时，南征北战，称雄巴尔干，制霸东地中海，同样令欧洲惶惶不可终日。所以，近现代的奥斯曼帝国也背负了中世纪的负担，当实力的天平反转后，其遭受西方反击，某种意义上讲也是必然的。这种情况，与其他受到西方侵略的亚非拉国家是不同的。今天的我们，对土耳其的衰亡史应当以第三者的视角客观看待。

写到这里，我再顺便向读者介绍我自己的译书体验。这是我步入而立之年后接手的第一部译作。经过一年多的紧张翻译，本书终于完稿。由于平常工作繁忙，我只能珍惜零碎时间，包括在地铁上通勤时，利用手机，一边阅读原书电子文件，一边用"九宫格"敲打译文。遇到原书语焉不详的内容，我还要查找其他资料，相互印证，以免理解错误。书中提到过维京时代、加里波第远征西西里、普法战争，这些历史出现在我曾经的作品中，令我倍感亲切。在翻译过程中，看到书中出现了 2022 年频繁见于国际新闻的赫尔松、敖德萨等地名，也令我触摸到历史与现实的交织感。有些时候，我的脑子难免犯糊涂，比如忘记了"胜利的战报"可以用简洁的"捷报"一词代替；还有一次，在翻译"郁金香时代及其后续"的相关内容时，需要找一个词语作为花的总称，也许是我的生活离鲜花太远了吧，一时之间竟然忘了"花卉"这个恰当的词，差点不动脑筋地译成"很多花""各种花"甚至"花儿们"。好在当时是七夕节，路边花店的广告及时提醒了我。如果长期不使用某个词语，等再需要用到它的时候就容易"卡壳"。

在翻译过程中，针对书中的若干专业问题，我曾请教过吴畋、塔子姐等对相关历史有丰富研究的好友，在此表示诚挚感谢。

由于译者学识、精力有限，译文无法字字斟酌，舛误在所难免，欢迎读者批评指正。

汪　枫
甲辰新春记于金陵玄武湖畔

图书在版编目（CIP）数据

奥斯曼帝国衰亡史：1683—1923 /（英）艾伦·帕
尔默（Alan Palmer）著；汪枫译. -- 北京：中国人民
大学出版社，2025.5. -- ISBN 978-7-300-33544-5

Ⅰ. K374.3-49

中国国家版本馆 CIP 数据核字第 2025CD1676 号

审图号 GS（2024）3049 号

奥斯曼帝国衰亡史：1683—1923

［英］艾伦·帕尔默（Alan Palmer）著

汪枫　译

Aosiman Diguo Shuaiwangshi：1683—1923

出版发行	中国人民大学出版社	
社　　址	北京中关村大街 31 号	**邮政编码**　100080
电　　话	010 - 62511242（总编室）	010 - 62511770（质管部）
	010 - 82501766（邮购部）	010 - 62514148（门市部）
	010 - 62515195（发行公司）	010 - 62515275（盗版举报）
网　　址	http://www.crup.com.cn	
经　　销	新华书店	
印　　刷	北京瑞禾彩色印刷有限公司	
开　　本	890 mm×1240 mm　1/32	**版　　次**　2025 年 5 月第 1 版
印　　张	13 插页 4	**印　　次**　2025 年 5 月第 1 次印刷
字　　数	294 000	**定　　价**　138.00 元